大学生思想道德修养与法律基础

主　编　张义明

副主编　沈文虎

编　委　(以章节先后为序)

沈文虎　庞　桥　王文礼

张义明　程琳杰

科学出版社

北　京

内 容 简 介

本书以"学会做人"为切入点，结合教师教学和学生学习的实际需要，突出当前大学一年级新生进校后所面临的从中学到大学新环境适应转变过程中，迫切需要解决和回答的人生理想、人际交往、学习问题，心理情感问题，"三观"教育、道德素质和法律素质培养等矛盾困惑，为大学生进校后，适应新环境、确立新的人生目标、健康成长成才提供帮助。

本书适合高等学校各专业学生学习使用，也可供相关人员参考使用。

图书在版编目(CIP)数据

大学生思想道德修养与法律基础/张义明主编. —北京：科学出版社，2011
ISBN 978-7-03-032230-2

Ⅰ. ① 大… Ⅱ. ① 张… Ⅲ. ① 思想修养-高等学校-教学参考资料 ② 法律-中国-高等学校-教学参考资料 Ⅳ. ① G641.6 ② D920.4

中国版本图书馆 CIP 数据核字（2011）第 176919 号

责任编辑：胡云志 王昌凤／责任校对：陈玉凤
责任印制：徐晓晨／封面设计：陈 敬

科 学 出 版 社 出版
北京东黄城根北街 16 号
邮政编码：100717
http://www.sciencep.com

北京厚诚则铭印刷科技有限公司 印刷

科学出版社发行 各地新华书店经销
*
2011 年 8 月第 一 版 开本：720×1000 1/16
2018 年 10 月第二次印刷 印张：21
字数：447 000

定价：59.00 元

(如有印装质量问题，我社负责调换)

前言

当今世界正处在大发展大变革大调整时期。世界政治多极化、经济全球化深入发展，科技进步日新月异，人才竞争日趋激烈。我国正处在改革发展的关键阶段，经济建设、政治建设、文化建设、社会建设以及生态文明建设全面推进，工业化、信息化、城镇化、市场化、国际化深入发展，人口、资源、环境压力日益加大，经济发展方式加快转变，都凸显了提高国民素质、培养创新人才的重要性和紧迫性。中国未来发展、中华民族伟大复兴，关键靠人才，基础在教育。大学生是十分宝贵的人才资源，是民族的希望，是祖国的未来。提高他们的思想政治素质，把他们培养成中国特色社会主义事业的建设者和接班人，对于全面实施科教兴国和人才强国战略，确保我国在激烈的国际竞争中始终立于不败之地，确保实现全面建设小康社会、加快推进社会主义现代化的宏伟目标，确保中国特色社会主义事业兴旺发达、后继有人，具有重大而深远的战略意义。

高等学校思想政治理论课承担着对大学生进行系统的马克思主义理论教育的任务，是对大学生进行思想政治教育的主渠道。充分发挥思想政治理论课的作用，用马克思列宁主义、毛泽东思想、邓小平理论和“三个代表”重要思想武装当代大学生，是党的教育方针的具体体现，是社会主义大学的本质特征，是党和国家事业长远发展的根本保证。

“思想道德修养与法律基础”是大学生思想政治教育理论课的一门主干课程，是大学生的一门必修课。为了深入贯彻《中共中央国务院关于进一步加强和改进大学生思想政治教育的意见》（中央 16 号文件）精神，认真落实全国第四次教育工作会议精神及《国家中长期教育改革和发展规划纲要》和胡锦涛在庆祝清华大学建校 100 周年大会上的讲话精神，全面贯彻党的教育方针，造就一大批信念执著、品德优良、知识丰富、本领过硬的高素质人才。着力增强学生服务国家服务人民的社会责任感、勇于探索的创新精神、善于解决问题的实践能力，努力培养德智体美全面发展的社会主义建设者和接班人。这本教材正是为了满足这种教学和学习的现实需要而编写的，坚持贴近学生、贴近生活、贴近实际的原则，以“学会学习”“学会做人”为切入点，结合教师教学和学生学习的实际需要，突出当前大学一年级新生进校后所面临的从中学到大学新环境适应转变过程中，迫切需要解决和回答的人生理想信念、人际交往、学习问题、心理健康问题、“三观”教育、道德教育和法律素质培养等矛盾困惑，主要解决大学生进校后，如何适应新环境，确立新的人生目标，健康成长成才。教育学生学会知识技能，学会动手动脑，学会生存生活，学会做人做事，促进学生主动适应社会，开创美好未来。　　从理论指导和实际需要出发，坚持德育为先。立德树人，把社会主义核心价值体系融入国民教育全过程。加强马克思主义中国化最新成果教育，引导学生形成正确的世界观、人生观、价值观；加强理想信念教育和道德教育，坚定学生对中国共产党领导、社会主义制度的信念和信心；加强以爱国主义为核心的民族精神和以改革创新为核心的时代精神教育；加强社会主义荣辱观教育，不断提高个人道德修养，培养学生团结互助、诚实守信、遵纪守法、艰苦奋斗的良好道德品质。加强公民意识教育，提高法律意识，树立社会主义民主法治、自由平等、公平正义理念，培养社会主义合格公民。

本教材内容体系框架分为五部分：第一编 适应转变 健康成才（第一章、第二章、第三章、第四章）；第二编 人生观教育（第五章、第六章、第七章）；第三编 爱国主义教育（第八章）；第四编 道德观教育（第九章、第十章）；第五编 法制观教育（第十一章、第十二章）。在编写体例上采取“名人名言”、“正文”、“阅读文章”和“案例导读”有机结合的形式，以期达到思想性、政治性、理论性和针对性、生动性、通俗性的统一。为了满足广大新生一年级学生教学和自学的需要，教师在教学过程中，可以根据教学大纲对部分内容进行取舍，供大学生课外自学。

该教材由陕西理工学院长期从事大学生思想政治管理工作和思想政治理论课教学的一线教师集体编写，张义明教授任主编，沈文虎教授任副主编。各章撰写教师为（按章节顺序排序）：第一章、第二章、第三章由沈文虎教授撰写；第五章、第六章、第七章由庞桥教授撰写；第四章、第八章由王文礼教授撰写；第九章、第十章由张义明教授撰写；第十一章、第十二章由程琳杰教授撰写。沈文虎协助主编负责前期校对初审，全书由张义明教授负责策划与统稿审定。

本教材在编写过程中，我们参考了相关教材和论文的观点与资料，使我们受益匪浅，我们以参考文献附于书后，以表达我们深深的敬意和感谢！同时，也得到了科学出版社的大力支持和帮助，在此一并表示诚挚的谢意！

最后要说的是尽管我们做了最大的努力，由于水平有限，时间仓促，本书肯定有许多不完善甚至疏漏、错误的地方，我们真诚地希望得到各位专家和同行的批评指正，也殷切地希望广大同学们提出批评和改进意见，以便我们进一步完善修改教材。

编　者

2011 年 5 月

目　　录

第一编　适应转变　健康成才

第二编　人生观教育

第三编 爱国主义教育

第四编 道德观教育

第五编 法制观教育

第一编

适应转变　健康成才

第一章 大学是人生发展的新阶段

以热爱祖国为荣、以危害祖国为耻，以服务人民为荣、以背离人民为耻，以崇尚科学为荣、以愚昧无知为耻，以辛勤劳动为荣、以好逸恶劳为耻，以团结互助为荣、以损人利己为耻，以诚实守信为荣、以见利忘义为耻，以遵纪守法为荣、以违法乱纪为耻，以艰苦奋斗为荣、以骄奢淫逸为耻。

——胡锦涛

希望同学们把文化知识学习和思想品德修养紧密结合起来，希望同学们把创新思维和社会实践紧密结合起来，希望同学们把全面发展和个性发展紧密结合起来。

——胡锦涛

经过高考的激烈竞争，各位同学带着家长老师、亲朋好友的祝福与期待和自己的美好憧憬跨进了大学校门，莘莘学子意气风发、豪情万丈。人生的理想将在这里确立，素质能力在这里提高，心理情感在这里日渐成熟，美好的生活将在这里开始。面对崭新、陌生的学习和生活环境，来自祖国四面八方的同学走到了一起，既感到好奇和兴奋，又容易产生迷茫和困惑。尽快适应大学生活，迅速完成从中学生到大学生的转变，尽早掌握打开成功之门的钥匙，走好大学生活的第一步，这是每一个跨入大学校门的大学生所面临的第一个人生课题。

第一节 大学概述

一、大学的含义

“大学”一词的英文是“university”，源于拉丁文，意为“学者行会”，这种行会是中世纪大学的雏形。我国儒家经典著作《大学》开篇第一句话说：“大学之道，在明明德，在亲民，在止于至善。”朱熹对大学的解释是“大学者，大人之学也”。所谓大人之学，也就是当时培养儒家提倡的德贤兼备的君子的高等学府。在我国古代没有小学、中学、大学这样的学制，但仍有类似于高等教育性质的学校。蔡元培先生指出："吾国历史上本有一种大学，通称太学。最早谓之上痒，谓之辟雍，最后谓之国子监。其用意与今之大学相类。有学生，有教官，有学科，有积分之法，有入学资格，有学位，其组织也颇似今之大学。然最近时期，国子监者早已有名无实，故吾国今日之大学，乃直取欧洲大学之制而模仿之，并不自古之太学深化而已。""今日之大学，溯起源流，实自西洋移植而来。"

现代意义上的大学发源于意大利。史家一直认为，在意大利，萨莱诺（Salerno）大学诞生于公元 9 世纪，建立于 11 世纪初，但直到 1231 年才得到腓特烈二世颁发的特许状，正式承认该校是一所专门从事医学教育的大学。所以人们一般认为，第一所大学是意大利的博洛尼亚大学，它诞生于 1088 年，经历半个多世纪，才于 1158 年经由神圣罗马帝国皇帝弗雷德里克一世颁布赦令，宣布为正式合法的大学。法国的巴黎大学诞生于 1170 年，它由巴黎圣母院大教堂学校发展而来，以研究神学著称。1198 年教皇西勒士丁三世赐给巴黎大学许多特权，1231 年罗马教皇承认巴黎大学拥有自主权，学校拥有神学、文学、法学和医学四科，成为西欧当时大学的"典范"，吸引了来自各国的教授和学者，被誉为"世界大学之母"，学生最多时达五万之众。

从 13 世纪开始，欧洲各国纷纷创办大学，英国学生曾远涉重洋到法国巴黎大学求学，1167 年，英格兰国王亨利二世和法兰西国王菲利普二世发生争执，英法关系恶化，亨利二世下令召回在巴黎大学的全部英国学者和学生，大批学生汇集牛津，并以这批被召回的学者和学生为基础，于 1168 年创建英国第一所大学——牛津大学。牛津大学的显著特点是它的学院制，因为学院作为独立建制是其所特有的。1209 年，由于学校与市政当局发生冲突，部分师生移居剑桥，于是创办了闻名于世的剑桥大学。剑桥大学于 1218 年得到英王亨利二世的认可。到文艺复兴之初，欧洲的大学已达 80 所。

随着大学的不断发展，大学的概念也随着不同历史时期、不同文化传统、不同学科及政治体制等因素，具有不同概念，现列举不同的理论观点如下。

被西方学者们称为第一个系统阐述大学观的英国都柏林大学首任校长约翰·亨利·纽曼，作为一个深受 18 世纪英国牛津大学、剑桥大学传统影响的学者，他认为，大学是"一个传授普遍知识的地方。这意味着一方面，大学的目的是理智的而非道德的，另一方面它以传播和推广知识而非增扩知识为目的"，大学是"一切知识和科学、事实和原理、探索和发现、实验和思索的高级保护力量；它描绘出理智的疆域，并表明……在那里对任何一边既不侵犯也不屈服"。

因缔造德国柏林大学而闻名于世的威廉·冯·洪堡认为："大学的一个独特特征是，它们把科学和学问设想为处理最终无穷无尽的任务——它们从事一个不停的探究过程。低层次的教育提出一批封闭和既定的知识，在学生和教师之间的关系，不同于低层次教师和学生的关系。在高层次，教师不是为学生而存在；教师和学生都有正当理由共同探究知识。”

英国著名数学家和哲学家怀特海认为：“大学是实施教育的机构，也是进行研究的机构。但大学之所以存在，主要原因并不在于仅仅向学生们传授知识，也不在于仅向教师们提供研究的机会……大学存在的理由是，它使青年和老年融为一体，对学术进行充满想象力的探索，从而在知识和追求生命的热情之间架起桥梁……一所大学若不能发挥这种作用，它便失去了存在的价值。”

德国当代著名哲学家雅斯贝斯认为：“大学是研究和传授科学的殿堂，是教育新人成长的世界，是个体之间富有生命的交往，是学术勃发的世界。每一项任务借助参与其他任务，而变得更有意义和更加清晰。”

我国“现代大学之父”蔡元培认为：“所谓大学者，非仅为多数学生按时授课，造成一毕业生之资格而已，实以是为共同研究学术之机关……大学者‘囊括大典，网罗众家’之学府也。”“大学为纯粹研究学问之机关，不可视为养成资格之场所，亦不可视为贩卖知识之所。”

以上这些概括是一些思想家、教育家对大学的诠释。

《大不列颠百科全书》关于大学的解释是：大学是“高等学府，通常包括一所文理学院、研究生院和专业学院，并有权授予各个学科领域的学位”。

日本《世界教育辞典》关于大学的定义是：“大学是指高等院校中以学术为媒介进行研究和教育，即培养人和进行高等专业教育的机构。”

我国《辞海》关于大学的解释是，大学“是实施高等教育的学校。大学分综合大学和专科大学或学院”。

大学有广义、狭义之分。广义的大学，泛指各种性质、各种类型的高等学校，包括公立大学和民办大学。狭义的大学，专指综合性大学，也就是具有较强教学、科研力量，较高教学水平和相应规模，能够实施本科及本科以上教育，必须设立三个以上国家规定的学科门类为主要学科的大学，即综合性、多学科、高水平的全日制大学或综合性、研究型、国际化的全日制大学。

随着世界教育与科技迅猛发展及高等教育大众化进程的加快，现在高校的结构层次类型也呈现出多样性特点。在国外，如美国大学，可分为研究型大学、博士授予大学、综合院校、文科学院和社区学院五大类。我国有学者针对高校层次结构进行分析，认为我国大学可分为研究型大学、教学科研型大学、教学型大学、高等专科学校和高等职业学校五类。

二、大学的内涵与特征

大学作为一个存在的实体，它的校园规模、师生人数、教学大楼、科研实验仪器设备、图书馆等都直观地呈现在人们眼前。但是蕴涵在这一实体中的大学精神却不是一眼就能够看得出来的。任何一所大学都有其独特的大学精神和历史传统积淀，它不仅是一笔丰厚的精神财富，而且是一所大学的魅力所在，更是一所大学可持续发展的动力。

大学内涵就体现在其大学精神的内涵上。著名的德国教育学家洪堡认为，大学从 12 世纪诞生起，一直被称为社会的良心。他提出大学精神应当体现在思想自由、学术自由、教学自由这三个方面。北京大学校长蔡元培在 1917 年北京大学改制会议上提出的“兼容并蓄，学术独立，思想自由”的北大精神，长期以来一直被看做中国的大学精神。

（一）大学是思想库，精神文明的辐射源，社会发展的智慧源

1998 年在巴黎召开的世界高等教育大会的主题报告《21 世纪的高等教育：展望和行动》强调，高等院校及其师生应当完全独立和充分负责地就伦理、文化和社会问题坦率地发表意见，成为社会的知识权威，以帮助社会去思考、理解和行动。大学是以探索、追求、捍卫、传播真理和知识为目的的，继而负有引导社会价值观和社会行为之使命，对人的素质改善和提高、社会文明进步和国家发展具有不可替代之重大影响力和推动力的教育机构与学术组织，是研究和传授科学的殿堂、教育新人成长的世界。雅斯贝尔斯在《大学之理念》一书中开宗明义地指出：“大学是一个由学者与学生组成的，致力于寻求真理之事业的共同体。”牛津大学校长科林·卢卡斯指出：“大学之存在，是为了探究事物的本质；大学之存在，是为了发现如何区分真实与表面；大学之存在，是为了理解意义。”哈佛大学则将“与柏拉图为友，与亚里士多德为友，更要与真理为友”作为校训。杜威说，教育是社会进步和革新的根本。林肯在给美国国会的国情咨文报告中有这样一句话：“人类最后和最美好的希望之一就是教育。”大学更应是人类最美好的希望，自觉处在社会改革和文明进步的前沿。因为大学不仅是人类社会的科学脊梁，还是人类社会的道德良心，推动人类社会文明进步的力量和国家民族发展的希望。

著名思想家奥尔托加认为，在大学里建立起符合时代要求的思想体系，树立崇高的精神境界，是大学的一项凌驾于其他之上的基本功能，大学应该把教育者培养成为具有“人的精神”的人。著名思想家怀特海指出：“大学培养了我们这个文明世界的知识分子的先锋——神父、律师、政治家、医生、科学家和文学家。这些知识分子始终是理想的源泉，这些理想引导人们勇敢地去面对时代的困扰。”

随着知识经济的发展，经济全球化的推进，科技无国界的全球化时代的到来，人类进入终身学习时代，和平与发展成为当今时代的主题，都迫切要求反映到教育上来。因此，在全球化的背景下，建立以人为本的现代大学制度，才是中国大学以和谐方式参与全球化的当务之急。一方面，“这种大学制度在管理上表现为学术自治、学术自由、学术中立以及为向纳税人和公众负责而高质量地履行其职能，并有效地使用社会提供的资源的责任”。但另一方面，伴随着经济的全球化，不同文明之间的

“鸿沟”日益扩大。冲突与对抗潜滋暗长，大学培养的人才不仅要参与全球化经济和科技竞争与合作，而且不可避免地要承担其价值澄清和文化选择的责任。因而，对别国文化的理解与尊重，就成为大学教育的新使命与目标，以形成更具有兼容性的开放、灵活的思维模式和以平等、宽容、兼收并蓄为特征的文化价值观。

大学是一个用自己独特方式服务社会和大众的机构。20世纪以来，高等教育相继由精英教育步入大众化、普及化，社会形态由工业化向知识化、信息化转型，大学已经成为建设知识创新型国家的主力军。伯顿·克拉克在《高等教育新论》中指出：“在后工业社会里，大学成了轴心机构……起‘社区服务站’的作用。”世界名校普林斯顿大学将自己的校训定为“为国家服务，为世界服务”。当然大学有大学的服务之道，有自己的服务定位和价值追求。“大学不是风向标，不能什么流行就迎合什么。大学应不断满足社会的需求，而不是它的欲望。”它可以通过为社会培养人才来服务，也可以通过发展科学和生成文化来服务，还可以直接提供具有高知识含量的产品，如科技改造、生产方法改进、政策咨询、法律援助等。更为重要的是，大学凭借自身的智慧，提供高级的服务——引领社会先进文化潮流，引领先进科学技术，引领社会主义核心价值观念，引领时代社会道德风尚，充当社会先进文明的灯塔、人类的良知。

在不断完善社会主义市场经济体制过程中，大学应该是推动社会变革、制度创新的思想库和社会主义精神文明建设、现代化社区建设、公民道德建设的推进器与辐射源，促进社会发展，不断涌现、产生智慧的源泉。

（二）大学应有数量可观的著名的大学者

梅贻琦曾说过，“所谓大学者，非谓有大楼之谓者，有大师之谓也”。学术大师是一所大学的灵魂，也往往是一个民族精神文化的卓越代表。所谓“大师”，通常是指那些学识渊博、学贯中西、治学严谨、在一定学科领域造诣非凡而德高望重的硕学鸿儒。他们的学术研究应当有综合创新性，既居国际前沿，又有自身特色；在国内处于领先地位，起领军作用，在国际上有较强的吸引力和竞争力。学生天天与鸿儒大师接触，耳濡目染，受到他们的指点，砥砺；感受着他们的好学与志趣；学习他们的治学方法；领会他们对事理分析的真知灼见，这是最难得的。俗话说“听君一席话，胜读十年书”，与有思想、学识渊博的师长谈话的确可以提升人的精神境界，增长才干。

课堂中传递知识的方式常常是机械式的。一小时翻多少页讲义的课是单调枯燥的，而在课堂外的闲谈时论及的学问才是活的、生动的、与每个人密切相关的。教师的言谈举止、风度仪表、知识才华、个性气质、精神风貌对学生具有潜移默化的影响。课堂上的学问大多都是专门的学问，课堂外的学问才是自由的、广博的、人生的活的学问。古人有“常思先辈寻常话，愿读人间未见书”的说法。《论语》记载的是孔子与其弟子的日常对话,《传习录》是王阳明的师生对话，读这两本书却怎么也不如亲耳聆听孔子、王阳明的教诲更有意味。

（三）大学培养的是“大人才”，而不是一般的工匠、技师

所谓“大人才”即具有原创性的思想家、科学家与艺术大师。1996 年 11 月 5 日，牛津大学各学院的学监们以 259 票对 214 票的表决结果，否决了牛津建立一所“世界级的工商管理学院”的提议。牛津人认为，教育是让学生对公众服务，而不是对赚钱有所准备，因为他们担心，工商教育无非是讲授如何在 6 个月赚取 50 万美元。所以，校监们决定,“有着古老传统的牛津大学应该远离沾满铜臭味的工商教育”。牛津为英国、欧洲乃至整个世界贡献的不是熟练的技术工人、精明能干的老板、仕途得意的政客，而是培养博学多才的具有原创性的思想家、科学家、教育家和艺术大师。

（四）大学所要解决的问题都是带有根本性的问题

英语 “university”一词来自拉丁文名词“universitas”，有“社会、整体、世界、宇宙”之意，其词根 universe 有“普遍、天地、世界、宇宙、万物”等意思，喻指大的学问和普遍的、普适的道理。大学具有普遍性，是知识生产和文化传播机构，大学发挥着传承、生产、创造、鉴别与批判知识和文化的功能，探究知识与学问、追求真理是大学的内在要求。这些问题包括社会发展、自然奥秘、终极关怀，以及人与人、人与国家、人与社会、人与自然、民族与民族如何相处等。

美国加利福尼亚大学伯克利分校物理系人才辈出，半个多世纪中已有七位诺贝尔物理学奖得主。问到其中奥秘时，物理系系主任说:“物理系教授和学生的原则是，不做别人让你做的事。我们不做实用的，尤其是和武器有关的实验，而长期从事纯理论、纯科学研究。”斯坦福大学校长查理・莱曼说：“人文科学必须直面‘做人究竟意味着什么’这个问题，人文科学必须告诉我们，个人和社会应如何解释道德生活，如何设法使这种道德生活成为现实，如何试图使自己与公民的责任协调起来，以及得体地表达自己的观点。”

“为谋生而学习”在德国大学生中是受到鄙视的。青年人离开学校时，应是作为一个人格健全、和谐发展的人，而不只是作为一位专家。

（五）大学是培养通才，即德智体美劳全面发展的人才

在人才培养上，大学无不是以培养通识、博学，具有高度教养和全面发展的通才为目标的。“通”有两层含义：其一是通晓，即掌握跨学科的知识或多领域的才干。通与博相近，例如，董仲舒通五经，马融兼通赋颂、碑记、琴歌，郑玄兼通天文、历法、算学，他们均为汉儒中的通才。又如，张艺谋被称为电影奇才，他精通摄影、表演、导演三个行当，所拍摄的影片几乎每部都获得国际国内大奖。其二是贯通，

即能在相关的知识、观念之间构成有机联系，善于推理并能合理地、准确地加以应用，所谓闻一知十、举一反三。

儒家教育观集中在人格和人才的完善上,儒家理论的归宿 ,就是教人如何做人。孔子说“君子不器”。器具的特点是只有某一方面的用途，而且是被使用的对象。儒家要培养的君子不是成为只有一种用途的器具，而是要成为掌握“道”(天、地、人)并能周应万变的人才。现在教育的弱点是以类似造“器”的模式来造“人”，忽视人的个性和创造力及心理上、精神上、物质上的要求，习惯于将教育的任务简言为培养一专之能、一技之长的人才，很少注意人本身的品质修养。

1989 年，联合国教科文组织在北京召开了“面向 21 世纪教育国际讨论会”，会议认为未来人才都应掌握三本“教育护照”(即通行证)。一本是学术性的，一本是职业性的，另一本是证明一个人的事业心和开拓能力的，三者缺一不可。尤其是第三本“护照”，即素质，缺乏它，学术和职业方面的潜能就不能充分发挥。

西方关于大学的理念可以追溯到古希腊以培养“有教养的人”为目的的博雅教育。自然科学的发展，使科学教育得以从人文学科中分化出来并与人文教育并驾齐驱。所以，西方教育同样有深刻的人文内涵。科学教育的奠基人、德国教育学家洪堡认为:“大学的真正成就应该在于它使学生有可能，或者说它迫使学生至少在他一生当中有一段时间完全献身于不含任何目的的科学，从而也就是献身于他个人道德和精神上的完善。”

总之，大学培养的是高级人才，不是培养专事科技而不问人文的人才，不是培养专才而是培养适应性强、潜力大的复合型人才；不仅教学生就业之道，而且要教给学生做人之道。大学培养出来的毕业生不应该是社会现有就业岗位的竞争者，而应该是新的就业岗位的开拓者；大学培养出来的科技工程人员是对人类具有爱心，怀抱人文情怀的人；大学培养出来的学生应有自然、社会和人文三方面知识，所培养出来的学生应是具有创新精神与实践能力的高级专门人才，是主动、全面而健康发展的高素质的毕业生与高度负责任的公民，是既爱国、又创新，全心全意为人民服务的人。

三、大学的理想

上海交通大学高等教育研究所刘念才教授归纳得出世界一流大学具有以下九大基本特征。

第一， 学科水平很高，门类较为齐全。世界一流大学的学科水平很高。如哈佛大学、麻省理工学院、加利福尼亚大学、斯坦福大学、加利福尼亚大学伯克利分校等均有 20 余个学科在美国名列前茅，在世界上享有很高声誉。世界一流大学学科门类较为齐全，不仅能在广阔的领域为学生提供学习的条件，而且为学科交叉渗透和新兴学科培育提供了前提。

第二，学术大师汇聚，教师素质很高。世界一流大学的教师素质很高，多数拥有世界一流大学的博士学位。他们往往是经过严格的筛选程序，从几十乃至数百个候选人中挑选出来的。他们中不乏包括诺贝尔奖获得者在内的世界杰出科学家、划时代科技成果的发明者。

第三，科研成果卓著，学术声誉很高。世界一流大学都是研究型大学，具有良好的学术氛围，代表科学研究的国际前沿，拥有一批国际一流的实验室和国际领先的原创性科研成果，在世界范围内享有很高的学术声誉。到目前为止，世界共有 400 余名大学教师获得过诺贝尔奖，他们基本上来自于世界一流大学。

第四，科研经费充裕，研究力量雄厚。世界一流大学的科研经费充裕，其年度科研经费少则 1 亿美元左右，多则数亿美元。世界一流大学除高水平的教师队伍之外，还拥有庞大的研究生队伍，研究生占全校的比例一般在 30%~60%，博士后的数量一般为数百名，哈佛大学则拥有 3000 余名博士后。

第五，学生素质一流，生师比例不高。世界一流大学重视吸引本国乃至世界最优秀的学生就读，所培养的学生毕业后受到社会普遍欢迎，对社会乃至整个人类的创新和进步起着领先带头作用。世界一流大学的生师比例一般不高，这既是研究型大学的教师从事大量的科学研究的要求，也是创造性人才培养的要求。

第六，管理科学规范，杰出校长掌舵。世界一流大学都有自己的“大学章程”，具有高度的权威性和严肃性，并以章程为基础制定了各种规范，具有规范管理和依法治校的良好氛围。世界一流大学都有杰出校长掌舵，他们不仅是享有崇高威望的科学家，而且是具有独特办学思想的教育家，更是出色的社会活动家。

第七，办学特色鲜明，办学理念明确。世界一流大学一般具有较为悠久的发展历史和深厚的文化底蕴，在长期的办学实践中形成了鲜明的办学特色和明确的办学理念。世界一流大学不断适应教育、科技和社会、经济发展的需要，确定发展战略和目标定位，主动进行改革和创新。

第八，国际化程度高，留学生比例高。世界一流大学实行全方位开放式办学，是国际教育、文化、科技交流的桥梁。它们不仅是世界著名学者学术交流的中心，也是国际化人才培养的基础。其研究生中留学生的比例较高，一般在 20%以上。

第九，经费投入巨大，办学设施优良。世界一流大学的办学经费投入巨大，年度经费一般在数亿至 10 多亿美元，其中社会各界及校友捐赠占较大比例。这些大学拥有一流的图书、博物中心和丰富的馆藏资料，为师生提供了良好的工作和学习环境。

现在，让我们用现代与传统相互贯通的思维方式来探讨理想的大学应该是怎样的。

第一，理想大学必须是走向国际化的大学。大学的国际化是经济全球化发展的必然，是社会发展的必然，是不可阻挡的世界潮流。只有早主动、早适应、早介入的大学才有可能获得巨大的市场和教育资源，吸引更多的留学生。现在，国内有越来越多的人舍得花钱送子女出国留学，我国大学正面临各国著名大学的争夺优秀生源和拔尖人才的激烈竞争。所以，创建国际化的理想大学是中国人走向现代化的一个非常重要的目标。理想的大学应该具有世界水准，能得到其他国家和民族的承认、重视和仿效，培养出面向世界的优秀人才，其教育资源和科研成果能够被世界共享，具有很大的开放性。

第二，理想的大学要有浓厚的学术氛围。首先是建筑物与校园的外观。在林语堂看来，一走进去，是否有一座颓圮、古朴苔痕、半壁匾额、字迹潦草不可辨认的大门；房屋树木场所周围是否有一种森严古朴的气象，到这里之后叫人有一种置身别一天地，忘记一切俗虑、俗气的感觉，令人感到在这里只有一件事最重要：研究学问。学习并非从书中来，从一种不知不觉的熏染中来。一名学生天天受这种环境的熏染，熏四年能养成一种好学的习气，即便不能成为鸿儒雅士，至少也可学有所获。理想的大学不能只追求实用，学术不一定非要转化成近期的功利，它还应给我们的生活更多的东西，那就是文明、个人发展的需求、经验和态度等深层价值观念。

第三，理想的大学师生在课外应有较多的接触。真正的教育是无法用分数、成绩记入记分册的教育。真正的教育不仅是课堂里的一本正经的讲课教育，更是课外与教师的接触。现在学校规模的急剧扩大，学分制的实行，改变了传统的师生关系，那种源自苏格拉底和孔子时代的问答式、讨论式的教学，师生朝夕相处的熏陶、濡染的“人师”作用被大班集体授课和礼节性的师生关系所取代，这就很容易削弱大学人文教化的作用。在德国，允许大学学生不上课，但在课外不与老师接触则绝对不允许。

教育的真谛是人与人的关系，不是人与书的关系。上课教师相见，下课师生相忘，不接触任何教师的大学教育，无疑是大学生活的遗憾。现在的大学生活，必须使师生在课外有比较充裕的交游与谈学的机会，使学生可以与一位生物学家谈树叶的历史，亦可以同一位心理学家谈梦的解析，使学生无处不感到学问的生动有趣。越是理想的大学越有一些国际知名的大学者经常来作讲座。这些大师级人物常来坐坐走走，不一定都要讲学，只是在这里做学问，偶尔有一场大学讲座，让学生们开开眼界。没有这些人的存在，浓厚的学术氛围就营造不起来，学生的眼界就拓展不开。

第四，理想的大学具有深厚的人文底蕴。《周易》：“观乎人文，以化成天下。”人文是生活的智慧；是日常洒扫、应对；是与人交往的品位和策略；是对生老病死的看法和体会；是对古事人文的态度；是对人生意义的价值的叩问乃至体证。人文是对人之为人的意义的追问以及对价值理性的追求的人性关照与价值判断。人文是对“衣冠禽兽”的鞭挞，是对感情卑鄙、灵魂龌龊的抨击。 诉诸教育的人文就是要培养“好人”、“能人”、“圣人”，培育“善者”、“智者”、“悟者”，培育“贤才”、“英才”和“帅才”。“这种人的情感是高尚而且丰富的，思维是正确而富于创新的，精神境界是纯洁而神圣的，个性是健康而完善的，人是全面而主动发展的，‘灵魂’是真正的人的‘灵魂’。”伟大的科学家爱因斯坦在《培养独立思考的教育》中指出：“用专业知识教育人是不够的。通过专业知识，他可以成为一种有用的机器，但是不能成为一个和谐发展的人。要使学生对价值有所理解并且产生热情，那是最基本的。他必须获得对美和道德的鲜明的辨别力。则他——连同他的专业知识——就更像一只受过很好训练的狗，而不像一个和谐发展的人。”爱因斯坦的这段话非常形象地说明了技能的学习必须和人文的修养结合起来。人文精神在本质上就是人性，即人类对于真善美的永恒追求，以及表现在追求中的自由本质的展现。

理想的大学是科学与人文有机统一，是求真与求善高度统一。师生之间教与学的目的是为他人、为集体、为国家、为民族、为社会、为自然界，思想、言行、实践合乎客观实际，顺乎客观规律的为国、为民、为人类谋福利。科学与人文的相互依存犹如人的左脑和右脑的相互依存，融则两利两旺，分则两弊两衰。没有科学的人文，是残缺的人文，人文中有科学的基础与珍璞；同样，没有人文的科学，容易成为毁坏世界与人类的隐患，科学中应有人文的精神去关照和指引它。

理想的大学还应该有一流的管理体制与机制，有各种学科创新的平台，等等。

第二节 大学生的身心发展及特点

一、大学生的身心发展

从人的年龄特征、生活内容和发展任务来看，大学阶段是一个人成长和发展的黄金时期。从生理成熟度而言，进入大学后，大学生的躯体形态生长发育速度放慢，体格技能素质和适应能力已达到较高水平。与此同时，大学生的心理发展迅速趋向成熟，但又未达到真正的心理成熟，由此引发一些心理和行为问题。大学生只有真正了解了自身这个阶段的身心发展特点，才能更有利于个体的成长和发展。

（一）大学生的生理发育特点

人的生理发展是指人体各系统、各器官、各组织的生长、发育和机能的成熟及体质的增强。在生理发展上，人从出生到成熟，一般要经历两次生长高峰。一是婴儿期，即从出生一个月后到一周岁左右，这一时期生长最为迅速。第二次是青春期，即 14~25 岁，这一阶段正好是我国大学生接受高等教育的时期。

体态发育基本稳定。身高、体重和胸围等是人体形态发育的主要指标。经过青春期的快速生长，大学生的体态发育已基本完成。根据有关调查，我国青年的身高一般在 23 岁以后就增长缓慢，17~18 岁年龄段的在校大学生只要保持足够的营养，积极参加体育锻炼，还会长高。当然，我国大学生体态发育的性别差异和地域差异较为明显。

生理机能趋于完善。脉搏、血压、肺活量和肌肉力量是人体机能的主要指标。大学生的心率减慢，肌肉力量、肺活量等均有增长。

神经系统发育达到成人水平。神经系统是心理发展的重要物质基础。从神经系统发育的一般情况来看，大学生的大脑及整个神经系统已基本发育成熟。为大学生开展较复杂的抽象逻辑思维及科研创新活动奠定了基础。

性器官发育成熟。青春期是随着性器官的发育、性激素分泌的增多而开始的。在性激素的影响下，生殖器官发育加快，第二性征出现。

大学生的生理发展不仅为他们独立生活和学习提供了必要的生理前提，而且直接影响心理的发展，使大学生“成人感”增强，强烈要求自立独立。他们精力充沛，思维活跃，朝气蓬勃，敢想敢闯，有一股不服输的劲头，愿意事事处处显示自己的能力，性意识觉醒，生理的发展也为大学生整个人生健康发展以及人生观的形成奠定了基础。

（二）大学生心理的基本特征

在生理发展的基础上，大学生的心理发展处于迅速走向成熟，而又未完成真正成熟的阶段。因此，这一阶段在心理发展方面表现出这样一些一般心理特征。

1. 过渡性

大学生处于青年期，而青年期是个体从不成熟的儿童期向成熟的成年期过渡的阶段，其生理、心理和社会性几方面都表现出过渡性的特点。由于青年期的跨度较大、变化迅速，因此，难以将整个青年期作为单一发展阶段来理解。这个时期的首尾两端与儿童期和成年期有或多或少的重叠，即青年早期在某些方面带有儿童期的特点，而青年晚期又在某些方面具备了成年期的特点。这种过渡性常会使青年处于幼稚性与成熟性、依赖性与独立性、情绪性与理智性、盲目性与自觉性、理想性与现实性的矛盾之中。

2. 闭锁性

闭锁性是指个体进入青春期以后，内心世界逐渐复杂，开始不轻易将内心活动表露出来。这个特征在青年早期最为明显。大学生智力活动的“内化”程度和抽象水平日益提高，是其闭锁性在认识能力方面的基础。大学生生理上的变化会引起情感上的变化，这些变化一般不会流露。即使引起情感上的波动，由于这个时期意志力的发展，往往也能被控制而不表现出来，这是闭锁性的情感与意志方面的基础。此外，如果其他人不能正确地对待他们，就会造成大学生在某一时期心理上的闭锁性。闭锁性常导致大学生与父母、老师及有关的其他成人之间在心理上产生距离，因而产生孤独感。当然，这种闭锁性不是绝对的，大学生常常处于闭锁性与强烈交往需要的矛盾之中，他们对同龄、同性别的伙伴，特别是“知己”朋友，就比较愿意吐露真实的思想与真挚的感情。

3. 独立性

青年期以后，由于生理的急剧变化，诸如身高体重的增长，第二性征的显现以及性成熟，成人感和独立意识急剧增强，大学生极力要求成人和社会把他们当做成人看待，强烈要求独立自主。卢梭（J. J.Rousseau）和斯普兰格都曾将青年期这种现象称为“第二次诞生”（new birth），意即青年通过发现自我，产生对生活的设想，扩大自己的生活领域，从而进入一个崭新的时期。霍林沃斯则将这种现象称为“心理性断乳”（psychological weaning），亦称“第二次断乳”，意即青年开始要求从儿童时代那种被父母保护、监督，以及对父母的依赖关系中摆脱出来，自己决定自己的行动，并要求在家庭中获得平等和独立的地位。

4. 发展性

进入青春期发育期后，大学生的身体和生理机能都发生了急剧的变化。由于身高、体重的迅速增长，直接促进成人感的产生。性生理的成熟，第一性征和第二性征的相继出现，是大学生性意识开始萌发，性的知识和兴趣明显增强，并将面临和处理建立异性恋爱关系和成立家庭的人生课题。

大学生心理发展的一个集中表现是自我意识的发展。自我意识是指一个人认识自己、评价自己的能力，包括对自己生理特点、心理过程、社会成熟及其内容的认识。在青年期，自我意识出现新的发展并逐步成熟。在此过程中，大学生将询问和回答“我是谁”这一问题。他们的自我意识的显著特点是产生分化，即分为理想自我和现实自我。处于观察者地位的理想自我，不断观察、分析现实的自我。他们逐步能独立地评价自己，能对自己的心理特点和思想品质作出评价。但当理想自我与现实自我产生矛盾而又不能解决时，往往给大学生很大的震动，并带来苦闷与不安。

5. 动荡性

大学生的情绪不稳定，易于激动、烦躁不安，带有动荡性。他们常因一点小事被感动，或者振奋、激动；或者动怒、怄气，甚至争吵；或者泄气、消沉。大学生可以表现出为真理和正义献身的热忱，做出惊人的、壮烈的举动，也可以由于盲目的狂热而做出一些蠢事或坏事。大学生的情绪来得快，平息也快，常是暴风雨式的。所以，霍尔以及许多心理学家将青年期比喻为“疾风怒涛”（storm and stress）的时期。

6. 探索性

大学期间是世界观、人生观和价值观初步形成的时期。随着学业的复杂化和深刻化，知识经验的积累，理论思维的形成，他们开始考虑个人、国家和世界的前途，充满着对未来的憧憬。他们渴望从理论上对人生的一系列重大问题进行论证，希望尽快打开科学的大门，更广泛地寻求真理。他们逐步形成了对世界、人生的比较稳定的看法。但他们尚未完全成熟，容易偏激，常有片面性和认识模糊的情况。当在求知欲与敏感性方面缺乏正确思想指导时，容易迷信错误的、自以为是的“新知识”或“新思潮”。

7. 创造性

进入青年期后，个体的智力发展开始达到成人水平，一般在 20 岁左右达到高峰。抽象逻辑思维高度发展，辩证性日益提高，发散思维有新的发展，加上想象力丰富，使大学生的创造性有了充分的智力基础。同时，大学生勤学好问，意志力增强，兴趣日益广泛，有一定的处理问题的能力，这又为他们的创造性奠定了个性心理方面的基础。他们不盲从，不轻信，思想活跃，敢于创新，厌恶因循守旧。但这时也容易脱离具体事物进行不切实际的假设和论证，以致得出错误的结论。

二、大学生的自我意识

（一）自我意识

自我意识是意识的一种，也是人的意识的一个重要特征。它是作为主体的我对于自己以及自己与周围事物的关系，尤其是人我关系的认识。自我意识实际是客体的自我、物我关系和人我关系在个体头脑中的自觉反应，主要包括自我观察、自我监督、自我评价、自我体验、自我控制等。自我意识往往是通过自我观察和反省、社会比较、分析自己的外部活动等多种途径获得的。自我意识是一种多维度、多层次的心理活动系统，它对人的心理和行为有巨大的制约作用和影响，在某种程度上决定着个体的行为风格和行为差异。

（二）大学生自我意识发展的具体表现

首先，由于独立感增强，青年大学生意识到自己已经成人，经常将自己当做成人看待。他们呼唤更多的自主和自立，渴望成人不再像对待小孩那样严格管教和控制自己，对成人严格的管教持否定态度，但却不是如同青春期那样有强烈的逆反心理。

其次，大学生已不像中学生那样过于关注自我，而是在外部世界和内部世界之间合理地分配注意力：在注视自己的同时也关心周遭环境和他人；渴望了解别人对自我的看法的同时也能对自我做出相对客观的评价；探索什么是真正自我、如何做回真正自我的同时也兼顾社会标准和伦理道德的约束。这些都表明大学生已经能在自我和外界之间找到动态的平衡。

再次，自我塑造和理想自我具有可实现性。不再有非常脱离实际、纸上谈兵的理想，而是结合自身的优势形成适当的理想自我，自我塑造更为可行和现实。

最后，学会了和自我进行对话。在自我表现方面，青年不再如同儿童那样坦率、天真和外露，而代之以含蓄内敛的方式表现自己的看法和态度，在行为表现上有掩饰现象，表现出行为和内心相反的情况，即所谓心口不一。这表明他们有了更多内心的秘密。尽管增加了被他人了解的困难，却是其自我意识发展的飞跃——正因为他们能用内部语言和自我进行对话，他们的思维能力和适应水平产生了飞速提高。当然，负面影响就是这个时期的青年有不同程度的孤独体验，感到自己难以被别人理解。

三、大学生的个性特征

（一）个性

个性（personality），也称人格，指一个人的整体的精神面貌，是一个人具有的心理倾向性和心理特征的总和。个性的结构是多层次、多侧面的，个性的这些因素相互渗透、相互影响、相互制约，有机结合成一个整体，对人的行为进行调节和控制。大学生的个性特征也是通过气质、性格、能力等方面反映出来的。

1. 个性倾向性

个性倾向性是个性的动态部分，是个性结构中最活跃的因素。它是一个人进行活动的基本动力，决定着人对现实的态度，决定着人对认识活动的对象的趋向和选择。

个性倾向性的各个成分并不是孤立的，而是相互联系、相互影响的。一般来讲，个性倾向性较少受生理因素影响，主要是在后天的社会化过程中形成的。其中，需要是个性倾向性乃至整个个性积极性的源泉。个性心理倾向性是以人的需要为基础的动机系统。只有在需要的推动下，个性才能形成与发展。

2. 个性心理特征

个性心理特征是一个人经常并稳定地表现出来的心理特点，集中反映了人的心理面貌的独特性。每个人的心理特征是不同的，个性表现也是千差万别的。个性心理特征主要包括气质、性格和能力。这些特征可以通过心理测验来了解和认识。有人学习起来，往往是一鼓作气，能在短时期内集中精力把任务完成，这其中有明显的气质在起着作用；有人善于进行想象和抽象逻辑思维，能不断发现问题，并取得了不少发明创造的成果，这主要是能力特征起的作用；有人为人正直，不计较个人得失，见义勇为，助人为乐，这显然属于个性特征范畴。个性心理特征是一个整体。在人的活动中，气质、能力和性格相互联系，相互制约，在同一行为中表现各自的特征。

3. 个性的独特性

人的个性具有独特性、社会性、稳定性和完整性等特点。个性最突出的特点就是独特性，即一个人区别于他人的特征。比如，一个大学生由于其诚实、正直、乐观、坚忍、助人等特点而与周围的人不同。 世界上没有个性完全相同的两个人。人的个性心理特征受个性心理倾向的调节，个性心理特征的变化也会在一定程度上影响个性倾向性。

（二）大学生的气质

1. 气质及其类型

气质是人典型的、稳定的心理特点，是个人心理活动动力特征的总和。这种动力特征主要包括以下三个方面：①心理过程的速度和灵活性，如知觉的速度，思维的灵活程度等；②心理过程的强度和稳定性，如注意力集中时间的长短，情绪的强度，意志力的强弱等；③心理过程的指向性，即心理过程是倾向于加工外部事物还是自身内部事件（如经常分析自己的言行等）。一般认为，气质是人的典型的、稳定的心理特征。这种稳定性，一方面表现为气质较多地受个体先天决定的高级神经活动类型的制约；另一方面表现在气质特点较少因活动的内容、目的和动机而发生变化，即在不同活动中，同一个个体将会表现出相同性质的气质特点来。

气质主要是由人先天的高级神经活动类型决定的。一个人的气质类型，没有好坏之分。每一种气质类型都有其积极方面的特征和消极方面的特征。由于气质具有相对稳定的特点，因此，在生活中要了解自己的气质类型。另外，气质类型也有一定的可塑性。大学生可以通过环境、学校教育和自我教育等途径，克服气质中的某些消极特征。

早在古希腊时代，医生希波克里特就提出了体内四液说。希波克里特将人分为四种体液类型，并描述了四种类型的生理和心理特点。希波克里特的体液心理学只描述了不同体液类型的特点，并没有提出气质的概念。大约 500 年以后，古罗马医生盖伦发展了希波克里特的学说，提出了“气质”的概念。其实，气质与人的体液并无直接关系，希波克里特的体液学说也无科学依据。人们之所以一直沿用“气质”概念，就在于这四种气质类型在现实中的确是存在的。

苏联生理学家巴甫洛夫从科学的角度，用高级神经活动类型说来揭示了气质的生理根源。巴甫洛夫认为高级神经活动分为兴奋过程和抑制过程，神经过程具有三个特性：强度、平衡性、灵活性。强度是指神经接受强烈刺激或持久工作的能力；平衡性是指兴奋过程与抑制过程的相对关系，两种过程强度相当则为平衡，某一过程占优势则为不平衡；灵活性是指兴奋过程与抑制过程相互转化的速度。

2. 气质与自我发展

认识自己是发展自己的前提。大学生要了解自己的气质特征，克服消极的气质特点，发扬积极的气质特点，并在此基础上形成良好的个性特征。

（1）要了解气质的基本特性。大学生要认识到：气质是受遗传因素影响较大的一个因素，在个体心理发展的早期阶段就已有明显的表现，随着年龄的增长而较少发生重大的变化，表现相对稳定；气质贯穿在人的心理活动和行为方式之中，对人的智力活动、学习活动及实践活动等都有一定的影响。因此，要从每个人的实际出发，充分发挥自己的长处。

（2）要认识到气质类型没有优劣之分。气质明显地影响着一个人的活动，甚至影响着人们的事业。那么，是否可以说，具有某种气质的人事业上一定成功，具有某种气质的人定然一事无成呢？否。因为，气质没有好坏之分，每一种气质都有其积极和消极的一面，它只能影响人们智力活动的方式，不能决定人们智力发展的水平。任何气质类型的人只要合理发展，都可以达到理想的彼岸。众所周知，俄国文学家普希金、赫尔岑、克雷洛夫和果戈理就分别属于胆汁质、多血质、黏液质和抑郁质。

实际上各种气质类型没有绝对的优劣之分，每一种气质类型都有其积极方面的特征和消极方面的特征。

多血质的学生，活泼热情，能迅速适应新环境和新的学习、工作条件，但思想感情不够深刻和稳定，变化无常，办事不够沉着冷静；在智力活动中，他们可能表现为发散性思维能力强，善于求异思维，思考问题灵活，也可能表现为动摇、易受暗示性。

胆汁质的学生，热情直爽，办事果断，有魄力，敢负责，但容易暴躁，控制不住自己的情绪；在智力活动中，他们可能表现为迅速、有广度、强度大，也可能表现为冒失、缺乏计划性。

黏液质的学生，冷静沉着，一旦形成某种想法，就比较坚定持久，但对人对事比较冷淡，也比较固执；在智力活动中，他们可能表现为有条理、镇定、也可能表现为呆板，思维不敏捷。

抑郁质的学生，容易疲劳，胆小怕事，畏首畏尾，但遇事谨慎，观察细致，思想敏锐，办事踏实，认真负责；在智力活动中他们可能表现为好思考，有深度，擅长分析，也可能表现为疑虑重，以自我为中心，退缩性强。

因此，大学生完全没有必要改变自己的气质类型，也不能因为不喜欢他人的气质而对其加以厌恶或疏远。任何气质类型的大学生，在克服自己的消极气质特征、发扬积极气质特征的基础上，都有可能形成良好的个性，在事业上取得各自应有的成就。

（三）大学生的性格

1. 性格

性格是一个人比较稳定的心理特征，它体现在个体对现实的稳固态度以及与之相适应的习惯化了的行为方式之中。性格在整个非智力因素结构中处于核心的地位，是一个人区别于他人的明显标志。

性格是一种比较稳定的非智力因素。这种稳定性，一方面表现在已有性格的改变需要一个长时期的过程；另一方面表现为在绝大多数场合下具有同样或类似的态度和行为方式。比如，一个诚实正直的人，他在对集体、对他人的态度上会表现出实事求是、公正无私的特点；对自己的缺点和观点也不会隐瞒，敢于并善于严格剖析自己；对工作和劳动也是严肃认真的。情境性、偶然性的态度和行为表现不能代表一个人的性格。例如，一个人只有在领导和权威面前才表现出谦虚，而在群众面前专横跋扈，那么，谦虚不是这个人的性格特点；同样，一个比较机敏的人，在某种情况下显得呆板，也不能说呆板是他的性格特点。

2. 大学生良好性格的塑造

大学生的性格特征处在塑造成型的关键时期。就大学生性格的发展来看，一方面，他们的性格已相对稳定，基本成型；另一方面，他们的性格仍存在一定的可塑性。

1）树立科学的世界观、人生观和价值观

正确地对待社会、对待人生，是塑造一个人性格的重要基础，同时也是性格教育的一个核心成分，因为它是性格结构中态度特征的一个重要成分。因此，培养大学生的性格，首先应帮助大学生树立科学的世界观和正确的人生观、价值观。

2）建立良好的学生集体

性格是在集体中形成和发展的，特别是一些优良的性格特征离开了集体就无法培养，如诚实性、自尊心、好胜心、责任心、自律性等。马卡连柯说过："只有当一个人长时间地参加了有合理组织的、有纪律的、坚忍不拔的和有自豪感的那种集体生活的时候，性格才能培养起来。"

3）参加各种寓教于乐的活动

通过开展各种形式的活动，来培养学生的性格。活动的内容和形式要注意多样性、趣味性和教育性，还要适合大学生的心理发展水平。开展活动一般要达到以下三个目的：一是要通过活动使大学生认识到完成该活动的意义和重要性；二是要让大学生了解某种性格特征对顺利完成活动的必要性；三是通过活动帮助大学生树立正确的态度（包括对人、对事、对集体、对社会的态度等），掌握适当的行为方式，逐步养成良好的行为习惯。

4）自我教育

自我教育是其他教育和环境影响的内化和深化，会提高大学生对自身性格形成和完善的主动性，对性格的形成和稳定有重要作用。性格的自我教育应包括如下一些环节。

（1）自我反省。一个人要经常地反省自己的思想和言行。孔子曾讲过："见贤思齐焉；见不贤而内自省也。"意思是说，看到一些好的行为或好的榜样就要马上学习，塑造同样好的性格；看到不好的行为或事情，要反省自己是否有同样的缺点和不足。

（2）自我认识与自我评价。一个人要学会客观地、全面地认识自己和评价自己，既不要自我膨胀，也不要自我贬低。要善于发现自己的长处，还要敢于承认自己的短处。

（3）自我调节。在正确的自我认识和自我评价的基础上，进一步发挥和提高自己的长处，因为这是一个人的优势；并勇于改正缺点和错误，因为这是一个人进步的前提之一。

在自我教育过程中，大学生要培养健康的生活情趣，保持积极、乐观的心境。一个人偶尔心情不好，不至于影响他的性格；若经常地生气、发脾气，为一点小事也激动，那么，很容易形成暴躁易怒、神经过敏、冲动、沮丧的性格特征。因此，个人要乐观地去对待生活，丰富愉快地生活，培养幽默感。即使是遇到困难和挫折时，也要从光明的一面思考问题。

（四）大学生个性的形成与发展

每一位渴望成功的大学生都希望自己拥有良好的个性。优化个性的前提是了解影响个性形成和发展的主要因素。个性是在先天遗传因素和后天社会环境影响下，在社会化的过程中形成和发展的，经历婴儿期、幼儿期、少年期、青年期、中年期、老年期，不断走向成熟。童年是个性形成的关键时期，青年期是个性塑造期和定型期。

1. 大学生良好个性的特征和表现

（1）良好个性的特征。良好的个性是指个性的生理、心理、社会、道德和审美各要素完美的统一、平衡、协调。马克思提出的“全面发展的人”就是良好个性的理想标准。人只有在自己所处的特定的历史条件下，不断进取、不懈努力，才能使自己的个性不断优化。个性的优化体现在人一生追求和发展过程中。从总体上看，个性良好的人应该是在推动社会进步的实践中充分发挥自己的全部才干，为人类、为社会作出自己力所能及的贡献，同时使自己的个性各方面得到协调、平衡发展的人。

（2）良好个性的表现。和谐的个性或正常的个性，在心理学上称之为“整合的个性”。其特征是在不同的空间和时间内，个人的思想、观念、目的及所表现的活动虽有不同，但能互相协调，无内心的冲突和矛盾。正常的个性具体表现在：①乐观向上的生活态度；②内心无冲突；③言行一致，容易得到别人的信任；④人际关系适宜，易与人合作；⑤有较强的义务感和工作责任感；⑥客观全面的自我评价；⑦稳定积极的情绪特征；⑧主动灵活的适应能力。

（3）大学生个性发展中常见的问题。个性缺陷是介于正常与个性障碍之间的一种个性状态，也可以说是一种个性发展的不良倾向，或是说某种轻度的个性障碍。常见的不良的个性特征有自卑、抑郁、怯懦、孤僻、冷漠、依赖、敏感、多疑、焦虑、悲观、羞怯、猜疑、急躁、嫉妒等对人敌视、暴躁冲动、破坏等。个性缺陷不仅影响活动效率，还妨碍正常的人际交往。

2. 大学生个性的优化

大学生良好个性的塑造与培养，一要服从个性健康发展的需要，二要服从社会进步的需要。具体而言，怎样优化个性呢？

（1）扬长补短。个性塑造是为了实现个性优化，以达到个性健全。个性优化包括个性品质的优化和个性结构的优化。扬优，即选择某些良好的个性品质作为自己努力的目标，如自信、开朗、勇敢、热情、勤奋、坚毅、诚恳、善良、正直等。补短，即针对自己个性上的缺点、弱点予以纠正或改正，如自卑、胆怯、冷漠、懒散、任性、急躁等。对于那些期望改善性格的学生，建议在充分了解自己的个性特征的基础上提出优化的方案。例如，对于外向型性格的大学生，可以考虑节制过于频繁的社交、不要学习工作过度、周到地注意细小的事情、对事物不要简单下结论、注意丰富内心世界、交内向型的朋友等。对于内向型性格的大学生，则可以积极进行社会交往、诸事应有自己的特色、培养决断能力、追根问底要适度、发挥内在的独特性、想象力应面向创造等。

（2）知识积累。人的知识面越广，人的本身也越臻完善。在知识经济时代尤其如此。正如培根所言："读史使人明智，读诗使人灵秀，数学使人周密，科学使人深刻，伦理学使人庄重，逻辑修辞学使人善辩，凡有所学，皆成性格。"学习知识、增长智慧的过程也是个性优化的过程。现实生活中，不少大学生的个性缺陷源于一些知识的贫乏。无知容易粗鲁、自卑，而丰富的知识则容易使人自信、坚强、热情、谦恭等。可见，知识的积累与个性完善是同步的。大学生不能只局限于自己的专业知识学习，还应该扩大自己的人文社会科学知识面，加强人文修养，用丰富的知识充实自己。

（3）合群。集体是个性塑造的土壤，也是个性表现的舞台。个性发展、塑造的过程，正是人社会化的过程，是与他人、集体、社会相互作用的过程。个性在集体中形成，在集体中展现。正如马克思所说，只有在集体中，个人才能获得全面发展其才能的手段。通过与他人交流，可以看到别人的长处、自己的不足，从他人那里获得理解、肯定的欢悦，及时调整个性发展的方向。

（4）把握适度。个性塑造过程中把握好"度"很重要。具体地说应该是：坚定而不固执；勇敢而不鲁莽；豪放而不粗鲁；好强而不逞强；活泼而不轻浮；机敏而不多疑；稳重而不寡断；谨慎而不胆怯；忠厚而不愚蠢；老练而不世故；谦让而不软弱；自信而不自负；自谦而不自卑；自珍而不自娇；自爱而不自恋。把握个性优化的"度"还体现在个性优化的目标要立足于自己已有的个性基础上，实事求是地确立合理的、切合实际的个性发展目标。

（5）从小事做起。个性优化要从身边的小事做起。一个人的言行往往是其个性的外化，反过来，一个人日常言行的积淀成为习惯就是个性。许多人所具有的坚忍、正直、细致、开朗等优良的个性特征，其实都是长期锻炼的结果，是一点一滴形成的。从我做起，从小事做起，是每一个大学生努力的起点。为此，可以从以下几个方面努力：①对自己和生活有积极的看法；②有亲密的朋友，对人信任；③适时冷静地独处和反省；④在社会性、智力以及职业的各种技能方面取得成功；⑤接触新思想，和有独特见解的人交往；⑥有兴趣爱好；⑦培养独立性，减少对他人的依赖；⑧关爱、支持、扶助他人。

健全个性的培养和塑造是大学生成长发展的要求，也是时代的呼唤。只要坚持不懈的努力，就可以使我们的个性更加健康、完善。

第三节 环境的改变与适应

从中学到大学，环境的改变是一个客观的事实。但这并不意味着大学生的认识也能迅速跟上这种转变。尽管在适应环境的程度和难度上存在明显的个体差异，但所有的大学生都必须在以下三个方面完成适应过程，才能真正适应大学生活，即适应客观环境的变化，适应自我认识的变化，以及确立新的学习与生活目标。因此，了解这些变化，作出相应的调整，尽快地完成对新环境的适应，直接关系到在人生的新起点上能否迈出坚实的第一步，在成才的道路上能否有良好的开端。

一、适应新的环境

（一）大学生活的新变化

大学生活与中学生活相比，其显著的特点是要求学生必须自主独立，不论是衣食住行还是学习、交友乃至认识社会和人生，都需要更多地依靠学生自己的知识、能力去思考、判断、选择和行动，了解大学生活有哪些变化，有助于加速适应过程。

首先是生活环境的变化。生活环境的变化体现在生活方式、生活习惯、生活范围等方面。从生活方式看，中学生大多住在家里，不少人拥有属于自己的独立生活空间，起居由父母安排，而大学生活是集体生活，住宿舍吃食堂，凡事要靠自己处理，这种改变对缺乏独立生活能力的学生是严峻的挑战；从生活习惯看，饮食方面的差异，气候与语言环境的变化，作息制度与卫生习惯的不同，都可能造成适应不良；从生活范围看，中学生生活领域较窄，基本上是从家门到校门，生活的中心内容是学习，课余时间很少，校园生活单一，而进大学犹如从“小天地”来到“大世界”，生活的领域大大拓展。

其次是学习状况的变化。学习状况的变化主要体现在学习任务、学习内容、学习方法等方面。从学习任务看，中学的学习任务主要是学习科学文化的基础知识，而大学是培养高级专门人才的专门场所，既要学习专门知识，又要掌握专门技能；从学习内容看，大学生不仅学习经典的、基础的理论知识，而且学习科技最新发展的成果，学习内容多、任务重、范围广、要求高；从学习方式看，中学学习的主要形式是以课堂教学灌输为主，学习巩固知识的主要方式靠做题，各个教学环节老师安排具体，督促检查严格，学生对老师依赖性较大，大学学习强调启发式教学，课堂教授时间相对少，学生自己安排自习、阅读、钻研学问的时间相对较多，这就要求学生独立思考、融会贯通，举一反三。学习方面的变化带来学生适应不良的现象非常普通。

再次是人际关系的变化。人际关系的变化主要体现在人际关系的交往方式和对象，人际交往的要求等方面。从人际交往的方式与对象看，中学时代，人际交往的对象主要是同窗好友、父母亲戚、老师，尤其是班主任天天与学生见面，饥饱冷暖、学习成长样样关心，父母关怀体贴入微。但到了大学，从各地来的学生素昧平生，重新组成新的班级，生活在同一个宿舍，脾气习惯各不相同，常常难以适应，师生关系也不像中学那么密切，有时甚至几天见不到，远离父母难诉衷肠。从人际交往的要求看，中学生大多依赖性较强，不善交往，有父母的照顾和学习的压力，对友谊的渴望不那么强烈。进入大学，新的伙伴，新的环境，要求大学生独立自主地主动与各种陌生人交往，社会化要求急速提高，从大学生自身来讲对友谊的渴望强烈，但由于缺乏交往技巧等原因，难以建立友好的协调的关系，乃至发生人际冲突。

最后是管理制度的变化。管理制度的变化主要体现在教学管理、管理方法和管理系统方面。从教学管理看，中学生实行学年制，学生必须读满规定的学年，修完所有的课程，考试合格才能毕业；大学已开始实行学分制，学分是衡量学生是否完成教学要求的标准，学生不受学年限制，根据自己的实际情况，可提前修满学分提早毕业，也可以延长学习时间。从管理方法看，中学时代，学校、老师对学生采取直接管理，事事由老师安排，大学则更多强调学生的自我管理、自我教育、自我服务、自我约束。从管理系统上看，中学的管理都是通过班主任实施，而大学的管理属于“全面管理”、“网络管理”，学校各个职能部门都直接参与学生管理，如思想教育管理、学籍管理、宿舍管理、课外活动管理等。

（二）适应环境中的问题

要顺利的适应新环境，不仅要熟悉它，更重要的是接受它。但是，对于大多数学生而言，由于大学环境与自己原来的生活环境差异太大，在适应新环境的过程中很难一下子到位，尤其是那些来自农村和边远地区，到大城市读书的学生，由于所面临的环境变化更大，适应环境的压力也更强烈。大学生在适应环境中可能出现的问题主要有以下一些。

自我地位改变导致评价失调。大学生中多数人中学时期是学习尖子，老师称赞，家长夸奖，同学羡慕，自我感觉良好。进入大学后，新环境中人才荟萃，不少人在学习上的优势将会削弱或消失，面临学习成绩重新排列组合的局面，从鹤立鸡群变成“平庸之辈”，这种地位的变化和心理落差产生了自我评价失调。

理想现实差异导致失望迷惘。进入大学以前，许多学生对现实社会以及大学生活了解甚少，往往凭着想象，把大学描绘得过于理想化，抱有不切实际的幻想和过高的期望。一旦进入大学，就会发现现实生活中有许多不完善、不尽如人意的地方，与期望形成强烈的反差，从而使他们感到困惑、迷惘，产生失望感，情绪消极低落。

人际适应不良导致孤独压抑。大学新生以往与他人人际交往和相处的机会较少，经验相对少，进入大学后，马上面临重新结识他人，确立人际关系的过程。事实上，大学生对新的人际关系的适应性远比对学习和生活环境的适应困难，特别是与周围同学的交往中，因缺乏经验技巧不善交往，因担心别人轻视自己不愿交往，因异性相处不敢交往，因性格内向孤僻不会交往等，由此造成与他人难以沟通感到非常压抑，为深深的孤独感所困扰。

（三）积极适应新环境

为了尽快适应新环境，缩短转变所需要的适应期，掌握大学生活的主动权，形成积极向上的心态，为整个大学阶段的成长奠定良好的基础，大学生应从以下几个方面积极适应新环境。

第一，尽快提高生活自理能力。大学生应该看到自身在生活自理方面的不足是由于过去的依赖心理和环境造成的。上大学后，应该从头做起，虚心学习，不怕失败，大胆实践，积累生活经验，自觉主动参与集体生活，学会自己照顾自己，独立处理生活与学习中的问题。还可以在辅导员、班主任的指导下，学习处理生活自理方面的一些具体问题和方法，要坚持从小事做起，反复实践，干中成长。另外还要注意向高年级优秀学生学习，听取他们介绍自己成长的体会和经验。

第二，摸索适应大学学习的方法。对大学生学习的不适应最易产生情绪波动与自我评价偏差。摸索适应大学学习的方法，除了向有经验的高年级同学请教，接受任课教师的指导和辅导员的帮助外，大学生自身首先要正确认识大学学习的特点；其次应从个人实际出发，逐步摸索与自己水平、基础相适应的学习方法；再次应注重自学能力的培养，学会管理支配时间，养成预习、复习的习惯，善于抓住学习中的重点和难点，学会应用工具书，利用图书馆等条件。

第三，学习掌握人际沟通技巧。面对来自各地，性格、习惯各异的同学，如何建立起和谐、友好的人际关系，往往需要把握交往机会，学会沟通技巧。良好的人际关系首先来自交往双方相互尊重，相互理解，相互信任的态度；其次应采取积极的、主动的方式与他人交往，在交往中改善人际关系，如果过于拘谨畏缩，缺乏交流沟通，人际关系便无从谈起；再次，应掌握基本的人际沟通技巧。

第四，升华理想，明确新的奋斗目标。适应环境最根本的因素是要有明确的奋斗目标。中学时代的理想常常带有不确定性，进入大学后，专业方向已定，可以把美好的理想与所学专业结合起来。同时应该从社会理想的高度来认识上大学的意义，增强社会责任感和历史责任感，把社会需要与自身条件相结合，确立新的奋斗目标。

二、树立新的形象

由于生活环境与社会角色的改变，大多数学生面临着在新的环境中尽快找到自己的位置，重新树立自己形象的问题。能否正确认识自己，客观评价自己，树立自信，扬长避短，将极大地影响新的适应过程。

（一）大学生的自我特点及变化

自我认识，既包括对自己的身体条件、心理特征、行为能力等的认识，同时也包括对他人如何看待自己的期望，它是自尊、自信以及自卑等自我评价的基础。每个人的自我认识都是处在不断发展变化之中的。大学生对自我的认识较之中学生更为全面、深刻，而且能够从较高的层次和理性水平上对自己进行观察分析。但由于大学生的自我发展尚不完善，在自我认识、评价方面常表现出一定程度的片面性。

作为同龄人中的佼佼者，大学生的自我特点面临着新的变化与挑战。首先，大多数学生都面临着成绩相对下降的问题。原来的尖子不再突出，原有的优势正在削弱或消失；其次，大学生中文体、艺术才能以及知识面的差异更加突出；再次，大学生的社会和交往方面的差异日益明显，这就对部分学生造成很大的压力，使他们在适应环境和自我确立过程中遇到困难。不少人进大学前，主要关注学习成绩，对其他方面的事情很少介意，或因负担重压力大而无暇顾及，对自己的评价主要建立在学习成绩的自信上，通过成绩肯定自己的价值。进入大学后周围高手如林，不仅学习的优势不复存在，而且会发现自己在很多方面与别人有很大距离，自我评价陷入两难境地。一方面有一种自信和不服气，不愿接受现实的反应；另一方面又担心别的同学会看不起自己，害怕暴露自己的弱点，过于担心自己的形象，对自己的总体评价缺乏应有的自信甚至怀疑自己的能力。如果大学生不能对自我在不同环境中予以恰当的评价，将难以适应新的生活。

（二）重新悦纳自我

在新环境中确立自我形象，必须要对自己有一个客观的估计。第一，应看到入学后部分学生成绩相对下降以及表现不如以前突出并非个人因素所致，而是环境发生了变化，比较对象不同以前，没必要为此丧失信心；第二，要看到自己与他人之间，由于原来的学习条件、环境的不同，存在差距是自然的；第三，要认真分析自己的优势所在，对自己的能力、性格、优缺点作客观的评价，做到有自知之明，扬长避短；第四，不过分追求完美、对自己提出过高的要求，避免理想自我与现实自我的差距过大，以形成悦纳自我的积极态度。每个人都有自己的长处和短处，正确的态度应当是，对自己的长处要发扬，对自己的短处要正确对待，对那些可以改变的不足应努力改正，对那些自己无法弥补的缺陷应安然处之，有勇气承认，同时在内在修养、学业上狠下工夫，培养内在的心灵美。

（三）加强修养确立自信

大学生的适应与发展，一靠教育作用，二靠实践中的自我修养。进行自我修养，首先遇到的是正确认识自己。怎样认识自己呢？一是比较法，通过与他人相比较认识自己，特别要与自己条件相同的人比，要敢于同强者比，取长补短；二是体察法，从别人对自己的态度中认识自己；三是成果分析法，借自己活动的实际效果来认识自己；四是交流法，通过与他人交流来认识自己，在交往中真实表现自己。在正确认识自己的基础上，把奋斗的目标确定在自己能力所及的范围内，这样可以经常体验到成功和满意，有助于自信心的确立。确立自信，不仅要在顺境中，更要在逆境时相信自己的能力。此外，还应该努力发展自身的潜能，不断提高自我完善的目标。

大学生客观评价自己，确立自我形象的问题不仅仅在适应新环境过程中会突出地表现出来，其他发展阶段也同样存在，它将贯穿整个大学生活。

三、确立新目标

大学生活是人生道路上的新起点，要使大学的新生活有一个良好的开端，必须确立新的奋斗目标。中学生虽富于理想，喜欢憧憬未来，但其理想目标往往变幻不定，朦胧不清。高考的压力和就业的特定性，使大多数中学生只考虑近期目标，缺乏长远目标，眼睛盯着高考，不敢或极少考虑上大学以后的事情。进了大学，高中时期的奋斗目标已变成了现实，新的目标又未确立，不少学生感到茫然、空虚，进入“动力真空带”或称“理想间歇期”，出现松动情绪。没有一个明确的目标，学习就没有持之以恒的动力。可见，尽快确立新的奋斗目标，是大学生走向新生活、适应新环境的重要任务。

（一）目标及其功能

目标是人们生活所追求的预期结果，是激发人的积极性使之产生自觉行为的必要前提。没有目标就没有方向、没有力量、没有积极性，也就难以步入成功的殿堂，目标对人的行为具有定向作用、激励作用和维持作用。在人生的征途上实现了一个奋斗目标后，必须及时确定下一个奋斗目标，才能使自己有新的前进动力。那些进大学后能及时树立新的学习生活目标的学生，热情不减，劲头不衰，生活充实，朝气蓬勃。但也有一部分人认为考上大学，大功告成，该松口气了，或沉溺于爱河，或迷恋于舞场，或热衷于搓麻将，这种不可名状的空虚感，正是由缺乏明确的奋斗目标所致。

目标有远大目标和具体目标、长远目标和近期目标之分。一个人所确定的目标越大、越崇高，他的行为动力就越强烈、越持久。理想是人生的奋斗目标。“理想是石，敲出星星之火；理想是火，点燃熄灭的灯；理想是灯，照亮远行的路；理想是路，引你走向黎明……引导着人生航船的方向；理想就像火箭，一程一程推向前进，才能达到最后的目标。”千里之行，始于足下，每一个立志成才的大学生都应该树立远大理想，同时确定具体的学习生活目标。

（二）确立新目标的依据

认识到目标的重要性，就应该着手确定自己新的奋斗目标。怎样确立新的目标呢？

第一，个人的奋斗目标必须与社会的需要相结合。现实社会的客观需要是大学生选择目标的基础。当代大学生应该根据社会主义现代化建设的需要来确定自己的目标，把个人目标与国家的发展目标紧密结合，自觉把社会的要求转化为自己的目标，建立合理的目标体系。

第二，个人的奋斗目标必须与自身的条件相结合。没有目标不行，目标太高也不行，人的能力有差异，优势劣势各不相同，选择目标必须考虑自身条件，全面分析估计自己的长处，不要人云亦云，随波逐流。

第三，个人的奋斗目标必须与现实的可能性相结合。选择个人的目标不能离开所处的具体环境和条件。比如，所在的学校、所学的专业、生活的地区、实现目标必须具备的条件等。离开了实现的可能性只能是盲目的自我设计，难以达到目的。

第四，长远目标和近期目标相结合。长远目标是在无数个近期目标实现的积累中得以实现的。长远目标可使方向明确，动力持久；近期目标则能使动力强度提高，效果直接。选择个人的奋斗目标应注意目标设置与现实的层次性，循序渐进。

（三）为实现新目标而努力

大学生一旦确立了远大的人生目标和具体的学习生活目标，就应该瞄准新目标，锲而不舍地为之努力，全力以赴地为之奋斗。

首先要从自我做起，从小事做起，任何一个理想目标的实现都与脚踏实地的努力分不开。必须立足眼前，从小事做起，一点一滴积累，不怕寂寞，严于律己。其次应及时调整和修正目标。经过时间的检验，我们也许会发现原定目标不一定完全合适，或过高或过低，故此应及时果断地调整，重新修订。再次须充满信心、不懈努力。前进的道路并非一帆风顺，实现理想目标的过程会有困难和障碍，必须不懈努力，用于排除障碍，增强自信心，满怀希望向理想目标攀登。

第四节　大学生职业生涯规划

职业生涯规划起源于西方。1908年，美国波士顿大学教授帕森斯在波士顿成立职业指导局，迈出了使职业指导活动系统化的第一步。帕森斯提出了“选择一项职业”要比“找一份工作”重要的理念，并提出了职业辅导的步骤。因此，1908年也就成为职业辅导的肇端。西方国家一直比较重视职业生涯的设计，职业生涯规划是许多大公司人事部门为员工服务的一项重要内容，许多国家的学校教育中也早就有职业生涯辅导这一课程。在美国，小孩从幼儿园开始就接受生涯教育，高中阶段更是请专家给学生们作职业兴趣分析。虽然高中生职业兴趣并没有定型，但通过职业日、职业实践等活动，可以观察学生们表现出来的兴趣，并进行有效指导，达到根据其兴趣确定其职业取向的目的。

一、职业生涯规划

（一）职业生涯

“生涯”一词在汉语中的意思，我们可以拆开来看，“生”意为“活着”，“涯”为“边际”之意，合起来就是“一生”的意思。“生涯”在英文中为“career”，从词源上来讲，最初在希腊文中，这个词蕴涵着疯狂竞赛的精神，最早常用作动词，如驾驭赛马，后来又引申为道路，或指个人一生的发展过程，也指个人一生中所扮演的一系列角色与职业。

在西方，“生涯”这个词本身包含有职业的意思，因此“生涯”与“职业生涯”用的都是一个单词，即“career”。而在我国由于翻译的不同，有的翻译为“生涯”，有的翻译为“职业生涯”，但所指的意思是相同的。所谓职业生涯，是指一个人一生的工作经历，特别是职业、职位的变动及职业理想实现的整个过程。

职业生涯规划是指个体在对影响自己职业生涯的主客观因素进行分析和评估的基础上，进行职业定位，确定奋斗目标，进而选择实现这一目标的职业，编制相应的工作、教育和培训的行动计划，并对每一步骤的时间、顺序和方向做出合理的安排。职业生涯规划也需要做好设计。每个人要使自己的一生过得充实而有意义，就必须有自己的职业生涯规划。

（二）大学生职业生涯规划的作用

大学生不能很好地对自身的职业生涯进行规划，原因主要有三点：第一是大学生对自己缺乏客观的认识，不知道自己想干什么、能干什么，想进行职业生涯规划，但又不知从何下手；第二是对就业形势认识不够，不清楚社会到底需要什么样的人才，在职业取向上缺乏自己的判断，跟风随大流，具有很大的盲目性；第三也是最重要的原因在于，很多大学生根本没有意识到要为自己做职业生涯规划，随意找工作，任意跳槽。

因此，目前在大学生就业指导工作中，加强大学生职业生涯规划意识的工作已是十分必要，其作用主要体现在以下几个方面。

1. 促进大学生进行自我定位

在进行职业生涯规划前，大学生必须对自己有一个客观的剖析，这是一个“知己”的过程，也是生涯规划的基础。但是现在许多大学生在找工作时，往往缺乏这方面的认识，他们考虑的常常是用人单位的情况，比如，单位所在的地域、工资待遇、单位的实力与名声等，对自身基本情况不做认真分析，不知道自己能做什么、适合做什么，结果在职场中屡屡碰壁，铩羽而归。而大学生职业生涯规划可以促使大学生对自我进行认真而全面的了解和分析，对自己的个性特征、兴趣爱好能力水平进行综合评价，而不是一味的盲目从众、盲目攀比。要在充分认识自己在职业选择上的优势和不足的基础上，选择适合自己从事的职业领域，从而真正拥有有自己特色的、合理的职业定位。

2. 明确自我的职业奋斗目标

在对自身的职业素质有一个清醒认识的基础上，职业生涯规划的下一步就是要确定自己的职业奋斗目标。西方有一句谚语说得好：如果你不知道你要到哪儿去，那通常你哪也去不了。同样一个不知道自己想干什么的人，通常什么也干不好。

大学阶段是人一生中价值观形成与知识储备的重要时期。“有志者立长志，无志者常立志。”人的一生因有无长远规划而不同。因此，大学生的职业生涯规划越早越好，每个大学生从他入校园开始起就应开始职业生涯规划，为自己的发展设定长远目标。与此同时，还要制定好大学生活中每学年的短期目标，让这四年过得充实而有意义。不仅要认真学好专业课，还要广泛涉足自己感兴趣的领域，拓展知识面，提高个人素质和竞争力。在实施计划的过程中还要注意根据影响自己职业生涯发展因素的变化，不断对自己的生涯规划进行评估与修订。明确了自己的职业奋斗目标，大学生在毕业时就不会在考研、留学，还是就业的选择上有太多的犹豫和彷徨，就会根据自己既定的目标，坚定地走自己的路。

3. 确保大学生职业发展的有效性和可持续性

大学生职业生涯规划不仅表现在大学生对自己有了充分的认识和明确了阶段性职业目标，还表现在他有具体的行动方案，一步一个脚印，踏踏实实地朝前走，这样就保证了大学生职业发展的有效性。而长远目标的确定，也是大学生不会急功近利的为一些眼前的利益而盲目跟风，而是有条不紊地按自己的规划发展自己，这样就保证了大学生职业发展的可持续性，这样的发展也是每个大学生个性化的发展，是走具有自己特色的职业发展之路。

二、大学生职业生涯规划的实施

职业生涯教育是一门应用性的学问，不能仅停留在理论的层面，而应让大学生在学习和生活中加以运用，这样才能体现它的价值，也才能使这门学问自身得到发展。但是由于职业生涯教育在我国才刚刚起步，职业生涯规划并没有受到大学生应有的重视，这方面的工作还需要各高等院校大力加强。

（一）影响大学生职业生涯规划的因素

影响大学生职业生涯决策的因素很多，从大学生个人角度来说，主要有个人的兴趣爱好、个体的性格气质、个人的能力水平等。

1. 个人的兴趣爱好

兴趣是人们渴求认识，掌握某种事物，并经常参与该种活动的心理倾向。例如，你对某种职业感兴趣，就会对该种职业表现出肯定的态度，并积极去了解、思考、探索和追求。

兴趣的产生和发展一般要经历这样一个过程：有趣—乐趣—志趣。有趣是兴趣过程的第一个阶段，也是兴趣发展的低级阶段，它往往短暂易逝，非常不稳定。处于这一阶段的兴趣常常与个体对某一事物的新奇感相联系，随着这种新奇感的消失，兴趣也会自然的逝去。乐趣是兴趣过程的第二个阶段，它是在有趣定向发展的基础上形成的，是兴趣发展的中级阶段。在这一阶段中，个体的兴趣变得专一、深入。志趣是兴趣发展过程的第三个阶段， 当兴趣同个体的社会责任感、理想、奋斗目标结合起来时，乐趣便变成了志趣。志趣具有社会性、自觉性和方向性，是取得成就的根本动力，是成功的重要保证。

兴趣对大学生职业生涯规划的影响主要体现在以下三个方面。

其一，兴趣是大学生职业生涯选择的重要依据 —— 兴趣可以使人集中精力去获得自己所喜欢的职业的知识，并创造性地开展工作。当一个人对某种职业发生兴趣时，他就会积极地去感知和关注该职业领域的知识、发展动态，并且积极思考，大胆探索，增强克服困难的意志等。反之，是不会取得良好效果的，当然也就很难在该职业领域发挥个人的优势、作出巨大贡献了。正像一个人在日常生活中喜欢从事自己感兴趣的活动一样，具有一定兴趣类型的人更倾向于寻找与此有关的职业，特别是在外界环境限制较小时，个体更倾向于选择自己感兴趣的职业。

其二，兴趣可以提高个体的工作效率，充分发挥个体的才能——一个人对某一方面的工作产生兴趣时，枯燥的工作也会变得丰富多彩、趣味无穷。兴趣使工作不再是一种负担，而是一种享受。它可以调动人的全部精力，使人以敏锐的观察力、高度的注意力、深刻的思维力和丰富的想象力投入工作之中，促进个体能力的超水平发挥。兴趣和能力的合理结合，更会大大提高个人的工作效率。曾有人进行过研究:如果一个人从事自己感兴趣的职业，则能发挥其全部才能的 80%~90%，而且能长时间保持高效率而不感到疲劳；如果一个人对所从事的工作没有兴趣，则只能发挥其全部才能的 20%~30%。

其三，兴趣是保持职业稳定、职场成功的重要因素——对某一职业有浓厚的兴趣，是个人智力开发的“孵化器”。对于一个人来说，对工作感兴趣，就愿意钻研，就容易出成果，这正是兴趣的作用所在。一般来说，兴趣是个人职业生涯稳定发展的一个基本方面，它可以用于预测个人的工作满意度和工作稳定性。工作满意是职业生涯稳定的一个标志，在其他条件相似的情况下，从事自己感兴趣的职业，不但能让个体自己感到满意，而且能够让周围的领导和同事感到满意，从而实现工作的长期性和稳定性。

因此，规划自己的职业生涯时，个体不仅需要知道自己有能力从事什么样的工作，更重要的是需要知道自己对哪类工作感兴趣。只有将能力和兴趣结合起来考虑，才更有可能规划好职业生涯并取得职业生涯的成功。

2. 个体的性格气质

人们常说“性格决定命运”。近年来，国外用人单位在选拔人才时提出了一种新的理念，即性格比能力更重要。因为一个人如果能力不足，可以通过培训提高，但其性格如果与职业不匹配，要改变起来，就相当困难。所以，他们在招聘新人时，将性格的测试放在首位，当性格与职业匹配时，才对其能力进行测试检查。

根据心理学的知识，气质是指一个人的典型心理特点。人的气质可分为四类，即多血质、胆汁质、黏液质、抑郁质。

多血质类型的人表现出活泼外向、敏感易变的特点。对周围事物的变化反应快速，但不强烈，注意力容易发生转移，属于活泼型；胆汁质的人容易冲动、急躁，行动敏捷，性格也具有外向性，对周围事物反应迅速且强烈，属于急躁型；黏液质的人行动缓慢，反应迟钝，沉默寡言，情绪稳重，不易转移，具有内向性；抑郁质的人反应迟钝、孤僻，善于感受周围事物，情绪体验深，且不轻易表露，性格坚毅、沉稳。气质虽然分为四种，但现实生活中大多数人都是好几种气质类型的混合，气质特征比较明显的只不过是在这几种气质中，更倾向于其中某一种。在选择职业上，不同气质特点的人适合于从事不同的工作。

气质类型从本质上来讲，并没有好坏之分，任何一种类型都具有两面性。例如，多血质活泼型的人因为其情感丰富、活泼好动、社交能力较强、容易适应环境，比较适合于从事文艺或公共关系性质的工作，如演员、记者、管理人员、律师、公关与人事工作人员。但由于其兴趣转移快，故不太适合从事科研工作；抑郁质稳重型的人由于其情感体验深厚、观察力敏锐、办事稳重，则比较适合于从事科学研究或理论研究工作，又因为其反应速度缓慢、内向性明显，故不宜从事公共关系类的工作；胆汁质的人一般精力旺盛、待人热情爽快、情绪兴奋性高，能坚持较长时间的工作而不疲劳，此类气质的人从事行政管理比从事科学研究工作要好；黏液质的人情绪兴奋性低，但平稳难变、举止平和、行为内向、头脑清楚、做事有条不紊、踏踏实实，能严格遵守既定的生活秩序和工作制度，原则性有余而灵活性不足。黏液质人是最佳的合作者，也是最容易得到上司认同的下属，适合从事计算机、文秘、档案管理等工作。气质对一个人来说，没有选择的余地，重要的是了解自己，自觉地发挥气质中的积极方面，努力克服消极的一面。

3. 个人的能力水平

在大学校园里，大部分同学之间的智力并没有太大的差异，只是各自的特点不一样。每个人都有自己的特长，比如，一些人的语言能力较强，善于表达自己的思想和观点；一些人的数理能力较强，能够快速运算，进行推理，解决应用问题。因此，在职业选择时，还应注意个人能力与职业类型相匹配。需要强调的是，有些人将兴趣误认为就是个人能力，这一点一定要弄清楚，否则，将可能走入误区。

个体的能力一般可分为言语能力、数理能力、空间判断能力、察觉细节能力、书写能力、运动能力、动手能力、社会交往能力和组织管理能力等九种能力。从现代多元智能理论来看，每个个体的能力各有不同，一种能力较弱，并不能说明其他的能力不行，一个人总有他的优势智能。作为大学生来说，其智能一般来说已达到了较高的水平，是同龄人中的佼佼者。但是个体之间的能力差异还是存在的。在大学这个相对自由、开放的环境中，他们有的在学习方面一枝独秀；有的在文娱、运动方面独领风骚；还有的则在人际交往和组织管理方面表现出众。对不同的能力水平有一个清醒的认识，扬己之长，避己之短，就能对自己的职业生涯进行合理的规划。

（二）大学生职业生涯规划的模式

职业生涯规划并不像某些书上所说的那样玄机无限，只要大学生对自己有一个基本认识，同时掌握一定的方法，就能对自己进行生涯规划，为自己的未来发展描绘一个美好的蓝图。

许多职业咨询机构和心理学专家在为别人进行职业咨询和职业规划时，常常采用的一种方法是“五W”的思考模式：从自己是什么样的人开始，然后顺着这个问题一直问下去。“五 W”是指：① Who are you？② What do you want? ③ What can you do? ④ What can support you? ⑤ What can you be in the end?

回答了这五个问题，找到它们的最高共同点，大学生就基本有了自己的职业生涯规划。

对于第一个问题“你是什么样的人”，每个人都应该对自己有一个比较清楚的认识，要进行一次深刻地反思，优点和缺点，都应该一一罗列出来。

第二个问题“你想要什么”，是对自己职业发展的心理趋向的一个检查。每个人在不同阶段的兴趣和目标并不完全一致，有时甚至是完全对立的。但随着年龄和经历的增长，则会逐渐固定下来，并最终锁定自己的终生理想。

第三个问题“你能干什么”，则是对自己职业能力和潜力的全面总结。一个人职业定位的高低要归结于他的能力，而他职业发展空间的大小则取决于他的潜力。对于一个人潜力的了解，应该从几个方面着手去认识，如对事物的兴趣、做事的韧性、临事的判断力以及知识的结构等。

第四个问题“环境支持或允许你干什么”。这种环境支持在客观方面包括当地的各种基本情况，如经济发展、人事政策、企业制度、职业空间等；主观方面则主要包括同事关系、领导态度、亲戚关系等，两方面的因素应该综合加以判断。大学生在做职业选择时，有时会忽略主观方面的因素，没有将一切有利于自己发展的人际因素综合起来考虑，从而影响了自己的职业切入点。而在国外通过同事、熟人的引荐找到工作是最正常，也是最容易的。

明晰了前面四个问题，就会从各个问题的答案中找到有关对实现职业目标有利和不利的条件，列出不利条件最少的、自己想做而且又能够做的职业目标，那么第五个问题“自己最终的职业目标是什么”，自然就有了一个清楚明了的框架。

（三）大学生职业生涯规划的步骤

职业生涯规划的目的绝不只是协助一个人找到一份让别人羡慕的工作，更重要的是帮助个体真正了解自己，进一步详细估量内、外环境的优势和局限，在“衡外情，量己力”的情形下，设计出符合个体情形的、合理且可行的职业生涯发展方向，为自己筹划未来事业大计，确定一定奋斗的目标。职业生涯规划基本上可以分为五个阶段。

1. 确定志向

确定志向可以成为追求成功的驱动力，古人云：“志不立，天下无可成之事。”志向是事业成功的基本前提，没有志向，事业成功也就无从谈起。没有目标，如同驶入大海的孤舟，四顾茫茫，不知该走向何方。立志是人生的起跑点，反映着一个人的理想、胸怀、情趣和价值观，影响着一个人的奋斗目标及成就的大小。所以，在进行职业生涯规划时，首先要确立志向，这是制定职业生涯规划的关键。

在确定职业生涯志向时，应根据社会发展的趋势，用发展的眼光、长远的观点来指导自己的择业。服从社会需要是职业选择的前提条件，劳动者要从事生产劳动的，先决条件是社会对劳动力的需求。只有社会客观存在着劳动就业的可能性，才谈得上对职业的选择。因此，大学生应以社会利益为重，从社会需要出发来确定自己的职业志向。

2. 自我评估与环境评估

自我评估的目的是认识自己、了解自己。只有认识了自己，才能对自己的职业生涯做出正确的选择，才能选择适合自己发展的职业生涯路线，也才能对自己的职业生涯目标做出最佳选择。自我评估包括对自己的性格、兴趣、特长、学识、技能、思维、道德水准以及社会中的自我等进行客观的评价，要求自我认识与他人评价相结合。

环境评估主要是评估各种环境因素对自己职业生涯发展的影响，主要分析社会环境、职业环境和组织环境。在分析环境影响时应注意环境的特点、发展变化情况、自己与环境的关系，环境对自己有利与不利的影响等。每一个人都处在一定的环境之中，离开这一环境便无法生存与成长。所以，在制定个人的职业生涯规划时，要分析环境条件的特点、环境的发展变化情况、自己在这个环境中的位置、环境对自己提出的要求以及环境对自己有利的条件和不利因素等。只有把自身因素和社会条件做最大限度的契合，才能在现实中趋利避害，使职业生涯规划更具有实际意义。

3. 选择职业生涯路线，设定职业生涯目标

职业的选择正确与否，直接关系到人生事业的成功与失败。在选择职业的过程中，要考虑性格与职业的匹配、兴趣与职业的匹配、特长与职业的匹配、内外环境与职业的适应等。良好的职业选择是以自己的才能、兴趣、性格、环境等信息为依据进行的，适合自身特点是毕业生就业的着眼点。社会上的职业多种多样，不同的职业，对从业人员的知识、技能、素质要求不同，而且毕业生的自身条件也不一样。所以，大学生对职业的选择，一方面要从社会需要出发，另一方面也要考虑自身的实际情况，扬长避短，只有这样，才能做到人尽其才，才尽其用。

选择职业生涯路线应把握四条原则：择己所爱，择己所能，择世所需，并在保证了前三个原则的基础上，追求就业收益的最大化，也就是择己所利。在目标设定上，应根据主观条件来设计，目标不可过高或过低，还要把长远目标和短期目标结合起来，通过不断实现短期目标来最终实现长远目标。爱因斯坦是世界著名的科学家，以色列国会曾邀请他当总统，被他婉言谢绝。爱因斯坦认为，自己的性格适合当科学家，搞研究，不适合当总统，搞政治。如果一定要让他当总统，那可就是总统当不好，科学研究也做不成了。因为谁也做不到又当总统又搞科研，且两边都能干出成绩来。爱因斯坦是伟人，伟人与常人的不同地方就在于他们比常人看得远、看得深，绝不随波逐流，绝不为尘世间的一点名利而轻易改变自己的志向，去干对别人来说也许是梦寐以求，但对自己却不太适合的工作。

4. 制订行动计划、考核措施

确定了职业生涯规划后，行动是关键。而在行动前，需要制订一套周密的行动计划，并辅以考核措施，以确保目标的实现。这里所指的行动主要是指落实目标的具体措施，主要包括教育、培训、实践等方面的措施。例如，在职业素质方面，计划学习哪些知识、掌握哪些技能、开发哪些潜能等。

5. 对生涯规划进行评估、反馈和调整

考虑到影响职业生涯规划的因素很多，对职业生涯规划的评估与修订也很重要。修订的内容可以包括职业生涯路线的合理调整、人生目标的修正、实施措施与计划的变更等。俗话说，“计划赶不上变化”，尤其是在现代职业领域，变化是永恒的主题。影响职业生涯规划的因素有的是可以预测的，而有些则难以预料。成功的职业生涯规划需要时时审视内外环境的变化，不断对自己的设计进行评估和修订。

三、大学生职业生涯规划的基本要求

大学是人生新的起跑点，大学生要想赢在起跑点上，就应当从跨入校门时开始确定自己的未来职业生涯目标。在大学生进行职业生涯规划时，要注意以下几个方

面的基本要求。

（一）职业生涯规划必须与社会发展、时代需要相结合

大学生只有将个人成才与社会发展紧密结合起来，适应时代的需要，才能成为真正的有用之才，也可能干出自己的一番事业。大学生要从社会理想的高度来认识职业生涯规划的意义，增强历史责任感，培养自己具有良好的道德情操、广泛的兴趣爱好和过硬的专业素质，努力使自己在为社会服务的过程中实现自己的职业理想。

（二）职业生涯规划与专业学习相结合。

大学生的专业学习既是为未来的职业作准备，也是未来事业的开端。新时代需要知识广博、业务能力强、综合素质高的人才。在整个大学学习阶段，如果本着对自己前途负责的态度，就应该努力学习，刻苦钻研，不断增长专业知识，培养科学的认识问题、分析问题和解决问题的能力，全面提高自身的综合素质，为未来的事业积聚能量。

1. 构建合理的知识智能结构

构建合理的知识智能结构，需要广博与精深相结合、理论与实践相结合、静态与动态相结、个人爱好与社会需要相结合。不但要对自己所学的专业知识和技能熟练掌握，而且要广泛涉猎其他学科或某些边缘学科的知识，努力把自己培养成复合型人才，适应知识时代的需要。

2. 加强基本技能训练

基本技能是各种职业都需要的技能。从目前的就业市场来看，有两种基本技能是用人单位最为看重的。①语言技能。随着我国对外开放不断扩大，需要大量的外语娴熟、办事效率高、通晓专业领域知识、能参与国际文化交流、具有多种文化背景的复合型人才。为了未来的交流与合作，大学生不仅要掌握本民族语言，还必须熟练掌握一至两门外语，具有较强的听、说、读、写和准确简洁、熟练得体的双语口头表达能力，以及收集先进国家的科技资料及应用能力。只有这样，才能在未来职业舞台上纵横驰骋，立于不败之地。②网络技能。知识经济社会的信息化，使网络技术更加普及，个人的生存与发展将与网络密不可分。信息化使社会的发展更加迅速并使竞争日趋剧烈，尤其是我国加入世界贸易组织（WTO）后，将在新的水平上参与世界经济一体化的进程，这种进程需要大量懂专业、熟练掌握国际惯例、能利用网络进行全球交流沟通的人才，以提高获取信息以及处理信息的能力。

3. 职业生涯规划与提高自身综合能力相结合

大学生要全面发展，除重视学习外，还应根据个人爱好、自身特点，有针对性的参加各种内容丰富，形式多样的学术、科技、文体、社团和社会实践活动，应善于从图书馆、大众传播媒介和与社会的广泛接触中，获取大量的信息，汲取知识，增进对社会的了解，增添生活的乐趣，培养和锻炼自己的实际工作能力和适应社会

的能力，全面提高自身综合素质，培养适应时代发展的基本能力。

（1）知识更新能力。在高科技与现代生活接轨的过程中，社会发展迅速，知识技术更新加快，使知识和能力成为一个动态的发展过程，于是终身学习便成为现代职业的必然要求。人才的基本素质是要善于学习，要树立终身学习的思想观念，不断更新知识结构，有针对性地“充电”，以适应瞬息万变的形势，跟上时代发展的步伐。

（2）开拓创新能力。知识经济时代是崇尚创新、充满创造力的时代，应养成追求创新和以创新为荣的意识，努力掌握创新知识，培养自己善于开拓创新的能力，注重个性发展，要用知识探索未知，解决问题，创造机会与财富。

（3）应变适应能力。对于新时代的大学生来说，要时刻准备和主动接受自己未曾经历过的新事物、新生活体验、新思想观念和行为方式；要思路开阔，能够吸收和处理各方面的不同信息，以适应环境，适应变化，求得生存；要具有良好的社会交往能力，愉快地生活和工作。

（4）团结协作能力。个人的智能再高，也是有限的，自我封闭只能束缚个人的发展，团结协作却能在与同事、朋友的交往中弥补自身的缺陷，增强自身力量，更好地应对知识经济时代的各种挑战。

（三）职业生涯规划必须与增强身心健康相结合

急剧变化、充满竞争的社会要求大学生要有健康的体魄和良好的心理素质。古希腊哲学家赫拉克利特曾指出：“如果没有健康，智慧就难以实现，文化无从施展，力量不能战斗，财富变成废物，知识也无法利用。”

对于大学生而言，健康是学业成就、事业发展、生活快乐的基础。在德智体全面发展的职业生涯规划中，体是基础，智是条件，德是方向。21世纪人才的身体和体能，要能适应快节奏、多变化的生活，就必须积极参加体育运动，增强自身体质。

良好的心理素质，有利于大学生充分开发潜能，陶冶情操，坚定信念，为自己点燃一盏希望的“明灯”。在职业的选择与实践过程中，大学生应注意培养和锻炼自己对挫折的承受能力和情绪调控能力，以正确的人生态度对待困难和挫折。

面对知识经济时代职业内涵的发展与变化，大学生要时刻关注就业市场，了解社会对职业的需求，参照社会对人才的素质要求，不断修订自己的职业生涯规划，调整自己的发展目标，在动态和多样性中实现自己职业的发展目标。

一、思考题

1. 大学生的身心发展有哪些特点？
2. 大学生的个性特征有哪些？如何塑造自己良好的个性？
3. 大学生活有哪些新变化？怎样适应大学生活？
4. 职业生涯规划对大学生成长、成才有什么重要作用？大学生如何进行职业生涯规划？

二、课堂实践活动：课堂演讲

题目：1. 我理想中的大学

2. 我怎样度过大学四年

要求：授课班级同学人人参与，每人限时 3 分钟。

三、阅读文章

胡锦涛在庆祝清华大学建校 100 周年大会上的讲话

老师们、同学们、同志们、朋友们：

4 月的北京，春风送暖。在这个美好的时节，我们在这里隆重集会，庆祝清华大学建校 100 周年。首先，我代表党中央、国务院，向清华大学全体师生员工和广大校友，表示衷心的祝贺！向参加庆祝活动的海内外嘉宾，表示热烈的欢迎！向全国高等学校的师生员工和广大教育工作者，致以诚挚的问候！

100 年前，在中华民族内忧外患、风雨飘摇的历史背景下，清华大学的前身清华学堂建立了。那个时代，外国列强的侵略欺凌，封建统治的腐败黑暗，使我们的祖国和人民蒙受了水深火热的苦难。中国人民和大批仁人志士在苦难中觉醒、在压迫下奋起，决心改变民族积贫积弱的命运和人民苦不聊生的状况。也就是在这一年，中国爆发了震惊世界的辛亥革命，为中国进步打开了闸门，推动全民族更加自觉地走上了振兴中华的奋斗历程。

90 年前，在中国人民改变民族命运如火如荼的斗争中，中国共产党应运而生。90 年来，中国共产党团结带领全国各族人民前仆后继、顽强拼搏，经过长期浴血奋战和艰苦奋斗，建立了新中国，进行了社会主义革命和建设，实行了改革开放，成功开辟了中国特色社会主义道路，为中华民族伟大复兴打开了前所未有的光明前景。

建校以来，广大清华师生始终与民族共命运、与时代同步伐，形成了优良文化传统和光荣革命传统，在中国人民为实现中华民族伟大复兴而奋斗的史册上写下了自己的隽永篇章。

建校伊始，清华秉持科学救国理想，倡导“中西融会、古今贯通、文理渗透”，一批学界泰斗在清华园里潜心治学、精育良才，形成了名师荟萃、鸿儒辉映的盛况，很快发展成为我国最好的大学之一，填补了我国现代科技的诸多空白。抗日战争期间，清华同北大、南开一道，在极其艰苦的条件下，共创了西南联大的办学成就。梁启超、冯友兰、陈岱孙、费孝通、钱钟书、吴晗、曹禺、季羡林等一大批我国人文社会科学学术大师，叶企孙、茅以升、竺可桢、华罗庚、钱三强、钱学森、邓稼先、钱伟长等一大批我国自然科学学科和工程技术领域奠基人和开拓者，还有获得诺贝尔物理学奖的杨振宁、李政道，都是清华人中的佼佼者。广大清华师生始终满怀强烈的爱国情怀，积极投身“五四”运动，坚定走在“一二·九”运动等爱国民主运动前列，奋勇参加民族救亡和人民解放斗争，涌现出闻一多、朱自清等一大批革命先烈和民主志士，为新中国的诞生作出了重要贡献。

新中国成立以后，广大清华师生满怀豪情投身祖国教育、科研、建设事业，全面贯彻党的教育方针，实行教学、科研、生产三结合，坚持又红又专、全面发展的育人理念，重视因材施教、实践锻炼、能力培养，努力建设高水平的社会主义大学。清华大学创办了原子能、无线电等一批国家急需的新技术专业，积极参与“两弹一星”等重大工程，完成国徽、人民英雄纪念碑、密云水库等重要设计，成为我国培养高层次人才和发展先进科学技术的重要基地。我和很多同龄人在这一时期进入清华大学学习，清华园里蓬勃昂扬的青春理想、严谨勤奋的治学氛围、艰苦朴素的优良作风、生动活泼的文化生活深深熏陶了我们。当时，蒋南翔校长富有创造性的教育思想，刘仙洲、梁思成、马约翰、张光斗等大家名师执教讲坛、垂范学子的风采，令我们受益匪浅、终生难忘。

改革开放以来，广大清华师生牢记科教兴国、人才强国的使命，主动适应社会需求，深入进行教育改革，加快建设综合性、研究型、开放式的一流大学，清华大学办学总体实力大为增强，人才培养质量、学术研究水平、社会服务能力不断提高。清华大学坚持以人才培养为根本任务，强化厚基础、重实践、求创新的育人特色，大力培养高素质、高层次、多样化、创新型的人才，广大毕业生踊跃到国家重点行业和基层施展才干。清华大学紧紧围绕改革开放和社会主义现代化建设的战略需要开展科研，取得高温气冷堆等一大批先进科技成果和优秀人文社会科学成果，社会影响和国际声誉不断提升，在创建世界一流大学的征程上迈出重大步伐、取得显著成绩。

水木清华，钟灵毓秀。在一个世纪的发展历程中，清华秉承“爱国奉献、追求卓越”的传统，恪守“自强不息、厚德载物”的校训，弘扬“行胜于言”的校风，培养了17万名优秀人才，涌现出一大批学术大师、兴业英才、治国栋梁。在国家表彰的23位“两弹一星”勋章获得者中有14位是清华校友，460位清华校友当选中国科学院院士和中国工程院院士。100年来，一代又一代清华人在革命、建设、改革中顽强拼搏、真诚奉献，为祖国、为人民、为民族建立了突出功绩。

清华百年历史又一次表明，坚持解放思想、实事求是、与时俱进，坚持以实现国家富强、民族振兴、人类进步为已任，坚持正确办学方向，坚持以人为本，遵循高等教育规律，全面实施素质教育，不断推进改革创新，我们的大学就能获得事业发展的强大动力，就能源源不断培养出德才兼备的优秀人才。

老师们、同学们、同志们、朋友们！

当今世界正处在大发展、大变革、大调整时期。世界多极化、经济全球化深入发展，世界经济格局发生新变化，综合国力竞争和各种力量较量更趋激烈，世界范围内生产力、生产方式、生活方式、经济社会发展格局正在发生深刻变革。特别是创新成为经济社会发展的主要驱动力，知识创新成为国家竞争力的核心要素。在这种大背景下，各国为掌握国际竞争主动，纷纷把深度开发人力资源、实现创新驱动发展作为战略选择。

对我国来说，当前和今后一个时期是全面建设小康社会的关键时期，是深化改革开放、加快转变经济发展方式的攻坚时期。综合判断国际国内形势，我国发展仍处于可以大有作为的重要战略机遇期，既面临难得的历史机遇，也面对诸多可以预见和难以预见的风险挑战。我们既要充分认识我国发展取得的举世瞩目的伟大成就，也要清醒地看到，我国仍处于并将长期处于社会主义初级阶段的基本国情没有变，我国仍是世界上最大的发展中国家，全面建成小康社会、基本实现现代化依然任重道远。我们决不能骄傲自满、固步自封，必须谦虚谨慎、埋头苦干，更加奋发有为地推进改革开放和社会主义现代化建设，继续在中国特色社会主义道路上向着中华民族伟大复兴的光辉目标奋勇前进。

推动经济社会又好又快发展，实现中华民族伟大复兴，科技是关键，人才是核心，教育是基础。我们必须深入实施科教兴国战略和人才强国战略，全面贯彻落实国家中长期教育改革和发展规划纲要，加快从教育大国向教育强国迈进。高等教育作为科技第一生产力和人才第一资源的重要结合点，在国家发展中具有十分重要的地位和作用。新中国成立６０多年特别是改革开放３０多年来，我国建成了世界上规模最大的高等教育体系，培养了数以亿计的高层次专门人才和高技能人才，取得了一批具有世界先进水平的科研成果。同时，从总体上看，我国高等教育还不完全适应经济社会发展和人民群众接受良好教育的要求，同国际先进水平相比还有明显差距。不断提高质量，是高等教育的生命线，必须始终贯穿高等学校人才培养、科学研究、社会服务、文化传承创新各项工作之中。我们必须适应实现经济社会又好又快发展、促进人的全面发展、推动社会和谐进步的要求，坚持走内涵式发展道路，借鉴国际先进理念和经验，全面提高高等教育质量，不断为社会主义现代化建设提供强有力的人才保证和智力支撑。

——全面提高高等教育质量，必须大力提升人才培养水平。高等教育的根本任务是人才培养。要坚持把促进学生健康成长作为学校一切工作的出发点和落脚点，全面贯彻党的教育方针，坚持育人为本、德育为先、能力为重、全面发展，着力增强学生服务国家服务人民的社会责任感、勇于探索的创新精神、善于解决问题的实践能力，努力培养德智体美全面发展的社会主义建设者和接班人。要注重更新教育观念，把促进人的全面发展和适应社会需要作为衡量人才培养水平的根本标准，树立多样化人才观念和人人成才观念，树立终身学习和系统培养观念，造就信念执著、品德优良、知识丰富、本领过硬的高素质人才。要注重培养拔尖创新人才，积极营造鼓励独立思考、自由探索、勇于创新的良好环境，使学生创新智慧竞相迸发，努力为培养造就更多新知识的创造者、新技术的发明者、新学科的创建者作出积极贡献。

——全面提高高等教育质量，必须大力增强科学研究能力。高等学校特别是研究型大学，既是高层次创新人才培养的重要基地，又是基础研究和高技术领域创新成果的重要源泉。要积极适应经济社会发展重大需求，开展国家急需的战略性研究、探索科学技术尖端领域的前瞻性研究、涉及国计民生重大问题的公益性研究。要积极提升原始创新、集成创新和引进消化吸收再创新能力，瞄准国际前沿，加强基础研究，推动学科融合，培育新兴学科，建设重大创新平台和创新团队，以高水平科学研究支撑高质量的高等教育。要积极推动协同创新，通过体制机制创新和政策项目引导，鼓励高校同科研机构、企业开展深度合作，建立协同创新的战略联盟，促进资源共享，联合开展重大科研项目攻关，在关键领域取得实质性成果，努力为建设创新型国家作出积极贡献。

——全面提高高等教育质量，必须大力服务经济社会发展。要紧紧围绕科学发展这个主题，加快转变经济发展方式这条主线，不断增强服务经济社会发展能力。要自觉参与推动战略性新兴产业加快发展，促进产、学、研紧密融合，加快科技成果转化和产业化步伐，着力推动“中国制造”向“中国创造”转变。要自觉参与推动区域协调发展，积极参与推进西部大开发、振兴东北地区等老工业基地、促进中部地区崛起、支持东部地区率先发展的进程，以服务和贡献开辟自身发展新空间。要自觉参与推动学习型社会建设，适应全民学习、终身学习的时代需要，加快发展继续教育，广泛开展科学普及，为社会提供形式多样的教育服务，深入开展政策研究，积极发挥思想库和智囊团作用，努力为党和国家科学决策、民主决策作出积极贡献。

——全面提高高等教育质量，必须大力推进文化传承创新。高等教育是优秀文化传承的重要载体和思想文化创新的重要源泉。要积极发挥文化育人作用，加强社会主义核心价值体系建设，掌握前人积累的文化成果，扬弃旧义，创立新知，并传播到社会、延续至后代，不断培育崇尚科学、追求真理的思想观念，推动社会主义先进文化建设。要积极开展对外文化交流，增进对国外文化科技发展趋势和最新成果的了解，展示当代中国高等教育风采，增强我国文化软实力和中华文化国际影响力，努力为推动人类文明进步作出积极贡献。

总之，我国高等学校要把提高质量作为教育改革发展最核心最紧迫的任务，完善中国特色现代大学制度，加强领导班子建设，创新教育教学方法，强化实践教学环节，形成人才培养新优势，努力出名师、育英才、创一流。各级政府要加大财政投入，引导更多社会资源支持教育，形成优先发展教育的良好社会环境，让所有受教育者学有所教、学有所成、学有所用。

建设若干所世界一流大学和一批高水平大学，是我们建设人才强国和创新型国家的重大战略举措。要以重点学科建设为基础，以体制机制改革为重点，以创新能力提高为突破，加大支持力度，健全长效机制，鼓励重点建设高校成为知识创新的策源地、深化教育改革的试验田、扩大开放的桥头堡。清华大学作为国家重点支持的大学，要坚持“中国特色，世界一流”的发展道路，改革创新，奋勇争先，在加快建设世界一流大学的进程中取得新的更大的成就。

老师们、同学们、同志们、朋友们!

青年是民族的希望、国家的未来，青年学生是国家的宝贵人才资源。党和人民对包括广大青年学生在内的全国青年寄予厚望。在这里，我想给清华大学的同学们和全国青年学生提三点希望。

第一，希望同学们把文化知识学习和思想品德修养紧密结合起来。青年人朝气蓬勃，善于接受新事物，正处于学习的黄金时期，应该珍惜美好青春年华，以只争朝夕的精神，刻苦学习科学文化知识，认真学习中华优秀文化和人类文明成果，夯实理论功底，提高专业素养，努力用人类创造的一切文明成果丰富自己。同时，要积极加强自身思想品德修养，认真学习中国特色社会主义理论体系，牢固树立正确的世界观、人生观、价值观，胸怀远大理想，陶冶高尚情操，培育科学精神，立为国奉献之志，立为民服务之志，牢牢把握人生正确航向，把个人成长成才融入祖国和人民的伟大事业之中，以实际行动创造无愧于人民、无愧于时代的业绩，谱写壮丽的青春乐章。

第二，希望同学们把创新思维和社会实践紧密结合起来。科学理论、创新思维来自于实践，又服务于实践。同学们要做到勤于学习、善于思考、勇于探索、敏于创新，激发求知欲和好奇心，在打好知识根基的前提下，提高创新思维能力，不断认识和掌握真理。同时，要坚持理论联系实际，积极投身社会实践，在基层一线砥砺品质，在同人民群众的密切联系中锤炼作风，在实践中发现新知、运用真知，在解决实际问题的过程中增长才干，不断提高实践能力、创新创业能力，切实掌握建设国家、服务人民的过硬本领，为走上社会、成就事业打下坚实基础。

第三，希望同学们把全面发展和个性发展紧密结合起来。全面发展和个性发展相辅相成。同学们要坚持德才兼备、全面发展的基本要求，在发展个人兴趣专长和开发优势潜能的过程中，在正确处理个人、集体、社会关系的基础上保持个性、彰显本色，实现思想成长、学业进步、身心健康有机结合，在德智体美相互促进、有机融合中实现全面发展，努力成为可堪大用、能负重任的栋梁之材。

教育大计，教师为本。广大教师和教育工作者是推动教育事业科学发展的生力军。广大高校教师要切实肩负起立德树人、教书育人的光荣职责，关爱学生，严谨笃学，淡泊名利，自尊自律，加强师德建设，弘扬优良教风，提高业务水平，以高尚师德、人格魅力、学识风范教育感染学生，做学生健康成长的指导者和引路人。要把加强教师队伍建设作为教育事业发展最重要的基础工作来抓，充分信任、紧紧依靠广大教师，提升教师素质，提高教师地位，改善教师待遇，关心教师健康，形成更加浓厚的尊师重教社会风尚，使教师成为最受社会尊重的职业，努力造就一支师德高尚、业务精湛、结构合理、充满活力的高素质专业化教师队伍。

老师们、同学们、同志们、朋友们!

海阔凭鱼跃，天高任鸟飞。全面建设小康社会，建设社会主义现代化国家，实现中华民族伟大复兴，为我国广大有志青年提供了创造精彩人生的广阔舞台。生长在我们这样一个伟大时代，我国青年一代应该大有作为，也必将大有作为。让我们紧紧携起手来，志存高远，脚踏实地，共同为我们伟大祖国、伟大民族更加美好的明天奋斗、奋斗、再奋斗！（选自《人民日报》2011 年 4 月 25 日第 2 版）

第二章 大学学习特点和学习技巧

未来的文盲不再是目不识丁的人，而是那些没有学会怎样学习的人。

——阿尔温·托夫勒

在科学上没有平坦的大道，只有不畏劳苦沿着陡峭山路攀登的人，才有希望到达光辉的顶点。

——马克思

第一节 学习概述

一、学习的定义

广义的学习是动物和人所共有的心理现象。人和动物的行为有两类：一类是本能行为，另一类是习得行为。本能行为是通过遗传而获得的种族经验，是生来就有的。例如，鸭子会游泳，母鸡会孵蛋，婴儿会吸奶等。习得行为是在后天环境中通过学习而获得的个体经验。例如，狮子滚绣球，老鼠走迷津，熊猫骑自行车等。人的语言的习得，知识技能的掌握，生活习惯的养成，宗教信仰、价值观念的获得，甚至人的情感、态度和个性无一不是后天学习的结果。 人类处于生命发展的最高阶段，其本能行为已经极其有限，人类的行为绝大部分是学习的结果。学习使人类具有了塑造自身和周围环境的巨大潜力，这种潜力为我们同环境保持动态平衡提供了可能。

与动物学习相比，人类的学习不仅在量上有巨大的差别，在质上的差别尤其显著。人类的学习是在生活实践中，在与其他人的交往中，通过语言的中介作用进行的。人类的学习又是有目的的、自觉的、积极主动的过程。我国著名心理学家潘菽对人类的学习下了这样的定义："人类的学习是在社会生活实践中，以语言为中介，自觉地、积极主动地掌握社会的和个体的经验的过程。"

二、学习的特征

学生的学习是整个人类学习的重要组成部分。但是，学生学习与一般意义上的人类学习是有差别的。它通常具有以下一些特征。

（1）计划性。学生的学习活动是在教育情境中进行的，而教育是有目的、有计划地培养人的活动。因此，学生的学习必须根据培养目标的要求，在教师的指导下，按照一定的教育的具体要求来进行。学习安排具有严密的计划性。

（2）间接性。按照马克思主义认识论的基本观点，人的认识可分为直接认识和间接认识两大类。直接认识是指人们在亲身参加变革现实的实践活动中直接获得的认识，这种认识的特点是不经过任何中间环节。间接认识则是指人们虽然没有亲身参加变革某种现实的实践活动，但却通过某些中间环节（如书刊、传闻、讲授等）获得了有关变革这种现实的认识。根据学校教育的特点，学生要在有限的时间内掌握人类最基本最主要的知识、技能和技巧，因此学生的学习活动，既没有必要也不可能时时事事都直接参加实践，必须以学习间接知识为主。尽管学生在学习过程中，也可能有所发明创造，但主要还是学习、继承前人积累起来的间接经验。

（3）高效性。学生的学习活动是在教师的指导下进行的，教师在学生的学习过程中起着极其重要的作用。教师是经过教育和训练的专职教育工作者，他们按照一定的教育目的和要求，根据一定的计划，有系统、有组织地进行教育工作，这样就使学生的学习比在日常生活中的学习有效得多。教师的指导和传授，可以使学生的学习避免反复探索的曲折道路，而能够在较短的时间内取得更有效的学习成果。

三、学习的动机

（一）学习动机的含义及分类

学习动机是指直接推动一个人进行学习活动的内驱力。它对学习活动起到激发和指向作用，它和人的智能一起，成为影响学习效果的主要因素。学习动机的类型有不同的划分，一般把学习动机分为四类。

第一，外部动机。外部动机是指学生的学习动机指向“学习结果带来什么”。例如，获得物质奖励，或可以避免因不学习而带来的惩罚。这种动机不指向学习过程，甚至也不指向学习结果本身。这种动机是不稳定的。

第二，社会动机。学生学习的目的是为了让自己身边的某类重要人物高兴。这类重要人物的意见对学生来说是重要的。因此，如果这类重要人物十分重视学习过程和学习结果的价值，那么，这个学生会因此而重视学习。这时的学习动机不是指向物质后果，而是指向一种人际关系的和谐或情感的和谐。

第三，成就动机。学生可能因为期望通过和其他同学的竞争并击败对手来提高自我而重视学习的价值。努力学习可以使他们对自己和对所承担的任务“感觉良好”。

他们可能对学习过程很“投入”，但严格说来处于他们心中中心地位的是学习结果和成功的兴奋与激动，而不是任务本身。他们可能对过程感兴趣，也可能不感兴趣，但是，学习结果却永远是自豪和地位的来源。

第四，内部动机。学习就是想了解与理解要掌握的知识、要阐明和解决的问题的欲望。学生仅仅是对学习任务或活动本身感兴趣，而不是因为学习之外的什么东西令人感兴趣。他们完成作业，仅仅是因为解题过程的智力活动带来愉悦，而不是因为习题解答结果的重要性。他们的兴趣在旅途之中，而不在旅途的目的地。

从学习的第一种动机到第四种动机，使事物本身变得越来越处于中心地位。外部动机完全指向任务以外的东西，内部动机则完全指向任务本身，而社会动机和成就动机则处于两个极端之间。从学习的第一种动机到第四种动机，个人投入程度一个比一个高，只有到达第四种动机的境界，才能真正树立良好的学习习惯。

在课堂学习过程中，学生能够不断地获得成功的学习经验，而成功的学习经验又会使他们期望在随后的学习中获得进一步的满足。由此可见，内部动机对学习起推动作用，成功的学习又转而增强内部动机。研究表明，对获得知识本身感兴趣的内部动机在学习中是一种最被需要和最稳定的动机，它能使学习变得更加深入并取得令人满意的效果。如果动机指向学习结果带来的东西，那么重要的就不是学习活动本身，而是获得的奖励或惩罚，学习变成消极被动的活动，学生可能只付出能够达到目的的努力。因此，教育的主要职责之一是让学生对获得有用的知识本身发生兴趣。

心理学家强调内部动机头等重要，但是不应片面地排斥其他动机的作用，其理由是：第一，很少有人始终能表现出充分的内部动机（对所学习的内容不一定全都有兴趣）。第二，与学业上的失败相联系的丧失自尊的威胁可以促使学生付出艰苦努力，正如有的心理学家指出的那样：“考试的动机力量，更多的是在于失败的威胁而不是在于成功的希望。”以物质奖励和精神奖励的方法引起学习的动机，会使人体验到荣誉感、自尊心。体验学习的“成功”和“失败”，同样能激发人学习的热情，但不能过分强调这些动机的作用，它不会产生持续而深入的学习愿望。

（二）如何激发自己的学习动机

第一，树立正确的理想和信念。动机、理想、信念都属于一个人的个性心理倾向，其中信念和理想属于个性心理倾向的高层次部分，对于动机具有制约和调节作用。学生如果树立了正确的信念和远大的理想，就会转化为强大的学习动力。现在有些学生之所以缺乏学习动机，根源就在于没有形成正确的人生观、价值观，丧失了理想，看不到学习的意义。

第二，唤醒求知方面的好奇心，发展学习兴趣。兴趣是人力求认识和探索事物或从事某种活动的心理倾向，这种倾向伴随着良好的情感体验。一个对学习充满兴趣的学生，具有良好的内部学习动机，能主动地、积极地进行学习，并能从学习中体验到快乐。兴趣来源于好奇心，但并不等同于好奇心。好奇心比较广泛，没有明确的方向，而兴趣有明确的方向，比好奇心更为稳定。因此，应及时把好奇心引导到对文化科学知识的探索上，这样好奇心就会升华为求知欲，就会形成一种稳定的学习兴趣。

第三，促进动机迁移。在知识和技能的学习过程中，有所谓的迁移现象，即一种学习对另一种学习的影响。其实，在态度、动机上也有迁移现象。所谓学习动机迁移，是指把对其他活动的动机迁移到学习上来，或者把对这一科目的学习动机迁移到另一科目的学习中去。充分利用已有的兴趣与动机，但不要局限于此，还要将其有效地迁移和辐射到其他学科中去，使之进一步获得健康发展。

第四，学会对自己的学习成败正确归因。维纳（B.Weiner）提出的归因理论分析了一个人对其活动成败原因的看法以及这种看法对动机的影响。维纳认为，能力、努力、运气和任务难易是个人分析成败的主要因素。一般来说，追求成功的人把成功归因于自己的能力，而把失败归于自己的不努力。相反，避免失败的人往往把成功归结为运气好、任务容易等外部原因，而把失败归结为自己的无能。我国台湾学者郑慧玲等的研究表明，学生若倾向于将其学习成绩归因于自己的能力和努力，而不归因于运气和课程难度时，则高成就动机会对其学习成绩发生积极作用。

第五，谨慎地利用外部动机。与学业上的失败相联系的自尊的丧失，可能促使学生在学业上作出长期而艰苦的努力，单靠内部动机不足以克服人的惰性。但不能过分强调外部动机的作用，连续的失败会使人产生过强的焦虑，过强的焦虑可能引起回避和退缩，以至于丧失学习的信心。另外，过分强调外部动机的作用，还会助长功利主义思想。学习的目的着眼于取得外来的利益，当考试通过后，就失去进一步深入学习的渴望。

四、非智力因素对大学生学习的重要作用

（一）非智力因素的含义与特点

非智力因素有广义和狭义两种理解。广义的非智力因素是指智力因素之外的一切身心因素和环境因素。狭义非智力因素指直接影响和制约智力发展的“意向性心理因素”，或称内在动力因素。一般所讲的非智力因素都是指狭义的非智力因素。“意向性心理因素”主要包括动机、兴趣、情绪、情感、意志、性格等个性心理倾向和心理特征。

动机是推动人按一定目标进行活动的心理倾向，它是人的需要的表现。动机可发展为人的信念、理想、价值观、人生观。动机同目的、目标紧密相连。

兴趣也是一种心理倾向，它是人的需要得到满足时在情绪上的表现。实际上兴趣也是一种情感，往往由好奇心开始。兴趣进一步发展就成为爱好。

情绪、情感两者都是人在客观事物符合其需要时所产生的态度体验，本质上一致且相互关联。不同的是，情绪比情感更广泛；情绪由当时一定的情境引发，具有不稳定性，情感则较少受情境的影响，比较稳定持久；情绪具有更明显的冲动性和外部表现，情感则比较深沉和含蓄。

意志是人自觉地确定目的、支配行动去克服困难、实现目的的心理倾向。它是人的意识能动性的表现。它在调整客观事物与人的需要之间的关系方面具有特殊作用。

性格是人对现实比较稳定的态度和习惯化了的行为方式所表现出的个性心理特征。它是以先天气质为基础，在后天各种主、客观条件长期作用下形成，是客观事物与人的需要之间的复杂关系在心理上和行为中烙下的难以磨灭的痕迹。

各种非智力因素彼此联系，相互作用。研究表明，在这些因素中，情感起着纽带和中介作用，联系着其他因素，以组成有机整体。动机如果仅仅停留在理性认识上，不能转化为情感，便不能充分发挥作用。兴趣实际上是一种肯定的情感。意志和性格，如不屈不挠、勤奋、谦虚、无私奉献等，对学习的影响力，不是表现在抽象的认识上，也不只是表现在个别时候、个别事例上，它们作为一种习惯力量，以情感的形式，在意识状态和潜意识状态下，都起着普遍的、持久的作用。

上述非智力因素，与我们常说的观察力、记忆力、思维力、想象力等智力因素有什么不同？简单地说，智力因素决定人“会不会学”，而非智力因素决定人“爱不爱学”。它们都对学习有影响，而非智力因素影响学习的特点是：①间接性。非智力因素对学习品质、学习成绩的作用是间接的，而智力因素的作用是直接的。例如，学习英语，记忆力越好，记住的单词越多越牢，可是一个人有学习英语的良好动机，不一定记住的英语单词就多。这是因为学习动机、学习态度等非智力因素只能影响学习的积极性和主动性，它必须通过强化智力，才能达到提高学习品质和学习成绩的目的。②差异性。不同非智力因素对学习的作用方式不尽相同。作用时间的长短、作用力的大小，因不同人、不同对象、不同情况有显著的差异。例如，有人说“天才就是勤奋”，有人说“天才就是毅力”，有人说“天才就是忘我”，可见，不同非智力因素对不同人的意义和作用不同。③两极性。非智力因素对学习的作用既有积极的一面，又有消极的一面。过于焦虑对学习是不利的，但高兴过度，没有一点压力，对学习也不利；保持愉快的心态对学习是有利的，但高兴过度，又对学习有害；坚忍不拔，朝着既定目标奋进，是所有成功者的经验，但是也有人固执偏激，不能根据变化了的形势调整目标，最终难免失败；兴趣爱好广泛既可以成为学习的积极动力，也可以成为转移学习的中心兴趣、影响学习进步的消极因素。

（二）非智力因素的作用

非智力因素对学习的主要作用可以概括为以下三个方面。

1. 激发学习动力

首先，这种动力作用表现为它的始动作用，它能使主体产生想要学习的愿望。各种非智力因素都可以起始动作用。对于不同的人、不同的智力活动，哪种因素或哪几种因素起始动作用，情况各不相同。67 岁的爱因斯坦在谈到他探寻狭义相对论的过程时说，16 岁那年他无意中想到了一个很矛盾的现象：“如果我以速度 c（真空中的光速），追随一条光线运动，那么我就应该看到，这条光线就好像一个在空间里振荡着而停滞不前的电磁场。可是，无论根据经验，还是按照麦克斯韦方程，看来都不会有这样的事情。”于是强烈的好奇心和探求科学奥秘的浓厚兴趣，推动他开始探索这一不解之谜。经过 10 年的努力，他终于找到了答案，创立了狭义相对论。在这里，兴趣是萌发强烈愿望的主要原因。李时珍学医愿望的产生与此不同。他童年时体弱多病，在长期与疾病的斗争中，他深深体会到病人的痛苦，并培养了他对治病救人事业的深厚情感，于是他立志学医。在这里，情感成为主要动力。学习的始动因素，或称诱因，总是同人的某种需要相关的，当这些需要同某种目标相联系，就产生了要达到这种目标的动机，并激励人们开始积极行动。

其次，表现为定向作用。定向是指引导和确定学习活动沿着正确方向去达到既定的目标。有了学习动机，不一定有正确的学习方向；有了大致的方向，不一定有具体目标。因此，还需要选择方向和具体的学习目标。从大的方面说，就是要立志，树立崇高的理想、信念、价值观；从小的方面说，就是要树立学习的阶段性目标，例如，争取成为先进、模范，争取通过英语四、六级考试等。良好的非智力因素有利于找到正确的学习方向。相反，不良的非智力因素，会使学习迷失方向。

再次，表现为调控作用。非智力因素能调节、控制学习过程，克服前进中的阻力，使学习达到预定目标。意志、兴趣、情感、自信心都具有显著的调控作用。学习是十分复杂的认知活动，必然会遇到很多困难，甚至要经历一次次的失败后才能获得成功。爱迪生为了寻找适合做灯丝的材料，经过了 1200 次试验的失败。这时，有人对他说：“你已失败了 1200 次了，还要试验下去吗？”爱迪生回答：“不，我并没有失败，我已发现有 1200 种材料不合适做灯丝。”他的坚强意志使他从失败中奋起。

2. 开发学习智力

兴趣、情感、自信心等非智力因素都具有调动人的心理和生理潜能，开发人的智力的作用。我们常说的“勤能补拙”就是这个道理。孔子的学生曾参智力水平不高，但他特别刻苦努力，正是这种精神使他在整理孔子言论和学术思想，使儒家学说得以发扬光大方面作出了巨大贡献。非智力因素对智力的开发作用，最突出的事例是 X 射线的发现过程。伦琴因发现 X 射线成为第一个诺贝尔物理学奖的获得者。但在伦琴之前，英国科学家克鲁克斯就发现了放在阴极射线管附近的照相底版被感光的现象。此外，德国和美国的一些科学家也发现了这种现象。可是他们没有像伦琴那样寻根究底、坚持不懈地进行一系列的研究，结果错失良机。伦琴的成功就是因为他有一种探求自然奥秘的顽强精神，正是这种非智力因素，促使他连续发表三篇论文，最后揭示出这种现象的本质。

3. 激励学习创新

学习的最高境界是创新。人们研究发现，有些智商水平很高的人，创造力却很平庸；智商水平中等的人却有高水平的创造力。吉尔福特对智商在 70~140 的学生进行的创造力测验的结果说明了这一点。现代心理学研究也证实，智力的某种片面发展，会抑制人的创造力，人的创造力同非智力因素有极为密切的关系。人的兴趣、情感是启动创造活动的决定因素。创造活动是一个艰苦的过程，一般都要经历多种挫折。因此，没有自信心、勇气和毅力等非智力因素的作用，创造活动便难以达到创造的目的。

第二节　大学教学形式的基本特点与学习

学校的教学任务是通过教学过程来实现的，而教学过程是按照一定的教学内容，通过一定的教学形式与教学方法来进行的。从课堂教学、现场教学及自学指导等主要教学形式来看，其所依据的基本原理从中小学到大学大体上是一致的。但由于教育目标、教学内容和教育对象的重大差异，大学的教育形式具有自己的特点。

国内学者把高等教育的基本特点概括为两点：研究高深学问和培养高等专门人才，简称为“一高二专”。从这一观点出发，便派生出大学教学形式的两个基本特点：一是专业针对性。尽管高等教育在人才培养方向上有所谓“专才”与“通才”之争，但总体上还是培养符合社会需要的按学科、专业分类的各种专业人才，也可以把“通才”看做是一个类型的专门人才。专业针对性就要求在组织上充分体现理论与实际紧密联系的原则，充分反映社会上各专业、行业、学科发展的现实对人才培养方面的需求。教学过程需要社会有关方面的参与和配合，因而产生了产学合作等多种教学组织形式。二是研究探索性。大学不仅有文化传承的任务，而且负有整合创新、探索创造新科技、新文化的使命。因此大学教学工作要在研究的气氛下进行，要把教学引导到学科的前沿阵地。高等教育的“研究高深学问”这一基本特点必然使得其教学形式具有研究探索性。比如，在教学中安排有学年论文、毕业论文、课程设计、毕业设计、设计性试验乃至专题科学研究等教学环节。

一、课堂教学的学习方法与要领

课堂教学是当前学校教学的基本形式，因而课堂学习也是学生学习的基本途径。由此可见，学会课堂学习是学生学会学习的一个基本环节，那么，如何才能搞好课堂学习呢？

（一）认真预习

心理学研究表明，学习者能够进行有效学习的内部条件有两个：一是要有适当的知识准备，二是要有强烈的求知欲望和学习的主动性。由此引导出的预习的直接目的有两个：一是检查面对新知识自己的有关知识储备是否充分；二是强化问题意识，激发求知的欲望，增强学习的主动性。概括地说，就是通过预习达到带着问题上课堂的目的。

实践证明，做好预习，是跳出“恶性循环”、争取学习主动、提高学习效率和质量的重要方法。所谓“恶性循环”，在学习过程中表现为：课堂听不懂，课后花很多时间还是不行，结果习题做不出，下一堂课更听不懂，越来越糟，十分被动。因此，听好课是关键，为了听好课，就要找出听不懂的原因，消除“拦路虎”，而预习目的正在于此。预习做好了，课堂效率提高，复习、完成习题很顺利，一切反过来，变成了“良性循环”，学习效率、质量就会不断提高。

坚持预习的长远目的还在于养成良好的学习习惯，有利于自学能力的培养。

（二）积极思考上好课

课堂教学效果主要取决于教师讲授水平、师生的良性互动及相应的教学条件和环境。在教师及其他教学条件一定的情况下，学习效果便取决于学生的学习积极性、自觉性，其中的关键又在于积极思考。

1. 听课要勤学好思

韩愈在《进学解》中说：“业精于勤，荒于嬉；行成于思，毁于随。”勤学好思不仅适用于日常学习，也适用于课堂学习。为此，要从以下几个方面努力：①要全神贯注，排除思想杂念和外界干扰，全身心投入。②在听课过程中应当积极思考，学与思结合。就是说要对问题的阐述、解释在思想上多问几个为什么，同时还要紧跟老师的思路，而且最好能超前思考。老师在讲授过程中常在一些发展思路的转折点或关键点上做一下停顿或设问：“下一步应当怎样？”如能做到正确的积极超前思考就应当在脑子里适时做出正确回答。即使老师并未发问，自己也应想到下一步该怎么办。如果这种情况经常出现，说明自己的积极思考和老师讲课的思路合拍了。如果相反，就要进一步思考为什么不合拍。③重视与教师的思想、观念的交流。我们是主张在认真预习的基础上来听课的。当发现教师讲授思路或对问题的理解和自己预习过程中的思路、理解不一致时，就应当给予高度注意，找出问题所在。通过对比分清是非，或纠正自己原来理解的错误，或进行补充，使之更趋完善。这种分析对比和思考多数情况是在自己头脑中进行的。有时也可以在课堂或课后向老师提问，通过讨论、交流，解决疑点，加深理解。④控制注意力和思维集中。当自己的思考脱离了教师讲课，甚至光顾自己想，老师在讲什么都“听而不闻”，那就必须把自己的思想拉回来。当有的地方没有听明白或没有理解，不妨在书上或笔记本上做上记号，接着往下听，不要陷在这里而影响继续听课。

2. 学会记笔记是学会学习的一项基本功

要学会记的笔记主要有两种： 一是读书笔记，二是课堂笔记。列宁的《哲学笔记》是读书笔记的经典之作，是 1914~1916 年列宁在读各种哲学著作时所做的内容丰富的札记，是在学习批判中创造性地发展唯物主义辩证法的典范。美国著名物理学家、诺贝尔奖获得者费因曼 （R.P. Feynman）的 3 卷本《物理讲义》就是由他助手的听课笔记整理而成的，所以又称《物理学讲演集》。记课堂笔记，好处甚多。首先，由于记笔记需眼、耳、手、脑多种器官并用，可以使听课者思想集中并积极思维。其次，笔记是一个永久性的记录，对随后的学习、复习均是非常宝贵的资料，同时也是一份学习评价的重要资料。再次，记笔记是一项重要的学习技能、学习策略，能训练人的思维敏捷性、判断能力、抽象概括能力等，也是对未来工作能力的一种培养。练就了记笔记的本领将终身受益。

3. 重视其他课堂环节，认真做好总结

授课之外，还有习题课、讨论课、辅导答疑课等其他课堂教学环节。根据课程性质，还会有不同类型的课后作业要完成，如习题、小论文、读书报告、小型专题调查、编写案例等。这些辅助性课堂教学环节都是十分必要的，应当积极参加并完成相关作业。参加这些教学环节的重要性有以下三点：一是加深对讲授主题的理解；二是扩大视野，启发思路（包括同学、师生之间通过讨论、答疑而进行的深入交流）；三是理论联系实际，初步进行运用，以深化理解，把知识活学活用。

二、实践教学的学习方法与要领

实践观是我国新世纪高等教育人才观的一个重要方面。我们强调树立实践观，重要的是培养学生的独立自主意识，培养其将知识转化为力量、思想转化为行动的意识和能力，培养其创业意识和创业能力以及改造社会、变革现实和为现代化建设作贡献的实际本领和才干。《国家中长期教育改革和发展规划纲要（2010—2020 年）》指出“坚持能力为重，优化知识结构，丰富社会实践，强化能力培养。着力提高学生的学习能力、实践能力、创新能力，教育学生学会知识技能，学会动手动脑，学会生存生活，学会做人做事，促进学生主动适应社会，开创美好未来”。这些重要思想为大学实践教学改革指明了新方向，也为大学生参加实践教学学习提出了新要求。

（一）实验课

1. 实验课的特点和新要求

实验在科学技术及现代生产中占有重要地位，实验课在教学计划中的地位和作用也更为突出，中国科学院原院长路甬祥院士曾著文指出：“教育方法应从课堂灌输

—课后复习—考试检查的传统的方式，改变为自学—课堂辅导—计算机分析与仿真/实验研究—论文/设计或实验—社会实践等方式，使学习过程转变成学习、应用、发展知识的过程。”

实验课是在老师的指导下由学生独立完成的一种教学活动。学生借助仪器、用品和装备，对某些自然现象、技术过程、工艺流程，在人为控制某些因素、条件的情况下观察其演化状态、变化规律，从而培养学生观察现象、验证理论以及分析和解决实际问题的能力，树立实事求是的科学态度、严肃认真的工作作风和探索创新的精神。

在深化教育改革中对实验教学提出了一些新要求和新措施，主要有以下几点：①改变按理论教学进程、以验证理论为主设置实验课的传统做法为单独设置实验课。②建立比较系统的以培养学生实验思想、实验技术和能力为主线的实验系列课程，构成实验教学的体系。有的专业还单独开设“测试技术”、“实验方法”和“实验设计”课程。③从因材施教、人才培养个性化、教学计划弹性等原则出发，建立多样化、多层次的适应各种需求选择的实验教学体系。实验教学也实行“选课制”，分为必做实验和选做实验（基本部分和提高部分）、单项实验和综合实验等多种形式。④改进实验指导方法，使实验过程逐步成为学生自己研究探索的过程。

2. 实验课的学习方法

在基础实验教学阶段，一方面要重视实验操作能力的培养，另一方面要关注实验技术理论的学习和积累，如实验原理、实验设计、调试技术、测试方法、数据处理、误差分析等。学习方法要注意以下各点。

1）认真做好实验前的预习

阅读实验讲义，明确实验目的，掌握实验原理。即弄清楚为了达到实验目的所依据的是什么理论，运用什么样的实验方法，需要测定的项目与哪些因素有关。进而分析实验要点，其中包括实验步骤、需要观察的现象以及保证实验成功必须控制实验误差的关键等。要熟悉所使用的仪器、仪器调试和校准的方法、测量范围、注意事项等。最后要认真填写实验预习报告。

2）手脑并用，严格按程序操作

首先，要认真听取指导教师的实验讲解，要记下讲解中提出的注意事项，以往做该实验时出现的种种问题以及取得试验成功的关键。其次，要仔细地做好实验准备检查，主要是仪器、备品是否齐全并符合规范要求，进行实验系统组装合成。最后，在动手实验前要再一次用心思考实验的基本程序、操作步骤和方法。有些实验还要经过指导教师检查同意后再开始进行。

实验过程中每一个步骤都要认真观察与思考，有意识地培养自己的观察能力。其中包括持久而稳定的注意力、细致敏锐的观察力。观察力与思考力是共生共存的，要用科学的思考指导观察，要观察与思考在实验的不同阶段应当出现的现象是否呈现，这样才能把握实验现象的本质特征和内在联系。观察中还可能出现一些新现象和新问题，应仔细加以记录，如不影响实验的进程可继续操作，留待试验后在实验报告中进行分析讨论。如果新出现的现象影响实验正常进行，则应暂停实验，待问题排除后再继续操作。手脑并用，观察和思考紧密结合是做好实验、提高实验技能的关键一环。实验操作中要有条有理、从容谨慎，切记杂乱无章、草率从事，要避免无意识操作，有些基本操作要力求规范，不断提高实验技能。

3）注意实验安全

在实验中要十分注意增强环保意识、重视人身安全。例如，化学实验要注意通风设施是否完好。易燃易爆物品、有毒物品的领取、使用、残留清除、人身防护等都必须严格遵守有关规定。用电安全、消防设施的使用等都应在密切关注之中，以免发生意外时惊慌失措。虽然这些主要是实验室管理人员的职责所在，但所有参加实验操作的人员都应当了解并掌握排除意外的常识和技术。实际上，这也是在实验课中应当学习的重要内容。

4）做好实验报告

如实验结果基本正常，确认无须重做便可进行实验课的最后一环，完成实验报告。各实验室的实验报告书一般都有固定的格式。其内容大体都包括实验目的、实验原理、实验步骤、实验现象、数据处理及误差分析等内容，最后还应有讨论分析，反映出实验者对本次实验的看法、建议和需要进一步研究的问题等，反映实验者自己的见解。做好实验报告的基础是在实验过程中的详细观察和认真的实事求是的记录，要正确处理数据，获得合理的结论并进行恰当的抽象、概括分析。认真做好实验并写好实验报告不仅是为了培养实验能力和技巧，而且会为进行科学研究、撰写论文打下良好基础。

大学生的实验能力训练，不应停留在只会按成熟的实验设计重复进行。在经过基础性实验课训练后应多参加一些综合性、设计性、探索创新性实验，培养学生的实验设计和创新能力。这些有更高要求的实验，实验项目由学生提出，实验方案由学生拟定，实验方法由学生设计，实验过程由学生独立操作，实验结果由学生总结分析，教师只起咨询监督的作用，这样能够培养学生更强的实验研究能力。

（二）实习和社会实践

由于专业类别的不同，实习的内容、次数安排等也不一样。工科专业有认识实习、生产实习、社会调查、毕业实习；理科有认识实习和毕业实习；文科类有结合课程的教学实习、社会调查、毕业实习。

实习是本科教学中非常重要的教学环节，目的在于使学生通过亲身参加生产实践、社会活动，对生产过程有所了解，认识社会、了解国情，熟悉自己所学专业在国民经济、社会发展中的作用，增强事业心、责任感，提高为人民服务的自觉性。

同时，运用自己所学知识，去分析一些社会现象及生产中的实际问题，尝试提出解决这些问题的方法，为以后从事岗位工作打下一定的实践基础。社会实践有很多形式，如社会调查、“三下乡”、“智力扶贫”、社区服务等。

尽管实习和社会实践的任务、要求、条件各不相同，但学生在实习和社会实践活动中应当采取的学习方法和注意事项还是有共性的，主要有以下几点：

（1）根据学校有关实习和社会实践活动的目的、任务和要求制订实习或实践小组及学生个人的学习计划。在计划中明确自己在实习及社会实践中要怎样干，要达到什么目的，要特别强调如何在干中学，在学的基础上干。实践教学环节更需要发挥学生的自主学习精神，需要学生具有强烈的求知欲望。

（2）在实习及社会实践过程中不仅要勤学好思，还需要勤学好问。要像做好课堂笔记那样认真地做好实习日记。假如你的实习日记什么也写不出，那就说明你在实习中什么也没有学到。即使在专业对口的实习和实践场所，现场的实际情况和课堂教学中讲的理想情况还是有很大差别的。因此，善于观察、善于提问是搞好实习和实践的关键，不好问便无法着手完成实际工作任务，不好问更无法了解生产和实践过程中的深层次问题以及学到现场工人、工程技术人员、干部等的长期实践经验。同样的社会现象和生产现象，是否能对其进行深入观察、分析、思考，收获会大不相同。通过学、思、问的结合，再加上细心观察，联系过去所学的理论，就可能发现问题，提出问题，找出解决问题的思路，使实习和社会实践得以深入下去，进而体验到从实践中学习的“甜头”，增强从事实际工作的信心，提高工作能力。

（3）做好实习或社会实践总结，写好实习或社会实践报告。这项工作比完成课程学习小结，实验报告具有更大的难度。因为鲜活的生产和社会实际要比课堂教学条件复杂得多。总结报告不应是现象的罗列，也不应是资料的堆砌，而应在分析研究上下工夫。在总结中要把生产和社会实践中的问题和过去所学理论（政治理论和专业理论）联系起来，加深理论认识。水平较高的总结报告，常常是毕业设计、论文的良好基础，有些还对社会和生产实践工作有重要的实用价值。在总结实践中“学会学习”的同时，还要进一步总结“学会做事”、“学会共处”、“学会做人”等方面的收获和体会。

三、论文写作和专题设计

大学的专业论文写作训练，是高等专门人才理论知识素养、科学素养和实践能力培养的重要环节。一份工程设计说明书，一篇毕业论文或学位论文，不但体现了撰写者的科学研究成果及学术水平，而且反映了撰写者的科学态度、科学方法、思维方式、写作能力等人文素养与科学素养。论文写作和专题设计是本科教学中综合性实践和专业能力训练的教学环节。

（一）论文写作

1. 论文写作的类型与目的

各类专业教学计划中一般都安排了专业论文写作这一教学形式，作为对学生进行综合训练的独立作业。其主要类型有课程或课题论文、学年论文和毕业论文。调查报告的写作、实习报告的撰写也可列入论文写作范围。

学生专业论文写作的目的在于：促进学生掌握专业知识；培养学生的思维能力，使其掌握研究方法；促进学生关心社会、了解社会；提高学生的论述表达能力以及增强学生为社会作贡献的信心。同时专业论文写作还有评价功能。专业论文质量的高低，是学生自己对掌握专业知识的深浅、运用专业知识解决实际问题能力大小的自我考核，也是对学校教育工作的检查。

学生专业论文除与一般学术论文一样应具有学术性、创见性、专业性之外，还有练习性的特点，主要是：第一，要按规定的质量要求和时间要求完成；第二，在教师和教材（包括文献资料）的指导、提示下进行；第三，紧密联系所学专业知识、理论，并在写作运用中进一步学深学透；第四，要大胆探索、创新，抱着认真练习的态度，不怕不成熟；第五，写作者应有虚心学习的态度，向老师、专家请教，改正缺点，弥补不足，培养自己严肃认真的工作作风，老老实实的科学态度。

2. 写好论文的具体要求

首先，要树立正确的写作指导思想，即以认真虚心的态度，用理论联系实际的精神，运用唯物辩证法，从本专业学科实际出发，努力探索本专业学术领域的有关问题，提出自己的见解和建议。

其次，要把握专业论文写作的基本要素及要求。专业论文写作的基本要素是论点、论据和论证，然后是论文的结构和语言。具体要求如下：

（1）论点必须明确、新颖、方向正确，而且要鲜明地集中表现出来，即围绕主要论点展开论述。

（2）论据要真实、充分。论据是论文的基础，论据有事实论据和理论论据两种。对事实性论据要鉴别其真伪，理论性论据要有一定的权威性，要正确理解其意义。

（3）论证要符合逻辑。论文要以理服人，靠的是逻辑力量，即在概念、判断、推理的使用上遵循思维规律，符合辩证逻辑。

（4）要合理地安排文章的结构。对论文的格式国家制定了标准，其基本结构一般由引言、正文和结论三部分组成。在引言中要说明问题提出的背景和现实意义，界定问题范围，阐明基本要领和全文的中心论点。结论应成为本论文部分分析的必然结果，对论证的全部内容加以综合、提炼并展望未来。

（5）行文用语要平实准确，简练通顺，严谨规范。

（二）专题设计

专题设计是工科专业、农林部分专业、应用艺术专业、新闻传播类专业采用的一种综合实践课形式，一般分课程设计、毕业设计等多种形式。

1. 课程设计

课程设计是一种综合性的实践课。一般在学习了本专业主要技术基础课以后安排这一环节。要求运用所学基础理论及相关的实验技能初步练习解决一些局部性的工程实践问题。通过课程设计使学生初步树立正确的设计思想，掌握正确的工程技术方法和科研方法。具体要求是：①培养学生运用所学课程理论知识解决工程问题的能力，以及正确进行工程运算和使用技术文献资料的能力；②培养学生树立正确的设计观点和掌握零部件设计、工艺过程设计、工艺装配设计等方面的设计方法；③培养学生使用工程语言简明精确地表达设计思想的能力、绘图、编写说明书和答辩的能力等。

课程设计的内容视课程的不同而异，课题不同则课程设计的程序不同。要根据课程设计指导书严格按要求进行。

2. 毕业设计

毕业设计是对大学生进行科学教育、强化工程基本训练和提高综合工程实践能力的重要阶段，是对大学生进行综合素质教育，培养严肃认真的科学态度、优良的思维品质和严谨求实的工作作风的重要途径。

毕业设计的主要特点是：①毕业设计任务的确定首先要考虑专业教学基本要求，同时也要结合社会实际，这也是毕业设计选题的原则之一。②毕业设计具有时间的限定性及学业的规定性。毕业设计任务规定为学生毕业前必须完成的综合训练必修科目。③毕业设计是在教师指导下由学生独立完成的。指导教师可以是学校教师，也可以是厂、院、所的工程技术人员。

毕业设计应满足工程设计的基本要求，即设计思想的科学性、设计内容的新颖性、设计表达的规范性、设计约束的严密性、设计过程的综合性以及设计结果的实用性等。

毕业设计的步骤和工作重点如下：

（1）确定设计题目，明确设计要求。

（2）毕业调查实习，查阅文献，收集有关资料。在调查实习中要向生产实践学习，向生产一线工人学习，向使用者学习，同时还要学习技术资料。以上所学内容应概括写入调查实习报告并在调查实习报告中提出设计的基本思路。

（3）设计阶段。以机械产品设计为例，一般包括方案选择设计和论证，总体设计以及详细设计，局部结构设计计算、试验或编程三个步骤。方案选择及总体设计必须做到周密慎重，以免进入局部设计时发现原则性错误而造成返工。设计环节环环相扣，必须前后呼应。

（4）编写设计说明书。要在教师指导下严格按规定的格式编写。说明书撰写大体上要经过拟写提纲、完成初稿、修改、定稿等步骤。

（5）毕业设计答辩。答辩成功与否首先取决于毕业设计的实际成果水平，但也与答辩准备是否充分有关。答辩是一次口头考试，一次锻炼口头表达能力的机会。

艺术类专业一般用毕业创作、毕业演出作为毕业前的综合训练独立作业。

第三节　大学学习的特点和基本规律

一、大学学习的特点

1. 学习安排的自主性

与中学相比大学学习需要更多的自主性。中学的学习，学习进度、学习时间一切都有教师安排，教师甚至对每一位学生的优势和弱点都了如指掌，会及时对学生进行针对性的指导和教育。而学生进入大学后首先遇到的问题就是学分制。学分制带来很多机遇，就是学生学习的自由度增大了，可以较主动地安排学习计划，根据自己的志趣、特长，在较大范围内选择课程、上课时间和授课老师。这就使得学生从原来被动的由学校安排一切的模式下解放出来，根据自己的情况，比较广泛地接触较多的学科，从而提高自己学习的主动性和积极性。但学分制也给学生带来挑战，从某种意义上说，学分制断绝了学生步入大学以后继续依赖学校和老师的后路，直接将学生推上了自己决定自己未来的道路。因此，在新生入学以后，学生必须尽快了解学分制的含义、学校的专业和课程设置、学生的选课方法、学分的计算方法等一系列内容，尽快解决如何正确选择自己的专业方向、合理安排自己的学习时间和学习进程等一系列具体问题。全面实施学分制，绝不意味着学生就可以不考虑专业，任意选择自己想上的课。学校以学科为基础制订教学计划，学生选修必须以指导性教学计划为依据来选定课程、选修时间和顺序。选课时要首先选择必修课，其次再选后继课。未修完必修课，一般不得选修后继课。另外，学校对学生每学期选修学分的多少也有规定，学生只有修完规定的全部学士学位课程（包括教学实践环节）并取得学分，才可以毕业。因此，学生应尽快培养自己的自我选择、自我负责、自我教育的能力，由原来的“被抱着走”变为“自己走”。

2. 学习目标的定向性

中学教育是一种基础教育，它是让学生学习在社会生活中所必须掌握的一般性知识和技能，并为学生进一步深造作一般性的基础文化知识准备。而高等教育是专业教育，是面向未来社会发展的实际需要，向学生传授各种专业知识和专业技能，把他们培养成为经济建设的专门人才。因此，大学教学中传授的知识既有基础知识，又有专业知识，大学生的学习活动具有一定的专业方向性。对大学生来说，进入某一专业学习，通常只是确定了大致的专业方向，而更具体、更细微的专业目标是随着学习过程的深入而逐步明确的。各高校根据培养目标的总要求和各专业科类的差异性，通过分门别类的专业化教学内容和相应的学习课程组织教学，进行专业训练，使学生在校期间掌握基本的专业知识和技能，初步奠定未来职业的理论基础。

3. 学习内容的专业性

中学教育的教学内容是多学科性的、全面的、不确定专业方向的。大学教学则是一种基本定向的专业化教学，在深度上大大扩展开来，比中学教学更透彻、更科学、更严谨、更准确地揭示事物发展变化的规律。大学随着教学深度的发展，涉及的相关学科的知识更加广泛且更加深刻。大学教师不仅要讲授与专业知识有关的基础知识，还要向学生传授高、精、尖的理论和最新的科学成果，追踪本学科专业国内外学术前沿动态；不仅要讲授学科发展史上已有的结论，还要向学生介绍尚在探索和争论的问题。教师常常留下一些问题不给出结论，引导学生分析、探讨、思考，并启迪思维，试图把学生引进本学科研究前沿，使学生为以后的研究工作做好必要的基础知识、专业知识和专业理念等多方面的准备。

4. 学习方法的广泛性

大学生的学习活动具有多层次的特点。虽然课堂教学仍是大学学习的主要途径，但不是唯一途径，大学生在学习过程中可以通过各种途径来学习、探索和研究。由于大学生有较多自由支配的时间，学校各职能部门也提供各种学习途径，因而学生有条件广泛地学习。例如，听取各类知识讲座、学术报告、专题研讨；参加命题辩论会、理论交流会；进行专业实习、社会调查、考察参观、咨询服务等，独立钻研问题，开展科学研究。因此，大学生完全可以而且应该超出教师课堂讲授的范围去遨游知识的海洋，争取“青出于蓝而胜于蓝”。

二、大学学习的规律

1. 广博与专深的统一

现代科学发展有两大趋势，一方面，学科高度分化，学科划分越来越细，学科门类越来越多；另一方面，不同学科之间又不断借鉴其他学科的研究成果和方法来充实本学科的内容，并形成许多交叉学科和边缘学科。因此，一个 21 世纪的大学生，如果只懂得自己的一门专业，那就难以适应科技发展和时代对复合型人才的要求。但在一部分大学生中存在着重专轻博的倾向，他们过分看重考试和考证，没有时间来看考试以外的书籍，大学生不读书，难当大任。虽然目前高等学校从“精英教育”向“大众教育”发展，但社会的发展对整个社会的从业人员也提出更高的要求。大学教育不只是为学生的就业作准备，也是为创业作准备，同时还能提高整个国民的素质。良好的读书习惯应成为人生修养的重要组成部分，读书可以净化人的心灵。

早在20世纪30年代，吴宓在清华大学开设了一门“文学与人生”，试图引导学生用那些人类历史上不朽的经典著作来滋润心灵。美国芝加哥大学教授艾伦·布鲁斯认为“应该让学生重新阅读从苏格拉底到卢梭等的著作，他们必须从中寻找到生命的价值和意义所在”。读书可以启迪智慧，能引发人的联想，博览群书在一定程度上能达到融会贯通，激发创造。

如何看待广博与专深的关系？首先应是专深。大学生应认真扎实地学好专业课程，形成较为稳定且有一定基础的专业研究方向，并掌握一定的专业技能，同时围绕自己的专业方向和学习兴趣，并根据当时社会发展的需要，来选择扩大自己知识面的领域和方式，亦即求广博，因此它们之间的相互关系是在专深的目标下求广博，在广博的基础上更专深。控制论的创始人，美国科学家维纳认为科学工作者应当成为这样的人，“他们每个人都是自己领域中的专家，但是每人对相近的领域都有十分正确和熟练的知识”。

2. 继承与创新的统一

继承与创新的辩证统一，是人类文明发展史上的一条客观规律，曾有人称赞牛顿，认为他成绩斐然。牛顿却说：“那是因为我站在了巨人的肩上”。是啊，正是因为有继承才会有创新，也正因为这样，伟人才能成为伟人。继承不是简单地肯定或墨守成规、原封不动，它包含否定中的肯定。对于知识的学习，要在思考的基础上继承优良的东西，但不能就此止步，继承是为了发展，创新就是继承的发展。邓小平说：“干革命，搞建设，都要有一批勇于思考、勇于探索、勇于创新的闯将。没有这一大批闯将，我们就无法摆脱贫穷落后的状况，就无法赶上更谈不到超过国际先进水平。”在科学发展历史上也存在着正反两方面的教训。例如，哥白尼之后的丹麦天文学家第谷（1546~1601），他对天体进行了长期的观测，积累了丰富的数据和资料（他所测定的各个行星的位置误差不超过 0.067°，是那个时代出色的观测家，被称为“星学之王”）。但是，他精于观测而疏于理论研究和创新，又不敢突破地心学说的禁区，因而不能概括出应有的正确结论，反而得出行星围绕太阳转，太阳围绕地球转的折中体系。而他的助手开普勒在第谷所积累的资料的基础上进行探索，经过科学抽象的概括，发现了行星的运动规律，总结出行星运动的三大定律，真正为人类提供了科学知识。继承和创新的依存关系告诉我们，继承是创新的基础、条件和准备，而创新是继承的目标、超越和升华。大学学习首先是对前人科学文化成果或知识的一种继承，在学习继承的过程中，还要努力培养创新能力和创新精神。

3. 知识与能力的统一

知识是人类认识世界和改造世界的实践的经验总结，是人们对事物的系统认识，而如何有效地将所掌握的科学文化知识用于解决实际问题，则是我们的能力。

知识与能力的辩证关系是：掌握知识是以一定的能力为前提，能力又是在掌握知识的过程中形成和发展的，离开了学习和训练，任何能力都不可能发展。知识的掌握，促进了人们的能力发展，知识贫乏必然限制着能力的提高和发展。能力的高低和知识的掌握程度并不完全一致，知识多并不意味着能力高，知识转化为能力需要有一个实践过程，这就要求大学生在学习的过程中除了要掌握一定的知识，还要培养与专业有关的技术与能力。在学习实践中，我们既要重视基础理论，又要重视现代技术；既要注重知识的积累，又要注重能力的训练；既要培养思维能力，又要培养动手能力。手脑的并用，可以使一个人在专业上达到更高的水平，这已经是被科学文化发展的历史证明了的事实。19世纪法国著名化学家巴斯德一生都十分重视亲自动手做实验。他曾说过："实验室是将来的圣庙，是一切财富之源，也是人类幸福之源。"1864年，他精心设计了有名的"曲颈瓶实验"，通过当众演示，推翻了生命起源问题上的"自生论"，在科学史上传为佳话。努力做到学习知识和培养能力两不偏废，是每个大学生在学习生活中都必须十分注意的一个问题。学生在学习书本知识的同时，要多问几个为什么，带着问题去学习、去研究、去实践。

4. 智力因素与非智力因素的统一

智力因素主要指人的观察力、记忆力、思维力和想象力等，它是参与学习活动的基本要素。非智力因素主要指理想、动机、需要、兴趣、意志、情感、个性等，这些因素虽然并不直接参与学习活动，但它们具有启动、定向、引导、维持和强化等功能，起着激发学习积极性、调节学习活动的节奏等功能。可见智力是学习的必要条件，但不是充分条件。

在学习和工作中，要想取得成功，除了要以智力因素作保证外，还要培养坚忍不拔的意志品质、坚定的自信心和敢为天下先的科学精神。例如，牛顿是物理学发展史上一位伟大的科学家，17世纪下半叶，牛顿等提出光的"粒子说"，他认为光是由一道直线运动的粒子组成的。在当时的社会里，权威思想盛行，牛顿的威望很高，他的光"粒子说"没有人敢质疑，因而光"粒子说"统治了光学领域100多年。直到19世纪初，这种沉闷的局面终于被英国一位年轻的物理学家托马斯·扬所突破。1802年，托马斯·扬经过多次实验，提出了"光的干涉"概念，并且在他的论文中用光的波动说解释了很多光学现象。由于波动说触动了权威，因而受到了牛顿粒子学派的猛烈抨击。但托马斯·扬不畏阻力，坚持自己的观点。他说："尽管我仰慕牛顿的大名，但我并不因此非得认为他的观点是百无一失的。我遗憾地看到他也会弄错，而他的权威也许有时阻碍了科学的进步。"托马斯·扬以坚强的自信心和严谨的科学实验，不迷信权威，而是敢于独树一帜，提出自己的新观点。经过实践检验，光的波动说被证实是正确的。可见，大学生在学习生活中，应十分重视意志品质等非智力因素的培养，使自己在以后的事业中留下成功的足迹。

三、掌握科学的学习方法

学习方法是学习活动的重要手段，良好的方法往往可以收到事半功倍的效果。

而大学低年级时许多学生的学习方法不适当，也是由于不了解大学学习方法的特点的缘故。因此了解和掌握大学的学习方法对完成大学学习生活具有重要意义。下面简单介绍一下大学的学习方法。

（一）有效记忆的方法

记忆是学习活动的重要组成部分，如果没有记忆，就无法有效加工和处理信息，思维变成了无源之水，学习也就失去了意义。根据研究，提高记忆的方法有以下几种。

1. 改进学习方法，巩固记忆

第一，提高加工水平。人们既可以对学习材料作表面加工，也可以作深入加工。研究表明人们对学习材料加工越深，记忆保持得就越好。同时，记忆越深的材料对后续相关材料的学习也有促进作用。

第二，双重编码。心理学家认为，我们必须对学习材料进行编码，才能有效地保持和提取。而编码有形象编码和语义编码两种形式。如果一个材料不仅有形象编码，而且有语义编码，则成为双重编码。双重编码的理论认为，双重编码的材料能持久保持，从哲学的高度来说，我们必须把抽象的理论与感性的具体经验结合起来，才能有效地保持。

第三，超额学习。超额学习又叫过度学习，指在学习达到刚好成诵以后的附加学习。如读一首短诗，某人学习十分钟则能背诵。在能够背诵之后增加的学习（如再读五分钟或再读五遍）便是超额学习。研究表明，如果我们学习需要长期保持的材料，适当的超额学习是必要的。超额学习的量以比刚能达到成诵的学习量增加 50% 为宜，过少不足以阻止遗忘，过量又有可能引起厌烦情绪。

第四，适当运用记忆术。记忆术是将没有意义的材料赋予某些意义以帮助记忆的方法。

2. 适当安排复习，巩固记忆

第一，及时复习。对于机械记忆的材料，据艾宾浩斯揭示的“遗忘先快后慢”的规律，应在对材料尚未出现大量遗忘之前及时安排复习，这样的复习可以收到及时巩固的效果。如果材料是有意义的，学懂以后就不易遗忘，复习时间可以适当延后，即可以在对所学习的知识开始出现某些遗忘之后复习。这样可以防止学习产生厌烦，从而有助于提高复习的效率。

第二，合理分配复习时间。复习时，时间过分集中容易发生干扰，过于分散容易发生遗忘。机械记忆材料和技能学习，分散练习优越性比较明显；而学习复杂的需要思考的材料，每次需要较长时间来学习。材料越容易，兴趣就越浓，动机也就越强，应该用集中的方法进行学习。

（二）阅读理解的方法

1. 提高文献检索能力

善于利用图书馆和互联网获取有关信息，是当代大学生提高学习效果和拓展知识的必要条件。资料文献检索是一门科学，不仅是图书专业人员的必修课，也是大学生不可缺少的一门知识。大学生掌握检索方法，是获得开启知识宝库的钥匙。培养检索能力的主要途径是：了解检索的要求（如寻找学习参考书或课题参考文献）；选定检索工具（人们用以查找和积累文献线索的手段）；确定检索方法（可从书名、篇名、作者、分类、主题等来检索）。通过检索，查到一批资料后，还要分析研究、去伪存真、决定取舍。

2. 充分利用有效的阅读方法

这里介绍 SQ3R 学习法是由罗宾逊提出来的并盛行于美国大专院校的一种方法。SQ3R 代表：纵览（survey）、提问（question）、阅读（read）、背诵（recite）、复习（revise）。

第一，纵览。纵览就是对全书进行快速的浏览，弄清这本书的基本内容，对作者的基本观点有一个初步印象。一般来说，先阅读作者的序言（前言）或后记，了解作者写这本书的意图，继而仔细查阅其目录和索引，如有可能，略读各章的提要或小结，确定全书阅读，或取其某些章节精读。纵览往往可以了解到最新信息，启发自己的思路。

第二，提问。大学生在学习过程中，不仅要学会解决问题，更重要的是要学会提出问题。在读书时，要透过书中的表面字句去捕捉问题，敢于在无疑处生疑，提出自己的设想。同时，要认真琢磨其中的某些观点，并把它和自己所掌握的有关观点相对比、相联系，然后进行评论，提出问题。有了问题，就会进一步去探索，从而可能提炼出新观点。

第三，阅读。阅读的目的是为了正确理解和深入掌握文章的精髓，对重点章节学深吃透，做到融会贯通，使其成为自己知识结构的牢固基础。读书要能看出书本的含蓄之处，也就是书本的言外意、弦外音，这要靠读者自己去思考、捕捉和体会。要能从过去的书本中看到现在，从现在的书本中想到将来。书本知识是一定时代人们认识水平的记录，因而带有时代的烙印。看出或指出书本中的谬误、漏洞，并非专家、权威才能做到，每一位进行深入思考的读者都能发现。因此，要养成思考的习惯，边读边想，必有所得。

第四，背诵。不是指逐句的复诵或默记，而是指在理解的基础上，集中精力把有关章节的中心思想和基本观点牢记在脑中，当然，不排除把某些重要的基本概念背诵出来。

第五，复习。需要长时间保留在记忆中的材料必须反复复习。注意每次复习要在内容上有所开拓， 有所发展。

下面介绍在国内外大学生中凝练总结的一些卓有成效的阅读方法，这些方法并不是十全十美，每个大学生应该结合自己的具体情况，审慎选择，灵活运用。这些程序阅读方法主要包括以下五种。①RURE 法：阅读、列提纲、重读、评估。②3R 法：阅读、记录、复述。③6R 法：纵览、阅读、记录、复述、复习、思考。④OK5R 法：观察、纵览、阅读、记录、复述、复习、思考。⑤PQRST 法：预习、提问、阅读、概括、测试。

3. 做好读书笔记

读书笔记分为后批、摘录、问答、提要、心得等形式。在做笔记时应注意，要规范缩写符号，便于日后回忆；要讲究格式，条理清晰，便于理解和记忆；要注明作者、书名、页码、出版单位和出版日期，便于将来查找。制作卡片的优点是便于保存、分类、查找，有利于积累和扩充知识。卡片一般分为摘录卡片、索引卡片和心得卡片三种，可以灵活运用，但每张卡片上需注明类别和出处，并及时分类存放，以备查阅。

（三）科学思维的方法

1. 培养独立思考的习惯

很多科学家和教育家都提倡从小培养独立思考的能力，培养发现问题、提出问题的优良心理品质。爱因斯坦曾经说过："应将发展独立思考和独立判断的能力始终放在首位，而不应当把获得专业知识放在首位，如果一个人掌握了他的学科的基础理论，并学会了独立的思考和工作，他必定会找到自己的道路，而且比起那种主要以获得细节知识为其培训内容的人来说，他一定会更好地适应进步和变化。"

2. 敢于质疑

质疑是创新思维的现实起点和开端。质疑，就是对现有事物持科学的怀疑态度，以促使自己进行更深入的思考、分析、研究、改进和创新。质疑思维，是一种以审视的目光、科学的态度、求真的精神进行科学探索的科学思维方法。敢于质疑是培育和开发创新思维的前提，敢于质疑才能发现问题、提出问题，才能激发创造热情，进入创造思维的过程。

人们总是羡慕发明创造者，其实，许多创新就在我们身边。捕捉创新的机遇，取得意想不到的创新成果，往往取决于我们有没有捕捉问题的敏锐头脑，有没有善于从人们司空见惯的现象中发现问题、捕捉疑点的慧眼，有没有敢于在权威下过"结论"、作过"论断"的所谓"终极真理"的面前提出质疑的勇气。

3. 善于思考

在思维过程中要注重事物间的差异性和特殊性，探究现象与本质的矛盾，发现现有事物和知识的局限性。在思考时，注重从多方面、多角度思考问题，也就是说，想问题的思路要灵活，要突破传统思维定势的束缚，敢于转换思维的视角，要不断地把思路由一个方向转移到另一个方向，想到事物各方面的问题，提出多种设想和多种解决办法，以便比较、选择新颖独特、先进合理、科学可行的方案。逆向性思维是最典型的多维思维形式之一。在探索问题的过程中，应用逆向性思维有时会收到意想不到的效果。例如，法拉第通过对电产生磁的想象进行逆向思维，大胆提出磁能产生电的设想，然后通过反复试验来验证自己的设想，终于取得了突破性成果，取得了具有划时代意义的创新成果。法拉第的成功，应归功于逆向思维的巧妙运用。

4. 善于抓住意外发现，认真思考意外发现

灵感常常是在受到某些事物或因素的刺激和启发的情况下产生的，它的产生是人们事先难以预料的，往往由意想不到的意外因素诱发，这些意外因素或刺激物，既可能是人们事先从未碰到过的，也可能是早已熟知的日常现象。但在灵感闪现之前，这些熟悉的现象却被忽略了。例如，阿基米德对鉴别王冠真伪这一难题煞费苦心，百思不得其解。有一天，当他躺进澡盆洗澡时，看到水从澡盆溢出来，这时他突然醒悟，从而解开了真假王冠之谜，并由此进一步发现了浮力定理。牛顿则是在长时间观察思考树上的苹果落地的原因而诱发出灵感，发现了万有引力定律。

第四节 培育良好的学风

一、良好的学风是大学生成才的重要保证

心理学研究和大学生学习活动的实践证明，大学生优良的学习成果，不仅取决于他的生理素质和心理素质，以及他是否掌握了适当的学习方法，在很大程度上，还取决于他的学习作风，也就是学风。学风是指学习的风气，包括学习态度、学习精神、学习风格和学习方法等内容。一所学校有一所学校的学风，一个班级有一个班级的班风，一个学生有一个学生的学风。对于集体来说，良好的学风体现了良好的学习氛围和积极向上的集体风貌，它是一种无形的指导力，潜移默化地催人奋进。对于个人，良好的学风是其精神风貌和各种人格因素在学习过程中具体的体现和反映。良好的学风，不仅能有力地促进和保证学习任务的完成，而且还能弥补大学生在智力方面的某些不足，使人的潜力得到最有效的发挥，从而取得最佳的学习效果。良好的学风还能丰富充实人的精神世界，有利于推动人格向着更加高尚的方向发展，也有利于美好心灵的塑造。良好的学风，在以后的工作岗位上，还能转化为良好的工作作风。所以，良好学风的形成是大学生有效地完成学业和成才的重要保证。

二、树立良好学风的具体要求

第一，培养严谨求学的学习态度。科学上来不得半点虚伪，常言道“差之毫厘，

谬以千里”。科学与严谨求实互为一体，可以说，没有严谨求实的科学态度，就没有现代科学，科学上的每一次进步，都是和科学工作者严谨求实的治学作风分不开的。学习同样需要有严谨求实的作风，要认真严肃地对待学习活动的全过程，对于每一个概念、原理和论证，不但要知其然，而且要知其所以然。要坚持实事求是，理论联系实际，一切从实际出发，不唯上、不唯书、只唯实。在学习活动中不能以想当然代替事实，更不能弄虚作假，抄袭别人的作业，在实验中凑数据来蒙骗老师，欺骗自己。只有这样才能切实有效地掌握所学知识，学到真正的本领，并在学习过程中学到有效的学习方法。

第二，培养勤奋刻苦的学习毅力。科学上没有平坦的大道，只有不畏艰险，沿着陡峭山路勇敢攀登的人，才有可能达到光辉的顶点。勤奋是学生学习自觉性、主动性、积极性的表现。勤奋刻苦可以弥补个人先天上的不足，能超越自我。古人云：“书山有路勤为径，学海无涯苦作舟。”学习必须以“勤”字当头。大凡敢于创新的人物和有伟大成就与突出贡献的科学家、思想家，无不经过“苦其心志，劳其筋骨”的痛苦磨难历程，即勤与苦的过程。马克思花了毕生精力，写出了不朽的著作《资本论》，为人类社会作出划时代的贡献。他为了写这部著作，在大英图书馆以惊人的毅力，数十年如一日，阅读了难以计数的文献资料，全身心投入对资本主义社会的研究。他座位下的地板被踩出一个凹处，这已成为佳话。可见，成才需要刻苦与踏实。勤奋刻苦的学习作风要求学生努力学习、刻苦钻研，有毅力、有恒心，在困难面前不畏缩，在失败面前不气馁，不断攀登新的高峰。

第三，养成良好的学习习惯。学习是一项艰苦的复杂劳动，除了需要顽强的意志品质外，良好的学习习惯也是必不可少的。良好的学习习惯除了可以克服人的学习惰性外，还能缓解人情绪上和精神上的压力，变被动学习为主动学习，从不自觉学习到自觉学习，从要我学到我要学，从学习的他律性向自律性转变，使学习成为我们日常生活中不可或缺的一部分，直至我们能享受学习。

一、思考题

1. 什么是学习？非智力因素在大学学习生活中有什么作用？
2. 大学学习特点有哪些？如何培育良好的学风？

二、阅读文章

三种学习方法

英国唯物主义哲学家培根曾用蜘蛛、蚂蚁和蜜蜂来比喻三种不同的学习方法。他说，一种人的学习方法类似蜘蛛，他们读书不多，愿动脑筋却只在狭小的天地里耕耘，虽然取得一些成果，但由于知识领域狭窄而使其借鉴不足，往往容易一叶障目、钻进牛角尖不能自拔。另一种人的学习类似蚂蚁，他们朝夕勤奋攻读，读书很多，但是只是满足书本上的结论，不肯越雷池一步，更不敢提出质疑，人云亦云。他们的成果只能是一些因循守旧、七拼八凑的东西，就像蚂蚁只把它们在路上遇到的东西搬进窝里一样。还有一种人的学习类似蜜蜂，他们读书既求博览、又求精深，他们以积极主动的姿态，有目的、有针对性的学习，大胆探索、勇于创新，不断提出新问题、新设想，并通过实践来验证和丰富这些思想，再加以创造性的提炼、升华，从而得到崭新的成果，就像蜜蜂飞进万花丛中，广采花汁、提炼加工，酿出甘美的蜂蜜一样。

三种学习方法，三种不同的结果。只有第三种——广采百花酿好蜜，才是创造性的、有无限广阔前途的方法。

第三章 大学生的人际交往

岁寒，然后知松柏之后凋也。

——孔子

得不到友谊的人将是终身可怜的孤独者。没有友情的社会则只是一片繁华的沙漠。

——培根

人际交往是大学生活的基本内容之一。同学之间、师生之间、个人与集体之间错综复杂的社会交往，构成了大学生人际交往的网络系统。大学生处于一种渴求交往、渴求理解的心理发展时期，良好的人际关系，是他们心理正常发展、个性保持健康和具有安全感、归属感、幸福感的必然要求。古希腊哲学家亚里士多德说："一个生活在社会之外的人，同人不发生关系的人，不是动物就是神。"这就是说，人总是在与他人的联系和交往当中生存、发展的。《礼记·学记》中说："独学而无友，则孤陋而寡闻。"孟子曰："天时不如地利，地利不如人和。"可见，人离不开社会，离不开人际交往。

第一节　人际交往概述

一、人际交往的心理实质

人，作为万物之灵，既是自然的人，又是社会的人。所以，人既具有自然性，也具有社会性，而人之所以体现为人，区别于其他动物，就在于它的社会属性。社会交往就是人体现其社会性的基本途径。人际交往是指人与人之间进行信息交流和行为沟通的互动过程。

一定的人际交往产生相应的人际关系。人际关系是指人们在交往过程中结成的心理关系，它表现为个体所形成的对其他个体的某种心理倾向及其相应的行为。由于人们在交往中彼此的物质需要和精神需要不一样，因此产生了喜欢和亲近、厌恶和疏远等心理状态。所以说，人际关系实际上又反映了交往双方寻求满足其社会需要的心理状态，也反映着人与人之间的心理距离的远近。如果交往双方的社会心理需要都能获得满足，就会导致交往双方心理距离的接近，双方将会保持一种亲近、信赖、友好的关系；如果一方对另一方因某种原因表示不友好、不尊重，则另一方就会产生疑虑和不安，就会拉大心理距离，使原来的亲密关系变成疏远关系，甚至有可能发展成敌对关系。

社会心理学家认为，任何人际关系都离不开认知、情感和行为三个方面的因素。认知是人际关系的前提条件，人与人的交往首先是通过感知、识别、理解而建立一定的心理关系；情感是人际关系的重要的调节因素，人们在交往过程中，心理上总是存在着一定的情感状态，如果没有情感因素的参与和调节，人际关系是不可想象的；行为是形成人际关系的手段，在人际关系中，不论是认识因素，还是情感因素，都要通过行为表现出来，如语言、举止、表情、手势等一切表现个性的外部动作，以此达到人际交往的目的。认知、情感和行为是人际关系中相互联系、相互促进的心理因素。任何人际关系的发生、发展与变化，都是这三者相互作用的结果。

二、人际关系的类型

从不同角度看，可将人际关系划分为不同的类型。

（一）按最基本的交际范围分类

人际关系可分为个体与个体、个体与群体、群体与群体三种最普遍的基本类型。个体与个体之间的人际关系，如父子（女）关系、母子（女）关系、师生关系、同学关系、朋友关系等；个体与群体之间的人际关系，如个体与家庭、学生与寝室、学生与班级、工人与企业等；群体与群体之间的人际关系，如班级与班级、寝室与寝室、学校与学校等。

（二）从人际关系的社会角度分类

人际关系可分为血缘关系、地缘关系、业缘关系与趣缘关系四种。

血缘关系是以自然的血缘为基础形成的关系，如父母与子女的关系、兄弟姐妹之间的关系以及由此衍生出来的亲戚关系。人的一生中约有 2/3 的时间在家庭中度过，处理好家庭中的人际关系是十分重要的。

地缘关系是指由于居住在共同的区域并具有较大的交往范围而形成的人际关系，如邻居关系等。地缘关系在人际交往过程中的作用范围远比血缘关系更深更广。

业缘关系是指以从事共同的职业或兴趣爱好为基础而形成的人际关系，如同事关系、师生关系。这种关系打破了血缘和地缘的界限，主要是以事业和志趣作为联结的纽带。

趣缘关系是指人们在社会生活中因情趣相投而交往建立的人际关系。人们常说“物以类聚，人以群分”。有共同兴趣爱好的同学相互结成好朋友，相互切磋，共同提高，如棋友、球友等。在大学生中，志趣型的人际关系是相当常见的交往类型，也是丰富多彩的校园文化生活的体现。

三、大学生人际交往的特点及功能

大学生人际交往是指大学生之间以及大学生与其他人之间传递信息、沟通思想和交流情感的互动过程。大学生是一群特殊的群体，其人际交往也具有独特的特点。

（一）大学生人际交往的特点

社会的发展，使人际间的交往不能只局限于亲缘群体之内，人际交往的范围随之扩大，人际关系的社会性也被大大地强化了。这种交往方式的变化，在当代大学生中得到了明显的体现。

1. 从交往心理看，一般主动追求开放式交往

在中学阶段，学生的注意力都集中在学习上，没有时间和精力进行很多的人际交往。进入大学后，学习压力减轻，他们迫切需要走出家门，走进公共场合，结交更多的朋友，交流更多的信息，接受更多的思想。在这种心理的作用下，大学生的人际交往呈现出前所未有的开放式交往趋势，表现在以下几个方面：

第一，交往范围扩大。交往对象由以前的亲戚、邻居、成长伙伴转向大学同学和在社交场合认识的其他人，其中又以同学为主。同学交往不局限于同班同学，已发展到同级、同系甚至是同校的可认识的所有同学。不仅是同性之间的交往，异性交往也很多。

第二，交往频率提高。交往由偶尔的相聚、互访发展成为经常地聊天、社团活动、聚会、文体活动、娱乐、结伴出游以及其他一些集体活动。

第三，交往手段增多。由原来的互访、通信等转向为现代化的通信设备、交往工具、公共场所等。交往手段的发展，使大学生的人际交往变得更方便、更快捷，交往距离更远，交往范围甚至可以扩展到全世界。

大学生的人际交往虽然比较广泛，但由于现在大学生大多是独生子女，自我保护意识比较强，在人际交往中通常小心翼翼，多数情况是“广泛交友，谨慎交心”。这种交往只有广度而没有深度，多是些“点头之交”。

2. 从交往方式看，大多以寝室为中心，工作和网络社交占主导

大学生虽然主动追求开放式的人际交往，但由于时间、精力、生活环境、经济条件等方面的限制，交往的主要场所仍然在校园内，中心是学生的寝室。尽管 BBS 和 QQ 等新兴社交方式正逐渐被大学生接受并渗入到他们的生活中，但新兴社交方式所发挥的作用并不被学生们看好。不少学生表示：“在网上交流再怎么也没有面对面交流那样让人感到亲切与真实。”

3. 从交往目的看，一般是情感型交往和功利型交往并重

随着社会的发展变化，大学生在社交目的上也趋于“理性化”，选择什么样的人交朋友，并不纯粹是出于情感和志同道合，交往的动机已变得很复杂。可以说，大学生的人际交往在注重情感交流的同时，越来越注重与自身社会利益相关的务实性，呈现出情感型交往与功利型交往并重的趋势。例如，有的大学生在社会中结交一些“大款”，以能把朋友的车开到校园里来为荣，在同学面前炫耀。

4. 从交往效果来看，大学生对自己社交能力和人际关系环境评价不高

现在的大学生虽然从心理上积极主动地去与他人交往，并且很注意学习社交知识，但实际效果并不理想，与自己的预期要求还有很大差距。原因在于有相当一部分学生不懂得怎样尊重他人，怎样与他人交往，缺乏与人交往的基本知识和技巧。

（二）大学生人际交往的作用与意义

戴尔·卡耐基总结了大多数人成功的经验后说：一个人的成功，15%靠专业知识，85%靠人际交往。由此看来，无论我们乐于交往还是惧怕交往，都不能避开它。对于绝大多数人而言，交往的成功在很大程度上决定着我们的生活和事业的成败。然而，有许多人并没有认识到人际交往的重要性，不愿意与人交往，甚至认为独处挺好，这其中并不排除有一部分同学是人际交往障碍者。只有我们充分认识到人际交往的作用和意义，在观念上、思想上消除模糊看法，在行动上积极主动，才能为解决各种交往障碍扫清道路。

1. 人际交往促进大学生的社会化进程

社会化是个体获得态度、价值、需要、交往技能及其他能使个人参与社会生活的品质的过程。通过社会化，个体学会以社会所允许的方式行动，从一个生物个体变成一个社会成员。

人的社会化进程是在与人交往中进行和实现的。人际交往是社会化的起点。随着人的成长，交往范围不断扩大，交往内容逐步深化，交往形式日趋多样。大学生的交往性质和交往水平，直接影响着他们社会化的水平。

2. 人际交往促进大学生深化自我认识

人对自己的认识总是以他人为镜，需要通过与他人进行交流、比较，把自己的形象反射出来加以认识。大学生在交往过程中，往往以同龄人作为参照物，从他人对自己的反应、态度和评价中发现自己的长处和短处，找到适合自己的社会位置，从而选择更为恰当的行为，为自我的设计、发展、完善创造有利条件。因此，大学生有必要多方位、多层次的与更多的人交往，来获得更多可靠的信息，达到更清楚地认识自己的目的。

3. 人际交往是大学生个性发展与完善的条件

一个人的个性除了受先天遗传因素的影响外，还要受到后天环境的影响。如果

长期生活在友好和睦的人际关系中，人的个性就会变得乐观、开朗、积极、主动。相反，一个人如果长期生活在充满冲突的人际关系中，则可能会出现压抑、暴躁、猜忌等不良个性特征。大学是人的个性定型的关键时期，积极的、和谐的人际关系有助于大学生个性的发展和优化。

4. 人际交往是维持大学生身心健康的重要保证

有研究表明，长期生活在孤儿院的儿童与一般家庭的儿童比，缺少关爱、缺少良好的交往条件，生活单调、孤寂，因而表现出智力水平和语言水平较低、社交能力较差、缺乏社交愿望、对人冷淡等特点。

所以，从小到大都不能缺少人际交往活动。人际交往的空间越大，人的精神生活就越丰富，得到支持与帮助的机会就越多，就越能保持心理平衡。特别是青年学生，通过交往，获得友谊、增强自信，实现自我价值，同时有助于降低挫折感，缓解内心的冲突与苦闷，宣泄愤怒、压抑与痛苦，减少孤独感、失落感。

如果人际交往的需要得不到满足，会增加大学生的挫折感，引起一系列的不良情绪，如孤寂、惆怅、空虚等。不良的情绪会降低人体免疫力，影响人体的正常生理机能，从而导致疾病的生成。

5. 人际交往是大学生获得知识的手段

大学生在与他人的交往中，随时可吸收别人的优点。取长补短，以此扩大自己的知识积累，发展与完善已有的知识体系，更新思想观念，追踪新鲜信息。

6. 人际交往是大学生获得事业成功的重要条件

一方面，一个人的能力是有限的，只有通过共同合作，把每个人的知识、专长和经验融合在一起，才更有获得成功的希望；另一方面，一个人的能力、才华、品格等，只有通过与他人交往，让别人了解到、认识到，才能逐渐被社会所认可，达到自我实现的境界。

四、大学生人际交往的影响因素

大学生人际交往的影响因素主要是人际吸引。所谓人际吸引是指人与人之间彼此产生注意、欣赏、倾慕等心理上的好感，进而彼此接触以建立感情关系的过程。

人际吸引是人与人之间建立感情关系的第一步。一个人如果毫无吸引别人之处，就不能引起别人的注意；如果两人之间不能彼此吸引，也就建立不起人际关系，更谈不上亲密的感情关系了。可见，我们要想改善人际关系，充分利用人际吸引的影响因素是至关重要的。

（一）邻近性吸引

俗话说，“远亲不如近邻”。人与人的交往在空间距离较近、交往频率较高时，就容易彼此吸引。在人际交往初期，邻近性吸引往往起很重要的作用。

美国心理学家费斯廷格(L.Festinger)等在1950年调查研究了麻省理工学院17幢

学生公寓的友谊模式。这些公寓都是二层楼房，每层有 5 个单元住房。住户住进哪个单元，完全是随机的。调查的对象是所有住户的主人，调查的问题是："在这个居住区中，和你经常打交道、最亲近的邻居是谁？"调查结果表明，居住距离越近的人，交往的次数越多，关系就越密切。在同一楼层中，和一墙之隔的邻居交往的概率是 41%，和隔一户的邻居交往的概率是 22%，和隔三户的邻居交往的概率只有 10%。多隔几户，实际距离增加不了多少，但其亲密度则大不相同。

由此可见，距离的远近程度与交往的频率有直接关系，较近的空间距离有利于建立密切的人际关系。但在现实生活中，也经常会看到这样的现象：由于距离的接近，如近邻、同宿舍的同学、同科室的同事等，反而人际关系比较紧张。可见，距离因素只是建立良好的人际关系可利用的因素，但不是主要的影响因素。

（二）相似性吸引

俗话说，"物以类聚，人以群分"。社会心理学认为，相似性是人际吸引的重要因素，它包括年龄、性别、社会地位、经济状况、教育水平、职业、籍贯、兴趣、信念、价值观、态度等的相似，其中以态度、信念和价值观最为主要。

为什么彼此相似的人更容易互相吸引？不同的社会心理学家根据不同的理论，作出了不同的解释。归纳而言，有如下一些原因：

第一，相似的人，比如，兴趣爱好相似的人，多愿意参加类似的活动。在这些共同喜爱的活动中，交往的机会自然较多，既能接近又能相悦，从而使人际间的吸引力增强。

第二，由于彼此态度一致，情投意合，在一起交往能正确反映自己的能力、感情和信仰，对对方会产生相当大的社会强化作用，维护双方的自尊心，所以，自然会加强相互间的人际吸引力。

第三，对相似的人来说，相互沟通比较容易，误会和冲突比较少。即使本来并不熟悉，也会比较容易消除陌生感，从而形成较强的人际吸引力。

（三）互补性吸引

在日常生活中我们经常看到这样的现象：脾气暴躁的人和耐心随和的人能友好相处；活泼健淡的人和沉默寡言的人能成为要好的朋友，甚至发展成终生的伴侣。有人研究后认为，互补性对人际吸引的作用，大多发生在友谊深厚的朋友之间，特别是异性友人或夫妻之间。

心理学家克克霍夫等，研究了影响已存在恋爱关系的大学男女学生相互吸引的因素，结果发现：对短期的伴侣来说，吸引的动力主要是彼此相似的价值观念，而驱使长期伴侣发展更密切的关系的动力，主要是需要的互补。

由此，克克霍夫提出择偶过滤假设，两个不相识的男女要结成终身相托的婚姻伴侣，必须经过四道关卡：一是时空距离的接近；二是当事人的社会经济地位、教育水平和信仰等重要因素的参考；三是相似性，主要是态度与观念的相似；四是需要的互补。

（四）个性吸引

大学生的能力、性格、品德等个性特征，是构成人际吸引的重要因素。心理学家奥尔波特（G.W.Allport）经过研究发现，人际吸引力最重要的成分首先是人的内在属性，如涵养、幽默、礼貌等；其次是形体的特点，如体魄、服装、仪表等；再次是个人表现出的特殊行为，如新奇和令人喜欢的动作等；最后是个人的角色地位，它会引起他人的爱慕与尊敬。

（五）外表吸引

爱美之心，人皆有之。“窈窕淑女，君子好逑。”亚里士多德也曾说过：“外表包括人的外貌、身高、风度等。这些因素也会影响人与人之间的关系。美丽比一封介绍信更具有推荐力。”可见，一个人的仪表也是构成人际吸引力的重要因素，尤其是人们初次见面时。

为什么外表能影响人际吸引力呢？从心理学的角度看，外貌能产生晕轮效应。特别是对不熟悉的人，这种效应容易使人产生以点带面、以偏概全的不正确认知。比如，某人长得漂亮，就容易使人以为他还具有其他一系列优点和美德，如心地善良、品德高尚、性格良好等。事实上，相貌美丑与心灵美丑并不存在必然的联系，如《巴黎圣母院》中的敲钟人就是一个容貌丑陋，但却有一颗金子般的心的人。随着交往的深入，容貌对人际吸引力的影响会逐步减弱直至消失。交往越深入，人们越会忽略相貌的因素，而更重视内在美。

当然，除了相貌之外，仪表因素还包括穿着、体态、风度等，它们都对人际吸引力有影响。因此，为了增强自己的人际吸引力，我们根据自身的特点花工夫“包装”一下，使自己变得更漂亮、更得体、更有风度，也是无可非议的。

（六）才能吸引

社会心理学家阿伦森（L.P.Aronson）在1969年做过一个实验：将不同的四卷访问录影带分别播放给四组被试者观赏，四卷录影带的内容虽有所不同，但都是由同一个访问员访问同一个大学生而录制的，希望被试者看完录影带后凭主观的感觉评分，以表示他们对录影带里的大学生的喜欢程度。第一卷录影带的内容是，访问员在介绍受访者的时候，将他描述成一个能力杰出的大学生，他是荣誉学生，是校刊编辑，是运动健将。在访问的过程中，模仿者的表现也很优秀，对访问员提出的所有问题都能对答如流，表现得自然大方。第二卷录影带的内容与第一卷大同小异，唯一不同的是受访者在采访中因紧张而打翻了桌上的咖啡，并弄脏了一身新衣服，形成相当尴尬的局面。第三卷录影带的内容是，访问员将受访者说成是一个普通的大学生，在采访过程中也表现一般。第四卷录影带的内容与第三卷大同小异，不同之处是包含了第二卷中的插曲。实验结果发现：大家最喜欢的是第二卷中的受访者，其次是第一卷中的受访者，再次是第三卷中的受访者，最不喜欢的是第四卷中的受访者。

实验说明了什么呢？首先，一个有才华、有能力的人，容易获得人们的喜爱，才能平庸者不容易受人喜欢。其次，全无缺点的人，也未必讨人喜欢。因为与这种“完人”交往，人们主观上会认为他是不可轻易亲近的，从而产生自卑感，对其敬而远之。再次，最讨人喜欢的人是精明能干而略有缺点的人，因为这种人才是真正现实生活中的人，我们不会认为自己太差而不敢与之交往，也不会因为他太差而认为与之交往降低了自己的身份。

第二节 大学生人际交往能力的培养

人际交往能力是现代社会人才的重要素质，是一个人能否适应现代社会的重要标志之一。大学生要有所作为，必须了解人际交往的基本原则，掌握了解人际交往的技巧，努力提高人际交往能力。

一、人际交往的基本原则

（一）平等待人原则

平等待人是建立良好人际关系的基础，没有平等就没有人际交往。平等也是人际交往中最基本的原则。古语云：“敬人一尺，人敬一丈。”在人际交往中，要想受到别人的尊重，首先就要学会尊重他人，把他人放在与自己平等的位置上，以礼相待。大学生具有相同的年龄、文化水平，无论来自城市、农村均应彼此以诚相待，自觉做到平等待人。实践证明，凡是恃才傲物、目中无人、盛气凌人的人，人们一般不愿与其打交道，他们也就变成了孤家寡人。

（二）诚实守信原则

友谊这种亲密关系表现为对朋友推心置腹，以诚相见，没有真诚换不来友谊的。在人与人的交往中，只有以心换心，表里如一，以诚相见，才能使双方相互理解，建立信任感。真诚是打开人心灵大门的一把神奇的钥匙，也就是人们常说的“精诚所至，金石为开”。信用原则，即所谓的“一诺千金”、“君子一言，驷马难追”。

（三）把握分寸原则

友谊不是无原则的一团和气，那种不分是非的哥们义气只能破坏朋友关系。真正的朋友，应该是把握分寸，讲求原则，正确的就支持、鼓励，错误的就反对、批评。

孔子曰：“益者三友，损者三友。友直、友谅、友多闻，益矣；友便僻、友善柔，友便佞，损矣。”有人曾说：如果你周围皆是鹰的话，那么，你自己亦会成为一只鹰；

如果你是在一群山雀中间的话，那么，你就看不到海阔天空。

（四）互谅互让原则

友谊需要以谅解的态度来维持。人非圣贤，孰能无过？朋友之间难免产生矛盾，发生分歧，只有本着互谅互让的原则，不在小事上纠缠，友谊才能渡过难关，长存下去。如何做到呢？一般要求：①将心比心；②大事清楚，小事糊涂，也就是说善于宽容、原谅别人小的过错；③严于律己，不能“看自己是一朵花，看别人是豆腐渣”，高高在上，目空一切；④角色转换，学会换位思考。

（五）互助互利原则

互助，表现为交往的双方相互关心、相互帮助、相互支持、相互理解，既满足交往双方各自的需要，又促进相互间的联系，深化相互间的感情。人作为社会的人，需要别人关心、帮助、支持、理解，不管其地位多高、成就多大、能力多强，都有自己不能为而别人能为之事。只有我为人人，才可能人人为我。

二、人际交往的艺术与技巧

人际交往是一种复杂的艺术。人际交往艺术和技巧的形式、内容、方法很多，我们无法做到全部了解和掌握。要想有良好的人际关系，关键在于在掌握一定的交往艺术和技巧基础上多参加社会交往实践，在实践过程中摸索、总结和提高。

（一）培养成功交往的个性品质

成功交往的个性品质包括真诚守信、热情大方、谦虚谨慎、理解宽容、助人为乐等。具备良好的个性品质，能增加人际吸引力。这是成功人际交往的基础。

（二）树立良好的第一印象

“良好的开端是成功的一半。”这句话对成功的交往有很大的启迪作用。可以这样说，在人际交往中，如果交往双方都能给对方留下一个良好的第一印象，交往的成功也就有了一半的希望。要想确立良好的第一印象，应该从言谈举止、仪表装束等方面做起，做到衣着整洁，仪表大方，言语不俗，举止得体。

（三）尊重对方是友好交谈的开始

尊重包括自尊和尊重他人。自尊是指在各种场合自重自爱，维护自己的人格；尊重他人则是指重视他人的人格、习惯与价值，承认人际交往双方的平等地位。在人际交往中，只有首先尊重他人才能得到他人对你的尊重。尊重他人可以体现在许多方面。下面以谈话为例来说明如何做到尊重。

谈话时，双方都应该相互正视，相互倾听，不要看书看报，不要东张西望，应避免呵欠连天，也不要做一些不必要的小动作，如剪指甲、弄衣角、手指敲打桌面等，这些动作很不礼貌。在交流时，应该与说话人交流目光，适当地点头或做一些手势，或发出“哦”、“嗯”声等，表示自己在注意倾听，以引起对方继续谈话的兴趣。

要尽量让对方把话说完，不要轻易打断他人或抢接他人的话题，扰乱人家的思路。需要插话时，可委婉地说，“请允许我打断一下”、“请等等，让我插一句”，这样可避免对方产生被轻视等不必要的误解。

在交谈时，不要自己滔滔不绝地说个没完，要给对方讲话的机会。否则，会显得自高自大，蔑视他人。同时，不要触及别人的短处，如不要和残疾人谈运动。

如果是许多朋友在一起交谈，讲话的人不要把注意力只集中在其中的一两个熟悉的人身上，要照顾到在场的每个人；倾听的人除了要特别注意谈话的人之外，也应该偶尔顾及一下其他人。对于比较沉默的人亦应设法使他开口，比如，问他“你对这件事怎么看”，等等。

在他人谈话时可以思索，但不要过于严肃。听着应轻松自如，应随着谈话人情绪的变化而伴之以喜怒哀乐的表情。否则，对方会感到你冷漠，没有情绪说下去。

（四）正确运用语言的艺术

语言是社会交往的工具，在交往中起重要作用。讲究语言的艺术，是培养交往能力的重要内容，尤其是在一些比较特殊的交往场合中灵活运用语言往往能收到非常好的效果。

第一，在与他人谈话时，有些人可能离题太远，如果你想引回正题或转换话题，不妨采取如下办法。

（1）暗示。例如，通过一些简短的插话或展示一下与谈话正题有关的物品等。

（2）提问。提问是引导话题和转换话题的好方法。首先，提问可以把对方的思路引导到某个话题上来，同时还能打破冷场局面，避免僵局。但是，发问要事先有所准备，不要问对方难以应付的问题，如超乎对方知识水平的学术、技术问题等；也不要询问别人的隐私，如夫妻感情、对方爱人的相貌以及大家都忌讳的问题。其次，要注意发问的方式。不要像发射炮弹似的连续发问，让对方难以应付，也不要问一些对方用“是”或者“不是”就能简单回答的问题。

第二，在谈话中，难免有令人尴尬之时。尴尬有时是有意导演的，有时是无意产生的。如何利用语言来应付尴尬局面呢？

（1）自我解嘲。如果别人不是用恶劣的口气来讥讽你而是无意中使你处于尴尬境地，你大可不必在乎，用幽默的语言自我解嘲是应付这种尴尬局面的最好办法。例如，有位古希腊哲学家，有一天，他的一个朋友来他家做客，这时他妻子正在对他发脾气，大声吵闹。过了一会儿，他妻子把一盆水泼向他。这位哲学家笑着说：“我知道雷声响过之后必有大雨。”他的朋友和妻子都大笑起来。

（2）以退为进。当别人的发问使你不好回答、甚至使你生气时，你可以用婉转的方式予以反驳。婉转的应付方式常常是装糊涂，或谈一些与他问的话完全不相干的事。

（3） 因势利导。当某些场面使你尴尬时，你不妨顺着事物的发展趋势，加以引导，引导到消除尴尬的境地。据说，第二次世界大战期间，英国首相丘吉尔访问美国，向美国总统罗斯福请求一批军火援助。罗斯福举棋不定，丘吉尔闷闷不乐地回到宾馆。他刚刚跳进浴盆里，罗斯福不期而至。丘吉尔赤身裸体，嘴里还叼着那个难舍的大烟斗。当时的场面是多么使这两个大人物难堪啊。只见这时，丘吉尔灵机一动，耸耸肩膀说："瞧，我这个大英帝国的首相可没有丝毫的隐瞒啊！"罗斯福一听，不禁捧腹大笑，从而也使这次会谈取得成功。

（4）逻辑回敬。当别人有意使你难堪时，可以用逻辑回敬的方法解除尴尬局面。例如，后汉末年的神童孔融，他10岁那年，有一次到别人家做客，登门者都是名流，他表现突出，被人盛赞。但有一位名叫陈韪的大夫却讥讽道："小时候聪明，长大未必聪明。"孔融立即回答说："我想先生小时候一定十分聪明吧？"将陈韪弄了个大红脸。

（五）排除交往中的心理障碍

常见的交往中的心理障碍有羞怯心理、嫉妒心理、猜疑心理等。这些不良的心理严重影响正常的人际交往。

1. 羞怯心理

这是指害怕和人打交道。其表现是：在与人面对面交谈时，感到紧张、拘束和尴尬，甚至面红耳赤、局促不安。羞怯心理，人皆有之，只是程度不同而已。

怕羞使人很难与陌生人打交道，它也使人由于拘谨而不能清楚、充分地表达自己的见解。怕羞的人常常让他人和环境来支配自己的行为，因而常使自己陷于被动地位。大多数怕羞者在事业和爱情上容易遭受失败。羞怯的人感到主动接受新朋友很困难，因此，他们的孤独感往往很强烈。这种心理易导致闭关自守、与人隔绝、孤陋寡闻。

克服羞怯心理的几种方法：

（1）松弛训练法。当心里感到紧张，心跳加快时，可以转移一下视线，变换一下姿势，说两句寒暄之类的话，这样可以克服心情上的紧张。

（2）认知平衡法。羞怯大多由自卑等心理不平衡的状况所导致。在由自卑而导致胆怯的时候，可以在内心进行认识的自我平衡；不要否定自己，相反，多想想如何去纠正别人的错误，类似于阿Q的精神胜利法。

（3）气氛转换法。在与他人交往时，人们可能由于某些原因而难以启齿，从而紧张、脸红。这时可以迅速转换话题，使气氛得到缓和，待气氛有利于你说出实情时，你就可以心情平静地向他人说明你的来意。许多谈判高手就是采用这种方法。

（4）模仿法。经常注意观察和模仿一些泰然自若、善于交往、活泼开朗的人的言谈举止和风度，对照自己的弱点加以克服，并根据自己的气质养成自己的风格。

当然，怕羞有时使某些人显得更可爱、更讨人喜欢，因为他们在群体中往往不爱出风头，从不抢人话题，于是就显得谦逊而又富有涵养。

2. 嫉妒心理

嫉妒是人际交往中的又一个心理障碍，它会限制人的交往范围，能压抑人的交往热情，甚至能反友为敌。

英国哲学家培根说："嫉妒这恶魔总是在暗地里，悄悄地去毁掉人间的好东西！"奥地利著名作曲家施特劳斯的父亲老施特劳斯，便是一个患有"嫉妒狂"的人。这位号称"圆舞曲之王"的作曲家，由于嫉妒儿子的才能，竟发展到欲置儿子于死地的地步。

社会心理学认为，嫉妒是以多种形式表现出来的一种情感。它包含着忧虑和疑惧、羡慕和憎恶、愤怒和怨恨、猜疑和失望、屈辱和虚荣。从本质上说，嫉妒是看到与自己有相同目标和志向的人取得成就时而产生的一种非正当的不适感。这是一种缺陷心理。

以下是克服嫉妒心理的几种方法。

（1）自我认知法。就是通过自我认识，调整自己的意识与行为，从而自觉地控制自己的动机与感情。同时，要有自知之明。

（2）自我转换法。嫉妒可以使一个人萎靡不振，然而，如果经过合理的自我转换，也可以转变为发愤。长久以来，人们就用发愤的方法来把嫉妒转变为比赛和竞争。例如，有的学生因家庭条件、个人长相方面不如人，便在学习、体育等方面争取胜利。

（3）相互接近法。嫉妒常常产生于彼此缺乏帮助、缺少较深感情的人中间。因此，彼此主动接近、帮助和协作，有利于增进双方的感情，也会逐渐地消除嫉妒。

3. 猜疑心理

羞怯心理大多存在于与陌生人的交往中，嫉妒大多存在于与自己相似或相近的人的交往中，而猜疑心理则大多存在于恋人、夫妻、好朋友等非常亲密的人之间。

猜疑心理的产生，有客观的原因，也有主观的原因。猜疑心理产生的客观原因，一方面可能是被猜疑者本身的可疑行为引起的；另一方面可能是其他无意的传闻或有意的挑拨离间引起的。如果交往双方都能做到光明磊落、以诚相待的话，猜疑心理就不会发生。产生猜疑心理的主观原因则主要是猜疑者缺乏真正的认识和冷静的态度。

一般而言，害羞心理，女性高于男性；嫉妒心理，女性高于男性；猜疑心理，女性高于男性。

第三节 正确处理友谊与爱情

一、友谊概述

（一）友谊的含义

友谊是在两人之间发展起来的一种充满感情色彩的关系。友谊作为同伴关系的一种，表现为以个体为指向的双向结构，反映的是个体与个体之间的情感联系。

（二）友谊的功能

1. 友爱

友谊是一种相互充满深情的友好关系，在友谊中被一个人所喜爱与在同伴接纳中被许多人所喜爱的体验有本质的不同。沙利文（Sullivan）特别强调了青年初期，给青年带来真挚的爱的这种体验的重要性。亲密感是青年初期友谊的特点之一，青少年通常愿意与亲密的朋友分享个人的秘密，而有亲密朋友的个体常会感到自己被接纳、认同，表现得更有自信心、安全感，同时也愿意去帮助对方，提供支持。

2. 安抚和陪伴

当遇到困难或情绪低落时，朋友的安慰非常重要。在被安抚的过程中，个体能够减少失落感和挫败感，从而增进个人的能力感、自尊感和被他人需要的感觉，也有利于个体做出客观的自我评价。陪伴是指与他人共同参与活动，通常朋友的陪伴比一般的玩伴更富积极的感情色彩和社会性反应。在共同活动的过程中，朋友之间对同一事物、活动进行体验，则拥有了更多分享感受的机会，相互的赞许、对事物相似的看法能增进双方的满足感，使朋友之间的交往更具有奖励性。

3. 肯定价值

肯定价值是指一个人的能力或价值被另一个人所证实或肯定。作为一种正向评价，肯定价值能够促进个体的自豪感、自尊感和自我接纳，尤其青少年在青春期时正处于道德规范的形成阶段，同伴评价对其的影响有时可能会大于父母、老师的教育。在同伴交往过程中，个体更容易从同伴那里模仿、学习行为模式和态度，同时，同伴给予的积极评价也会强化个体的行为和态度，并逐渐内化，成为自我概念的一部分。

4. 人格适应

人格适应是友谊的一项重要功能。研究表明，友谊对人格适应的作用主要表现在社会性、情感和认知三个层面。首先，作为个人的社会背景，友谊使个体获得更多的机会去学习和使用人际交往的技能，体验社会规范，这些实践为建立良好的人际关系、顺利完成社会化奠定基础；其次，作为情感发展的背景因素，友谊提供情感表达的途径，使个人得到情感表达和控制的经验，尤其是友谊的亲近性和忠诚性，使个体获得安全感，愿意与友伴分享自己内心的快乐与痛苦，使情绪得以及时的调节，这种友好的感情能促进朋友之间的分享、合作，互相支持，加深对彼此的情感体验，增进了解；最后，作为认知发展的背景因素，友谊能促进个体之间的交流，分享情感，为个体的社会认知发展和社会经验获得提供独特的机会，并且在冲突解决和共同的任务活动中，能够使个体更容易交流经验、协调一致，寻求应对问题的方法，使问题解决和共同的任务活动更有效率，从而促进社会认知能力的发展。总之，友谊通过对个体和社会、情感和认知的共同作用，促进个体人格的适应发展。友谊在人生发展的各种转换期，都可以发挥作用，例如，学龄前儿童如有朋友的陪伴则更容易适应学校环境；处于青春期的青少年如果在异性交往方面能顺利进行，则对今后爱情关系的处理也会比较容易。

二、大学生的友谊

（一）大学生的友谊的类型

1. 相似型

相似型是友谊的一个重要特征。人际吸引理论认为相似性增进了人际之间的吸引，增进了彼此认可、赞许的机会，有助于减少友伴之间发生冲突的可能性，是友谊得以形成和发展的重要因素。因此，当交往双方在距离比较接近，年龄、社会经济地位相当，或有相似的成就动机、行为模式、性格特征、兴趣爱好等相似点时，就容易形成友谊。如大学宿舍的室友、老乡关系都是因为交往双方空间距离较近结成的。

2. 互补型

当交往双方的性格恰好互补时，双方之间的喜爱程度也可能增加。如交往的一方是支配型，而另一方是顺从型，双方相互满足，就可能发展成友谊。互补也有另外一种情况，即交往的一方未能实现的理想需要在另一方身上得到体现，也会增加人际吸引。例如，一个人想从事医生的行业，但是由于某种原因没有成功，因此可能尤其看重行医的朋友，对其充满积极的评价，喜爱与之交往。

3. 支持型

属支持型友谊的交往对象，在交往的过程中通常会相互关心、相互肯定，能提供对方情感上的支持和帮助，使对方获得安全感。在大学生活中，这种友谊类型作用十分重要。大学生活要求大学生不但能独立安排好学业，还要有独立生活的能力。许多学生在进入大学之前，升学是唯一的目标，除学习之外很多的能力都没有得到充分的发展，进入大学，离开家长的庇护，面对学习、生活等一系列事务变得不知所措，难免会产生紧张、烦躁情绪和挫败感。此时，寻求能相互支持的朋友就显得极为重要。

4. 功利型

这类友谊主要以利益为出发点，抱着“友谊就是对我有利”的态度，希望在友谊中能得到好处。例如，某大学一位同学喜欢玩计算机游戏，但是却没有计算机，恰好同宿舍一位同学有计算机，他就经常和这位同学在一起玩，借用这位同学的计算机玩游戏。但是经过一段时间，他对游戏不感兴趣了，又将注意力转移到打篮球上，于是开始和有计算机的同学疏远。功利型的友谊稳定性很差，缺少精神层面的交流，与人沟通缺乏真诚，不利于建立良好的人际关系。虽然在大学生中存在这样的友谊类型，但数量较少。

（二）影响大学生的友谊的因素

1. 友谊观

友谊观是指对人与人之间亲密关系的认识和见解。对于友谊概念的理解将直接导致友谊行为的发生与维持。一项针对大学生友谊观的调查显示，当代大学生普遍看重信任、忠诚、理解、尊重、真诚、关心、帮助等情感亲密的成分，强调情感亲密成分的相互性。在友谊中获得情感的支持，满足尊重的需要是大学生寻求友谊的主要目的。

2. 交友动机

交友动机往往决定了人们对友谊的选择。进入新环境，寻求友伴，建立新的人际关系，是大学生的迫切要求。选择何种类型的人作为朋友，则和兴趣爱好、个性特征、以往的生活经验以及家庭背景等因素有关系。

三、大学生的爱情

（一）爱情的概述

1. 爱情的含义

“爱情是什么”可以说是古今中外的一个永恒的话题，也是大学生所关注的一个热门话题。古希腊哲学家柏拉图认为人类的灵魂是永生不灭的，是可以从肉体中分离出来的；灵魂受理性支配，肉体受情欲支配，因而性和爱是相互分离的。他赞赏理性的高贵、灵魂的纯洁，贬低人的肉体、欲望，提出“精神恋爱”，这种恋爱观也称为“柏拉图式恋爱”。18 世纪英国哲学家休谟认为，爱情是由美貌、性欲、好感三者相结合而引发出来的两性之间的真挚情感。奥地利精神分析学家弗洛伊德提出，人的潜意识中储存着性本能，爱情就是性本能的一种表达。虽然各个学者对爱情的理解不同，但都承认爱情包含性和爱两种成分，只是各自强调的重点不同。保加利亚伦理学家基里尔·瓦西列夫在《情爱论》一书中对爱情的论述可能更具客观性，他认为“爱情是人类精神上的一种最深沉的冲动”，其本质是“在传宗接代的本能基础上产生于男女之间、使人能获得特别强烈的肉体和精神享受的倾慕之情、交往之情”。他还作出生动的比喻，认为“爱情就是，像一道看不见的强劲电弧，在男女之间产生的那种精神和肉体的强烈的倾慕之情”。可见，爱情是一种强烈的内心体验，具有深刻的社会内涵，爱情是性和爱的融合体。

2. 爱情的类型研究

加拿大社会学家 John Allen Lee 对爱情的类型进行研究，提出了爱情类型理论。这一理论认为，爱情可以区分为六种类型。

（1）爱欲型。爱欲型也称浪漫式爱情，特征是追求肉体和心灵融为一体的感觉，情感方面激荡起伏，或意乱情迷，或温情脉脉，既忘我利他又满心嫉妒，这种恋爱状态一般持续时间不会长久。

（2）游戏型。这类爱情视爱情如游戏，当事人只想得到个人满足而不愿承担由此带来的责任，经常更换恋爱对象却不以为然。

（3）痴迷型。一种以占有对方、依赖对方为主要特征的爱情，渴望与对方全身心的融合。但有时表现极端，不考虑对方的感受，占有欲极强，对方稍有怠慢就心存猜疑和妒忌。

（4）稳妥型。稳妥型也称伴侣式爱情，一般是在缓慢的友谊中逐渐演变为爱情，虽然平和但是却长久不衰。恋爱的双方既相互了解，在感情上又深厚而稳定。

（5）现实型。一种被称为购物单式的爱情，以能满足彼此的现实需要为前提，而将双方的感情基础放在次要位置。

（6）无私型。这类爱情也称奉献式爱情，特征是：认为爱情是付出而不需要讲求回报，愿意为恋爱的对象付出一切，很少在乎自己的情绪体验。

（二）爱情的心理效应

从社会心理学的角度来看，在恋爱关系中常会出现一些显著的心理效应，这些效应或者有益于恋爱关系的建立和巩固，或者有碍于恋爱关系的发展。了解它们，对于调整恋爱心态，建立稳固的恋爱关系都是很有帮助的。

1. 光环效应

这种效应是指在人际知觉中，人们常将对方所具有的某个特性泛化到其他相关的一系列特性方面。“情人眼里出西施”是对这种效应的形象的描述，陷入恋爱状态时，一方就会产生一种扩散了的喜爱，只能看到对方的优点，而忽视缺点。但是，当恋情结束，对方的缺点就有可能被扩大，而掩饰了其优点。

2. 去个性化效应

如果一旦爱上对方，坠入“情网”，有时为讨得对方欢心，变得百依百顺，一味迎合对方而失去了自己的个性，魅力渐失。

3. 定势效应

定势是指人们在知觉事物之前预先具有的心理倾向和准备状态，表现在恋爱关系上，双方常常会按照某种思维定势从对方的某种品质推断出其他的品质，如若事前有人评价男孩很聪明，女孩就会推断他可能比较机敏、有能力，并以此作为评价标准。此外，恋爱中，受传统观念影响，例如，女性应该贤淑温柔、善解人意，男性应该勇敢、刚强等，恋爱双方可能以此来判断对方是否适合自己。一旦形象与定势中的构想不同，就会感到失望。

4. 投射效应

这是指在交往过程中的一方形成对另一方的印象时，总是假设对方与自己有相同的倾向，即把自己的特性投射到对方身上。例如，当某同学对班上的一位异性产生好感时，则对方一个很平常的眼神或微笑在他（她）看来都是对方在向自己传递信号，表示好感。

5. 睡眠者效应

相爱的人往往都要经历热恋阶段，此时双方彼此欣赏、赞美、难舍难分，而且都非常重视对方的表现与反应。但热恋过后，感情趋于平静，彼此间变得非常熟悉，对待对方已经没有那么敏感，赞美、关心的程度下降，爱情的吸引力逐渐淡化，这种状态显然会影响恋爱关系的持久和深入。

6. 排他和嫉妒心理

恋爱的亲密性决定恋爱的双方具有排他性。排他性分为“外排他”和“内排他”。“外排他”是指不允许自己的恋人与其他异性发生感情关系，“内排他”则是一种自律，即拒绝其他异性求爱而干扰自己的恋爱生活。排他性有助于维持爱情的持续稳定，但如果发展到极端的排他就成了一种病态，会带来双方的紧张心理。嫉妒是对喜爱对象的有关的同性表现出相互排斥、厌恶的心理，感性判断大于理性判断，是一种认知出现偏差的情况，不利于恋爱双方情感的正常发展。

7. 爱的逆向转化效应

恋爱不成，“由爱生恨”，反目成仇，有时也会发生。出现这种现象，通常是因为不能处理好失恋后的痛苦、失落的情绪，有时还会因为好胜心和荣誉感而产生孤独和悔恨，甚至耻辱感，陷入负面情绪不能自拔，最终导致态度、行为的转变。

8. 斥力–引力转化效应

如果一方求爱不成，被另一方拒绝，反而引发了追求的一方的热情，锲而不舍，这样的精神可能会感动被追求的对象而最终赢得爱慕之情。与此相对，如果求爱一方过度追求，纠缠不放，反而引起了斥力，减少了吸引力。

9. 罗密欧–朱丽叶效应

罗密欧–朱丽叶效应是指恋爱中的逆反心理，指外来干扰和阻挠反而会增进恋爱双方的恋情的现象。美国心理学家德瑞斯考尔等对恋爱和已婚男女的相爱程度和其父母对他们干涉程度之间的关系进行了考查，发现父母干涉的程度越大，恋人们爱得越深。

（三）大学生的恋爱心理和行为

恋爱作为一种高级的情感交往是人在成长中所必经的过程。尤其是在青春期，青年在生理、心理上都发生了飞跃性的变化，产生了爱的萌发和爱的需求，促进了性意识和异性观的发展。

1. 大学生恋爱心理的发展阶段

有关心理学的研究认为，青春期性心理的发展主要经历三个阶段：性疏远期、性亲近期、恋爱期。在第一阶段，由于性成熟的开始，出现了一系列的生理变化，使男女感到好奇、恐惧、不安和害羞；继而产生新鲜感和好奇心，异性观表现为对异性发生兴趣，却以反常的行为表现出来。在第二阶段，男女情窦初开，相互有一种情感的吸引，有了彼此接近的需要，在异性观上比第一阶段表现得更明确、直接。但此时，异性间的性亲近感总的来说比较广泛，注意的对象也容易转移，稳定性比较差。在第三阶段，男女情感上的相互吸引力大大增强，对异性的接近开始积极主动起来，能与异性自然地建立友情；对待爱情也显得慎重和专一了，能根据自己的意愿追求异性，建立相互倾慕、诚挚热烈的爱情。在这一阶段，异性观得到较充分的表现，而不同于前两个阶段。

大学生处于青春期发展的中后期，恋爱心理的发展主要集中在第二、第三阶段。他们的性机能迅速成熟，容易对异性产生好奇和特殊的好感，同时，大学的氛围相对来说比较宽松、自由，摆脱了高考的压力，大学生更渴望追求属于自己的美好感情。

2. 大学生恋爱心理的特点

大学生作为青年的一个群体，生活在一个较为特殊的环境中。校园使他们既与社会相接，又与社会相离，处于半封闭状态，所受社会环境的影响有限，同时他们又有着自己的生活氛围、思想意识。所以，大学生在恋爱心理上有自己的独特性。

（1）恋爱的动机较单纯。有研究表明，大学生恋爱的目的较为简单，主要注重的是两个人的情感，以是否拥有爱情为最重要的标准，浪漫色彩比较浓重，因而对结婚、家庭等现实问题极少讨论。这一特征是由大学生的自身特点所决定的。学生进入大学的主要目的是学习专业知识和技能，为其今后步入社会做准备，但对未来的目标可能还不十分明确。因此，这一阶段对情感的追求也显得比较单纯。一项对大学生恋爱状况的调查发现，“排除孤独、寂寞”、“对方长得漂亮”、“为了寻找爱情”、“看到别人谈恋爱自己也想谈”等，都可以成为恋爱的理由。可见，大学生的恋爱动机比较单纯，恋爱更多的是从自身的需要出发。

（2）择友标准理想与现实兼顾。首先，大学生在选择恋爱对象上浪漫色彩较浓重，如对外貌、身高、个性气质有较高的要求，对待感情也更重视，强调彼此的融洽，心灵相印，认为爱情是神圣而伟大的，幻想的成分更多、更理想化。其次，由于大学生的生活不可能完全脱离社会，所以恋爱过程也体现出一定的现实性。对于人品、学识这类内在素质的要求较高，尤其在女大学生中比较突出。大学生完成学业即将进入社会，对于恋爱对象的家庭背景、经济条件等外在因素也有现实的考虑，在一定程度上体现了“中庸”、“实惠”的特征，认为恋爱不能只是空中楼阁，它必须建立在一定的物质基础上。此外，大学生虽然在“性”这一问题上观念比较开放，乐于接受某些西方的思想，但仍受中国古老传统文化的影响，仍有一部分人在择友时还是很看重童贞，且男生比女生更为重视。

（3）恋爱的独立性、自主性增强。大学生由于知识程度较高，因此在恋爱问题上的独立性和自主性程度也比较高。从独立性上看，大学生普遍看重自己的事业，不愿意因恋人而放弃自己的兴趣、职业。但是，女生对恋人未来的职业和收入还是表现出高度的重视。一项调查显示，有 74.2% 的女生对此持肯定态度，男生仅为 32.5%。可见，将男性作为未来家庭的支柱的思想并未消失，即使在高知识阶层的女性中也普遍存在。从自主性上看，大学生普遍进入成年期，且已形成了一定的世界观、人生观，对待问题均有自己独特的见解，因而在对待恋爱问题上，家长的影响力趋于减弱。他们更乐于坚持自己的想法，调查显示，持这种意见的人占 42.5%，完全服从家长的人仅为 2.3%。不过，大学生在坚持自己意见的同时，还是乐于和家长进行沟通，交换意见，寻找问题的焦点，然后加以解决。这也表现出大学生较为成熟的心态。

（4）恋爱行为公开化。目前，在高等院校中，大学生谈恋爱已不再是一个隐秘话题。与之相对，恋爱行为也已逐渐公开化，在校园中最常见的是“携手散步”、“一起进餐”，“拥抱亲吻”这类亲密情形也时有发生。由于大学生在思想上认同这类行为，因此他们往往对此表现出比较平淡的反应，极少加以指责，也极少排斥。

3. 大学生恋爱心理的影响因素

（1）生理因素。从生理方面看，青春期是性发展成熟的关键期。在青春期初期，性器官和第二性征（女孩的乳房发育、男孩胡须的生长等）逐渐发展，青少年对自己身体的变化感到不安和羞涩，对伴随而来的性冲动感到迷惑、彷徨；同时，对异性也变得关注但不知如何有效地表达，性意识开始觉醒。进入青春期后期，性冲动日益激烈，对异性的态度也从疏远转变为亲近，渐渐脱离群体化的两性活动而单独约会，进入恋爱期。可见，生理需要对恋爱的产生十分重要，性意识、性冲动引发青年对异性交往的向往，渴望与喜爱的对象结成亲密的私人关系。

（2）心理因素。依据马斯洛的需要层次理论，人人都有寻求爱和归属的需要，发展亲密关系就是满足这种需要的一种方式。在中学阶段，虽然在性意识的作用下，青少年开始关注异性，并产生与之交往的渴望，但此时的青少年还不能很好地调控自己的情感与行为，有时，对情感的认知也不是很明确，一般大多是朦胧的情感需要。进入大学后，随着自身阅历的增加，青年无论是在对异性交往方式的把握方面，还是对自身情感的认知方面都有了很大的提升，渴望与喜爱的对象建立亲密的关系、寻求两人在精神层面的相互认同等愿望日益强烈。

（3）环境因素。中学阶段，学习、高考是学生非常重要的目标。虽然在这一时期，青少年开始有性意识、性冲动的出现，但他们的自我概念发展得还不完善，对自己的行为和情绪还不能很好地调控，加之学校和家长对男女之间的恋情都持保守甚至抵制的态度，因此，中学阶段发生恋爱的情况还是比较有限。进入大学，青年们面对的是一个宽松、自由的生活氛围，学习、生活的自主性大大提高，同时随着社会环境的变化，学校对大学生在校期间的恋爱行为有了相对宽容的态度，大多数学生家长对待子女的恋爱问题也不再反对，表现出更大的接受性，以往压抑在心中对异性的情感需要在大学中更容易得到释放，也更容易碰撞出爱情的火花。

四、健康的友谊观和爱情观

（一）培养健康的友谊观

1. 科学地认识友谊的内涵与功能

友谊是一种相互充满深情的友好关系，对大学生的发展具有重要的作用。在同伴中发展友谊关系，能从中获得朋友的接纳、包容与赞许，能增加彼此的亲密感和安全感；同时，在与朋友的交往中，他们也学会了如何与人交往，从而促进个体社会化和自我概念的发展。因而，科学地认识友谊的内涵与功能，对于大学生的成长十分重要。

2. 学习人际交往的知识与技巧，保持良好心态

要想被同伴群体所接纳，与同伴个体建立亲密的友伴关系，学习一定的人际沟通知识、掌握一定的人际交往技巧就显得尤为重要。人际交往的规律能够帮助个体处理交往中普遍遇到的问题，控制交往的节奏，更容易与人相处，从而使大学生学会更多社会生存的能力。此外，在交往的过程中，保持良好的心态也十分关键。若想健康、顺利地交往，尊重、真诚、宽容、互助、理解、谦逊都是不可缺少的原则。

3. 战胜自我，勇于实践

要建立友好的友谊关系，还必须勇于实践。有些人虽然内心渴望友谊与关爱，但总是碍于面子，不愿主动与人沟通，错失交往机会；有些人因为初次交友失败而产生挫败心理，对自己缺乏自信，而不敢与同伴交往。其实，每个人都有各自的优点。在建立友谊关系的过程中，不但能满足与人交往的需要，更能得到友伴的认可与称赞，从而增强自信心，确立客观的自我评价。

（二）培养健康的爱情观

1. 树立正确的爱情观

爱情观即人们对爱情的看法和根本观点，它直接影响人们的恋爱行为。人类的

生殖本能是爱情的生物根源，是原动力。同时，人类作为社会性个体，其情感发展又受到社会意识的规范，因而，爱情既是自然性和社会性的统一，又是情感体验和理智认识的结合，爱情由性和爱两部分构成。作为大学生，应该树立正确的爱情观，从科学的角度承认性爱和情爱都是正常爱情所必不可少的组成部分，既追求恋爱双方精神层面的和谐、统一，又能接受性冲动是生理因素引发的正常反应，并做好对性冲动的合理控制和调节，最终达到感性情绪与理性情绪的完美结合。

2. 调整恋爱心态，走出恋爱误区

1）初恋

初恋是指异性之间第一次产生的对异性的爱的体验。由于是初次引发的爱的体验，因此，初恋表现在当事人独特的心理特征上。具体来看包括：迷醉性，即容易被对方的相貌、气质、谈吐、才华等魅力所吸引，由此产生对对方的爱恋，并伴随紧张、不安、急盼等情绪；美化性，是指当事人仅关注恋人的优点，忽视了缺点。此外，羞怯性和疑惑性也是初恋的另外两个心理特征，前者表现为初恋男女对接触和亲昵的不安和遮掩，既想接触，又不敢主动行动，以及在两性问题上的拘谨态度；后者体现为对恋人的感情关注所导致的一种过敏性思虑，例如，恋人的微小举动都有可能引发无休止的想象和无尽的猜疑。

可见，在初恋过程中，当事人充满了对爱的渴求，更多地表现为对爱的情感体验，而缺乏理性成分，因而容易导致恋爱的盲目性、冲动性，使美好的初恋难以维持长久。所以在情感体验的同时，还应该不断地调整自己的认识，相对客观地评价对方，信任对方，掌握好理性与情感的尺度，并做到适度的羞怯，把握发展的时机。

2）网恋

随着信息时代的到来，互联网迅速普及，上网已经成为时下众多青年生活的一部分。互联网缩短了人们之间的距离，在虚拟的世界中，人与人之间的交往变得神秘而充满吸引力。网恋也成为人们在网上交友的一种方式，由于互联网的虚拟性，网上交友可以隐藏实际身份，个体原有的性格特点、年龄、性别等在网络中都可以调整改变。例如，一个平日内向、不善表达的人在网络中可能变得开朗、活泼、妙语连珠、魅力十足；男性在网络中也可以摇身一变成为妙龄少女，温情脉脉。网络可以让人最大限度地展示“优点”，构造完美理想的恋爱对象，因而网恋对人充满了诱惑。尤其是青少年，对理想的爱情满怀憧憬，在这里，他们可以尽情展现自己的特点，也可有更多的机会认识完美理想的恋爱对象，这种新鲜刺激感会让其兴奋不已。同时，在现实生活中，自信心不足、羞于和异性交往的人也可以在网络的隐蔽下自由发挥，得到心理上的补偿。当然，在网络中也有人以自己的真实身份示人，双方在网上相识，感到投缘进而相恋。但一旦从虚拟世界转变到现实生活，从理想进入现实，有些人就会感到失去了新鲜感与刺激感，导致恋爱失败，即所谓的“见光死”。

可见，网恋虽然能带给人想象与新鲜和刺激，但其虚拟性和隐藏性最终难以满足人们在现实中的情感需求，只是空虚与寂寞的调剂品。尤其是大学生，正处于情感需要满足的关键期，如果一味的陷入网恋之中，就会妨碍正常的异性情感交往，对今后步入社会，建立婚姻、家庭关系可能产生不利的影响。

3）单恋

单恋即单相思，是以对某一异性的一厢情愿的倾慕与热爱为特点的畸形爱情。在单恋中，一种情况是对方没有觉察或理解这种恋情。这种状况多发生在性格内向的人身上，单恋方内心有强烈的依恋、亲和的愿望，但常缺少主动地表达，造成痛苦的自我折磨。另一种情况是对方觉察或理解了这种恋情，但给予了回绝。但单恋方仍执著地爱着，将恋情埋藏在心中。在单恋的过程中，因为爱的体验难以直接、正常地表达，所以会表现出与一般恋爱不同的心态。例如，对单恋对象强烈地倾慕导致长期细致地观察对方；经常幻想与单恋对象公开相爱的情景；对单恋对象出现认知偏差而产生爱情存在的错觉。

可见，由于没有正常的情感输出通道，没有恋爱双方的相互关爱，单恋会造成当事人的心理不适，长此以往还可能影响心理的健康发展。因此，要明确恋爱是双方意愿的观念，只是一厢情愿难以达到理想的效果，还会对自己造成伤害；要相信与自己适合的人不是仅此一个；要有脱离单恋阴影、重新开始的决心。

4）失恋

恋爱不是每次都能成功，因此对失恋的体验在所难免。在失恋中，恋爱者通常会经历挫折和痛苦。但是，由于对爱情的投入程度、个性特征、生活阅历等因素的不同，不同人失恋后的心理反应也有所不同。一般会出现以下几种心理体验：一是失落感，失去了心爱的对象，在心理上没有了相互理解、依赖、信任的人，会感到失落、孤独；二是虚无感，由恋爱失败而认为凡事都变得没有意义，想起昔日的欢乐情境已经不复存在就感到心灰意冷、悲观和绝望；三是耻辱感，个性较强尤其是好胜心和荣誉心突出的个体，在受到失恋的打击后，容易产生羞耻和嫉恨，导致心理的不平衡。其实，遭受爱情挫折并不可怕，重要的是应该分析失败的原因，从中吸取教训、积累经验。对于失恋还可以采取补偿的方式调节：一是向他人倾吐自己的苦衷，祈求他人的支持和鼓励，以排遣心灵的孤独，得到精神上的理解；二是移情，本次恋爱不成，可以再恋他人，进行积极的补偿；三是转移注意力，例如，暂时避开恋爱问题，将全部精力集中在工作或学习上，以求摆脱失恋的烦恼。

3. 应对恋爱中的挫折，增加心理承受能力。

不是每个人在恋爱中都能一帆风顺，遇到争吵、冲突、失恋等挫折是非常正常的。应对恋爱中的挫折，需要做到：其一，要有一个正确的认识，不能因为遇到挫折就失去信心，对自己做出消极的评价，而应分析原因，吸取教训，积累经验。其二，学习一些恋爱心理学知识，了解各种恋爱心理的特征和效应，使自己在恋爱中能做出比较客观的判断，以免迷失方向，陷在情感的漩涡中不能自拔。其三，寻求情感支持。例如，感到自己难以处理时，可以寻求朋友、师长的帮助，向他们倾诉心中的痛苦，疏导负面情绪；也可以到学校心理咨询中心来寻求心理咨询师的专业指导，分析失败原因，整理情感，最终走出失败的阴影。其四，增加心理承受能力。要清楚爱情不是静止不动的，它会随着两个人的心态、理想等因素的变化而发生改变，同时也受到家庭、社会风气等外界因素的影响，因而恋爱中出现摩擦、冲突甚至恋爱失败都是很正常的。虽然恋爱挫折会带给人强烈的内心冲击，但这样的情感经历也会带来更多的人生体验，同时处理得当也会增加自己应对恋爱挫折的心理承受能力，使今后的情感之路发展更加顺利。

五、爱情的道德责任

爱情从来也不是个人孤立的心理活动，必须受到当事人整个社会生活环境的影响，受到他人和社会行为规范的制约，因而就产生了爱情的道德责任。

（一）表现在对所爱者方面

黑格尔曾说："爱情里确实有一种高尚的品质，因为它不只是停留在性欲上，而是显出一种本身丰富的高尚优美的心灵，要求以生动活泼、勇敢和牺牲精神和另一个人达到统一。"黑格尔所说的"统一"也就是要双方向对方负起道德责任来。所谓道德责任，就是社会所赋予的义务，这种义务通过良心的作用变为忠贞不移、始终如一的行为，当爱情一经确立，它就给相爱的双方带来一种义务，即自觉自愿地、尽心竭力地、矢志不渝地去爱对方。

这种爱绝不只是口头上的海誓山盟，也不是仅仅表现为强烈的感情流露，而是要了解对方，尊重对方，帮助对方，关心照顾对方，对对方的命运负责一辈子。为了对方的幸福，能作出自我牺牲。在建立爱情关系后，任何一方都不能有其他情侣，或轻率转移爱的对象。即使发现对方不宜于将来和自己共同生活，也应当在通过正常的方式与对方中断爱情关系之后，再去选择新的情侣。

一个人如果只顾追求自己的"幸福"，置自己的幸福于别人的痛苦之上，不可能拥有真正的爱情生活。

（二）表现在处理爱情和事业的关系方面

别林斯基说："如果我们生活的全部目的仅在于我们个人的幸福，而我们个人的幸福仅仅在于一个爱情，那么生活就会变成一片遍布荒茔枯冢和破碎心灵的真正阴暗的荒原，变成一座可怕的地狱。"毋庸讳言，爱情是人的幸福生活的一部分，但它不是生活的主要内容，更不是生活的全部。人生的主要意义在于为人类谋福利，为社会作贡献这才是人生价值之所在。大学生在承担繁重的学习任务，建筑事业基础的同时，爱神也悄悄地来到了身边。在人生的这一重要时期，大学青年面临着是否有能力同时唱好事业与爱情这两出重头戏的严峻考验。

恋爱中的大学生层次复杂，态度各异，他们中大多数属于事业型。一般都把事业作为支撑爱情的杠杆，他们有明确的奋斗目标，在紧张的学习中相互安慰，相互帮助，相互鼓舞。这部分青年的自制能力比较强，能理智地控制感情，学习成绩优异，一般有望获得事业和爱情的双丰收。然而，相当一部分恋爱中的大学生（尤其是低年级学生）一旦投入爱河，便完全沉醉在新鲜的甜蜜中不能自拔，整天絮语缠绵、魂不守舍、无心学习，学习成绩直线下降，有的甚至几门功课不及格，最后被学校淘汰。他们“只为了爱——盲目的爱，而将别的人生的要义全盘疏忽了”。疏忽的结果，往往是事业、爱情尽失。

时有春夏秋冬，人有幼青壮老，万物皆有其时。而青年时期恰如四季之春，乃是播下智慧之种的关键时期，只有少而好学，才能在将来的工作中获得丰硕的果实。特别是大学阶段，它像跳板一样，把学习、生活和工作紧紧地联结在一起，能否在这一时期获得更多的知识，是决定一个人将来能否成为社会主义现代化建设的栋梁之才的关键。因此，我们应把学习放在首位。著名翻译家傅雷在给儿子傅聪的信中说：“就是我一生任何时期，闹恋爱闹得最热烈的时候，也没有忘却对学问的忠诚，学问第一，艺术第一，真理第一，爱情第二，这是我至今为止没有变过的原则。”这一告诫也应成为青年们处理爱情和事业关系的原则。

（三）表现在爱情的表达方式方面

高尚纯真的爱情不仅要求恋爱双方志同道合，而且要求在表达爱情的方式上讲究文明。如果不分时间、地点、场合任意放纵自己的感情，举止轻浮，就可能让人嗤之以鼻。男女间表达感情的方式有高雅与粗俗、健康与庸俗、含蓄与开放之分。高雅、健康、含蓄的感情表达方式给人以美的感受，使双方的人格更加崇高。粗俗、庸俗、开放的感情表达方式，不仅是不尊重自己，也是不尊重对方的表现。马克思在要求保尔·拉法格放弃向他女儿劳拉的“求爱”方式时曾经这样写道：“在我看来，真正的爱情是表现在恋人对他的偶像采取含蓄、谦恭、甚至羞涩的态度，而决不是表现在随意流露的热情和过早的亲昵。”“如果说，您在同她接近时，不能以适合伦敦的习惯方式表示爱情，那么您就必须保持一段距离来谈爱情，明白人，只要半句话就会懂的。”

（四）表现在爱情的动机方面

高尚纯真的爱情是建立在共同的理想基础上的，是对人的爱慕。在现实生活中，以钱取人自食其果的，以貌取人自寻烦恼的，以及以门第取人而遗憾终生的爱情悲剧，并不少见。而爱情如果“只是因着金钱的诱惑，情势的逼迫，色相的喜好，感情的冲动而来的，就很危险。一旦目的物变迁或丧失的时候，则对他们的爱也不能保持没有变更，或破裂的现象。”因此，选择终身伴侣，必须将思想品德放在首要地位，把心灵美好、情操高尚作为择偶的首要标准。男女双方情投意合，才能在生活的征途中风雨同舟，患难与共；才能真正给自己带来爱情的幸福。

与此相反，如果对方的思想品质不好，相互间缺乏共同的思想基础，在漫长的人生道路上，遇到一点困难挫折，就会互相怨恨，互相猜忌，最后，关系甚至会彻底的破裂。常言道："择偶须偕千秋业，爱情源头活水来。"要使爱情长存，唯有共同的事业与高尚的情操，才能"维系着有移动性的爱情，以期永久"。

（五）表现在理智地对待失恋方面

伴随着恋爱而来的，还有一个"失恋"问题。失恋的情况是复杂的、也是常见的。失恋是痛苦的。失恋者由于思想水平、文化修养、生活经验、性格脾气等各种因素的差异，感情上也就有不同的表现。大多数人随着时间的流逝，炽烈的感情慢慢平舒下来，开始从个人感情的狭隘天地里逐步摆脱，淡化往事，直至重新结识新的伙伴。少数人驾驭不了自己的感情，陷入无法自拔的痛苦的泥沼中。有的人意志消沉，看破"红尘 "，对生活失去信心，无所事事，或冥思苦想、悲伤至极，或羞愧难言、悔恨交加，或以死"抗争"；有的自认"被人遗弃"，为了"面子"，"你给我痛苦，我也让你吃点苦头"，想方设法报复对方，甚至孤注一掷，走上犯罪道路。

失恋期间的感情处理，应本着对对方负责和对社会负责的态度。

首先，必须认识恋爱是当事人双方自觉自愿的感情活动，当一方缺乏甚至完全没有这种感情基础的时候，切不可勉强。

其次，应冷静地分析整个恋爱过程是否存在盲目性，双方的感情变化有无道理。如果是一方发现恋爱对象并不理想，缺乏结成终身伴侣的基础，于是想在爱情的道路上寻找新的伴侣时，另一方应将对方中止恋爱的行为看做是对自己的爱护，友好地与对方分手，并祝愿他（她）爱情生活幸福。如果对方见异思迁，玩弄他人感情，不道德地中止恋爱关系，受害的一方也应从好的一面去看待恋爱挫折，很难想象和这种人一起生活会有什么幸福，现在对方既然主动提出中断爱情关系，岂非好事一桩？那种失恋后退避三舍，或者视对方为仇敌的行为，都是一种缺乏理智，缺乏道德修养的表现。

再次，失恋者须化痛苦为动力，在学习中充实自己的精神生活，在工作中寻找乐趣，在集体中生活得到安慰，在和他人的交往中获得友情，在大自然中获得身心的抚慰，学会转移注意力，增强愉快感。

值得注意的是，亲人、同学、朋友、同事对失恋者只能善意劝告，热情安慰，决不能讥讽嘲笑，更不能煽风点火，旁观者的议论将形成失恋者的社会舆论。舆论正确，可以使失恋者根据社会公益、社会公德来控制自己的情感，调节自己的行为；舆论错误，会加深失恋者的痛苦，使他们形成产生不良行为的潜在因素，给他人和社会带来危害。

一、思考题

1. 人际关系对大学生成长、成才的作用有哪些？影响大学生人际交往的因素有哪些？

2. 大学生如何提高人际交往能力？

3. 大学生应如何正确处理交往友谊与爱情？

二、阅读文章

宽容与体谅

在与人交往中，宽容尤为重要。我们之所以这样说，是因为一般的人，不会太宽容，不太能宽容。正因为宽容不易，所以我们才要宽容。宽容并不是一味退让，一味迁就，不坚守原则。宽容可以引导做错事的人意识到自己的错误，你的宽容使他难以自容，因此只好改正自己的错误。

禅宗的历史上，有一个很有名的故事：古代一个禅院里有一位老禅师，带了一些弟子修禅。有一天晚上，老禅师出来散步，发现院子里的墙角边有一把椅子，他一看就知道有弟子越墙出去玩了。老禅师便走过去把椅子移开，自己蹲在那里。过了一会，果然有一个小和尚翻墙进来，正好踩在老禅师的背上。跳下来后，小和尚一看自己踩的不是椅子，而是老师的背，顿时惊慌失措，心想这下糟了，必有一顿好的训斥。老禅师并没有厉声责备，而是和颜悦色地说："夜深天凉，快去多穿一件衣裳啊。"后来，老禅师再也没有提起过这件事，可是禅院里的所有弟子都知道了那天晚上的事情，再也没有人越墙出去闲逛了。正是这位老禅师的肚量，给了小和尚自己觉悟的机会，孕育了教育与成长的机缘。

要做到宽容，关键在于要能够体谅。设身处地地替对方想一想，他的处境、他的心态、他的个性是不是促使他这样做，也就是民间常说的："要得公道，打个颠倒。"

第四章 大学生心理健康与成才

当你的希望一个个落空，你也要坚定，要沉着！

——朗费罗

先相信你自己，然后别人才会相信你。

——屠格涅夫

不要慨叹生活的痛苦！——慨叹的是弱者……

——高尔基

古之立大事者，不惟有超世之才，亦必有坚忍不拔之志。

——苏轼

大学阶段，是大学生一生中的黄金时期，也是关系到大学生能否健康成长、成熟和全面成才的关键时期。高中生自从考进高等学府后，面对着一系列陌生的新环境以及许许多多的和中学时期“不一样”，于是产生了不少心理矛盾、心理压力和心理困惑，特别是自己的内心世界，在这么多新的压力下，需要重新认识和适应。所以，大学生要尽快实现从高中生到大学生的转变，把自己努力培养成为能够适应社会、并具有良好心理素质和健全人格的人。我们必须分析正处于从不成熟走向成熟的这一关键时期的大学生，在心理活动发展方面的基本特点，明确健康的心理是大学生实现人生理想的前提，是大学生掌握科学文化知识的必备条件。教育和引导大学生把握好自我心理健康的标准、特点，掌握保持和维护大学生心理健康的方法，自觉加强心理素质的培养，自觉运用心理学的知识和方法针对自身的心理问题进行自我调适、自我控制。同时指导大学生对已出现的心理问题和心理障碍开展心理咨询和心理治疗。

第一节　大学生的心理发展特点

大学生活，是一个人一生中的黄金岁月。大学生正处于青年中期，个体的生理发育已接近完成，已具备了成年人的体格及生理功能。在我国，大学生是经过严格考试，从各地选拔出来的成绩优秀的人才，从中学到大学，生活环境发生了巨大改变，而大学生所处的年龄阶段又决定了他们的心理尚未完全成熟。以这种尚未完全成熟的心理状态，来面对环境的巨大变化，其心理发展之路必定是坎坷的。可以说，大学生的心理问题更复杂、更多变，更具有独特性。而且大学校园又不同于其他任何一种社会生活环境，它在社会中处于一个特定的层次。因此，大学生的心理发展有着十分明显的特点，包含着独特的心理冲突。

一、大学生心理发展的基本阶段

大学生心理发展同青年人的心理发展一样，是一个连续有序的过程，每一个发展阶段都是这个连续过程的一个组成部分，既有自己的特点和任务，又为下一阶段做准备。大学生在学校学习的时间一般是四年，这四年既要完成大学的学业，达到全面发展，又要培养良好的心理素质和健全的人格，实现个体社会化。要做到这些，关键是能否尽快实现从高中生到大学生的转变，能否及时调整好自己的心态，寻找到自己在新环境中的位置，渡过大学期间心理发展上的三个阶段（表 4-1）。

表 4-1　大学生心理发展的三个阶段、特点

阶段	时间	心理问题	特点
适应阶段	大学一年级	心理不适应 学习不适应 生活不适应	适应时间不等
提高阶段	大学二、三年级	急功近利 分析鉴别能力差 喜欢标新立异	心理矛盾复杂
抉择阶段	大学四年级	完成学业 选择职业	情绪波动强烈

（一）第一阶段：适应阶段

适应阶段又称为新生阶段，时间为半年到一年，是大学生在心理发展上适应大学新环境的时期。

从高中考入大学，展现在新生面前的是崭新而陌生的天地，在处处感到新鲜、好奇的同时，大学生面临着三个不适应。一是心理不适应；二是学习不适应；三是生活不适应。

1. 心理不适应

主要是以大学生的自我意识膨胀和由于环境变化而带来的不适应为特征。考进大学往往使学生带有几分优越感，他们自视为青年中的佼佼者，带着对未来和对大学生活的美好向往，踌躇满志地走进了大学。但是，大学里的高手云集、强手如林，使得他们不得不重新认识自我，过去的优越感往往会因为失落而成为心理负担，因此，有些人往往从自信、自尊变为自卑、自弃。

2. 学习不适应

大学学习主要是以学分制、自主性、快节奏、高竞争为特征，由于习惯了过去高中时老师周密安排的学习生活，新生们对大学里完全不同于中学的学习方式感到不适应，面对大量的自由时间不知道如何支配，常常有一种无事可做的空虚和无聊。所有这些情况使他们在心理上感到了沉重的压力，产生了一种如履薄冰、不知所措的不安心境。

3. 生活不适应

由于当今的大学生大都是独生子女，属于“抱大的一代”，自理能力较差，当置身于大学这个主要靠自己的新环境时普遍感到不适应，不少人心有烦恼时无人理解和安慰，身有病痛时无人关心和照顾。

上述三种不适应的情形，每一个大学生都会遇到，也都会不同程度地体会到，由于各自的经历不同，心理素质也不一样，从不适应到适应的时间也会有不同，短则两三个月，长则要半年到一年。

（二）第二阶段：提高阶段

提高阶段又称为充实或爬坡阶段，主要指从大二到大三这一年的时间。

经过了第一阶段，大学生大多已经基本适应了大学生活，在进入提高阶段时，心理比较稳定，开始集中精力考虑如何提高自己的学习成绩和拓展知识面，积极追求理想目标并开始全面发展自己的能力。但是，由于学生的社会经历有限且年龄较小，他们在系统地思考人生价值和自我发展的过程中，常不同程度地产生一些心理问题。

一是急功近利，希望能在付出和收获上寻找平衡，尽快得到实惠；二是缺乏一定的分析鉴别能力，对某些事物盲目认同，从中会引出片面、错误的结论；三是喜欢标新立异，喜欢套用一些时髦的新概念、新术语，结果事与愿违；四是实用倾向明显，易受个人主义、拜金主义思想的影响，追求所谓的“实惠”。

因此，在学生中间经常会出现正确与错误、真善美与假恶丑、先进与落后、科学与伪科学观念相互交织、混杂的情况，使学生产生心理矛盾，一旦得不到平衡将不同程度地影响心理健康。

（三）第三阶段：抉择阶段

抉择阶段又称为收获或分流阶段，是从大三到大四这个时间段，这个阶段一方面是收获的季节，另一方面又是分流和抉择的时期。

经过两到三年的大学生活和前两个阶段的适应，大学生已经逐步成熟起来，也有了不同程度的收获和发展，这时，即将进入毕业的学年，大学生不仅要集中精力完成学业，而且还要加入就业的行列，选择自己的职业。

这对大学生来说，是一次关键的、起决定性作用的选择，将直接影响到大学生今后的发展和所处的社会地位。这些问题交织在一起，无形之中会增大压力，使大学生产生思想上的矛盾冲突和情绪上的强烈波动，影响大学生的心态。

二、大学生的心理发展特点

大学生，是指正在接受高等教育的学生，其年龄一般在18~23岁。从大多数的心理学观点来看，他们属于青年中期，因此，大学生的心理具有青年中期的许多特点，如辩证思维的形成、自我同一性的完善、同伴群体的形成、价值体系的稳定等，但作为一个群体，大学生也有他们自己的一些独特性。作为有幸接受高等教育的青年群体，大学生已不再满足于形式逻辑思维的水平，而是继续走向更高的一层，即辩证思维。其特点有如下几点。

（一）自我意识增强但发展不成熟

自我意识，是指人对于自己和自己与其他社会成员的关系的认识，它包括自我观察、自我评价、自我检验、自我监督、自我教育、自我完善等。独立自主、富有个人魅力是当代大学生喜欢追求的个性形象。大学生是同龄青年中的佼佼者，一般都具有较强的自信心、自尊心。他们希望自己的聪明才智能够得到社会的承认和关注，他们不喜欢别人指手画脚、干涉指责，或者继续把他们当未成年人看待，他们期待社会将其看做是成熟的一员，并获得尊重，这种表现是大学生自我意识进一步增强、个体进一步成熟的反映。大学生自我意识的增强还显著地表现在以下方面。

第一，迫切要求深入地了解自己和发展自己。他们经常把自己分为现实的“自我”和理想的“自我”，力图从现实与理想的关系中认识自己、把握自己、要求自己，以完善自我。

第二，自我评价能力增强。大学生既能借助一定的社会评价认识自己，但又不完全依赖别人的评价，表现出较明显的独立性、自主性和自信心。他们自信自己的知识和能力水平，十分重视维护自己的名誉，更希望得到别人的尊重和理解。

第三，自我教育能力增强。大学生大多数都能够根据所学专业和以后将从事的工作来规划自己的学习生活、确立自己的奋斗目标，不断激励自身进行自我修养、自我锻炼。不同年级的大学生在自我发展方面存在明显差异。有趣的是，大学生自我意识发展的趋势与其心理障碍的表现趋势似乎存在某种对应关系。大学一年级学生的自我意识最高，其次是三、四年级学生，二年级学生的自我意识最低。这一结果，一方面反映了大学生自我发展的趋势，即走向成熟和独立，另一方面也反映出他们所处环境的影响作用。

由于自身社会生活的知识、能力和经验等的不足，大学生中的相当一部分人还不善于正确处理自我完善与社会发展需要的关系，还没有做好立足现实、做长期艰苦奋斗的心理准备。他们往往对自己估计过高，还不善于倾听不同的意见，难以理解人、尊重人，常常表现出自命不凡、刚愎自用；有少数人难以充分了解和正确认识自己，不能坦然承认和欣然接受自己，又常缺乏自信而妄自菲薄。他们一旦遇到自己无力解决的困难或某种挫折时，容易产生对现实不满的过激行为或强烈的自卑感，甚至导致行为失控而做出不理智的事情来。

心理健康的大学生不仅其自我结构相对稳定，而且能够在新环境或新经验基础上，对自我进行适当的调整。相反，有心理障碍者则往往不能及时调整自我结构，从而对行为和心理健康产生不利的影响。正因为如此，大学生自我意识的发展状况充分反映出他们正处于迅速走向成熟但尚未完全成熟的心理特点。

（二）抽象思维迅速发展但易带主观片面性

由于学习的知识越来越多，受到的思维训练越来越复杂，因而大学生的抽象思维获得了迅速发展，并逐渐在思维活动中占据主导地位。他们在思考问题时，不再满足一般的现象罗列和获得现成的答案，而是力求自己探讨事物的本质和规律。他们思维的独立性、批判性和创造性有所增强，主张独立发现问题和解决自己认为需要解决的问题，喜欢用批判的眼光对待周围的一切，不愿意沿着别人提供的方法去思考和解决问题，其思维的辩证性、发散性都有所增强。

但是，他们的抽象思维水平并没有达到完全成熟的程度，主要表现在思维品质发展不平衡，思维的广阔性、深刻性和敏感性发展得比较慢。由于个人阅历浅、社会经验不足，看问题时容易过分地钻“牛角尖”，并且掺杂了个人的感情色彩，缺乏深思熟虑，往往有偏激、过分自信和固执己见的倾向。尤其是他们还不大善于运用唯物辩证法的观点和理论联系实际的观点指导自己的认识活动和观察社会现象，从思维的发展来说，大学生的“理论型”抽象思维居于主导地位，因而，他们常常把社会问题看得过于简单而陷入主观、片面和“想当然”的境地。难怪有的心理学家在揭示大学生的这种思维特点时发出这样的感慨：“连当代最伟大的政治家都感到棘手的社会问题，在大学生看来却易如反掌！”与此形成鲜明对比的是，对自我的苛求和追求完美以及对现状的不满，这足以说明，大学生思维恰恰缺乏客观性。

（三）情感丰富但情绪波动较大

大学生充满青春活力，随着校园生活的深入展开，社会性需要增多，其情感也日益强烈、日益发展完善。这种强烈的情感不仅仅表现在学习和工作中、体现在对待家长、同学和教师的态度等方面，更重要的是这种情感还明显地具有时代性、社会性和政治性。他们热爱社会、富有理想，关心国家的命运和前途，对于走建设有中国特色的社会主义道路、实现中华民族的伟大复兴充满了希望和激情。他们的爱国主义情感、集体主义情感、社会责任感和义务感、道德感、友谊感、美感和荣誉感、理智感等迅速向广度和深度发展，逐步成为其情感世界的本质和主流。

爱情的出现是大学生情感世界的一大突变，对其心理发展产生着巨大影响。大学生控制情绪的能力也在不断由弱变强，大多数人的内心体验逐渐趋于平稳。但是，如果受到内心需要和外界环境影响的强烈刺激，他们的情绪又容易产生较大的波动而表现出两极性，既可能在短时间内从高度的振奋变得十分消沉，又可能从冷漠突然转变为狂热，乃至造成消极的后果。这种情况常使一些大学生陷入理智与情感的矛盾和冲突之中，从而感到十分苦恼。

大学生的情绪还存在着外显性与内隐性的矛盾，这种矛盾冲突也带来了较多的情绪适应问题。生活经验的匮乏，也使大学生常常体验到挫折与焦虑。

（四）意志水平明显提高但不平衡、不稳定

大学生多数已能逐步自觉地确定自己的奋斗目标，并根据目标制订实施计划，排除内外障碍和困难去努力实现奋斗目标，其意志的自觉性、坚韧性、自制性和果断性都有了较大的发展。但是处于意志形成时期的大学生，其意志水平的发展又是不平衡和不稳定的。大学生的意志水平的自觉性和坚韧性品质已达到较高水平，但意志的果断性和自制性品质的发展却相对缓慢一些。

这主要表现在：大学生能独立迅速地处理好一般学习、生活问题，但在处理关键性问题或采取重大行动时往往表现出优柔寡断、草率武断、盲目从众的心态。在不同的活动中，大学生意志水平的表现也不一样，例如，在专业学习活动中，往往意志水平较高，而在思想品德的修养活动中意志水平就相对比较低。在同一种活动中，大学生的意志水平表现也有较大的差异，心境好时意志水平较高，心境差时则意志水平较低。情绪波动对他们意志活动水平的影响是显而易见的。

意气风发、勇往直前、敢想敢说，是当代大学生思想解放、朝气蓬勃的表现，是大学生思维的独立性、批判性进一步增强，意志和情感得到进一步发展的反映。但是，由于大学生的思维发展还不够深刻、全面和辩证，辨别是非的能力还不够强，情感仍存在不稳定的一面，自我约束、自我控制的能力还有待继续培养和发展，因而大学生在社会适应和生活适应上常常会遇到挫折与冲突。俗话说，“温室里的花朵，经不住风吹雨打”，现实生活中再美好的理想如果没有经过社会、生活的锻炼，

也是脆弱不堪的。

（五）智力发展水平达到高峰，社会需求迫切

大学生一般思维敏捷，接受力强，通过专业训练，系统学习，抽象逻辑思维能力得到充分的发展，智力水平大大提高，分析问题和解决问题的能力增强，其智力层次含有较多的社会性和理论色彩。

大学生在校园里的生活时间比同龄人长，这使得他们与社会有一定的距离。也正因为如此，他们渴望加入社会的愿望更为迫切。在校园里，他们关注着社会，评判着各种社会现象，并希望自己能加入进去，按照自己的想法去改变各种令人不满的现象，用自己的专业知识服务社会，体现自己的力量，实现自身的价值。这种迫切的社会需求与大学生正在形成的价值观相互作用，是将来他们走向社会的重要心理依据。这一心理特点支配、指导着大学生的学习态度，从而对大学时代的生活质量产生重要的影响。

三、大学生心理素质的健全

为更好地适应社会主义的市场经济，担当起全面建设小康社会的历史重任，大学生必须具备良好的心理素质。心理素质不仅是大学生综合素质的重要组成部分，而且对大学生的其他各种素质的形成和发展都起着很大的作用：积极的心理素质会产生促进作用；而消极的心理素质则会产生促退作用。在人的诸多素质中，心理素质是基础，是核心和归宿，它不仅渗透在其他各项素质之中，而且各种素质的提高又会加快心理素质的健全。

（一）大学生心理素质的含义

心理素质是指个体在遗传的基础上，通过后天教育和环境影响形成的较为稳定的基本心理品质，即是由先天因素和后天因素综合作用而成的。大学生心理素质主要是指非智力因素，即情感、意志、兴趣和性格等方面的心理品质。

衡量心理素质好坏的标准是活动效率、成就以及身体健康。良好的心理素质有助于提高活动的效率，促进人们获得更大的成就，维护个体的身心健康。良好的心理素质反映在大学生身上主要是认知、情感、意志、需要、兴趣等方面，具体体现在自知、自尊、自信、自立、自制、自强及乐观、豁达、进取、坚强、果断等良好品质上。

（二）大学生心理素质的培养和强化

大学生的心理素质虽然在先天已经奠定了一定的基础，但是后天的培养特别是大学期间的教育和强化却是格外的重要。人的心理素质多种多样，在大学期间主要培养和强化的心理素质有以下几种。

1. 发展智力、强化能力、培养非智力因素

第一，智力是人的认识活动在认识客观世界的过程中逐渐形成的一系列稳定的

心理特点的综合，它是观察力、记忆力、想象力、思维力、注意力等五种基本心理因素组成，如感知、表象、想象、思维、记忆等。发展大学生智力也就是强化这五方面的心理因素。

第二,能力是能保证人们有效地进行实际活动的一系列稳定的心理特点的综合，它通常由定位能力、组织能力、适应能力、动手能力和创造能力五种基本能力组成。主要体现在：遇事能高瞻远瞩、抓住机遇、不断进取，做到能策划、能操作、能应变、能调节、能创新、能驾驭。大学生只有利用大学期间不断强化这五种能力，走上社会后才能得心应手、游刃有余。

第三，非智力因素是指人的意向活动在改造客观世界的过程中逐渐形成起来的一系列稳定的心理特点。它是由动机、兴趣、情感、意志和性格等五种基本的心理因素组成的，并分解出 12 种心理素质，即成就动机、求知欲望、学习热情、自尊心、自信心、好胜心、责任感、义务感、荣誉感、自制性、坚持性、独立性。大学生的非智力因素就是指这 12 种心理素质，它们与学习的关系比较密切，影响也比较突出，对学生的学习动机间接地发挥着调节作用，例如，就意志来讲，缺乏恒心是低级的心理素质；有一定的恒心可视为中级的心理素质；而有较强的坚韧性和毅力才是高级的心理素质，大学生就是要向高级的意志素质去努力。

一般地说，大学生的智力水平是相差不多的，但非智力因素水平差别却很大，这是由于各人所受环境及教育的影响不同，参加的社会实践活动及主观努力不同，导致各人的非智力因素日益凸显出差别来。俗话说：“月亮不发光，月光来自太阳。”智力和能力好比一对双胞胎，智力是内心世界，能力是外在表现，智力和能力通称为智能，能力好比月亮，本身不发光，非智力因素却像太阳一样有能量，作为动力主导着智力因素，具有定向、引导、维持、调节和强化等功能。在教育中能调动学生的智力因素，全面提高学生的素质，是学生学有所成的关键。

2. 建立良好人际关系，提高社会适应能力、心理承受能力和耐挫折能力

当今社会，科技快速发展，信息量大，竞争激烈，人际交往纷繁复杂，可变情况很多。在学校这个小社会中，大学生随时随地都会遇到和社会相类似的新情况、新问题，因此，都应有较好的社会适应能力、心理承受能力和耐挫折能力，以适应各种变化莫测的环境。

大学生中独生子女较多，往往反映出心理特点不符合心理年龄、心理发育不够健全和落后于实际年龄的心理幼稚现象，在人际交往上呈现出低年龄化和胆怯的心理。因此，大学生要在大学期间通过积极主动地交往建立良好的人际关系，以此来培养和强化自己的心理素质。

3. 讲究性心理卫生，保持心理健康，培养自我心理修养能力

讲究心理卫生，保持心理健康应成为大学生提高心理素质的重要内容。特别是随着性信息的各方传播、性功能的不断成熟，对大学生要特别加强性心理卫生教育，使其对性心理有一个正确的了解、认识和态度，以讲究性心理卫生、知晓性道德规

范和行为准则，调节和克服对性的不洁感、神秘感、罪恶感、压抑感等观念和行为。

大学生要使自己的聪明才智充分发挥出来，能自觉调控自己的心理和行为，正确地评价自己和他人，就要培养自我心理修养能力，主要从制订自我修养计划、激发和保护自我心理修养的动机与愿望、积极投身于社会实践、调节和控制自己的行为等方面来进行自我心理保养。

第二节 大学生心理健康的基本理论

当今的时代，一方面给大学生带来了千载难逢的机遇，另一方面又给大学生带来了更大的风险和负面的刺激，这将会不同程度地影响大学生的心理健康。因此，大学生必须要了解心理健康的基本知识，增进自己的心理健康，这不仅是个人的问题，更关系到中华民族的前途和命运。

一、心理健康的定义和标准

随着社会的发展和人类对自身认识的深化，人们对健康概念的认识不断丰富和完善。在现代社会中，健康不仅指生理健康，还包括心理健康、社会适应，三者的和谐统一构成了健康的基础。心理健康的标准是动态的，不同年龄、不同社会文化、不同时代具有不同的标准。

（一）心理健康的定义

心理健康是20世纪中叶以来，由科技、文化和社会所决定的一种以全新的、多元的视角看待健康的产物。过去传统的健康观认为人的躯体没有病就是健康，忽视了心理和精神的健康。我国是从20世纪30年代开始由著名教育家吴南轩发起心理卫生研究，经过了50年，直到1985年以后，我国才对心理健康的研究和普及工作越来越重视，心理健康工作得到了迅速发展，心理健康观念日益普及和增强，中国大学生心理咨询专业委员会也于1990年成立。

关于心理健康，目前学界众说纷纭，难以界定。总结起来，学者对心理健康的理解主要有以下几类：

（1）自我意识广延；

（2）良好的人际关系；

（3）情绪上的安全性；

（4）知觉客观；

（5）具有各种技能，并专注于工作；

（6）现实的自我形象；

（7）内在统一的人生观。

到目前为止，国内外对心理健康尚没有一个公认的定义，世界心理卫生联合会早在 1946 年就对心理健康有了说明：“所谓心理健康，是指在身体、智能以及情感与他人的心理健康不相矛盾的范围内，将个人心境发展成最佳状态。”1989 年世界卫生组织提出了 21 世纪健康新概念：“健康不仅是没有疾病，而且包括躯体健康、心理健康、社会适应良好和道德健康。”为此，我们可将心理健康定义为“个体能够适应当前和发展着的环境，具有完善的个性特征，认知、情绪反应、意志行动处于积极状态，并保持正常的调控能力”。应该说，21 世纪人类的健康是生理健康、心理健康、社会适应与道德健康的完美整合。

（二）心理健康的标准

心理健康的标准，心理学家也有各种各样的论述，提出了一些心理健康的模式。

1946 年世界卫生联合会将心理健康的标准界定如下：身体、智力、情绪十分调和；适应环境；人际关系中彼此能谦让；有幸福感；在工作和职业中，能充分发挥自己的能力；过着有效率的生活。

《简明不列颠百科全书》中这样写道：心理健康是指个体心理活动在自身及环境条件许可的范围内所能达到的最佳状态，而不是指一种绝对的十全十美的状态。其具体标准是：认知过程正常，智力正常；情绪稳定、乐观，心情舒畅；意志坚强，做事有目的；人格健全，性格、能力、价值观等均正常；养成健康习惯和行为，无不良行为；精力充沛地适应社会，人际关系良好。

综上所述，我们认为，心理健康的标准就是指一种高效而又已经感到满意的持续的心理状态。这表现为五个方面：第一，健全而统一的个性；第二，坚强的意志、乐观的情绪及有效的情绪调控能力；第三，正常的人际交往能力；第四，现实地确认自己的社会角色，充分的社会适应及目标追求；第五，精力充沛、自我感觉良好。

（三）心理健康是大学生成才的必备条件

心理健康是健康素质的重要内容，也是其他素质的基础，更是 21 世纪人类生存和发展的通行证。作为人才预备队的大学生必须要做到心理健康，这不仅关系自己的未来，而且关系到全民族素质的提高，更关系到祖国社会主义现代化建设事业的成败。因此，心理健康就成了当代大学生的必修课。

第一，心理健康是大学生实现人生理想和成才目标的前提。当代大学生肩负着全面建设小康社会的历史重任，希望能够把握住自己的社会历史责任，在实现社会共同理想的同时更为有效地实现自己的人生价值、个人理想和成才目标，努力把自己培养成为有理想、有道德、有文化、有纪律的“四有”新人。

第二，心理健康是大学生掌握科学文化知识的必备条件。学习科学文化知识是大学生的主要任务，心理健康是大学生接受思想教育和学习科学文化知识的关键，是大学期间正常学习、交往、生活、发展和学有所成的根本保证，更是塑造高尚品格，开发潜能和成才的基本条件。要达到这些成才目标和实现人生理想，心理健康是必要前提。

综上所述，时代呼唤心理健康，大学生更需要心理健康。

二、大学生心理健康的特点

大学生处于青年中期，是一个具有一定知识层面的特殊群体，有其自身的文化、心理特点。其心理健康的特点可以概括为以下几点。

1. 促使学生对学习保持较浓厚的兴趣并有强烈的求知欲望

学习是大学生的主要任务，大学生的健康心理应该表现为：智力正常、学习目标明确、学习热情高、精力旺盛、好学上进、孜孜不倦、朝气蓬勃、不畏艰难，在学习中能体验到快乐与满足，学习效率较高，学习成绩优良而稳定。

2. 促使学生具有正确的自我意识，能进行客观的自我评价

自我意识是指人对自己以及自己与周围世界关系的认识和体验，是人格的核心。心理健康的大学生能了解自己，接受自己，自我评价较为客观，既不妄自尊大，也不妄自菲薄，学习、生活目标与理想切合实际，使理想自我和现实自我达到一致。能扬长避短，发挥自己的个性。

3. 能促使学生调适与控制情绪，保持良好的心态

情绪对人的健康影响很大，也将影响到大学生的学习和生活。心理健康的学生能经常保持愉快、豁达、自信、满足的心境，对生活和未来充满希望。对于喜怒哀乐等消极情绪，能主动调节，并能适度地表达和控制情绪，保持良好的心态。能战胜自己的疲倦、抑郁、沮丧等消极情绪。

4. 能促使学生具有完整统一、平衡和谐的人格品质

人格是指人的整体精神面貌，完整的人格在气质、能力、性格、理想、信念和人生观等方面都是积极的、健康的、向上的。能把自己的目标和行为统一起来。具体体现为心胸开阔、真诚待人、言行一致、表里如一、热爱生活、善于生活、勇敢面对困难、发挥自己的潜能、调控自己的行为、有耐挫能力。

5. 能促使学生保持和谐的人际关系，乐于交往

人际关系是最能反映大学生的心理健康。心理健康的大学生乐于和他人交往，为人处世比较得体，能尊重、信任、宽容、理解别人，与集体关系较好，能与他人合作共事，乐于助人，有团队精神，有知心朋友。

6. 能促使学生具有良好的环境适应能力

俗话说：态度决定一切。对环境的适应能力，是受一个人的生活态度决定的。心理健康的大学生，能在环境改变时正确面对现实，对环境作出客观正确的判断，使个人行为符合新环境的要求，既不怨天尤人，又能尽快适应；能与社会保持良好

的接触，对社会现状有清晰的认识；能及时修正自己的需要和愿望，使自己的思想、行为与社会协调一致。

7. 能促使学生的心理行为符合年龄特征

人在不同的年龄阶段，都有相应的心理行为表现。心理健康的大学生，在情感、言行、举止等方面都符合所处的年龄段，其表现是精力充沛、独立处事，勤学好问、思维敏捷，学习刻苦、好学上进。

在这里特别要提醒大学生注意的是：首先，在理解和运用这些特点时，要准确把握好大学生的“心理不健康”与“一时有不健康的心理和行为”的区别，心理健康是一种持续的心理状态，决不能根据一时一事乱下结论。其次，大学生的心理正常和异常没有确定的界限，要从大学生行为前后的变化中去把握。此外，心理健康的状态不是固定不变的，而是相对变化着的，更是多层次的，大学生应追求心理健康发展的更高层次，在更大程度上发挥自己的潜能。

三、大学生的心理问题和心理障碍

当前，我国正处在新旧观念更迭、中西文化交流与冲突、生活节奏加快、人际关系复杂、社会竞争加剧和就业压力增大的时期，一部分大学生由于适应能力和应变能力较差，产生了许多心理问题，应引起我们的足够关注和重视。大学阶段是一个人身心成长发育的关键时期。一直以来，社会着重关注的是大学生的学习、就业及贫困大学生的经济求助问题，其实，一些大学生的“精神求助”同样值得关注。

（一）大学生的“心理感冒”

近年来，有一种轻度的心理障碍称为“心理感冒”，它如同感冒一样，是一种常见病，每一个普通人，哪怕是一个性格开朗的人，也可能会“心理感冒”，大学生更是这样。其表现为有的大学生脸上虽然在笑，但是内心却总被阴影笼罩着；有的大学生虽然白天平静地学习、工作和生活着，但是一到晚上却受着失眠的折磨；有的大学生泪没有流在脸上，却暗暗地流在心上；有的大学生面对老师、领导感到恐惧，不敢交往，人际关系不协调，这些都属于“心理感冒”的症状。

虽然“心理感冒”也是心理障碍，但是，它和心理疾病不一样，是轻度的心理障碍，依赖自己的心理调节，经过自然的疗程是能够达到完全康复的，也不会带来后遗症。因此，大学生中虽然患“心理感冒”的人为数不少，但是对待“心理感冒”既不要紧张，也不要有羞耻感，更不要误认为是心理疾病或“精神病”，要相信依靠自己的心理力量是能够治愈的。

（二）大学生的心理问题

心理问题是人的生活中常见的心理现象，处在心理健康与不健康之间，它与大学生的学习、生活有着密切的关系，如不及时调适，长期积压在心中，不但容易使大学生心理健康水平下降，而且会产生心理障碍或心理疾病。大学生心理问题主要表现在环境适应、学习、经济、情感、自我发展和网络适应等六个方面。

1. 环境适应问题

大学生经常会体验到紧张、压力、挫折、矛盾的冲突和孤寂等心理现象，这就是环境适应方面所产生的问题。心理学认为，发展与适应是人生的两大重要课题，贯穿着整个生命的历程。社会的每一次变化，人的每一次发展与成长，都需要个体去适应这种变化。而个体的每一次适应也是个体的成长历程，适应与成长是相辅相成的。

人的社会适应主要表现在三个方面：一是个体对社会的适应；二是个人对他人的适应；三是个体对自身的适应，这种适应主要是个体如何认识自己，即我到底是一个什么样的人？如何接纳自己？如何发展自我？如何使现实自我与理想自我达到同一？

大学生的环境适应问题在新生中尤为常见，特别是来自于外地和家住农村的学生，往往会表现为独立性差、从众心理强，行为懒散、我行我素，心胸狭窄、不拘小节等，甚至容易引发焦虑、抑郁等情绪，大学生活的适应阶段较长。

2. 学业问题

大学生在学业上的心理问题日益增多，主要表现在学习困难、竞争激烈、考试作弊等方面。在学习上，不少学生进入大学后没有了目标、迷失了方向、失去了动力，学习不求上进、不求甚解、自觉性差；不少学生仍然停留在中学时期的学习方法上，对全面学分制条件下学习的主动性特点不能很好把握，有意无意地放纵自己，得过且过，注意力不集中，记忆力下降，处于悬浮飘荡状态，一旦放松便难以收敛；不少学生追求享乐性刺激，甚至堕落。一旦成绩落后、屡屡出现不及格，便产生了难以跟上大学学业的巨大压力，造成了不少心理问题。

在激烈竞争中，总有一些学生会失去中学时期的优越地位，造成一种挫折感，怀疑自己是否变笨了，产生强烈的自卑。也有一些学生对自己的要求过高，而自己的学习能力不强，方法不当，产生了一些现实上的差距，造成自我加压过大而产生焦虑、神经衰弱等。

在考试方面，有的同学平时不努力只为了考试通过，有的学生为了取得更好的成绩，都会不惜一切、心存侥幸地设法作弊，但当被抓住受到处理时又无法面对和难以接受现实，从而引发心理问题。

3. 经济问题

随着改革开放的深入，经济发达地区和不发达地区的收入差异较大，给贫困地区来的学生造成巨大的心理压力。

第一，有的家庭经济困难的同学，由于爱好面子往往远离人群，独来独往，害怕被人看见节俭，由此而产生心理上的自卑感和孤独感。

第二，有的学生由于虚荣心，向家里要钱或向别人借钱用于社交，一时无法偿还而产生自责，造成心态失衡和扭曲；也有的学生通过勤工俭学来解决生活问题，但由于学习的压力难以做到两全，由此产生矛盾。

第三，有的学生家长管教很严，为了交际，用钱较多而产生了漏洞，最后难以面对现实而产生困惑。所有这些都会使学生造成比较大的心理压力，引发心理 问题。

4. 情感问题

情感是人际交往中较为重要的因素，大学生在这方面的心理问题颇为突出。

当今的大学生大都是独生子女，渴望和别人进行交往，而且大学生活比较枯燥，自由安排的时间较多，因此，不少学生为了慰藉自己的感情，特别向往和异性交往，交往越多，越容易发生感情纠葛。

在人际关系上，有的学生个人角色定位不准；有的性格内向、胆怯、害怕和陌生人特别是教师打交道；还有的学生因对异性爱慕而引起的失恋、单相思、暗恋、求爱被拒绝等情况。在性问题上，有时会因为对性的误解产生心情焦躁和自我否定；有时因想象或疏远异性而造成性压抑，产生内心的自责、焦虑、紧张、矛盾、困惑；有时由于性冲动和法制、道德的规范约束矛盾而导致心理冲突和苦闷；还有时因有性幻想、性梦和手淫造成惶恐不安、羞耻、自卑、自罪等心理不健康的现象。

以上这些都容易引发一系列情感上的问题，造成同学之间的关系紧张，心理素质差的学生心理问题会更严重。

5. 自我发展问题

随着社会主义市场经济体制的不断完善，社会对学生的要求越来越高，大学生对自己的发展和前途越来越关注。

围绕大学生自我发展的问题也越来越多，主要体现在个性完善问题、能力培养问题和就业择业问题等方面。有的学生性格上存在问题；有的学生过多地忙于应付考试，忽视了社会实践和能力的培养，出现了“高分低能”；还有的学生进校后就十分关注就业和择业，有针对性地进行选课和实践，通过“考证”为将来的职业生涯奠定基础；也有的学生无法适应社会，不敢去应聘。这些问题都给学生无形之中增加了压力，容易由此而产生心理问题。

6. 网络适应不良问题

当今世界已进入信息和知识经济时代，国际互联网络日益显示出巨大的威力和诱惑力。学习、运用、掌握网络已是大学生必不可少的知识、能力和素质。高校又面临着网络文化的挑战，其负面影响越来越大，大学生就首当其冲，特别是黄、赌、毒、暴力犯罪及网上危险交往的可能性，使大学生的道德防线和心理健康随时会受到冲击。个别大学生可能出现网络文化“海洛因”中毒、网络文化心理瘾癖和电子游戏综合征等。

自从网络进入宿舍后，有的学生由于不能很好地把握，出现了网恋及网络适应不良等症状，主要表现有：大学生沉湎于网络游戏而不能自拔，迷失自我，甚至放弃了学业；网上谈恋爱超出正常现象，甚至出格；因在网上受挫而引发上网恐慌和焦虑；网上的黄色垃圾造成了大学生的不良心理等。

这些不但影响了大学生的学习和生活，而且严重影响了其身心健康，已经发展成为引发大学生心理问题的导火线。

（三）大学生的心理障碍

除了上述的心理问题外，情况严重的还会引发心理障碍。近年来，许多研究表明，目前大学生中出现各种不同程度的心理障碍的人占 20.3%左右，其中存在严重心理障碍的约占 10%，而且发生率有升高的趋势。人际关系、专业思想、就业和恋爱成为大学生心理障碍的四大突出问题。清华大学近几年采用日本大学生人格健康问卷（UPI）对新生进行心理健康调查发现，有 20%的学生存在心理适应问题，有 20%的学生主动提出咨询要求。

1. 心理障碍的概念

心理障碍是指个体无法以公认的社会规范或适宜方式适应日常生活而表现出来的心理异常和行为偏离。具体表现：一是个体没有能力适应现实环境的要求；二是行为失常或反常、失调或无序；三是个体缺乏适应环境的能力，社会适应能力低下，包括生活自理能力、人际交往能力、学习、工作与家庭生活的能力、按社会文化规范和法律规范等要求进行自控的能力。

2. 大学生常见的心理障碍

大学生常见的心理障碍一般有神经症、人格障碍、功能性神经病、性变态四种。

第一，神经症，旧称神经官能症，是一种轻度精神障碍，主要表现为精神活动能力降低（如注意力不集中、记忆力差、思维与工作效率降低）、情绪波动与烦恼、体感性不适增加。大学生中的神经症多由环境因素引起，主要是过重的学习压力和生活负担，理想和现实的矛盾冲突，人际关系的长期紧张，交友和恋爱中的挫折，以及不适当的心理防卫机制等。一个人是否患病及何时患病，主要取决于个人的心理因素和环境因素的相互作用。神经症的种类有：焦虑性神经症、恐怖性神经症、抑郁性神经症、强迫性神经症、疑病性神经症、癔症和神经衰弱等，矫治主要靠心理治疗，针对不同类型的神经症及轻重程度确定不同的治疗方法。

第二，人格障碍，又称变态人格或人格异常，在没有认知过程或智力障碍的情况下，人格显著偏离正常。当代大学生的人格障碍，是一种明显的反常人格，不能适应正常的学习生活。

第三，功能性神经病，这是心理障碍中最严重的一类，心理健康水平最低。在大学生中常见的有两类，即神经分裂症和躁狂抑郁症。

第四，性变态，又称“性歪曲”或“性心理行为障碍”，是一种要求性满足对象或满足方式上与常人不同，并违背社会伦理道德的心理行为。大学生常见的性变态主要有同性恋、易装癖等不正常性行为。

第三节 大学生心理调适

大学生的心理状态虽然受社会生活环境的制约，但是，人们仍可以通过各种努力来进行调节，以维护心理平衡，达到心理健康之目的。

一、保持心理平衡的基本途径

1. 树立正确的人生观、价值观

心理学研究表明：人的价值观念存在着很大的差异，有以认识真理为主的科学价值观；有以“先天下之忧而忧，后天下之乐而乐”为准则的道德价值观；有以权力、地位为核心的政治价值观；有以功利、实惠为目标的经济价值观；有以宗教为中心的信仰价值观等。但是，无论哪一种价值观，只有以辩证唯物主义和历史唯物主义的世界观及革命的人生观为主导，才能有正确的人生方向，才能正确处理个人与社会现实之间的关系，才能防止主观片面、固执偏激，才能做到豁达大度、处变不惊，经得住各种挫折与考验等。

要想树立正确的人生观、价值观，学生个人必须通过社会实践活动、先进模范人物报告会、政治思想教育课等多种途径来陶冶自己的情操，并在情感的升华中构建自己正确的人生观、价值观框架。

2. 努力加强自身个性修养

每个人的个性特征是不同的，从心理学角度来分析，就存在着神经类型强弱、灵活性的差异；智慧高低、能力大小的差异；性格内向或外向、独立或依赖的差异等。不同的人有不同的性格特征，不同的性格特征有各自不同的积极因素和消极因素，但是有一点是相同的，那就是当一个人性格特征中的积极因素多于消极因素时，他在人生的道路上的成功机会可能多些。因此，我们每一个学生应该努力加强自身个性中的积极因素，克服消极因素。这也是消除心理障碍、促进心理健康的有效途径。例如，增强理智感，克服主观臆断；增强自制力，克服激情性冲动；增强自信心，克服自暴自弃；增强利人观念，克服利己思想；增强宽容精神，克服狭隘偏见；增强法制观念，克服懦弱性格等。

3. 确立符合自己实际的抱负水平

心理障碍往往源于挫折，而一个人在心理上能否体验到挫折感，与他的抱负水平密切相关。如果自我抱负水平过高，失败的机会则越多，则更容易体验到挫折感，例如，一门功课两个人都考了 80 分，如果一个人原定目标为 90 分，他便有可能产生挫折感，而另一个人原定目标为 70 分，他便没有挫折感。因此，大学生在制订学习计划时，不仅要考虑目标价值的大小，而且还要充分考虑目标实现的可能性。如果条件不具备，目标实现的可能性极小，即使是很有意义的目标，也不应列入计划。

4. 培养积极向上、健康乐观的情绪

实践表明，在健康情绪状态下，青年学生的知觉活动、思维活动，特别是智力和创造活动才能充分发挥。而在挫折状态下消极情绪的连续产生，会引起心理失衡，导致心理障碍的产生。

处于青年时期的大学生，生活经历少，遇事易冲动，不善于控制自己的情绪，常常因一点小事而动感情，或振奋、激动，或丧气、失望等。因此，教育学生如何调控自己的情绪，是摆脱心理障碍，促进心理健康的重要途径。调控情绪的办法有以下两种。

第一，积极预防。我们知道，情绪活动中枢尽管在边缘系统，但最终还是受到大脑皮层的调节，受到认识过程的影响。因此，我们可以通过正面教育，提高学生的思想认识，培养学生乐观向上的心理品质以及办事果断、处变不惊的良好个性，从而从根本上预防不良情绪的产生。

第二，合理调节不良情绪。 如果大学生遇到挫折，产生烦恼、愤懑、沮丧、焦虑、彷徨等不良情绪时，应该学会用适当的方法进行调节。调节的方法如下：

（1）宣泄，即在适当的时候、适当的场合，向适当的对象倾诉内心的不快，以减少内心的痛苦。现代人本主义大师罗杰斯曾以自己的亲身体会向我们阐明宣泄的妙用。他说："我以亲身的体会可以证实，当你处于精神痛苦时，如果有人能听你诉说衷肠，同时又不试图评判你，不替你承担责任，不打算改变你，你就会感到非常愉快。"

（2）转移，即把注意力暂时转移到其他事情上，以缓解或冲淡不愉快的心情。

（3）压抑，即靠意志的作用把不愉快的心情压在心底，不让它表现出来，以期在适当的时候再加以调节。

5. 养成良好的学习生活习惯

人的生理、心理活动是有规律的。实践表明，过度的痛苦和悲伤容易使人消沉、自卑；狂喜、狂欢容易使人高傲、麻木；长期超负荷的学习和工作容易使人产生畏惧心理。因此，大学生在学校群体生活中，要时刻注意养成良好的学习生活习惯，学会有规律的生活。这不仅有利于大学生科学用脑，而且对于排除心理障碍，促进心理健康也是十分有益的。

二、大学生保持心理健康的常用方法

大学生的心理健康，是以维护和保持大学生心理健康为前提和目的的，促进大学生身心健康发展和人格的不断完善，建立心理健康的防卫机制。

1. 自觉学习心理知识，寻求心理健康的良药

有些大学生对心理卫生知识缺乏足够的认识，在出现“心理感冒”、心理不适应、心理问题和心理障碍后，往往认识不清，心急如焚，不知该怎么办？不会自我疏导和调适，也不知该如何去进行心理咨询和治疗？致使有些病情加重，产生各种不良后果。因此，大学生应自觉接受心理健康知识的教育，选择一些有关的心理学课程，主动了解大学生心理活动的一般规律、心理特点，懂得心理健康是21世纪生存和发展的通行证，一切智慧、成就、财富和幸福都来源于心理健康。使自己树立正确的、科学的人生观、世界观、恋爱观和道德观，正确地、积极地对待人生，认识自我，树立自信心，经常保持向上的、积极的和良好的心理状态。

2. 对自己不过分苛求，确立目标适中，养成平常心态

大学阶段是大学生成才发展的重要阶段。每一个大学生都有自己的理想、抱负、奋斗目标，有成为社会栋梁之才的愿望。然而，一个人的能力是由先天遗传因素和后天发展共同决定的。虽然大多数人的能力基本类似，但是，每一个人的能力却有一定的限度，都具有优势和劣势两个方面。

凡是心理健康的大学生，都有一种平常人的心态，能够对自己的能力作出客观的评价，确定适合自己的奋斗目标，并依此付诸于社会实践，最终实现自己的预定目标。也就是说，把自己当做对象，对自己的整个心理面貌进行客观的审视、分析和估量之后形成一种正确认识自己的心态。正如许多成功人士在接受记者采访时所说：因为自己是一个普通人，所以仍要保持一种“平常心态”，不会被胜利和鲜花冲昏头脑，这样才能够继续苦练，再创佳绩。这些对于大学生保护自己少受挫折及充分发挥才能是有益的。

在获得成功的过程中，不但个人的需求得以满足，个人的价值得以体现，而且自己的信心也得以巩固和加强，同时使自己的心理机制处于良好的竞技状态，更使自己的能力得到了锻炼和提高，从而为追求下一个奋斗目标奠定了坚实的基础。

相反，大学生仅凭良好的愿望和热情，盲目、过高地确定自己的奋斗目标，其目标不但不能实现，而且使自己的心理蒙受打击，增加挫折体验。结果不但白白耗费精力和时光，而且也给自己的自信心和心境造成不良影响，从而影响到今后的心理发展。所以，大学生在确立自己的奋斗目标时，一定要量力而行，确定在自己能力所能及的范围内。

3. 对他人的期望不要过高，避免失望感

俗话说：“金无足赤，人无完人。”在现实生活中，每一个人都不可能是完美无缺的，每个人的个性、行为习惯、性格、价值观念和情绪状态等都会有各自的优势和劣势。大家在大学的学习、生活中也都需要互相关心和帮助，取长补短，共同提高。然而，每一个人不可能凡事都寄希望于他人，更不能对他人有过高的不切实际的期望。

凡事首先要立足于自己，依靠自己，尽自己最大的努力把事情办好，其次才应该考虑他人帮助的可能性。在接受帮助的过程中，要多从他人的角度考虑其局限性，千万别对期望过高。否则，一旦事情没帮助办好，就会责怪、埋怨他人，这样，不但使自己感到遗憾和失望，而且使自己的心理平衡也受到干扰，造成不良影响。所以，大学生在学习生活中，既要相信自己的才能，也要和其他同学和睦相处、互相帮助，更不要对帮助人的同学求全责备、期望过高，以避免失望感的产生。

4. 不盲目地处处与其他同学竞争，避免过度紧张

一个心理正常的人，都有争强好胜的自尊心和荣誉感，都渴望自己在集体中有一席之地，受人尊重、受人爱慕。每一个大学生考试总想争第一，超过别人，相互攀比的现象时时处处都有，而大学生往往都是暗暗地同他人竞争。

由于每个人的优势、劣势不同，精力又有限，盲目、过多地和别人竞争往往容易给自己造成挫折和打击，心理上承受过大的压力和过度紧张，从而对身心健康带来不良影响。所以，在和他人竞争时，一定要选择和侧重那些有意义的、对自己有帮助的，要注意发挥自己的优势，千万别去做无谓的竞争。

5. 积极参加集体活动，扩大社会交往

生活在集体之中的大学生，要融入于集体。在集体中既和同学们在一起进行思想的沟通和情感的交流，从中得到启发、疏导和帮助，又可以通过积极的社会活动，扩大人际交往，建立良好的人际关系。同时可以使自己感受到充分的安全感、信任感和激励感，最大限度地减少心理应激和心理危机感，这也是维护和保持心理健康的最基本、最重要的因素之一。一个离群索居、孤芳自赏、生活在社会群体之外的人，是不可能做到心理健康的。

6. 加强意志锻炼，保持乐观的“正性情绪”。

大学生在大学期间，机遇和风险同在，成绩和挫折共存，成功和失败均有，对新环境、新事物的不适应而产生的不顺心和委屈较多，摆在面前需要克服的困难和挫折也多。因此，在困难面前要有意识地、自觉地控制自己，对各种挫折不盲目地产生冲动，有不会动摇的顽强意志，有面对挫折的勇气、决心和毅力，去克服困难、渡过难关。所以，大学生一定要培养自己的意志，培养愉快、知足、振奋、开朗的“正性情绪”，保持热情开朗、心胸开阔、意志坚强的健康心理。

三、大学生心理问题的调适及方法

根据对大学生心理健康状况的调查结果，学习不适应、情绪化、人际关系、性心理、网络不适应已成为困扰大学生的五大主要心理问题。因此，有必要引导教育大学生开展心理调适。

1. 学习不适应的调适及方法

针对学习适应不良主要采用培养学科兴趣、激发学习动机、确立学习目标的方

法。总结学习经验、掌握适合自己学习的独特方法，运用科学的思维、记忆方法，提高学习效率。注意合理、科学地分配时间，增强自信心。注意意志训练，科学用脑、劳逸结合。

对于学习焦虑、考试紧张可采用“系统脱敏法”——根据经典性条件反射原理发展的一种行为疗法，特别用于害怕某种客体或情境的恐怖和焦虑状态。即使人以轻松愉快的情绪想象自己接近或逐步接近引起焦虑的情境，直至真正面临此情境时不再害怕。特别是要化解在考场中的紧张焦虑情绪时，可采用“快速放松法”，或闭上双目，放松身体和思想，做几次深沉而徐缓的呼吸，并在呼吸时说“放松”。

2. 情绪的自我调适及方法

大学生在学习生活中，难免会遇到不愉快和烦闷的事情，人的情绪也会出现波动和不稳，时常处在不良的情绪状态中。因此，大学生应运用心理学知识，主动调控自己的情绪，保持心理平衡。

第一，转换心情。当不愉快的事情发生时，不要总是去想他，要避免愤怒情绪的最终爆发，可以告诫和提醒自己制怒，可以脱离现场出去散散步、看看电视、电影、打打牌、找同学去玩等。忧思苦愁无济于事，不如抛开它，去做、去想一些能转换心情的事情。如果总是郁积于心，耿耿于怀，不仅于事无补，反而会使不良情绪不断蔓延，日益加重。

第二，请人疏导。一旦靠自己难以有效调节时，可以借助别人的疏导。例如，可以找自己信得过的同学、朋友、亲人等，把自己的苦恼、愁闷倾吐出去，一方面，使自己的不良情绪得以宣泄，压抑心境得到缓解和减轻，失去平衡的心理得到恢复；另一方面，听从他人的疏导。别人的劝慰、点拨可能会使自己茅塞顿开，减轻心中的痛苦。

第三，助人为乐。帮助别人不仅可以使自己忘却烦恼，而且可以确定自己的存在价值，更可以获得珍贵的友谊。

第四，自我宣泄。如“眼泪缓解法”，在悲痛欲绝时大哭一场，可以使情绪平静；又如“运动缓解法”，在愤怒时可猛干一阵子活或进行剧烈的体育运动，有助于释放激动情绪带来的能量。总而言之，通过对情绪的自我调适来维护和保持心理健康。

3. 人际交往的调适及方法

这主要发生在性格内向的大学生身上，不敢或不善于与他人交往，也有的是在人际交往中受过挫折变得胆怯怕生。对于这些心理问题主要采用的方法如下：

第一，增强自尊心，不过多计较别人对自己的评论，学会通过暗示来控制自己的情绪。

第二，采用相同对比法、不同对比法、感情接近法、暴露练习法等来排除人际交往中的障碍。

第三，学会社交的技巧和策略，以良好的人缘关系因素，如真诚、热情、大度、友好、坦率等进行自我调节，改正不良的习惯，如私心、猜疑、嫉妒等，特别是性格内向的大学生要克服以自我为中心的交往。

4. 性心理的调适及方法

针对大学生由于性生理和性心理的显著变化，未能及时得到科学的性知识的教育和指导，而产生的性心理适应不良症状以及性心理障碍，要通过以下方法来调适。

第一，通过学习有关性知识，正确对待性意识活动，树立科学与健康的性意识观念，克服和消除因性意识困扰所带来的罪恶感、自卑感和种种自我否定的评价，进行自我调适。

第二，参加有益身心的文体活动，与异性同学的自然交往和友谊，避免陷入性幻想中。

第三，采用注意迁移法，把注意力和主要精力用到学习和集体活动中，通过升华思想境界，适当地控制性冲动，要进行适度的性压抑，不能放纵自己，不要自我谴责，做到有性教养。

第四，谈恋爱的过程中，确立正确的恋爱观、高尚的道德观、科学的价值观和健全的理智感，做到高雅大方、健康文明。在对待早恋、单恋、暗恋、多角恋和失恋中，要注意控制自己，用理智战胜情感。

5. 网络不适应的调适及方法

大学生对待网络不适应要学会自我调适。

第一，理智地对待网络，节制地玩游戏。

第二，防御性地上网，要特别防范黄色垃圾、注意虚拟网络。

第三，加强意志锻炼，增强自控力。

第四，一旦迷恋网络，可采用注意迁移法和自我暗示法，尽力把自己调适过来。

6. 心理障碍的调适及方法

对心理障碍的调适及方法主要采用增强适应能力和建立积极的心理防卫机制等心理治疗法。

第一，在增强适应能力方面有心理想象疗法、心理净化疗法、心理调节训练法、心理剧疗法、心理按摩法、心理舒泄法、心理调节法、心理舞台疗法等。

第二，在加强性格锻炼方面有自我放松法、自我宣泄法、注意力转移法等。

第三，在建立积极的心理防卫机制方面主要有升华法、幽默法、补偿法和合理化（文饰作用）。

第四，应积极开展心理治疗，即心理咨询、心理分析法、行为疗法、人本主义疗法、认识疗法、娱乐疗法、体育疗法、睡眠疗法等。

四、心理咨询及方法

心理分析法是探讨人的心理（主要是潜意识）和精神疾病治疗的一种理论方法，

是现代心理咨询和心理治疗的基础，是大学生心理咨询中常用的一种方法。

当代大学生出现了诸多心理健康问题，心理咨询工作对大学生心理问题的消除、心理疾病的康复，进而达到心理健康的水平，都具有十分重要的意义。大学生心理咨询对心理咨询工作者的素质和能力有着很高的要求。

1. 心理咨询的概念

心理咨询是指受过专业训练的咨询者依据有关心理学的理论，针对来访者的心理问题，运用一定的方法、技术，协助对方维护、增进身心健康，促进人格发展和潜能开发的过程。也就是运用心理学的知识、理论和技术，通过咨询者与来访者的协商、交谈和指导过程，提供可行性建议，针对正常人及轻度心理障碍者的各种适应和发展问题，帮助来访者进行探讨和研究，从而达到自立、自强、增进健康水平和提高生活质量的目的。

心理咨询面向全体学生，主要是为了帮助大学生面对现实问题，建立新型的人际关系，缓解心理冲突，排解心理困扰，消除心理矛盾，疏泄负性情绪，开发个人的潜能，促进身心健康，不企图强加指导。心理咨询是在非医疗情况下采用的心理疗法，以发展性咨询、心理适应咨询和心理障碍咨询为主。来访对象为基本健康、无明显心理冲突、在现实学习生活中有各种烦恼和压力、患有某些心理疾患或疾病、苦不堪言、影响了正常的生活和学习、而又求治心切的大学生，有别于医疗状况下的心理治疗。

2. 心理咨询的常见方法

心理咨询可分为门诊、书信、电话、专题和现场咨询等，其中门诊咨询是最常见的形式。门诊咨询又称面谈咨询，是个别咨询的一种，可以通过预约和随访，坐等大学生上门咨询，以谈话方式为主，大学生可以在无拘束的情况下充分详尽的倾诉，谈及自己内心深处的想法。

咨询者在耐心倾听的基础上，对大学生进行直接观察，了解其个性、心理健康状态、心理问题的严重程度和咨询过程中的心态变化情况，并与大学生进行面对面的磋商、讨论和分析，正确诊断并引导调适，以达到最佳效果。

一、思考题

1. 如何理解心理健康的标准?
2. 分析维护和保护大学生心理健康的意义。
3. 大学生心理调适的原则与方法有哪些?

二、实践活动方案

引进团体辅导技术和原理于课堂，进行活动性知识教学，把抽象的心理知识和生动活泼的操作实践紧密结合。措施如下:

(1) 话题征集。通过心理调查、书面对话（包括作业本对话、书信对话）、电信对话（包括 E-mail、hotmail、QQ 对话或手机短信）等方式进行师生对话，收集整理主讲专题与重点内容，并有重点地进行个别意见的交流与反馈。

（2）小组活动。一般是按学号或生日月份把学生分成若干小组，每组为 6 人，进行小组活动， 如情景体验、角色扮演、案例分析、讨论辩论、行为训练等。同时，在课程的不同阶段结合主题加入热身活动、分组游戏、集体训练等团体辅导技术，让学生经历体验环节，分享体验感受，在互动中加深印象，获得成长。

（3）自我对话。为了使学生的感悟得以内化，要求以作业或日记方式整理和重建认知体系，维护心理健康的自觉。一般是每个话题进行一次，内容主要包括回顾与反省、问题与期待。可以谈谈感受，学习后所得到的收获以及在学习过程中的新发现、新感受、新启示等；也可以说说疑问，如课堂学习中一些未及解决的问题，下一次授课主题的相关困惑等。

三、阅读文章

“全国大学生自强之星”闫思帆：最美的维纳斯

9 岁时，一场突如其来的车祸让她的左臂永远地失去了功能；中学时，孤苦的她和母亲在拮据的生活中艰难跋涉……她是学校的特困生、残疾生，却连续两年推让助学金，从未以残疾为借口享受特殊照顾；她勤工俭学不仅完成了学业、补贴家庭，还获得国家励志奖学金和助学金……

2010 年 2 月 6 日，她荣获 2009 年度“中国大学生自强之星”称号。

她叫闫思帆，是永城职业技术学院经济贸易系 2008 级学生，同时兼任该校经济贸易系团总支副书记、青年志愿者协会和演讲与口才协会会长。她文静、朴素、热情、开朗，同学们都亲切地叫她“维纳斯”，她用独臂拥抱生活，用“自强、感恩、奉献”谱写着一个当代大学生美丽的青春华章。

不幸车祸天使落残疾

1989 年，她出生于荥阳市的一个普通家庭，父母经商。9 岁那年，在去银川探望亲人的路上遭遇车祸，致使左臂永远地失去了昔日的灵活。“母亲在废墟中找到了浑身淌血的我，我的左臂被活生生地拧掉了！母亲费了好大劲又在车座中间找到了我的左臂，来往的车辆中没人敢帮助我们……在银川市第五解放军医院经过 13 个小时的手术，我的胳膊终于被接上了。”回忆当时的惊魂一幕，闫思帆淡然地说道：“随后又多次辗转到北京、郑州、上海等医院，在一年中经历了大大小小 11 次手术，我的手臂尽管保住了，但它不再生长了，变得畸形，甚至连一个空纸杯子也拿不动。”

自立、自信、自强创辉煌

“从那以后我就暗暗发誓：一定要做一个自强的人，决不能一辈子平平淡淡，别人能做到的，我也一定能做到！”

回到学校后，闫思帆更是疯狂的学习，成绩一直名列前茅。但同学们当中一些异样的眼光开始让她感觉到自己与别人的不同。“一开始我对同学们的议论很敏感，自己也经常偷偷地躲在家里面哭，也不让母亲看到。但后来我发现老师越来越重视我，经常鼓励我，让我参加很多的活动，像演讲大赛、歌咏比赛。特别是有一次的演讲比赛，我刚站到舞台上就看到了舞台下的母亲还有她的同事们，她们特意来看我，为我加油鼓劲。我很受鼓舞，从此我更加努力用心，慢慢地脱离了自卑，又找回了自信。是母亲、老师还有周围的许多人帮助我走到了今天的这一步。”

高考结束后，闫思帆以高出录取分数线几十分的好成绩成为永城职业技术学院的一名大学生。

9 月的烈日依旧炽热地烘烤着大地，初入大学的新生就迎来了开学的第一门课——军训。辅导员和同学们都劝她申请免修，但倔强的她坚持要求照常参加军训。“军训确实很苦，每次想放弃的时候我都咬牙坚持下来了，同学们当中有倒下的，也有请假休息的，但我一次都没有过。特别是做摆臂运动时，我会感到钻心的痛，但我想我不能做得比其他同学差，最终都坚持下来了。”

远离家乡，生活的艰辛和困难并没有压倒闫思帆强烈的求学欲，相反，她以更充分的自信和更高的姿态投入到大学丰富多彩的生活中来。面对开学伊始的贫困生助学金申请，她说：“把这些钱给那些比我更需要的同学吧！”面对商丘市民政局和残疾人联合会对残疾人补助的条例，她说：“我还能够勤工俭学，做兼职挣钱养活自己。”她把自己的目标定位在奖学金上，她要通过自己的努力光光荣荣地赢得它。结果，第一学年她就做到了，获得了国家励志奖学金 5000 元。

…………

“以阳光的心态拥抱生活，以顽强的意志自强自立，以感恩的情怀传递大爱。闫思帆同学是当代大学生优秀的典型代表，她顽强拼搏、自立自强、感恩社会的优秀品质，这也是当代每一个青年人都应当拥有的。”永城职业技术学院党委书记、校长刘全说。（选自《中国日报》2010 年 5 月 27 日）

四、小资料

只为今天

只为今天，我要很快乐。正如林肯所说的“大部分的人只要下定决心都能很快乐”。这句话是对的，那么快乐是来自内心的，而不是存在于外在。

只为今天，我要让自己适应一切，而不去试着调整一切来适应我的欲望。我要以这种态度接受我的家庭、我的事业和我的运气。

只为今天，我要爱护我的身体。我要多加运动，善自照顾，善自珍惜；不损伤它、不忽视它；使它能成为我争取成功的好基础。

只为今天，我要加强我的思想。我要学一些有用的东西，我决不做一个胡思乱想的人。我要看一些需要思考、需要集中精神才能看的书。

只为今天，我要用三件事来锻炼我的灵魂：我要为别人做一件好事，但不让人家知道；我还要做两件我并不想做的事，而这就像威廉·詹姆斯所建议的，是为了锻炼。

只为今天，我要做个讨人喜欢的人，外表要尽量修饰，衣着要尽量的得体，说话低声，行动自觉，丝毫不在乎别人的毁誉。对任何事都不挑毛病，也不干涉或教训别人。

只为今天，我要试着只考虑怎么度过今天，而不把我一生的问题都在一次解决。因为，我虽然连续 12 个钟头做一件事，但若要我一辈子都这样做下去的话，就会吓坏我。

只为今天，我要订下一个计划。我要写下每一个钟点该做些什么事；也许我不会完全照着做，但还要订下这个计划；这样至少可以免除两种缺点，过分仓促和犹豫不决。

只为今天，我要为自己留下安静的半个钟头，轻松一番。在这半个钟头里，我要尽量使我的生命更加充满希望。

第二编

人生观教育

第五章 树立正确的人生观和价值观

人的本质不是单个人所固有的抽象物，在其现实性上，它是一切社会关系的总和。

——马克思

第一节 科学把握人的本质

人生问题是人类社会千百年来不断探寻的永恒话题，人生不仅是一个自然的过程，还包含着极为丰富的社会内容。对这一问题做科学的分析和解答，对于启迪人们的思想，用正确的态度把握人生、经历人生、创造和实现人生的价值具有十分重要的意义。人生观是人类生活的一个必要组成部分，它对人的实际生活有着十分重要的影响。人生在世，不能无所作为，每个人都在实际地做着人，都会对“怎么样做人”的问题形成一定的看法。在实际生活经历中，这可能是自觉的、也可能是不太自觉的。人生在世，不能不有所追求，在日常生活当中，人们追求的目标可大可小、可长远可近前。实践人生，实际上就是一个根据对“人生”的理解、通过实现特定目标而自我塑造的过程。因此，人生目的作为人的生命存在和活动的总目标，它的确立成为人们实践活动的前提，左右着人生道路的方向。这也就是古往今来的思想家们为什么把人生目的问题看做人生观的核心的原因所在。人生观，人皆有之，然而，当我们真正严肃而自觉地思考“人生目的”的时候，可能会发现，这个看似简单的问题却并不十分容易回答。从实践层面上看，人生目的作为人生的总目标，构成了日常生活中一个个具体目标的原则和根据；从理论角度分析，把握人生目的则首先需要对“人的本质”的问题有一个确切的理解。

一、人的本质的含义

人的本质是什么？这是一个十分重要的理论问题。古希腊有一个“斯芬克斯之谜”的神话传说，斯芬克斯从艺文女神那学到一个谜：“这是什么，只有一个声音，却有四只脚，两只脚，又是三只脚的？”这则神话传说被人们喻作“千古之谜”颇具象征意义：怪物斯芬克斯将“认识你自己”的谜语摆在了人类面前，逼迫着人们去回答，凡是不能猜中谜底者将被撕碎吞食。英雄俄狄浦斯破解了斯芬克斯之谜，俄狄浦斯认为谜底是人，因为人在婴儿期是“四只脚”，即用四肢爬行；长大后是用两只脚走路；老了要用拐棍作为“第三只脚”。斯芬克斯之谜是“人”之谜，更是“人生”之谜，而什么是人生？几千年来人们仍然要苦苦地追求着认识自己，一代又一代的人都觉得已经解决了这个问题，当新一代人在前人的基础上重新思考时，结果却发现，在已有的答案后面还存在着问题，似乎正确的结论之下仍然有许多的疑义。

回答“人是什么”的问题涉及许多方面的内容，其核心则是说明人性和人的本质是什么。古往今来，思想家们从未停止对此问题的思索，留下了难以计数的答案，“认识你自己”实际上成为那些探索人生奥秘的哲人的共同的座右铭。不过，这个问题并非仅是哲学家们的“闲情逸致”，正如关于斯芬克斯的神话所喻示，这个难解之谜对于我们每一个人来说，同样是个不得不通过自己的思考和体验来回答的问题，因为它制约着我们实际生活的价值和意义，决定着人生道路的选择，又是我们思索“人到底为什么活着？”、“人的一生究竟应该怎样度过？”等问题的前提。

（一）人性

人性，就是指人作为一种存在物的属性。人性是人的本质的外在表现，人的本质是人性的内在规定性。人是一种类存在物，与其他任何一类存在物一样，同样也是共性与个性、一般性与特殊性的统一。当“人性”作为人生观的概念时，通常表示的是人与其他物类的界限，即人区别于包括动物在内的其他存在物的属性，是相对于人以外的其他存在物而言的特殊性、个性。芸芸众生，兴趣爱好各异，身份地位不等，追求向往有别，人格境界分殊，但这些差别都属于同一种存在物——人。作为人，他们又都有着衣食住行之欲、交往合作之求、求知求美之愿、劳动创造之能。这表明，人既是千差万别的，又有着内在的共同性。人性就是表示这种共同性的概念。它指人的一般性、共性，即人的类特性。它是为每一人类个体所共有而为人类所独有的属性和方面。人有共性，才使千差万别的人类个体成为人类的一员，而不是其他存在物。人性就是对存在于人类个体的具体特性之中又通过人类个体的具体特性表现出来的人类共性的理论概括。现实生活中的人，都是从属于不同的民族、国家的，在阶级社会中还是隶属于不同阶级的。所谓人性，只能通过具体的民族性、国民性和阶级性得以表现。没有脱离具体的民族性、国民性和阶级性而独立存在的人类共性。

人作为一种类存在物具有共性的方面，但是，人又总是存在和活动于具体的、历史的社会现实生活当中，我们能够观察、体验到的是在不同时代、不同社会条件以及文明社会中不同阶级利益背景之下，具有差异的一个个具体而活生生的人。世界上从来没有抽象的人，也从来不存在抽象的人性。

因而，人的本质的再一层含义是说，在特定历史和社会条件下对现实的人起着主要的、决定性影响和作用的规定性。马克思和恩格斯在谈到人的本质问题时，就明确说明："我们的出发点是从事实际活动的人……但不是处在某种虚幻的离群索居和固定不变状态中的人，而是处在现实的、可以通过经验观察到的、在一定条件下进行的发展过程中的人。"

（二）中国古代的人性思想

在中国古代思想史上，人性理论占据重要的地位，给我们留下了十分丰富的资料。

关于人性的构成问题，中国古代思想家们一个比较普遍的观念就是认为，人性是人先天禀赋的属性。在对人性的了解方面，比较有代表性的是这样四种看法：其一，"食色"，以战国时代的告子为代表；其二，仁义礼智等道德观念，如孟子所谓的"恻隐之心"、"羞恶之心"、"恭敬之心"、"是非之心"等"善端"和明代王守仁所谓的"良知"；其三，"材性知能"，既包括食色等自然欲望，同时还有认识的能力，荀子是这一思想的代表人物；其四，仁义礼智等德性和自然欲望，汉代的董仲舒、杨雄，唐代的韩愈、李翱，明清时代的王夫之、戴震等均以各自的方式认同这种观点。

古代思想家们没有认识到，人之所以为人，恰恰在于人是一种社会存在物，社会的作用在于让人满足饮食男女等要求时，其内涵、方式、目的同与生俱来的本能有了显著的不同。性交不只是为了交配和繁衍后代，而是表现为对爱情的追求；吃喝不仅是为了充饥，也是为了更好地进行劳动，其中还包含了饮食文化的意义等。

除了人性构成的内容问题，中国古代思想家们还讨论了人性的根源、人性各组成部分间的关系、人性与兽性的区别、人性如何制约人的修养等问题。尽管从总体上说，有关探讨的结论具有唯心主义和形而上学的性质，但其中又不乏真知灼见，特别是关于人之成其为人并与其他存在物区别开来的质的规定性问题上，提出了许多合理的见解，对我们今天理解人的本质问题仍具有启发意义。如墨子认为人只有从事耕织劳动才能生存，这多少已经接近了"劳动是人的本质"；如孟子明确提出了"人类"的概念，主张人之所以异于禽兽，关键在于人有理性，懂得"理义"；再如荀子认为，人之所以"最为天下贵"，因为人能够按照自然规律控制自然，能够依照"理义"来建立合理的社会制度。

（三）西方思想史中关于人的学说

在西方，力图从理论上说明人和动物的区别的人，最早应该说是古希腊哲学家苏格拉底，他把人定义为"理性动物"。其后的亚里士多德则更进一步，认为人是"政治动物"。"理性"是人的特性，在苏格拉底学说中的意思是人是唯一能够对理性问题给予理性回答的存在物。所谓“政治动物”则是说，唯有人能够生活于城邦之中并建立各种政制。

进入中世纪，基督教神学占据了西方思想界的统治地位，人性、人的本质在宗教信仰的框架里实际已经失去了独立的意义，人连同人的世界均由全能的上帝创造出来，人的存在和活动的全部意义就在于因“原罪”而赎罪的过程。直到欧洲的“文艺复兴”运动，西方的思想家们才重新开始立足于现实的世界探讨人性和人的本质问题，提出许多不同的学说和观点。西方以培根为代表的思想家们提出一种“自然”人性论。这一派理论认为，人性就是人的“肉体感受性”，趋利避害、保全生命是人类存在和活动的基本原则。这些思想家特别强调以人固有的属性替代神性，认为人性就是人的自然属性，并且还认为自然属性实际上就是人的本能和生理需要，在一定意义上也可以说就是动物性。笛卡儿、康德、黑格尔等则主张理性才是人性的实质所在。因为正是理性，使人能够判别真伪并与“机器”区别开来。自然属性、理性无疑都是人性的内容，然而，将人的自然属性理解为人的本能和生理欲望并进而与动物性画上等号，没有真正揭示“人是什么”的问题。具有理性的确是人区别于其他存在物的重要特征，但是近代西方的一些思想家们却错误地以为理性是先验的、人类与生俱来的能力，同样也没有能够把握到对人之所以为人起着决定性影响的质的规定性。

此外，在西方近现代思想史上，还有以德国的费希特等为代表，提出了意志主义理论，主张用“自我意志”、“生活意志”或“权力意志”说明人性；以法国的柏格森为代表的生命哲学家，用“生命冲动”和“直觉”解释人的问题。另外还有费尔巴哈、弗洛伊德、杜威、萨特、卡西尔等。在此特别值得一提的是费尔巴哈，他的哲学以作为马克思主义哲学的理论来源之一而著名，首次明确提出了“人的本质”的问题。在说明人的存在和活动时，费尔巴哈反对以神或黑格尔的“绝对精神”为依据，他称自己的学说为“人本学”。在思想史上，他不仅恢复了唯物主义的应有地位，还试图对现实的人的本质加以理论的说明。不过，他所谓的人的本质，仅仅是对人作为类存在物的理论抽象，并不能真正说明处于具体的、历史的现实生活中的人的本质。

（四）马克思主义对人的本质的科学论述

马克思和恩格斯吸取了人类历史上优秀的理论成果，在辩证唯物主义和历史唯物主义的基础上，提出了人的本质的理论。在《关于费尔巴哈的提纲》中，马克思指出：“人的本质不是单个人所固有的抽象物，在其现实性上，它是一切社会关系的总和。”在人类认识自身的过程中，这一论断是具有划时代意义的。那么，应该怎样理解这一论断的科学含义呢？

与历史上已有的其他理论不同，马克思主义将人的社会劳动作为从质的规定性上把握人性的关键，特别强调人的社会联系对人性的决定意义。因为正是由于劳动，人才与动物之间有了本质的区别，如理性、语言等，而正是通过社会的联系，动物性的活动才成为人的实践、自然本能才转变成人的需要、生物性的心理才提升到人的精神的水平。马克思主义并不否认关于人性、人的类本质的理论说明，因为这种理论上的概括与人的实践也有着密切的关系。需要注意的是，马克思主义人的本质理论更关注现实的、具体的人，强调把人与人之间一定的社会关系作为研究对象，去发现在历史上变化着的人性的本质。不是人与动物的关系，而只有人与人的社会关系才决定人的社会本质。理解这种认识角度和认识方法上的重大转折，是正确把握马克思主义人的本质理论的基础。

人总是活动于一定的社会现实当中，除了理论上的抽象外，人总是历史的、具体的，因而，关于人的本质的答案也只能在现实的、具体的社会中找寻。其实，不同时代的思想家们关于人性的理论，在说明人的类特性的同时，也都自觉不自觉地希求从理论上解释人的现实存在，说明人与人之间差异的原委。从孟子、荀子到提出“人的本质”概念的费尔巴哈，都把某种“共同性”或“类本质”当成人的社会本质。这些思想家在此问题上陷入唯心主义，除了认识方法错误的原因外，还在于其所处时代和所代表阶级利益的局限性，即总是将符合特定阶级利益的“本性”赋予“全人类”的意义并将其永恒化。

人的本质是由社会关系决定的。社会关系可分为两类：物质的社会关系和思想的社会关系，这两类社会关系又是多层次、多方面的。物质的社会关系一般指生产关系即经济关系，生产关系又可分为生产、分配、交换、消费诸关系。思想的社会关系也很复杂，它包括政治的、法律的、道德的、宗教的关系等。每一个人当他来到人世间那一天起，就置身于一定的社会关系之中。如果一个人从生下来就脱离人类各种社会关系，尽管他先天具有发达的大脑和健全的躯体，但他绝不会具备人的本质。

一切社会关系的“总和”是诸多社会关系的有机统一。“社会关系”的有机性描述的是各种不同的社会关系彼此间的联系，不是机械的，而是纵横交错、相互渗透和制约的。所以，要了解一个人的本质，必须用系统论的方法，从总体上去把握，从层次上去分析，从纵横联系上去考察。在诸多社会关系中，归根到底，物质关系、特别是生产关系是最基本的、主要的，它决定着、制约着其他一切思想关系。

人的本质随着历史的发展而发展。人的本质“是一切社会关系的总和”，而社会关系不是固定不变的，因此，人的本质也不是永恒的，它是随着社会生产力和生产关系的矛盾运动不断发展变化的。

二、人与社会的关系

个体是人存在的最基本形式，而人的存在和活动都具有社会性。因此，深刻地理解人生目的这样具有根本性的问题，就必须对人的个体性、社会性以及个人与社会的关系问题有一个科学的认识。

什么是个人呢？个人是人存在的最基本形式，个人与“人”的关系，是个别与一般的关系。任何一般不能脱离个别而单独存在，个别只有在与一般的联系中才能存在。人类个体千差万别，个体的特殊性、独立性使其成为个人，个人是在与他人的比较联系中才获得自己的确定性。因此，个人既具有独立性，又具有社会性，而且，他的独立性是以社会性为基础的。

个人的独立性使其在社会中成为独立主体。这种独立主体的规定性，首先表现为人的类特性在个体身上展现出个性化的特征，并且个人在历史上具有不可重复性。世界上没有两片相同的树叶，从古至今，完全一样的两个人也从未出现过。从理论上讲，生命科学发展到今天，人们已经具有了“复制”个体的能力，然而个体的“克隆”只具有生理学的意义，而绝不会同时又具有社会学意义。因为个人所处社会环境和生活的经历等是无法通过生物技术复制的。个人作为独立主体，还在于每一个个体都是一个完整的“自我”。他不仅与周围世界发生着具有个性色彩的联系，还能够在头脑中将“自我”对象化从而加以认识、评价，并形成独特和相对完整的主观世界、个体利益。个人作为独立主体的最基本原因在于个人的实践具有独特性和相对完整性。每个人的生活实践都是多方面的，个人生活实践的范围、方式和过程会带有个性化特征，因而也就使得他人不可能绝对重复。这种独特的个人实践，决定了个人主观世界和个体利益的独特性。

个人是独立的主体，这里的“独立”必须从相对的方面去理解，就是说个人的独立性是在其社会性的基础之上，并受社会性所制约的。真正地认识个人，必须把握个人所具有的社会性。关于人的社会性，同样可以从人的实践、主观世界和利益方面得到理解。每个人的实践，都是在一定的社会条件和与他人结成某种社会关系的基础上进行的，而且，实践的范围、方式及其特点，从根本上说，也都是由既定的社会历史条件所规定和制约的。个人的主观世界具有社会性，因为，每个人的思想观念均非天赋，而是在一定的社会环境中接受的和形成的。同样的道理，个人利益也具有社会性，正如马克思所说，“私人利益本身已经是社会所决定的利益，而且只有在社会所设定的条件下并使用社会所提供的手段才能达到。也就是说，私人利益是与这些条件和手段的再生产相联系的”。

每个人的生命历程都是独特而具体的，每个人又必须在社会群体中存在和发展。孤立的个人在现实中根本不存在。个人与社会息息相关、相互影响、相互制约，成为社会生活的基本关系，每一个人在自己的人生历程中，都面临着如何处理个人与社会关系的问题。

关于个人与社会间的关系问题，应该有一个辩证的理解。一方面，个人对于社会具有依赖性，个人的存在和发展要受到社会的制约，作为社会的一部分而存在。这种依赖性表现在：社会是人的生活环境，人不能离开这种环境，也不能随意摆脱自己的生活环境，人是这种环境的产物，正是这种环境在主要的和基本的方面决定了人的活动；离开社会性实践，离开社会的影响、教育，离开学习社会发展中积累下来的文化，就永远不可能成为现实的人，个人离开社会，不但不能发展，而且根本无法生存下去。个人必须生活在社会当中，并从社会中获得自身存在和发展的一切条件，即一个人的发展取决于和他直接或间接进行交换的其他一切人的发展。另一方面，我们也不应忽视个人对于社会的积极能动作用。制约着人的创造活动的社会本身是人的创造物。社会为个人的发展提供了基础和条件，同时又是人的实践活动的结果，人是社会实践的主体，人的发展即人的素质的提高必然推动社会的进步，个人的全面发展是社会进步的重要标志。个人并不是被动地由社会所决定，而是在能动地发挥作用，个人的能动性主要表现在：个人通过参加社会劳动创造一定的社会生产力，促进社会的前进；个人通过参加变革生产关系的实践，推动社会形态的发展；个人通过参与政治和精神生活，促进社会上层建筑的发展和变化，推动社会的进步。

人，不是抽象地存在的，人就是个人、就是群体、就是社会。如果把人的存在形式只看做是个人，从所谓“孤独的个人”出发，就会陷入错误的历史唯心主义的结论当中；如果认为人的存在形式只是社会，就会重蹈无视个人的覆辙，形成忽视个体人的价值观点。个人与社会之间具有相互依存、制约、促进的关系。个人的发展与社会的进步是一致的，单个人的存在和发展只有在社会中才是可能的。

三、人的本质自私论的认识误区

每个人都生活在一定的社会关系之中，每个人的思考和选择实际上都不可能离开现实的社会关系及发展而孤立存在，对于这样一个事实似乎没有人会在理性上给予否定。所以，马克思主义关于人的本质的经典论述在理论上亦被越来越多的人所接受和承认。然而，如何真正用马克思主义的这个理论来回答关于人性的困惑、解决现实生活中的利益冲突与矛盾，还有许多问题或者认识上的误区，例如，所谓“人在本质上是自私的”，就是这样一种似是而非的观念。为了深刻地把握人的本质，就应该对这个“流行”观念作一些理论的分析。

从根本上说，人的本质自私论的认识误区主要表现为三个方面。

第一，把人性中的自然属性误认为人的本质属性，同时混淆人与动物的根本界限。生命有机体的存在和延续构成人类活动的前提，人性中无疑地包含着自然的属性。问题的关键在于，人的自然属性总是在一定的社会关系中表现和实现的。饮食男女等生理方面的需要成为人性的组成部分，恰恰取决于人的社会性，所以不是人的自然属性而是人的社会属性成为人之所以为人的质的规定性，实际上，自然的生物本能必然要对人的生存和发展产生一定影响。但是，当一个生命有机体以人的方式存在和活动时，其生物本能在内涵、方式和目的等方面已经发生了性质的变化，即它们已经在与人性中其他因素的内在联系中成为人性的组成部分。人性自私论没有认识到社会性是人性中起主导和决定性作用的因素，片面地把人的自然属性看成了人的本质属性；把人的自然属性从人性中分离出来，使其变为动物本能，并将它们作为生活最后的和唯一的目的，实则使人沦为与禽兽为伍了。

第二，混淆了“个人利益”和“自私”两个不同意义的概念，这在逻辑上是不能成立的。当人以个体形式存在和活动时，个体实践决定了个人利益的独特性。个人既然要生存，就必需一定的生存条件，就有生活和发展的各种需要，将这些需要综合起来，就是个人利益，个人利益不等于自私。所谓自私，则是指一事当前只考虑自己、不管不顾他人甚至破坏他人利益的观念和行为，实际上这个概念表示的是对一个事物或现象的道德评价。显然，个人利益与自私自利并不具有必然的因果联系，个人利益的满足并不一定要表现为自私自利。个人利益人皆有之，因为每个人都要在一定条件下生存和发展。个人利益及其实现方式在实际生活当中有正当和不正当、高尚和卑下的差别，有的人高尚，其生命活动可歌可泣，有的人则卑劣，其思想和行为为人们所不齿，是因为具体的个人对利益有着不同的理解和在满足方式上有不同的选择，这种不同是由人们所处的社会关系的不同决定的。这恰恰说明不能把“个人利益”与“自私”混淆起来，不能因为每一个个体有独特的需要和利益就推导出人人都是自私的结论，个人利益及其实现是否表现为自私自利，取决于个人利益处于什么样的社会关系和现实条件之中。

第三，将自私作为对人性的一般性的概括，与历史事实不符。自私，无论就其作为一种观念、还是行为，都是人类社会特定历史阶段的产物，而不是像人性自私论者所说具有普遍、永恒的性质。人类社会发展至今已经有 300 多万年的历史，经历了原始社会、奴隶社会、封建社会、资本主义社会和社会主义社会等五种社会形态。我们知道，在这 300 多万年中 99.9%的时间里，人类处于原始社会。在原始社会中，生产资料属于公有，人们共同劳动，产品归集体所有，实行平均分配，没有阶级、剥削和压迫，当然思想意识和实践上也就没有什么“自私”的观念和行为。自私是伴随人类进入私有制社会而产生的现象。自私的观念是剥削阶级的思想意识。自私在私有制社会发展过程中，还曾经起到积极的作用，但是，即使在私有制条件下，在自私为主要思想和行为趋向的情况下，仍然还有众多的道德高尚的人们并不是怀着自私的动机去从事社会活动的。不可否认，由于历史的和现实的原因，在我们今天的社会中还有一部分人将自私看做自己全部生活的动力，如果因此就以为自私是人性的本质，显然是犯了以偏概全的错误，是违背历史真实面目的结论。这些人的观念实际上是我们的社会中残留的剥削阶级思想意识的反映，在社会主义初级阶段出现这样的思想意识，是不奇怪的。

第二节 人生目的

人生过程是一个自觉能动的过程，它的重要特征就是人生活动的目的指向性。

这种目的指向性的深层发问："人活着为什么"或"人为什么而活着"，则是人生目的所要回答的问题。从实然的角度，这个问题的回答是具体的、多样的；从应然的角度，则要倡导为人民服务的价值取向。对这个问题的不同回答，昭示着人生追求的不同动机，决定着人生发展的不同方向和人生价值的不同形态，是不同人生观的根本分野。

一、人生目的概述

作为人生观根本问题的人生目的，指的是人们在社会生活实践中关于活动或行为的对象性的自觉认识，并表现为活动或行为的自觉的对象性。人生观理论中关于人生目的的这一定义，有着深刻的科学含义。

第一，人生目的是人类所特有的精神现象。人区别于动物就在于人的活动是自觉的、有目的的，就是说，人在活动之前已经对活动的对象有一个自觉的认识，明确自己要做什么，并对活动或行为的结果有着预期的设想、设计，预知自己应当怎样去做。这种对行为活动对象性的自觉认识和自觉的对象性活动本身，是人类所特有的自觉的能动性。人的这种有目的、有意识的、能动的活动与自然界事物的自然变化和生物的本能活动有着本质的区别。在现实中，在社会历史领域内进行活动的，是具有意识的、经过思虑或凭激情行动的、追求某种目的的人；任何事情的发生都不是没有自觉的意图、没有预期的目的的。正是这种"自觉的意图"和"预期的目的"，使人获得了最大的自主性，并使人生及其过程具有了理性自觉的意义。

第二，人生目的是社会生活实践的产物。辩证唯物主义认为："不是人们的意识决定人们的存在，相反，是人们的社会存在决定人们的意识。"人生目的作为人类所特有的精神现象，既不是从客观外界拿来的，也不是从心灵内部主观自生的，而是社会生活实践的产物，是人们社会存在的反映。"皇宫中的人所想的和茅屋中的人所想的是不同的。"这充分表明，人们的生活实践不同，社会存在不同，必然形成不同的人生目的。抽象地说，无论人们提出目的还是实现目的，如果离开社会存在和生活实践，就会陷入唯心主义的胡思乱想或随心所欲。人们在社会生活实践中，面对客观世界，认识和预测着它，估计和把握着它，以它为前提和依据来规定自己的目的，并以自己的对象性活动能动地改造客观世界，实现自己的目的。不仅确立和发展自己与自然界的关系，在自然界打上自己意志和理智的印记，使自然"人化"，同时也确立和发展自己的社会关系，创造丰富多彩的社会生活，创造自己的历史。因此，对人的实践活动而言，目的并不是一种外在的东西，其本身就是实践活动的内在规定。正因为这样，人们的实践才成为一种有目的的活动，成为一种自觉的对象性的活动。

第三，人生目的是主体与客体相互作用过程中主观与客观、观念与现实的对立统一。人是人生目的的主体，目的的对象是客体。人为了达到某种目的所从事的实践活动，构成了人生目的的主体与客体的矛盾运动。目的作为实践活动的前提和起点，首先总是以主观观念的形式在主体的头脑中存在着，如设想、计划、方案等。但是这些设想、计划、方案等需要是客观的，但又是以意识的反映为中介的。所以对现存的客观现实必须从观念上加以提出，总要以外部客观现实为基本依据，总是表现出人们对某种外部现实对象的需要。这种改造，否定或扬弃它的自在的客观性，通过意识的再创造，在头脑中以主观观念的形式出现，这就是我们所说的设想、计划、方案等。所以，提出目的的过程，是由客观到主观，由现实到观念的过程。当这个过程完成以后，目的就成为实践的前提和起点。在实现目的的过程中，则是对目的的主观性的否定和扬弃的过程，这是由主观观念的形态向客观现实的形态转化的过程，即主观见之于客观的过程。这个过程的结果，就是目的否定或扬弃了自己在形式上的单纯的主观性、观念性，而达到了客观化、现实化，即目的的实现。人生目的的这种运动过程，体现了主体和客体相互作用的过程中主观与客观、观念与现实的辩证关系，体现了由客观到主观，又由观念到现实的发展过程。

第四，人们对人生目的的认识、理解和把握归根到底是受制于一定社会生产力发展水平以及相应的生产关系的。从生产力对人类认识能力的制约作用的层面看，在生产力极不发达的远古时代，人类不仅对自然、社会的认识是模糊不清的，对人自身的认识也是混沌的，因此，当时的人们不可能对人生目的进行理性的思考。随着人类社会的漫长演变与发展，随着社会生产力的不断提高，人类对人生目的认识和把握从无到有，从零星的、偶然的、片面的、肤浅的思考到逐渐具有整体的、必然的、全面的、深刻的思考，从被动变为主动，从盲目变为自觉。在人类发展的历史轨迹中，在历代思想家对人生目的探求的结论中，可以清楚地展示这一客观过程。而且，这是一个永无止境的过程，是与社会文明的推进同步的、不断深化、不断完善的过程。

从社会生产关系对人生目的的实现的意义上看，以生产资料所有制为特征的一定的社会制度对人生目的的实现具有直接的制约作用。在私有制为基础的社会制度下，人生目的的实现，充其量只是少数人的现实，大多数人的梦想。社会主义制度的建立，虽然还不可能使人生目的的实现具有完全的意义，但却为大多数人实现人生目的的理想奠定了坚实的基础，为人的全面发展开辟了广阔的前景。只有到人类理想的共产主义社会，实现人生目的的理想才能得到最充分、最完全的实现。

从以上两方面的分析可知，人们固然有目的地创造历史，但这种创造，只能是在直接碰到的、既定的、从过去继承下来的十分确定的前提和条件下创造的。“其中经济的前提和条件归根到底是决定性的。但是政治等的前提和条件，甚至那些存在于人们头脑中的传统，也起着一定的作用，虽然不是决定性的作用。”

人生目的既然是社会存在的反映，是人们社会生活实践的产物，归根结底又受制于一定的社会生产力水平及其相应的生产关系。那么，在阶级社会，由于人们的阶级归属不同，政治经济地位不同，生活经历和社会实践不同，人们的需要不同，受教育程度和认识能力不同，就会形成各种不同的人生目的类型。从人生目的的内容上来划分，有经济目的、政治目的、军事目的、文化目的、生活目的等；从人生目的的主体上来划分，有个人目的、阶级或集团目的、社会或国家目的等；从人生目的时间期限上来划分，有近期目的、中期目的、长远目的、最终目的等；从人生目的的对象性的范围和程度来划分，又可划分为具体目的和根本目的。具体目的是指人们进行某一项活动的目的。根本目的是指人生在世为什么活着这个总目的。人生观理论及其教育的任务，主要是研究人生的根本目的，从而指导人生的各项具体目的。人生的根本目的，又分为剥削阶级的人生目的和无产阶级的人生目的。

二、人生目的的表现形式

历史上不同的人生目的有多种多样的表现形式,但在现实生活中有较大影响的，主要有以下几种。

（一）宗教来世主义人生目的

宗教来世主义是历史上出现并且现在仍很流行的一种重要的人生观流派。宗教人生观视宗教为人生的根本指导，视宗教生活为人生的根本内容，以宗教信仰作为人生的根本支柱，并以为宗教服务作为人生的根本目的。宗教来世主义既带有浓厚的虚幻、神秘的色彩，又具有较系统的理论形态，而且有很强的现实性。对此岸世界和彼岸世界，对现实世界和理想世界的关系试图作一个完整的回答，结果却是一种歪曲的、颠倒的反映。

宗教来世主义的发展经历了自然宗教和人为宗教的过程，前者具有很强的自发性，后者则为系统的理论形态，基督教、佛教、伊斯兰教这世界三大宗教是影响最大的。

基督教人生观在西方社会有较深厚的影响，基督教的教义认为，由于人类的祖先犯了原罪，因而每个人都生而有罪，人自身不能摆脱罪恶，只有依靠拯救，人才能摆脱罪恶，在来世进入天堂。上帝愿意拯救谁，完全是由上帝的意志决定的，人的行为无法改变上帝的意志。人唯一能做的就是仁爱、信仰、希望。因此爱、信、望是人生的三条基本道德原则。从历史的角度，早期的基督教是以某种具体的神作为信仰的寄托的，这恰是与人类发展早期由于无从驾驭自身而借助某种象征勇敢、公正、强大的外力作为保护相联系的，基督教的后期发展逐渐把具体的神抽象为一种普遍的、超越现实的精神寄托，这恰是与商品经济、工业社会发展所出现的利益重新分配及纷争所引起的精神孤独相联系的。在这个意义上，基督教人生观，对于治疗现代社会的精神疾病不能不说有其特殊的意义。然而其本质上却是虚幻的、是不可能真正改变人们的人生状态的。

在我国，佛教是有较大影响的宗教之一。佛教的教义是四谛，即苦谛、集谛、灭谛、道谛。谛即真理的意思，四谛据说就是四条颠扑不破的真理。

苦谛，是对人间作的价值判断，指出人生一切皆苦。佛教认为人生即苦，一是从生到死的生命过程处处皆苦；二是人在生活过程中充满情感方面的痛苦；三是人的生理各方面都是受苦的。所以，人生即使有乐趣，也是极短暂的。人生有八苦：生、老、病、死、爱别离、怨憎会、求不得、失乐荣，可谓苦海无边。

集谛，指出苦的主要根源。佛教认为，人生痛苦的根源在于“无明”，即对佛教真理的无知，因而一心沉湎于物欲的追求，人的这种欲望导致了人生的痛苦。佛教指出引起人生痛苦的欲望主要有三点：爱情欲，即夫妇人伦之欲望；生存欲，即求生命之延存等欲望；繁荣欲，即对权利和资财的欲望。由于有这三种欲望，必然增强人的贪（婪）、嗔（仇恨和损害他人的心理）、痴（无知、愚昧）三种基本烦恼（即三毒）。

灭谛、道谛，指出了解脱痛苦的办法和努力方向。于是，佛教为人们虚构了一个理想的境界——涅槃，是给人们死后进入佛国的许诺。为了达到进入西天极乐世界的目的，佛教给人们指出了一条途径，即通过精神上的自我净化，自我修行，克服和消除痛苦的根源。这就是佛教提倡的“八正道”。八正道表明，凡是符合佛教教义和戒规的意念、言论和行为，就是正当的、善的；反之，就是错误的、恶的。

总之，一切宗教都将世界二重化，即把世界分裂为神的世界和人的世界，理想世界和现实世界，彼岸世界和此岸世界，一切宗教都极力肯定神的世界、理想世界和彼岸世界，而对后者予以否定。显然，这种人生观带有很强的虚幻性，对现实人生表现出某种消极的逃避意义，是对现实人生的一种虚幻、歪曲的反映。但在某种意义上，它也具有规范人生的道德价值。

（二）享乐主义的人生目的

这种人生目的完全是从人的自然本性出发，把人生看成是人的生理本能需要，认为人活着就在于追求个人的物质生活享受。中国魏晋时代流传的《列子·杨朱》篇中说“十年亦死，百年亦死；仁圣亦死，凶愚亦死”，死后都是一堆腐骨，并无什么好坏贤愚之分。人生在世就是“为美厚尔，为声色尔”。这就是说，人生就是为了吃得好、穿得好、玩得好，享受口腹耳目的快乐。在欧洲，从文艺复兴时期的人文主义，到近代资产阶级的各种思潮，都把追求个人享乐作为人生目的。把“不能为了别人而牺牲自己的享乐”作为人生的原则。他们认为，没有一个学者会无私地爱好真理，每个人都将真理看成是走向荣誉的道路，把荣誉看做获得金钱的道路，而把金钱看做是获得生理快乐感觉的手段。虽然资产阶级在上升时期的享乐主义，对于反对封建禁欲主义具有一定进步作用。但是，享乐主义的实质是资产阶级利己主义和纵欲主义。他们骄奢淫逸、纸醉金迷的享乐生活，是建立在对广大劳动人民的剥削和压迫的基础之上的。

（三）实用主义的人生目的

这种人生目的把追求“有用”、“方便”作为最根本的人生要义。实用主义的典型代表詹姆斯说：“满足我们双倍需要的，这便是真的。”在詹姆斯看来，世界就是上帝安排的大赌场，是一个投机冒险的乐园；人生无须认识客观规律，无须寻求行为的意义，只需依靠侥幸，依靠个人的冒险去求得成功。在中国，胡适及其追随者为了适应官僚资产阶级的需要，极力推崇詹姆斯实用主义人生哲学。他在《人生有何意义》一文中说："人生的意义全是各人写出来的，造出来的。"人的生命不过是一个生物学上的体现，一个人与一只猫、一只狗没有什么区别，生命的意义只有生存、适应，其目的和价值只在于"实用"，完全否定和抹杀了人的生命的创造意义。

（四）功利主义的人生目的

功利主义人生目的的基本特征是，把人生的快乐、幸福、道德等建立在是否给人带来实际的利益和效果上，把功利性作为人生的基本价值判断和追求。

在中国，功利主义人生目的是以功利主义道德论为基础和主要表征的，与西方相比，功利主义在中国并不是一种主流性的人生观，但作为一种非主流的理论形态却是客观存在的。中国的功利主义人生目的体现在功利主义道德论的思想中，在历史上有较大影响的代表人物主要是春秋战国时期的墨子及南宋时期的陈亮。墨子指出"兴天下之利，除天下之害"作为自己学说的宗旨，并以"兼相爱，交相利"作为实现这一宗旨的基本原则。在墨子看来，人与人之间的利害关系，遵循着对等互报的原则：爱人者，人必从而爱之；利人者，人必从而利之。恶人者，人必从而恶之；害人者，人必从而害之。所以，人各自爱、各自利就必然导致彼此交恶，反之，人能兼爱，视人如己，就可彼此相利。可见，墨子把"兼相爱"与"交相利"并提，体现了重视功利的特点。而且，他所讲的利主要是讲利人、利天下，但也不排斥个人之利，而这种个人利益可以通过"兼相爱"、"交相利"而得到保障。

在志功问题上，先秦儒家的代表孟子也讲志功，但认为志比功更为重要。西汉董仲舒提出"正其谊，不谋其利；明其道，不计其功"，为正宗儒学定下了处理志功关系的基本原则。墨子注重功效，但不忽视动机，主张志功结合，认为，同是一种行为，可以出自不同的动机。因此，要对其作出道德判断，不能只根据效果，应"合其志功而观焉"。后期墨家更进一步发挥了重视功利的传统，强调道德的爱他性和利他性，把爱、利结合起来，反对有爱而无利，提出了"义，利也"的命题。

中国南宋思想家陈亮，亦是功利主义道德论的代表之一，他反对朱熹把理与欲、义与利对立起来，脱离事功，专讲"居敬穷理"的道德修养论，肯定道德和事功不可分割，强调功利在道德评价中的重要性，认为观"心"，即动机固然重要，但更重要的是看"迹"，即效果，"心"通过"迹"来表现，没有"迹"就无以利"心"。在道德价值的最后标准问题上，陈亮主张应以"实事实功"，即取得实际功效为依据。以功业、成就为标准。但陈亮并不是"以成败论是非"的效果论者，并不忽视动机的作用，只是其"功到成处，便是有德"的义利观，突出了功利的价值倾向。

在西方，功利主义人生观有较深厚的思想基础和理论渊源。在历史上有较大影响的是以边沁、密尔为代表的古典功利主义与以行为功利主义、规则功利主义为代表的新功利主义。

以 J.边沁和 J.S.密尔为代表的西方古典功利主义理论产生于 18 世纪末 19 世纪初的英国，功利主义道德论的基本原则是最大快乐原则。认为追求快乐是人的天性，因此，道德是非的判断标准就在于人的苦乐感觉，给人带来快乐，给越多的人带来越大的快乐。正是在这个原则下，功利主义思想家对人类的道德行为进行了量的确定，并具体提出了快乐量的计算方法。密尔一方面继承了边沁的功利主义原则，“承认功利为道德基础的信条，换言之，即最大幸福主义，主张行为的‘是’与它增进幸福的倾向为比例；行为的‘非’与它产生不幸福的倾向为比例。幸福是指快乐与免除痛苦，不幸福是指痛苦和丧失掉快乐”。另一方面，他进一步发展了快乐论的思想，即他不仅承认快乐有量的差别，而且，强调快乐有质的差别，并把人的快乐区分为高级的精神快乐和低级的肉体快乐。密尔还力图从人的利己天性出发，引申出利他主义的最大幸福原则，其中，他对人“想要的”和“应该的”，人的“欲求”与“社会感情”等区别的分析，确实对个人利益与公共利益的关系作了较为深刻的探讨。但是，由于功利主义是以感觉论、经验哲学为基础的，他们所说的“人”在本质上是感性的自然人。依功利主义者的解释，自然本性是人生目的的唯一基础，人的社会性虽然也影响人的行为，但只影响人的行为方式，从根本上回避了人的社会本质，这就使其学说具有明显的不彻底性。实际上，在真实的社会生活中，人们的利益要求及其满足总是与人的社会地位相联系的，不同的人从属于不同的利益集团，对道德也就有不同的理解。因此，以抽象化的“人”作为道德的目的，必然使道德蒙上虚伪的面纱。

进入 20 世纪以后，由于功利主义不适应现代科学的发展和社会急剧的变化，逐渐走向衰落，取而代之的是以逻辑语言分析为基本方法的元伦理学。20 世纪中后期，元伦理学的局限性日益明显的暴露，一些伦理学家在重新发掘功利主义这一传统理论的同时，运用现代哲学研究的方法对其进行重新整理，形成了新的功利主义规范伦理学，其中，“行为功利主义”和“规则功利主义”的影响较大。

以澳大利亚的斯马特为代表的行为功利主义（act utilitarianism），其基本主张是：“行为的道德价值（善与恶、正当与不正当）必须根据其最后的实际效果来评价，道德判断应该是以具体境况下的个人行为之经验效果为标准，而不是以它是否符合某种道德准则为标准。”行为功利主义是这样一种观点，它认为——行为的正当性或不当性仅依赖于其结果的总体善性或恶性即依赖于该行为对所有人类（或许是所有有感觉能力的存在）的福利之影响效果。

以美国布兰特等为代表的“规则功利主义”（rule utilitarianism）强调，人类行为是具有某种共同特性和共同规定的行为，因此道德判断不应以某一特殊行为的功利结构为标准，应以它与某相关的共同准则之一致性及其功利效果来判断。在规则功利主义的阵营中，罗尔斯可谓其杰出的代表。罗尔斯提出的正义论原则，作为一种规范原则，与以往功利主义相比，有三个本质差异：其一，它确信正义原则在社会制度和道德生活中的优先地位或首要价值，而不是以在缺乏合理选择基础的情况下设定的“最大限度的满足”原则为最高原则。其二，它反对把个人的选择原则扩充到社会，主张以人们进入契约关系后的合理选择和原初平等为基础而确立起来的正义原则，作为社会选择原则。其三，强调正义优于功利，在目的论与义务论相对立的意义上，作为公平之正义倾向于义务论。

从总体上看，中国历史上的功利主义道德论有几个共同点：其一，它不属于主流性的思想，因而在不同的历史阶段，无论是先秦的墨家，还是南宋的陈亮，他们都处于与正统思想对立的关系上。其二，他们所主张的功利论，并不是以纯粹个人的私利为基础，并不简单地扬利贬义，而基本上是主张贵义尚利，强调利人、利社会的社会功利主义。其三，由于功利主义是作为与“正统”对立的思想，“独尊儒术”的强势与封建社会的专横，使其没有得到应有的挖掘与重视，甚至在视其与儒学对立的立场上曲解了它所包含的一些合理因素。

西方功利主义作为西方文化传统的主流思想不仅具有较完备的理论体系，而且对西方社会的历史与现实产生了较深刻的影响。如果说，以最大的快乐为原则的古典功利论，在强调以个人感受性为基础的功效原则时，试图在理论上解决由此而带来的个人利益与公共利益的矛盾而未能实现的话，新功利主义，尤其是罗尔斯为代表的规则功利主义，则在某种意义上解决了这个问题，这对于自由资本主义经济条件下，人生发展的选择无疑提供了具有独到价值的社会原则。我们必须坚持用唯物的、辩证的、历史的观点对待功利主义，挖掘其注重人类行为的效益性及根据社会公正原则调节个人利益与社会利益的合理因素，同时又要反对将人类行为及其评价表面化、利益化、庸俗化的倾向。

第五，存在主义的人生目的。这是现代资产阶级人生理论最有影响的流派之一。它的主要代表人物是法国的萨特。“存在先于本质”是它的首要命题。萨特认为，现实的人的自然实质及其社会本质都不是人的真实存在，只有根本不依赖客观条件的个人主观意识才是人的存在。显然这是一种主观唯心主义。从这一根本原则出发，存在主义认为人可以“自由选择自己的本质”，既无客观根据，又无道德规范，完全是随心所欲的“自由选择”，并且认为个人的自由必然要排斥他人的自由，一个人只有完全无视他人时，才是完全自由的。同时，存在主义还有一个命题——“他人即地狱”，认为人与人的关系没有友爱可言，只有冷漠、互相监视、互相争斗的关系，认为“人生是悲剧”，只有孤注一掷，“冒险地活下去”。存在主义人生目的反映了当代西方资产阶级精神生活上不可克服的危机。

综观各种各样旧的人生目的，虽然形式不同，但都有一个共同的本质，就是自私自利、个人主义。这种人生目的颠倒了个人与社会的关系，是以私有制为其现实经济基础的。“人不为己，天诛地灭”，就是这种人生目的的概括。追求享乐，不是为了人类的享乐，而是追求个人或少数人的享乐；追求有用和方便，不是为了整个人类的有用和方便，而是为了少数人和个人的有用和方便；追求权力，不是为了广大人民群众谋利益，而是追求个人或少数人谋取私利的权力。可见，不论是宗教来世主义人生目的、享乐主义人生目的、实用主义人生目的，还是功利主义人生目的、存在主义的人生目的，都是自私自利的个人主义人生目的的不同表现而已。因此，这种错误的人生目的论，实质上就是一种错误的人生观。在现实生活中，只能导致人生追求的误区，使人生失去意义和价值。

三、为人民服务的人生目的的科学性

与历史上旧的人生目的相反，我们在今天把为人民服务作为人生的根本目的，我国现在正处在社会主义的初级阶段，处在全面建设小康社会的历史发展时期，经济上实行公有制为主体、多种所有制经济共同发展的社会主义市场经济制度，根本目的在于在现代化基础上实现人民的共同前进和共同发展，中共中央在《关于加强社会主义精神文明建设若干重大问题的决议》中将为人民服务作为社会主义道德建设的核心。这不仅反映了现阶段中国特色社会主义建设的客观要求，而且历史证明了这种要求是最具生命力的科学理性。

确立以为人民服务为基础的人生目的，必须以马克思主义关于人的本质理论和以人为本的理论为指导，正确认识个人和社会的关系，其主要内容和要求有以下三点：其一，站在人民的立场上立身处世。为什么人的问题，是一个根本问题、原则问题、立场问题。为人民服务的人生观，在这个问题上的要求是，站在人民的立场上观察和处理人生的大是大非问题，并以此作为立身处世的根本原则。其二，以人民的利益为言行的宗旨。人为什么活着的问题，即人生目的或宗旨，是人生观的核心问题。为人民服务的人生观，把为人民利益作为一切言论和行动的宗旨。这就从根本上揭示了科学人生观与资产阶级人生观的原则区别，指明了人生目的的出发点和归宿。以人民的利益为言行的宗旨，要求做到，一切言行都要从人民的利益出发，要划清个人利益与自私自利的界限，要正确处理个人利益与人民利益的关系。其三，尊重人民群众的主人翁地位。个人与人民群众的关系问题，是人生观的基本问题。为人民服务的人生观在这个基本问题上明确回答：人民是主人，而我们每一个个人都是人民的勤务员，是人民的公仆。尊重人民群众的主人翁地位，要求做到：热爱人民，与人民群众建立深厚的感情；服务人民，甘为人民的勤务员；关心人民，为人民群众谋利益；相信人民，支持群众的首创精神；尊重人民，虚心向人民群众学习；依靠人民，坚持走群众路线。

以为人民服务为基础的人生目的，之所以是正确的，主要有以下缘由：

第一，为人民服务的人生目的，是以唯物史观为其理论基础的。唯物史观认为，“人民，只有人民，才是创造世界历史的真正动力”。人民群众创造历史的决定作用，全面地体现在社会生活的各个方面，不仅是社会物质财富和精神财富的创造者，而且是变革社会的决定力量。因此，坚持为人民服务，就是尊重人民群众的历史主体地位，就是坚持了唯物史观的基本原理，是科学世界观在人生目的上的必然要求。真正有意义有价值的人生必须是在正确世界观的指导下能顺乎历史发展规律并推动历史的人生。为人民服务实质上就是我们直接推动历史、做历史创造者的具体途径，故为人民服务就是个体生命活动合乎历史需要，创造有价值人生的动力。

第二，为人民服务是现实社会经济基础的根本要求。社会主义的经济基础是以公有制为主体，多种所有制并存的经济体制。这从根本上保证了广大人民群众成为社会生产资料的共同占有者，社会整体利益本质上就是广大人民群众的共同利益。因此，对社会整体利益的增进与保护也就是对广大人民群众利益的增进与保护。为人民服务正是这种内在关系的高度概括。服务大众、服务人民既是由社会经济基础所决定的，反过来也是社会经济基础得以巩固和完善的保证。所以，为人民服务的人生目的，反映了广大人民群众的根本利益和我们社会的整体利益，从根本上清除了私有制下人生目的的自私性、狭隘性，保证了我们人生追求与发展的大方向的正确性。

第三，为人民服务也是人生发展的内在必然。按照马克思主义的观点，人的生命摆脱了动物生命活动的自我直接性，成为意识的对象，成为类的存在物，"人的本质，在其现实性上是一切社会关系的总和"。人是一种向着社会的存在。社会性使得人的生命意义有了更广泛的领域，而且人的生命意义就在于其广阔的社会空间，在于个体与社会、与他人的交流之中。使个体人生融入社会之中，这样的人生才是完整的。因此，作为一种向着社会的存在，人生目的也应当是向着社会的、为着人民的。早在青年时期，马克思就有了这种为社会为人类而生活奋斗的人生目的，"如果我们选择了最能为人类福利而劳动的职业，那么重担就不能把我们压倒，因为这是为大家而献身，那时我们所感到的就不是可怜的有限的乐趣，我们的幸福将属于千百万人，我们的事业将默默地，但是永恒的发挥作用地存在下去"。事实上，马克思后来毕生所从事的就是一项"为大家而献身"的"最能为人类福利而劳动的事业"。

其实，向着社会为着人民的人生目的是人生的一种升华。无论如何，人的自然生命是极有限的，而如果人生已经被融进了人类的一种共同事业，那么，这种人生就克服了自然生命的有限性而成为无限。因此，在成百上千种情形下，纯个人希望的破灭将是无法避免的。然而，如果个人的目标成为人类伟大希望的一部分时，那么这种个人希望就不会破灭。因此，应当像雷锋所说的那样，"把有限的生命，投入到无限的'为人民服务'之中去"。

自党的十一届三中全会和改革开放以来，我国社会进入了建设中国特色社会主义的新的历史时期。在社会主义市场经济体制下，为人民服务的基础是否还存在？我们的回答是肯定的。

首先，为人民服务的人生目的与社会主义市场经济有着内在的必然联系。

从市场经济的性质来说，我们搞的是社会主义市场经济，社会主义的根本目的就是为人民谋利益，因此，二者在根本上是一致的。也就是说，市场经济的社会主义性质是为人民服务的坚实的社会基础。就市场经济本身而言，早在西方市场经济上升发展时期，康德突破了神权和王权的人生目的论，明确宣布，“把人当做一个目的看待”。也就是说，不能只把人当成工具，而是当做服务的对象。可见，人是目的与市场经济是历史地内在联系的。我们当前搞市场经济建设，提倡服务人民，既是一种内在必然，也是一种客观需要。因此，社会主义市场经济与为人民服务具有内在的必然联系。

市场经济也是一种服务经济。一般来说，为社会提供物美价廉的商品和优质的服务，是商品生产者和经营者获得利润的前提。所谓市场交换，就是人们在市场上进行商品买卖，商品作为价值与使用价值的矛盾统一体，商品生产者或经营者，为了追求利润，而提供的优质商品和服务，反映了市场经济条件下，社会利益与个人利益的一致性，这种一致性，在不同社会制度下或同一社会的不同发展阶段，其表现形式和实现过程是不同的。社会主义市场经济建设提倡公平竞争、反对假冒伪劣，保护消费者利益，本质上乃是为人民服务的具体实现方式，就是坚持了个人利益与他人利益、与社会利益的有机统一。

其次，在新的历史时期，树立为人民服务的人生目的有其新的历史内涵。

第一，今天我们提倡为人民服务具有双向性和更大的广泛性。今天所提倡的为人民服务，其对象比过去的理解要广泛得多，既包括社会全体成员，也包括进行“为人民服务”活动的行为者本人在内。增进全体社会成员的幸福当然也包括劳动者自己。只要每一个成员都能充分发挥自己的潜质，提高自己的素质，追求有益于社会的事业，社会就能得到最大的效益，最快的进步。《共产党宣言》中对未来理想社会的描绘是“每个人的自由发展是一切人的自由发展的条件”。

第二，为人民服务的含义就是全社会成员的自我服务，即群众之间的相互服务，其实质是平等互助，它是目的手段相统一。在此以前，目的与手段常常是分离的。私有制条件下，少数人成为目的，大多数人成了手段；计划经济体制下则片面强调多数与整体是目的，个体则成了手段；今天，我们则强调，人既是目的又是手段，既是服务者又是服务对象，人人都是服务对象，人人又都为他人服务，目的与手段应当取得内在统一。

第三，为人民服务有其内在多层次性。在社会主义初级阶段，对于不同利益主体和不同觉悟程度的人们，为人民服务的要求不可能是完全一样的，而应该有着不同的层次区别。对于共产党员和有觉悟的先进分子来说，奉行的价值标准是全心全意为人民服务、大公无私，在通常的情况下自觉地为人民、为社会、为他人多作贡献，自己的正当利益也得到保障；在必要时，为了国家和集体利益，为了人民大众的利益，自愿牺牲自己的利益甚至生命。与此同时，应当肯定，每一个普通劳动者只要是诚实劳动，不损公肥私，不损人利己，不坑蒙拐骗，有偿服务也是为人民服务。

四、确立为人民服务的人生目的

确立为人民服务的人生目的，是每个青年人的正确选择。现实为我们实现这一人生目的创造了良好的客观条件，重要的是需要我们的主观努力。

首先，掌握过硬的为人民服务的本领，刻苦学习科学文化知识。科学文化知识作为前人经验的总结和人类实践的文明成果，不仅是人类不断深化和改造世界的巨大力量，而且是引导人生到达光明和真理境界的阶梯。在现代社会，“知识就是力量”、“科学技术是第一生产力”，比以往任何时候都更加深入人心。21 世纪是知识经济的时代，国家要富强，必须重视知识，尊重人才，实施科教兴国战略；个人要发展，也必须不断地用科学文化知识来充实和武装自己，“只有了解人类创造的一切财富以丰富自己的头脑，才能成为共产主义者”。一个知识贫乏或愚昧无知的人，无法掌握自然和社会发展的规律，就谈不上树立科学的为人民服务的人生观，纵然有为人民服务的良好愿望，也不能完全地实现为人民服务的人生目的。因此，掌握科学文化知识，不仅是树立为人民服务的人生目的的重要基础，而且是实现为人民服务的人生目的的真正本领。一切有志气、有作为的青年大学生，都应当刻苦学习科学文化知识，既以丰富的科学文化知识武装头脑，启迪思想，陶冶情操，充实精神生活，端正为人民服务的人生目的，又以丰富的科学文化知识为我们国家的富强，人民的富裕和人类社会的文明进步作出自己的最大贡献。

其次，作出正确的职业选择，在工作中最大限度地发挥自己的聪明才智。为人民服务不应该是一句空话，应该体现在我们的行动与实践之中。为人民服务的最重要途径莫过于在我们的工作岗位上、在我们的职业生活中为我们的服务对象提供最佳服务。当然，这里所讲的服务既包括提供劳务服务，也包括提供物质产品满足消费者需要，还包括创造优秀的文化与精神产品满足人们的精神文化生活需要。

职业选择，过去较多地强调服从社会需要，今天看来，应该辩证地认识和对待。服从社会需要毫无疑问是第一位的，因为在社会主义初级阶段有两种矛盾的情形，一方面，客观上社会条件不容许每一个人都能自由选择职业；另一方面，社会也存在着一些艰苦的职业，需要有志青年去从事。对于第一种情况，只能在社会不断发展、完善的过程中才能逐步解决。很显然，真正体现为人民服务的是选择社会所需要的职业。但是，假如条件许可，我们能选择充分展示个人特长的工作，又何尝不能更好地为人民服务呢？

再次，应该把为人民服务的人生目的，当做一种自觉的人生要求，即是一种高尚的道德理性。它表明为人民服务的内涵更多的是超越市场交换的范围，表现为一种非功利性和超功利的人生行为，是更高人生境界的追求。人是精神性存在，人总得有点精神，这就是牺牲精神、奉献精神，一个人能做到无论任何条件下，无论什么时候都能自觉为人民服务，急他人所急，想他人所想，这样，在他的职业生活甚至商品活动中也就能恒久如一地奉行职业道德。所以，市场经济下为人民服务自有超出市场经济的内涵，而这恰恰是市场经济健康发展所不可忽视的道德理性精神。

五、实现为人民服务的人生目的的方法和途径

确立为人民服务的人生目的，不仅是观念问题，更重要的是实践问题。要实现为人民服务的人生目的，关键是身体力行落在实处。

首先，要努力学习马克思列宁主义、毛泽东思想和邓小平理论，学习“三个代表”重要思想和科学发展观。树立科学的世界观、人生观和价值观。认清当前我国社会改革的大环境和全面建设小康社会的发展目标，把个人的人生放在社会发展的大棋盘上去合理安排，能正确地看待和处理生活道路上的各种人生课题，使自己为人民服务的人生目的更加明确。

其次，要刻苦学习科学文化知识和技能，造就为人民服务的过硬本领。当今的时代，科技革命和知识经济大潮推动着社会飞速发展。科学发展、增强综合国力是民族振兴、国家强盛的当务之急，是广大人民群众的强烈愿望。青年大学生肩负着建设有中国特色社会主义的伟大使命，民族腾飞、祖国富强、人民幸福的希望都寄托在他们身上。努力学习文化科学知识，造就过硬的本领，为国家建设作出贡献，是历史赋予的责任和义务，也是党和人民的殷切期望，更是实践为人民服务的人生目的的必由之路。

再次，要牢记人民的哺育之恩，增强热爱人民的情感。人民群众是社会财富的创造者，为大学生提供了生活资料，为学习成长提供了各种条件，每个大学生的成长过程都浸透了人民的辛勤汗水。要牢记他们的恩德，确立报效人民、报效国家的志愿，把学到的知识和本领，当做更好地为人民服务的条件，绝不能当成向人民讨价还价的砝码。

第三节 以社会主义核心价值观引领时代潮流

建设社会主义核心价值体系，能够增强社会主义意识形态的吸引力和凝聚力。胡锦涛同志在十七大报告中指出：“社会主义核心价值体系是社会主义意识形态的本质体现。”它是社会主义思想道德建设的指导方针，是激励全民族奋发向上的精神力量和维系全民族团结奋斗的精神纽带。当代大学生是十分宝贵的人才资源，是民族的希望，是祖国的未来。近年来，随着我国高等教育由精英教育向大众教育的转化，大学生数量的急剧增加，作为今后社会主义现代化建设主体的大学生，如果仅仅具有过硬的业务素质，而没有健康向上的世界观、价值观作指导，势必影响他们的健

康成长。中共中央、国务院在《关于进一步加强和改进大学生思想政治教育的意见》中指出："加强和改进大学生思想政治教育，提高他们的思想政治素质，把他们培养成中国特色社会主义事业的建设者和接班人，对全面实施科教兴国战略和人才强国战略，确保我国在激烈的国际竞争中始终立于不败之地，确保实现全面建设小康社会、加快推进社会主义现代化的宏伟目标，确保中国特色社会主义事业兴旺发达、后继有人，具有重大而深远的战略意义。"因此，加强大学生社会主义核心价值体系教育，用社会主义核心价值体系指导大学生思想政治教育，对培养他们树立正确的世界观和人生观，提高思想政治素质，促进其健康成长，具有重要而深远的意义。

一、社会主义核心价值体系的定义

任何社会都有自己的核心价值体系,社会核心价值体系是社会意识的本质体现。社会主义核心价值体系涉及经济、政治、文化、思想等社会生活的方方面面，集中体现了社会主义意识形态的性质和方向，是大学生人生观形成的思想理论基础，是激励全民族奋发向上的精神力量和维系全民族团结和睦的精神纽带。社会主义核心价值体系，适应了社会主义市场经济发展的要求，适应了社会主义先进文化建设的要求，适应了现阶段社会主义思想道德建设的要求，对于团结、引领全体社会成员在思想上、道德上共同进步，具有不可替代的重要作用。

二、社会主义核心价值体系的内涵

社会主义核心价值体系的主要内容是关于社会生活和社会实践的意义问题的根本观点，对人的具体价值观念、情感、意志、欲望和创造价值活动具有直接影响。由于现实生活中利益关系的复杂性，以及利益主体的价值追求的不同，人们的价值观必然地呈现出多元性、多层次性的特征。其中，社会核心价值体系居于主导地位，它反映了社会基本经济制度、政治制度和社会整体利益的根本要求，是社会主流意识形态的本质体现。它对各种各样的价值观进行统摄与整合的作用，因而具有复杂的结构和作用机理。社会主义核心价值体系是社会主义意识形态的本质体现，其主要内容包括以下几个方面：

第一，坚持马克思主义的指导思想。马克思主义是我们立党立国的根本指导思想，是一个十分完整而严密的理论体系，是科学的世界观和方法论。只有用马克思主义的立场、观点、方法来正确认识社会发展大势，正确认识社会思想意识中的主流和支流，才能在错综复杂的社会现象中看清本质，明确方向。加强大学生思想政治教育，首先，必须以马克思主义为指导，坚持不懈地用马克思主义中国化最新成果武装高校的思想文化。马克思主义中国化理论体系包括毛泽东思想、邓小平理论、"三个代表"重要思想以及科学发展观和构建社会主义和谐社会等重大战略思想。这个理论体系，是凝聚和团结全国人民进行社会主义现代化建设的思想基础，为大学生思想政治教育提供了最重要、最根本的保证。

第二，确立中国特色社会主义的共同理想是社会主义核心价值体系的主题。理想是一个国家和民族奋力前进的向导。一个国家、一个民族，如果没有共同的理想和信念，就等于没有精神支柱，就会失去凝聚力。理想决定行动，有共同的理想，才能有共同的步调。共同的理想和追求，共同的文化和情感，是中华民族历经磨难而生生不息的强大精神支柱。在中国共产党的领导下，走中国特色社会主义道路，实现中华民族的伟大复兴，这就是现阶段我国各族人民的共同理想。这个共同理想，集中代表了我国工人、农民、知识分子和其他劳动者、建设者、爱国者的利益和愿望，具有很强的广泛性和包容性。以中国特色社会主义共同理想作为高校大学生思想政治教育的核心内容，是社会主义核心价值观在大学生思想政治教育中的具体化。当代大学生的思想复杂多变，是多层次、多结构的。他们有时沉默，有时激昂；有时迷茫，有时清醒；有时沉沦，有时奋进。这种思想的时起时落，体现出巨大的可塑性。因此，在他们成长的关键时期，对他们进行社会主义共同理想教育，其意义是深远的。

第三，弘扬以爱国主义为核心的民族精神和以改革创新为核心的时代精神。民族精神是一个民族赖以生存和发展的精神支柱，是在长期共同社会实践中形成的民族意识、民族心理、民族品格、民族气质的综合，是民族文化最本质、最集中的体现。时代精神是指符合历史发展方向、引领时代进步潮流的精神。在数千年的中华民族发展史中，无数仁人志士身上体现出来的热爱祖国、忧国忧民的情怀，艰苦奋斗、自强不息的精神，勇于创新、追求真理的勇气，都是中华民族精神和时代精神的具体体现。民族精神和时代精神相互交融，深深熔铸在民族的生命力、创造力和凝聚力之中，共同构成中华民族自立自强的精神品质，成为推动中华民族复兴的精神动力。对大学生进行民族精神教育，能激发他们的爱国热情，鼓舞他们奋发向上的斗志，培养他们的民族自尊心和自信心。用以改革创新为核心的时代精神教育学生，能培养他们的开拓创新意识，奋勇争先的精神。这些精神在当今全面建设小康社会、加快社会主义现代化建设中是必不可少的。

第四，社会主义荣辱观是社会主义核心价值体系的基础。荣辱观是世界观、人生观、价值观的重要内容，是人们对荣誉和耻辱的根本看法和态度，是人们思想道德素质高低的试金石，是评价一个人思想道德素质高低的重要标准。胡锦涛总书记于 2006 年 3 月 4 日在一次讲话中指出："在我们的社会里，要引导广大干部群众特别是青少年树立社会主义荣辱观，坚持以热爱祖国为荣、以危害祖国为耻，以为人民服务为荣、以背离人民为耻，以崇尚科学为荣、以愚昧无知为耻，以辛勤劳动为荣、以好逸恶劳为耻，以团结互助为荣、以损人利己为耻，以诚实守信为荣、以见利忘义为耻，以遵纪守法为荣、以违法乱纪为耻，以艰苦奋斗为荣、以骄奢淫逸为耻。"以"八荣八耻"为主要内容的社会主义荣辱观，是对马克思主义道德观的精辟概括，是对新时期社会主义道德观的总结。既继承了中华民族的传统美德，又概括了社会主义思想道德建设的新鲜经验，集中体现了改革开放以来形成的时代精神和时代风尚，为我国公民道德建设树起了新的标杆。在新的形势下，对大学生进行荣辱观教育，能使他们分清是非荣辱、明辨善恶美丑，形成正确的价值判断，养成良好的道德品质，从而健康地成长。

社会主义核心价值体系是引领当代大学生成长成才的根本指针，为当代大学生加强自身修养、锤炼道德品质、成长为全面发展的社会主义事业的合格建设者和可靠接班人指明了努力方向，提供了发展动力，明确了基本途径，是大学生思想政治教育创新的根本指针。

三、加强大学生社会主义核心价值体系教育的意义

正确地运用社会主义核心价值体系这一思想武器，解决大学生在面临改革开放、建设社会主义市场经济、全球经济一体化、构建社会主义和谐社会的大背景下，在思想、观念、行为、生存方式等方面出现和存在的各类问题，是高校思想政治教育应对时代挑战的一个不容回避的课题。我们要紧密联系当代大学生的思想实际，要体现时代性、实效性和针对性。

第一，转型期的我国国情对大学生价值观的挑战使得各种社会矛盾凸现，利益多元化、思想多元化、多种社会思潮涌动、多种价值观出现、多种信仰并存。大学生原有的价值观和道德标准受到了质疑和挑战，加之社会上存在的分配不公、官员腐败、贫富差距等负面现象，使一些学生在思想问题上出现了困惑、迷茫，导致是非不明、荣辱不分和理想信念的缺失。例如，有些学生不相信马克思主义而受各种社会思潮影响，相信西方的社会学说、政治学说；有些学生淡化了理想信念，信奉金钱至上的拜金主义和享乐主义；有些学生认为国有企业已经受到严重削弱，国有资产大量流失，社会主义经济基础已经不牢固；有些学生认为社会上贫富差距已经很悬殊，两极分化已经很严重，思想政治理论课中讲的走共同富裕之路只是一句空话等。针对这些思想和问题，在确定思想政治教育内容时，我们必须紧紧抓住理想信念教育这个核心，要解决好人们的精神支柱问题，用社会主义核心价值体系和科学发展观的理论武装大学生的头脑，坚定中国特色社会主义的共同理想信念，要使他们在对待有关政治原则和政治方向的问题时，做到头脑清醒，是非分明，立场坚定。

第二，要将社会主义核心价值体系的学习、把握与解答现实中提出的重大问题结合起来。例如，在高校中部分大学生因对现实中的一些重大问题不能正确理解和认识，从而对社会主义、对党信心不足，缺乏正确的世界观和人生价值观。一些来自“左”和“右”的错误思想对大学生价值观形成误导。“左”的思想对大学生的危害主要表现为对中国特色社会主义事业、对改革开放政策的怀疑和否定。有的学生

认为中国目前的改革开放是“挂羊头卖狗肉”，是“打左灯向右拐”，认为搞的不是中国特色的社会主义，而是中国的特色资本主义，主张要重走改革开放以前的老路。来自于“右”的思想也是不容忽视的，“右”的思想对大学生危害的主要表现是自由化思想，这主要是受西方新自由主义思潮的影响。如在部分大学生中流传的否定社会主义革命的历史、否定中国共产党的历史甚至以“短信”、“段子”的形式诋毁党的领导人、否定中国革命过程，鼓吹走私有化，鼓吹国有企业一卖了之，鼓吹政治上的自由主义，鼓吹西方的三权分立、多党政治，鼓吹中国不走社会主义道路也能发展等，就是典型的资产阶级自由化观点。对于这些问题就要求思想政治教育必须正确应对科学回答，使我们的大学生正确认识当代资本主义，正确认识社会主义的历史发展，树立科学的理想信念，正确认识改革开放中的中国共产党。指导和帮助他们在各种观念混杂、各种利益重新组合的局面下怎样去树立正确的政治信念、人生观和价值观。对于这些问题应在面对现实、深入学习的基础上，坚持解放思想、实事求是、理论联系实际地给予说明与解答，帮助他们客观正确地认识这些现象与问题，在认识和解答现实重大问题中，提高年轻一代的马克思主义的理论水平和分析解决问题的能力。

第三，用社会主义核心价值体系指导大学生教育的具体实践，与时俱进地推进思想政治教育的改进与创新。思想政治教育要积极应对西方国家“意识形态渗透”战略对大学生价值观的侵蚀。高校作为思想文化建设的重要阵地，历来是意识形态领域争夺比较激烈的地方。随着中国与西方全方位交往的日益加深，西方国家加大了对中国大学生“意识形态渗透”的步伐。“意识形态渗透”战略的目的在于消解学生思想中的社会主义、共产主义价值观，确立资本主义的“至尊”地位。由于“意识形态渗透”战略具有很大的迷惑性，且往往具有“润物细无声”的特点，很容易为大学生所认同和接受，严重干扰和破坏了社会主义核心价值观的构建。西方反华势力所鼓吹的政治模式、价值体系、道德观念乃至情色文化、生活方式等，对大学生的思想产生了很大的影响，使一些意志薄弱者受到毒害，对西方价值观念产生盲目的崇拜，背弃社会主义价值体系，对中国特色社会主义信念产生了动摇。亨廷顿的“文明冲突论”，就是美国意识形态渗透战略的一个版本，这种思想在大学生中有一定的市场。还有喧嚣一时的“新自由主义”、“民主社会主义”、“普世价值”等当代资本主义的理论，都是以所谓“终极真理”的面目出现，都试图对当代中国大学生在意识形态方面产生影响。未来的国家冲突，将日益表现为由于意识形态、价值观的分歧而引发的冲突。作为社会主义的中国，一定要对西方的“意识形态渗透”战略保持足够的警惕。在全面建设小康社会的新形势下，思想政治教育实践必然会遇到大量的深层次的矛盾和问题。马克思主义、邓小平理论、科学发展观不提供现成的答案与方法，而只给我们解决具体问题的原则与指导思想。我们必须深刻理解和掌握科学理论的精神实质和基本原理，遵循社会主义核心价值体系的要求，研究新情况，解决新问题，在实践中推进思想政治教育的创新与发展。要鼓励大学生注重学习历史和认识国情，特别是应当坚持不懈地对年轻一代进行中国近现代史、中国共产党领导人民努力奋争的革命史、建设史教育，以及新中国成立 60 多年来特别是改革开放 30 多年来取得的翻天覆地的伟大变化的现实的教育，使年轻一代特别是在校大学生群体认识到："如果不搞社会主义，而走资本主义道路，中国的混乱状态就不能结束，贫困落后的状态就不能改变"，切实认清"只有社会主义才能救中国，只有社会主义才能发展中国"的深刻道理。要认识到所谓"新自由主义"、"民主社会主义"、"普世价值"等当代资本主义的理论和政治主张并不是"终极真理"，更不能作为中国意识形态和改革发展的取向。要注重把理想信念教育同爱国主义教育深入结合起来，使他们懂得，在当代中国，爱国主义与社会主义在本质上是一致的，一个真正具有高尚爱国情怀的青年，一定会发自内心地拥戴并积极投身于建设有中国特色社会主义的伟大事业。要引导他们始终坚持学习科学文化与加强思想修养的统一，坚持学习书本知识与投身社会实践的统一，坚持实现自身价值与服务祖国人民的统一，坚持树立远大理想与进行艰苦奋斗的统一，走正确的成长道路。

四、加强大学生社会主义核心价值体系教育的路径

高等教育的核心任务是培养人才。把社会主义核心价值体系建设作为思想政治教育的主要内容，引导当代大学生树立正确的世界观、人生观、价值观，对于培养千百万中国特色社会主义事业的合格建设者和可靠接班人具有重大而深远的意义。当前，我们要紧密结合高校和大学生思想实际，重点做好三个方面的工作。

第一，加强研究与教学，切实做好社会主义核心价值体系"三进"工作。结合新形势，在进一步强化大学生思想教育的基础上，继续组织高校哲学社会科学工作者围绕"六个为什么"，深入开展理论研究；通过进一步加强学科建设、教材建设和教学体系建设，更好地推进社会主义核心价值体系进教材、进课堂、进学生头脑，使其为广大学生所感知、所认同、所接受，内化为价值观念，外化为自觉行动。

第二，创新体制机制，将社会主义核心价值体系融入国民教育全过程。把各方面的力量动员起来，把各方面的资源整合起来，形成加强社会主义核心价值体系建设的强大合力。加大高校内部育人力量的整合，将社会主义核心价值体系融入国民教育的各个阶段、各个方面，体现在育人的各个环节；建立健全教育机制互联、教育功能互补、教育力量互动的学校、家庭、社会"三结合"教育网络，推动学生思想政治教育由学校向家庭辐射、向社会延伸，实现学校教育、家庭教育、社会教育的有效衔接，努力构建全员、全方位、全过程育人的工作格局。

第三，维护高校和谐稳定，用社会主义核心价值体系引领校园思潮。准确把握国际国内形势发展变化对大学生的影响，有针对性地加强和改进思想政治教育；以理想信念教育为核心，用马克思主义中国化最新成果武装大学生头脑；坚持把立德

树人作为根本任务，始终做到育人为本、德育为先；坚持把思想政治理论课作为主渠道，把经常的思想政治教育作为主阵地，狠抓主渠道、主阵地不放松。

第四节 人生价值的实现

人生价值包括人生价值的含义，对人生价值的评价和人生价值的实现等内容。正确理解人生价值的含义，确定科学的人生价值的评价标准和原则，确立崇高的人生价值目标，明确实现人生价值的正确途径，对于树立科学的人生观、世界观，具有十分重要的意义。

一、人生价值的含义

（一）人生价值的定义

就一般意义上说，价值是指某一事物或对象对人们所具有的作用和意义。人们在社会实践中，同周围的人和事始终发生着不同形式的价值关系，由于这种价值关系的存在，人们才得以生存和发展。比如，空气和水，是人们维持生命的首要条件，于是就成了人们需要的价值对象。人们要生存，需要有一定的营养，具有营养价值的食物就成了人们需要的价值对象。这是人们的物质需要。人们还有精神的需要。如友谊、爱情、荣誉等是人们健康成长的情感和欲望的需要，理想、道德等是协调人际关系的一种价值追求，等等。总之，人们和周围的人和事物发生着各种价值关系。正如马克思所说："'价值'这个普遍的概念是从人们对待满足他们需要的外界物的关系中产生的。"由此可见，价值是反映主体和客体的双边关系的范畴。主体是指人类以及一定社会集团、个体成员。客体是相对于主体而言，指自然界、人类社会，等等。价值就是由主体的需要和客体的属性两者之间的关系构成的。第一，人们的需要是价值存在的前提。只有当外界物（客体）满足了人们（主体）需要的时候，价值才会产生，不与主体发生关系的外界物是无所谓价值的。第二，除了空气和水等少数自然物，一般的外界物所具有的能满足人类一定需要的属性，虽是构成价值物的客观基础，但是，这只是一种潜在的属性。只有在人们改造自然和社会的实践活动中，变"自在之物"为"为我之物"，使之转化为人类所需要的东西，潜在属性才成了现实属性，成为一种价值物。

以物的价值来研究人生价值，可获得一般的方法论指导。可以这样说，人生价值是指人们的实践满足社会和他人需要的积极作用。它必须具有以下两个因素：第一，这个人必须具有改造自然和改造社会的体力和智力，即具有从事体力劳动和脑力劳动的能力。这是人的潜在价值，即人的自我价值。第二，这种自我价值必须通过实践发挥出来，为社会创造物质财富和精神财富，使潜在的人生价值转化为现实的人生价值，即社会价值。人的自身价值，是人和动物本质区别的标志；人的社会价值，是客观上区别不同的人对社会贡献的标志。

人生价值和物的价值是不能混为一谈的，两者有着本质区别。第一，主、客体的对象不同。在物的价值关系中，其主体是社会的人，客体是人以外的外界物，这里的主客体关系，是人与物的关系；在人生价值关系中，其主体是社会，客体是每个人的人生，这里的主客体关系，是个人和社会的关系。第二，两种客体的作用是不相同的。外界物作为客体满足人的需要，是消极、被动的，是一种满足人类需要的潜在价值。如果没有人的开发利用，这种潜在价值是不可能转化为现实价值的。个人作为客体满足社会的需要，是能动的、自觉的、有目的的。人们通过社会实践施展自己的能力，为社会主体创造物质、精神财富，使潜在的自我价值直接转化为社会价值。第三，物在物的价值中，只是满足人的需要的客体；人在人的价值中则具有两重性，他作为社会成员，即是满足社会需要的客体，又是要由社会满足其个人需要的主体。因此，所谓人生价值，主要看其对社会、对他人的贡献；同时，社会也要重视和满足个人的物质和文化生活的需要。

（二）价值意识和价值观

价值意识大致可分为三个层次：一是非理性层次的价值意识，它主要表现为人的情感欲望、意志等，它以这些意识形式来表达主体对客体的态度，是接近、亲和、倾向于客体，还是疏离、排斥、背向于客体。这种价值意识的特点是“只可意会，不可言传”、模糊含混、不可操控、变动不居、个性特征鲜明等。二是理性的价值意识，也称为价值观念或价值思想。如“锻炼有益健康”、“爱劳动是好品格”、“社会发展必须保护环境”等。这是一种人们在非理性层次价值意识基础上形成的，作为人们日常生活实践的目标体系和精神制约因素发挥作用的理性的价值意识，是价值认识从感性认识上升到理性认识的结果。这是主体关于客体的可以言表、清晰明确、可以操控、可以把握、相对稳定的价值意识，它们往往是“一事一议”，即通常是具体的、内容是有特定针对性的价值思想。三是作为价值观的价值意识。价值观是人们在长期的社会实践中所形成的关于社会生活和实践中的重大问题、根本性问题的，具有高度普遍性、概括性和广泛社会性的价值观念或价值观念体系。

价值观与其他层次的价值意识相比，有以下一些特点。

第一，价值观是关于人们社会生活实践中的重大问题、根本性问题的价值意识。例如，社会政治理想是人们对未来完美的社会形态、人际关系状况即人的整体生存状态的追求；人生观是对人生意义、人生目的、什么是幸福和人的价值等问题的基本态度；审美观是对美和丑的根本性认识，而人们对美和丑的确认与感受，则是对客观事物与人的自由状态关系的一种鲜明的价值评价等。

第二，价值观是价值意识中抽象层次最高、最具普遍性和概括性、具有广泛的社会意义，从深层本质和深层规律层面来反映人们对社会生活和实践中的意义问题的价值意识。如果说，非理性的价值意识只是从现象的表面的初始的层面上反映了人们在社会生活实践中的态度，而理性的价值意识是从经验的、常识的、初步涉及浅层本质和规律层面来反映人们在社会生活和实践中的好恶爱憎，那么价值观则是人们对社会生活和实践中的重大的带有普遍性的根本问题的深层本质的、深层规律性的态度的反映。比如，人们在见到损人利己的现象时所表现出的厌恶、嫌弃、蔑视等情感属于非理性的价值意识，它是现象的表面的初始层面上的态度反映，完全是个性化的价值意识；而当人们进一步发出评论，如“损人利己不道德”等，则是理性的价值意识，它是经验的、常识的、初步涉及浅层本质和规律层面的态度反映，反映的内容尚不具有较高或较深层的本质和规律的性质；然而，如果人们进一步由此出发，经过提炼、概括、引申，而得出“在社会主义条件下，人们只有坚持社会主义的集体主义的道德原则，才是正确的行为准则”的价值结论时，它就脱离了对具体的事例的评判和表态，而具有了成为处理所有同一类事例的普遍原则的意义。这时，这种价值意识就上升为价值观了。

第三，价值观通常是经过理论家的理论推导、论证，具有系统化、理论化特点的价值观念体系。如果说非理性价值意识的形成有自发的、本能的、偶然的、不自觉的特点；理性的价值意识或价值观念则渗透了思维的提炼概括的作用，而表现出了一定的理性的、自觉的、必然的特点；那么，价值观的形成则只能以人们长期的实践体验为基础，由理论家经过加工整理和理论论证才能完成。因此，它通常的表现是系统化、理论化、成体系，并且是深刻而凝练的。如在我国被称为社会主义主旋律的社会主义核心价值观就是典型的这样的社会价值观体系。当然，一种价值观一旦形成，就会在全社会的范围内深刻地影响人们的全部价值意识，包括理性的和非理性的价值意识。

第四，价值观具有普遍的原则性和方法论性质，是在人们头脑中处于统摄、制约其他一切价值意识的至上性地位的价值意识。由于价值观具有最深刻的反映人的主体本质规定性、要求和需要的性质，所以，当人们一旦牢固地确立起了某种价值观，就会对人的某一社会生活和实践领域内的具体的价值观念以及情感、意志欲望等非理性的价值意识发生制约、规定、改变、更新等作用。比如，一个人一旦形成了为人民服务的人生观，就会不仅对他的职业选择、善恶评价、幸福标准、择偶要求、自我实现目标等起着深刻的规定、制约和影响作用，而且还会深刻地改变他对相关事物的情感、意志欲望等非理性的价值意识。我们在这个意义上可以把价值观说成是人们全部价值意识的核心。

第五，价值观具有相对的稳定性和时代性的特点。由于价值观的形成是在非理性的价值意识的基础上和通过对理性层面的价值观念或价值思想的抽象、概括、提炼和升华作用形成的，因而价值观具有与客观现实生活距离较远，作用相对间接的特点。所以，某种价值观一旦形成，就会保持相对的稳定性。当客观现实的社会生活和实践发生变化时，与非理性的价值意识和一般的价值观念或价值思想相比，价值观的变化、更新要缓慢得多，总会表现出发展、更新滞后，内容、形态保守，运动、变化缓慢等特点。社会意识的相对独立性的各种特点在价值观方面的表现是最具典型性的。

第六，价值观还具有民族性、阶级性和意识形态性的特点。价值观由于反映的是人对社会生活实践的根本问题的态度，由于人是社会的、实践的人，而且在阶级社会条件下人还是划分为阶级、具有阶级性的人，因此，价值观总是带有鲜明的社会性、实践性和阶级性的痕迹。在不同的民族那里，由于民族的地域、文化、生产方式和生活方式，以及阶级状况的差异，价值观还会显示出一定的民族性。例如，在中华民族的价值观体系中，其人生观都有以为社会、家族作贡献和为社会、家族承担责任为人生要义的“社会本位”的思想观念。这与西方民族价值观中的把个人利益、自由和个性发展始终放在中心地位的人生价值观念有明显的区别。又如，历史上自有阶级出现以来，社会总是以国家的组织形式存在的，国家必然是统治阶级实现阶级压迫的社会政治形式，因此社会的统治阶级必然要利用手中掌握的社会强制力量和宣传机器倡导宣传自己的价值观来影响民众的价值观，以实现其巩固统治地位和控制民众的作用。所以，任何社会，人们所持有的主导价值观必然是统治阶级的价值观，必然属于社会意识形态的领域。

第七，价值观有正确和错误之分。正确的价值观是以科学世界观和相关真理为基础和理论前提的，是以一个民族的相对较长的历史时期的社会实践为检验标准的。这一点深刻地体现了价值对真理、价值意识对真理性认识的依赖性。价值观虽然具有鲜明的阶级性、民族性和意识形态性的特点，但是这并不意味着价值观在内涵的科学性方面是完全相对的、无正确与错误之分和无检验标准的。既然价值观本质上也是一种认识，这就存在一种认识的客观性问题。也就是说，只有正确地反映了人类的生存和发展的客观本质和规律的要求、反映其真实的要求和需要的价值观才是正确的，这就意味着这样的价值观必然以包含着关于人民、人类生存和发展的客观本质和规律、对他们的真实的要求和需要的真理性认识为基础和前提的。这就是我们常说的“价值的实现依赖于真理，正确价值认识的形成依赖于对相关真理的把握”。

至于价值观的检验标准，既然价值观本质上也是一种认识，其形式是主观的，而内容同真理的性质一样也是客观的，而且它也是作为实践活动的尺度在实践中发生作用的，因此价值观的正确与否也只能由实践来检验。只不过与一般的具体真理和个别的价值观念或价值思想相比，价值观由于其自身所具有高度的抽象性、概括性和比较远离具体生活现实的特点，因而这样的实践检验的过程则具有历史跨度较大、社会实践范围更广、检验环节更复杂、对检验结果的解读要求更辩证的性质。

那么，价值观在人们的实践中的作用是怎样的呢？价值观和其他价值意识形式对实践的作用总的来说，既有共同点也有特殊性。其共同点在于：第一，价值意识是对实践活动起驱动作用的精神因素。价值意识作为对主体的规定性、要求和需要的反映，推动着实践活动的起动运作和发展，以满足人的需要。第二，价值意识是对实践起导向作用的精神因素。它作为实践的目标引导实践朝着能够满足人的要求、有利于人的利益的方向运动。第三，价值意识是对实践起制约、规范作用的精神因素，它作为价值尺度与真理尺度一起制约、规范着实践的运作，以保证改造外部世界的具体实践获得成功。价值观对实践作用的特殊性在于：第一，它作为人们对实践的总目标、总方向的认识和把握，规定着具体实践活动的目标和方向。第二，价值观能够在一个相当长的社会历史时期内引导人们前仆后继、持续不断地为解决某个社会生活实践所提出的根本问题、重大问题而进行不懈的努力。第三，价值观通常渗透在文化中，对以民众为主体的实践活动起着凝聚人们完成共同的重大实践任务的作用。这是价值观的一个十分重要的功能。总之，价值观是最高层次的价值意识，是价值意识的核心，是人们面对社会生活实践的根本问题时的基本态度和立场，是实践活动的总的精神动力、总方向、总目标的体现。

（三）人生价值观的历史演变

人生价值观念是一个社会的、历史的范畴，它是表达人生意义的社会意识，是一定社会政治、经济的能动反映，并随着政治、经济的变化而变化。由于不同社会、不同阶级、不同的人在社会实践中的地位不同，他们的人生价值观念也不相同。因此，人生价值观念的形成和发展，是随认识和社会的发展而发展，经历着一个由低级到高级的过程。

世界上自从有了人类，就有了人的价值，这是不以人们的意志为转移的客观存在。但是，人生价值观念的提出，却经历了一个漫长的历史发展过程。在原始社会，人虽然脱离了动物界，从自然的“人”变成了社会的人。但由于以石器和木棒为生产工具的低下的生产力，人们的劳动基本上是为了获取自然物，只能勉强维持自己的生存。这时，个人和集体是融合在一起的。同这种低下的生产力相适应的，是财产公有、产品平均分配和过着群居生活。他们还不可能意识到自我的独立意义，因而也不可能产生人生价值的观念。在原始人心目中，最能同野兽搏斗获取食物和最能勇敢打仗的人，自然会被人们所爱戴。这就是原始人的人生价值观念的朦胧意识。到了原始社会后期，由于生产工具的改进，生产分工的发展，社会开始出现了剩余产品，个人劳动开始从集体劳动中分化出来，个人作用开始被社会所承认，人生价值观念也开始萌芽。

随着私有制的出现，原始社会的解体，社会开始形成了奴隶主和奴隶两大对立的阶级。在奴隶社会，奴隶只是会说话的工具，他们的人生价值是不被奴隶主所承认的。奴隶主为了维护和巩固自己的统治地位，则竭力宣扬他们的高贵和尊严。例如，哲学家柏拉图捏造了神用金子创造了高贵的奴隶主统治者，用铜和铁创造了卑贱的农夫和手艺人的神话。至于奴隶，那是根本不被当做人看待的。这样，地位和等级便成了衡量人生价值高低的标志。同时，由于生产力的发展和剩余产品的增多，奴隶主有条件直接从事物质生产以外的活动，出现了一批专门从事脑力劳动的人，进行国家、社会、劳动的管理，科学研究和文学创作等活动。他们总结了劳动人民的实践经验，创建了数学、天文学、航海学、物理学、历史、哲学等学科，放出了古代文化的异彩。由于脑力劳动一开始具有个人劳动的特点，个人的作用和贡献较为明显，因此，为社会作贡献的人生价值观念也被提了出来。就其科学研究活动的成就来说，反映了他们对社会贡献的一面。至于，古罗马斯巴达克领导的奴隶起义，也只是反映了奴隶要求做自由人的人生价值的欲望而已。总的来说，这时的人生价值观念还不能加以理论化的阐述。

在封建社会，皇权和神权结合在一起是西方的特点，形成了一整套从上而下的等级制度，处于高层的国王、贵族同处于最底层的劳动人民，有森严的等级差别。东方则把皇帝尊为天子，把黎民百姓视为草芥。不管在西方还是东方，封建统治者都借助神的力量，强化自己的统治地位，以等级制度作为人生价值的标准，劳动人民则丧失了作为人的尊严和价值。封建社会发生的历次农民起义，都是反抗封建等级制度的斗争，反映了农民对“等贵贱，均贫富”的人生价值的追求。

资产阶级启蒙思想家，针对封建专制制度贬低人性的观点，首先提出了个性解放和人道主义的主张。如法国的卢梭提出了“天赋人权”、“主权在民”的政治主张，写了著名的《社会契约论》。这是资产阶级自由贸易、自由竞争的要求在政治上的反映。在法国资产阶级革命中提出的“自由、平等、博爱”的口号，更具有鲜明的反对封建等级制度的意义。当然，资产阶级要求“自由”、“人权”的人生价值观，只是反映了他们“自由”地剥削工人的“人权”。而工人只有在资本主义商品生产中出卖劳动力的自由，这当然不能改变受“资本”支配的奴役地位。同时，在商品交换中，资产阶级把人际关系变成了赤裸裸的现金交易。恩格斯指出：“在资产阶级看来，世界上没有一样东西不是为了金钱而存在的，连他们本身也不例外，因为他们活着就是为了赚钱，除了快快发财，他们不知道还有别的幸福，除了金钱的损失，也不知道还有别的痛苦。”谁有钱，谁就有人的尊严和价值，金钱是他们确定人生价值的标志。于是，工人的人生价值，只是在替资本家充当创造剩余价值工具时才存在。不能否认，资本主义社会使人生价值观念具有了理论形态。但是，由于这种人生价值观念是以抽象的人性为基础的，毕竟是缺乏科学性的人生价值理论。

马克思主义的人生价值观是当代科学的人生价值观。

第一，它坚持必须从一定的社会关系中考察人生价值。人的本质是一切社会关系的总和，人生价值是在一定的社会关系中产生的。因此，科学的人生价值观必须从一定的社会关系出发，以社会关系为基础。

第二，它坚持人生价值只有在社会实践中才能得到体现和实现。人们在改造客观世界的实践中，推动着社会的进步和发展，人生价值的大小，取决于推动社会进步的程度。在社会主义社会，劳动人民成了国家和社会的主人，这就为人们创造最理想的人生价值提供了非常有利的条件。

第三，它坚持人生价值主要在于对社会的贡献和创造。一个社会的存在和发展，要靠社会成员的贡献和创造，个人的生存和发展的条件也都是人类作出贡献的成果。人生价值在于贡献，是马克思主义人生价值观的真谛。

改革开放以来，学术界对中国特色社会主义的价值理念和价值观进行了研究和探讨，其内容归纳起来有这样一些：①发展经济。就是要坚持发展才是硬道理，大力发展生产力，以经济建设为中心，坚持社会主义市场经济。②财产归社会所有。就是要人人依法拥有财产，依法平等保护各种社会成员的财产权，推行以社会成员财产权为基础的合作占有制。③以人为本。就是要一切从人出发，尊重和保护人权，坚持人道主义，促进人的自由全面发展。④自由平等。就是要坚持人生而自由平等，尊重和保护人的合法的自由，坚持在法律面前人人平等。⑤主权在民。就是要坚持一切权力来源于人民，一切权力属于人民，一切权力为了人民，人民在国家和社会生活中当家做主，实行民主政治、民主宪政。⑥依法治国。就是要坚持有法可依、有法必依、执法必严、违法必究，一切社会成员都必须在法律范围内开展活动。⑦科教兴国。就是要坚持科学技术是第一生产力，大力发展科学技术，不断进行科技创新；要尊师重教，大力发展教育事业，不断提高全民族的科学文化素质，形成比较完善的现代国民教育体系和继续教育体系，让人民享有接受良好教育的机会，形成全民学习、终身学习的学习型社会。⑧诚实信用。就是要全体社会成员在经济和社会生活中坚持诚信原则。⑨社会公正。就是要高举社会公正的旗帜，采取切实的措施，克服种种社会不公正现象。⑩共同富裕。就是要坚持社会主义建设要造福于全体人民，使全体人民都过上幸福富裕的生活，防止贫富过于悬殊和社会两极分化。⑪热爱祖国。就是要全体社会成员有爱国的情感，坚决维护国家的统一和领土完整，维护国家利益，维护中华民族的整体利益。⑫和谐发展。就是要和平发展、全面发展、协调发展、可持续发展、循序渐进发展、稳定发展。

当代中国特色社会主义的价值观是一个有机的整体,各价值观应该是相互依存、互相支撑、和谐共存的。在实践中，我们千万不可因强调某一方面而忽视、偏废另一方面，破坏当代中国特色社会主义价值体系的完整性。

二、人生价值的评价

（一）人生价值的评价标准

不同社会、不同阶级、不同的人对人生价值的评价有不同的标准。在阶级社会中，评价人生价值的标准是地位、等级、权势和金钱。在社会主义初级阶段，由于封建残余思想和资本主义腐朽思想依然以不同的形式影响着人们的思想观念，有些人以现阶段社会主义制度不成熟和不完善为借口，给拜金主义、以权谋私、“一切向钱看”的享乐主义等披上合法化的外衣，以特权、地位、金钱作为人生价值的评价标准，对社会改革发展产生了极大的消极影响。

那么，究竟什么是衡量人生价值的正确标准呢？人生价值应以对社会贡献的大小来衡量。原因如下：

第一，人区别于动物的一个重要特征，就是人有能动的创造力。社会的物质财富和精神财富都是人类劳动智慧的结晶。人们在改造自然和社会的实践活动中所具有的能动创造力，是人类特有的能动性。人的劳动是一种有意识、有目的、自觉的创造性的活动。人类要生存，就要有吃、喝、穿、住、用等必需的物质生活资料，这一切都是人们劳动创造的结果；人们的实践活动，也是创造社会精神财富的源泉。因此，人们的创造力表现在体力和脑力两个方面。体力劳动者和脑力劳动者，都为社会创造物质财富和精神财富作出了自己的贡献，没有他们的创造，人类就失去了生存和发展的基础，也不会有科学技术的发明创造，更不会有社会文明的进步。所以，评价人生价值必须以创造和贡献为标准。

有的人把“自私”说成是人的本能，并以此来证明人生价值不是在于贡献，而是在于索取。这种说法是站不住脚的。社会历史告诉我们，“自私”不是与生俱来的，它是随着私有制的产生而出现的。人们要生存，当然要向社会索取，但“索取”的目的，是为了更多地向社会作贡献。如果因“自私”而索取，那么人就变成酒囊饭袋，与动物也就没有多少差别了。著名科学家爱因斯坦说过：“一个人的价值应该看他贡献什么，而不应该看他取得什么。”只有树立了这样的人生价值观的人，才会懂得“给”永远比“拿”愉快和有意义得多。

第二，个人价值最终取决于社会价值。个人价值是社会价值的基础，社会价值又是个人价值的必然归宿。由于人们生存的历史条件、社会地位、体力、智力、道德、意志及主观努力程度的不同，一般地说，个人拥有的潜在创造力大，他的个人的人生价值当然也大。潜在人生价值的大小，虽然取决于主、客观的条件，但个人努力的程度是主要的。

在现实生活中，有的人常常把知识的多寡和人生价值的大小等同起来。其实，有知识只能说明具有潜在的创造力，不能直接说明他的人生价值，只有把知识、才能服务于社会，服务于人民，为社会、为人民作出了贡献的时候，个人价值才转化成社会价值。只有在这个时候，知识才能同贡献成正比。

第三，社会对个人的满足，只有从个人对社会的贡献中去理解。我们首先强调的是个人对社会、对人民的贡献，决不能只从社会对个人的满足来衡量人生价值。当然，人作为价值的主体，有得到社会尊重、承认和满足的一面，即从社会获得他所需要的物质生活资料和精神生活资料，得到应有的社会地位。然而，除了不能劳动和丧失劳动能力的人之外，都应懂得贡献同尊重、享受是成正比的。有些人把知识看成自己的私有财产，并把它作为向人民争荣誉和地位的敲门砖、待价而沽的资本，这样的人是不可能得到社会尊重的。在人民面前，这种人的人生价值也许是等于零，甚至是负数。

值得一提的是，不同的人，其人生价值是有差别的。造成这种差别的原因，除了社会经济文化发展不平衡和不充分，主观努力程度不同之外，还取决于创造物质财富和创造精神财富的不同特点。

创造物质财富的人，其贡献可用质和量来计算。如一吨优质钢、两吨优质大米等，都可进行精确统计，社会效益也很具体。创造精神财富可不一样。一般来说，它不可能立竿见影，可是一旦有了社会影响，就将发生久远的作用。宋代范仲淹的“先天下之忧而忧，后天下之乐而乐”的名言，千古传诵，至今还是激励人们创造更高人生价值的格言。正如爱因斯坦在评价居里夫人时所说：“第一流人物对于时代和历史进程的意义，在其道德品质方面，也许比单纯的才智成就方面还要大。”在评价人生价值时，我们必须强调，一个人的能力有大小，贡献也有大小，然而只要他竭尽自己所能，为社会和人类的进步作出了努力，创造了物质财富和精神财富，他就是一个具有高尚的人生价值的人。

（二）人生价值的评价原则

对人生价值的评价，不同阶级有不同的原则。资产阶级的评价原则是个人利己主义，他们强调自身价值及个人的索取和享受。无产阶级的评价原则是集体主义，主张在社会、集体价值中体现个人价值，在社会整体利益中评价人生价值。

人生价值是个人价值和社会、集体价值的统一。必须从人的本质是“一切社会关系的总和”这个根本指导思想出发，来认识人生价值。社会主义主人翁的责任、社会主义整体利益的社会意识、为人民服务的做人宗旨，构成了以集体主义为人生价值的评价原则，体现了人与社会、人与人的正确关系。集体主义的人生价值评价原则的基本思想如下：

第一，个人价值的形成和实现，受社会集体条件的制约。个人必须依赖社会才能生存，不能脱离社会条件随心所欲地去创造，也不能任意选择某种社会条件去创造。个人的创造，总是在一定生产方式条件下，在一定社会物质和精神条件下的创造，因此，它总是受社会历史条件制约的。但是，剥削阶级统治下的国家集体，“对于被支配的阶级说来，它不仅是完全虚幻的集体，而且是新的桎梏。”只有人民群众当家做主的社会集体，才是“真实的集体”，能够在根本利益一致的基础上，按照社会和人民的需要进行有计划的物质生产和精神生产，创造越来越高的社会文明。所以说，个人价值的实现，离不开社会历史的舞台。

第二，社会集体价值高于个人价值。如果说，在小生产的条件下，人的作用还不能充分发挥和表现出来，那么，随着时代的进步，在社会化大生产的条件下，集体的力量和作用，就明显地突出起来。一个大型的科研项目，往往需要不同学科、不同行业、不同地区、不同层次的人共同协作攻关才能完成。一个现代工业的产品，单靠少数几个人几乎是不可能生产的。聚集集体智慧，才能创造出集体的价值。正如爱因斯坦所说："除了许多个人的无私合作，就得不到真正有价值的东西。"个人的贡献和价值当然是应该肯定和尊重的。但是，个人的价值再大，也不能和整个社会、民族的价值相比的。

第三，对人类的贡献与自身的完美相统一。马克思曾经指出："在选择职业时，我们应该遵循的主要方针是人类的幸福和我们自身的完美。不应认为，这两种利益是敌对的，互相冲突的，是一种利益必须消灭另一种的……人们只有为同时代人的完善、为他们的幸福而工作，才能使自己也达到完美。"人类的幸福，要求个人为社会尽职尽责作贡献，自身的完美，要求个人自尊自重，有高尚的人格。一般地说，责任和贡献、人格和贡献是一致的。一个人对人民、对社会作出自己的贡献，体现了他具有高度的责任心和高尚的人格，而高度的责任心和高尚的人格，又总是表现在其作贡献的实际活动中。如果意识不到自己的责任，不能尽到自己应尽的责任并作出相应的贡献，也就不能实现自己应有的自尊和人格。这就要求我们应该清醒地认识到自己对祖国、对人民所肩负的责任，为中华民族的振兴和建设中国特色社会主义事业的历史使命作贡献，并且从中实现自己完美的人格追求。

三、人生价值的实现

（一）社会主义人生价值观和价值目标

人的行为活动都有一个最终的追求目标。这个目标是人生的方向和动力，我们称之为人生价值的目标。树立崇高的价值目标是追求人生价值的精神支柱。

人生价值目标是一个总概念，它是由各种具体目标组成，如社会目标、道德目标、职业目标、成才目标、生活目标等。其中，社会目标是人生价值目标的向导，道德目标是人生价值目标的行为规范。

不同的阶级有不同的人生价值目标。在私有制社会里，劳动人民处在被奴役、被支配的地位，他们没有权利选择自己的价值目标。而那些统治者的价值目标都是以"我"为中心，追逐个人物质享受和政治权力，以别人的痛苦换取自己的欢乐。在社会主义社会，人民成了社会的主人，把社会进步和人民富裕幸福，作为人生价值的目标。国家则为人们的人生目标选择，提供了有利的条件和各种保障。社会主义价值的价值目标和价值观是在社会主义条件下社会所形成的主导价值观或价值观体系。我们通常所说的"社会主义主导价值观"、"社会主义主旋律"，其实就是指我国社会主义价值观或社会主义价值观体系。在这里"社会主义价值观体系"是指以理论化、系统化规范化的形态出现的社会主义价值观的思想理论及其系统。我国社会主义价值观或社会主义价值观体系的特点在于：第一，社会主义价值观是在我国长期社会主义革命和建设条件下，人民群众在实践中所形成的主导价值观体系，它在社会生活中处于主导、统摄或支配地位，是为广大人民群众所普遍接受、认同的价值观体系。第二，这一价值观体系是经过思想家、理论家研究、整理、论证完善，是以理论化、系统化、规范化的形态面世的思想理论体系。第三，这一价值观体系是社会主义意识形态的重要组成部分，是我国政府以官方形式在社会上予以倡导宣传、并对民众进行教育的主流思想意识。第四，这一价值观体系形成以后就会成为国家政权机构、合法社会团体自觉地、广泛地用来发挥稳定社会、团结群众、凝聚民心、形成舆论、教育民众等重要作用的思想工具。第五，这一价值观体系在内容上涵盖了社会主义条件下人民群众在社会生活中实践的主要领域或方面，是群众的根本利益和要求的体现，因而是人民群众实践的具有根本性、普遍性、广泛社会性和主导性意义的价值目标和价值尺度。

社会主义价值观和价值目标的基本内容，主要可以概括为以下几个方面：

第一，建设中国特色社会主义的社会政治信仰或理想。“信仰是关于最高（或极高）价值的信念”，通常表现为人生追求的总目标和人生价值体系的最高价值原则或基点。在当前我国全面建设小康社会的条件下，我们倡导的信仰或理想是建设中国特色的社会主义，实现社会主义现代化，最终为实现人的解放和人的个性自由和全面发展而奋斗。这种信仰和理想构成了中国人民在实践中所追求的总目标或总的价值原则。信仰和理想可以是个人的，也可以是民族的、国家的、人民的或人类的，但个人的信仰和理想必须与民族、人民或人类的信仰和理想在基本点上相一致才具有最广泛的现实意义。信仰和理想是多方面的，如关于社会政治的、人生的、道德的、审美的信仰和理想等，但其中的社会政治信仰和理想通常是最重要的内容，它往往统摄、制约着人的其他方面的信仰和理想的形成和发展。社会主义、共产主义的社会政治信仰或理想，自然而然地包含了对社会主义民主、法制、公平、正义、自由等政治价值以及爱国主义等价值观念的肯定和追求。因此，引导人们树立中国特色社会主义信仰和理想是当前社会主义精神文明建设中价值观教育的重要内容。

第二，为人民服务的人生观。人生观是人们关于人生意义、人的价值、人的幸福和自由的根本看法。人们之所以会形成人生观，是因为短暂的人生必然要面对漫长的人类历史长河，人们在短短的一生中总会留下遗憾、失落感和悲哀，人们必须找到短暂人生的意义或价值，才能化解这种种的精神失落，从而获得面对现实生活的勇气和信心。于是，人们在个人与他人、社会和历史的关系中去寻找人生的意义，这就是人们始终在思考人生观问题的原因。物的价值在于它对于满足人的需要和要求的意义，而人的价值则主要在于一个人对于满足自己、他人和社会的需要和要求的意义，其中主要是满足他人和社会的需要和要求的意义。人的价值包括社会价值和自我价值两方面，其中人的社会价值是人的价值的根本所在，因为人的自我价值只能通过人的社会价值来实现。树立科学的为人民服务的人生观具有非常重要的意义。人的人生观不同，就会有迥然不同的人生。正确的人生观能够激励人们奋发进取，创造有价值的幸福的人生，能够使有限的、不够完美的、甚至是残缺的生命焕发出无限的光彩。

第三，坚持真理、崇尚科学的科学观。真理和科学在人们心目中具有什么位置，是一个国家、一个人在实践中能否得到持续不断的成功的关键问题。坚持真理、崇尚科学，高度重视科学事业的发展，自觉按照真理的要求进行认识和实践活动，是一个国家繁荣昌盛的重要保证，也是一个人事业能够不断发展的关键。中国发展的主要瓶颈之一就是科学技术落后，西部贫困地区脱贫致富的重要障碍也是缺乏人才，尤其是科技人才；不少人在生活中遭受挫折的主要原因之一也是不相信科学，不坚持真理。因此，倡导坚持真理、崇尚科学的科学观，显然是中华民族发展繁荣的关键之一。

第四，集体主义道德观。在社会主义条件下，由于本质上人们之间没有根本的利害冲突，因此社会或国家、集体、个人三者之间的根本利益总的来说是一致的。因此，我们国家的伦理原则是社会主义的集体主义这一道德价值观。集体主义有三个基本原则：其一，必须把社会、集体和个人三者的利益统一起来；其二，社会、集体的利益高于个人利益；其三，当社会集体的利益与个人利益发生矛盾时，个人利益要服从社会集体的利益。其实，在任何社会条件下，社会的主导伦理原则都是要求个人服从社会，否则社会的正常秩序是不可能得到维持的。因此，所有社会所推崇的主导伦理原则都要求个人服从社会。在我国的社会主义条件下，自觉地坚持集体主义道德，是促使社会和谐、安定、有序的重要保证；是使个人拥有良好人际关系、获得良好社会声誉和群众威信、事业成功、家庭幸福的重要保证。

第五，真善美相统一的健康、高尚的审美观。实践美学认为，美是人们在实践中创造的主、客体之间的真善统一，即人达到相对自由状态时的主体感受。美有重要的思想情操教化功能，因为任何美好的事物总是与真和善联系在一起，是以真和善为前提的。因此，美育与德育是相辅相成的关系。树立真善美相统一的审美观和为人民大众服务的艺术观，这也是精神文明建设的重要组成部分。

建设中国特色的社会主义，把我国建设成富强、民主、文明、和谐的社会主义现代化国家，是我国各族人民的共同理想，是我们应该确立的共同的人生价值目标。树立正确的人生价值目标，是人们追求人生价值的精神支柱。这是因为，正确的价值目标，对个人和社会的发展，起着定向和导航的作用，是发挥个人最大创造力的力量源泉。正如李大钊同志所说："青年啊！你们临开始活动之前，应该定定方向。比如航海远行的人，必先定个目的地，中途的指针，只是指着这个方向走，才能有到达目的地的一天。若是方向不定，随风飘转，恐怕永无达到的日子。"正确的人生价值目标能使人意志坚强、持之以恒。滴水穿石的毅力，不仅因为它的目标始终如一，还因为它持之以恒。当人们扬起生活的风帆，就需要有意志力，才能百折不回地驶向美好的彼岸。人要在一时一事作贡献并不难，难的是一辈子为社会、为人民作贡献。没有崇高的人生目标这根精神支柱，人的意志和毅力是无法产生的。

（二）人生价值的实现

在社会主义条件下，人生价值的实现，既是个人发挥最大的创造力的过程，也是向社会尽责任、作贡献的过程。要实现人生价值，要有主客观条件。还要运用正确手段，找到正确的途径。

第一，遵循客观事物的规律，发挥个人的主观能动性，是实现人生价值的根本条件。社会客观环境是每个人所不能回避的现实，社会历史规律是任何人也不能抗拒的力量。人的特有长处，就是具有主动地识别客观事物，掌握其变化发展规律的本领。我们提倡正确的能动性，反对盲目性。当人们的主观愿望及其行动和客观事物的规律性相符合的时候，才能使人生价值的实现，找到最有利的主客观条件。那些一味凭个人的主观愿望、兴趣爱好行事的人，其积极性越高，盲目性也就越大。反之，把主观能动性建立在现实的客观可能性的基础上，越努力，就越主动、越自由、越有成果。

第二，学好本领，是实现人生价值的重要手段。树立科学的人生价值目标，要用科学文化知识武装自己的头脑。一个缺乏科学文化知识和思想道德素质的人，他的头脑犹如一片荒凉的沙漠，是没法树立正确的人生价值目标的。现代科学技术是现代社会发展的决定性因素，也是现代精神文明的基石。建设社会主义物质文明和精神文明的本领，来自掌握更多的科学文化知识，因为知识是引导人生走向光明的未来的灯烛。正如列宁所说："只有用人类的全部知识来丰富自己的头脑，才能成为共产主义者。"尊重知识，尊重人才，就是从这个意义上提出来的。如果说，振兴中华是人生价值的外在表现，那么，学习科学文化知识，掌握为人民服务的本领，发展自己的个性特点，便是人生价值的内在根据。这是实现人生价值的根本手段。在大学生中曾经流行着"自我设计"、"自我奋斗"的口号。如果这些口号是为了根据自己的个性特点，按照有理想、有道德、有文化、有纪律的一代新人的标准，去设计、奋斗，那就是实现"振兴中华"这一人生价值的必要手段。如果远离社会和人民的需要和现实条件，去一厢情愿地设计个人的人生价值，那样的"奋斗"越努力，其危害性就越大。

第三，投身社会实践，是实现人生价值的正确途径。价值目标是观念形态的东西，观念转化为现实，必须通过社会实践。社会的存在和发展，要靠大家的诚实劳动，在这一点上是来不得半点虚假的。建设社会主义现代化，创造物质文明和精神文明，必须由每个社会成员"从自己做起"。只要为崇高的事业贡献出自己的一切，那么，不管他的能力是大是小，就应该是一个实现了真正的人生价值的人。

一、思考题

1. 人的本质是自私的吗？

2. 怎样把为人民服务的人生目的，当做一种自觉的人生要求？在新时期为什么要倡导和实践为人民服务？

3. 人生的自我价值、社会价值具有怎样的关系？为什么说人生价值在于人的创造性社会实践？

4. 怎样认真学习和积极践行社会主义核心价值体系？

二、阅读文章

服务人类、无视名利的人生价值取向是崇高人生观的体现

居里夫人的三克镭

1920 年 5 月，一位叫麦隆内夫人的美国记者，几经周折终于在巴黎实验室里见到了镭的发现者。端庄典雅的居里夫人与异常简陋的实验室，给这位美国记者留下了深刻印象。此时，镭问世已经 18 年了，它当初的身价曾高达每克 75 万法郎。美国记者由此推断，仅凭专利技术，应该早使眼前这位夫人富甲一方了。

但事实上，居里夫妇在 18 年前就放弃了他们的专利，并毫无保留地公布镭的提纯方法。居里夫人的解释异常平淡："没有人应该因镭致富，它是属于全人类的。"

麦隆内夫人困惑不解的问："难道这个世界上就没有你想要的东西吗？"

"有，一克镭，以便我的研究。可 18 年后的今天我买不起，它的价格太贵了。"这出乎意料的回答，使麦隆内夫人既感到惊讶，又非常不平静。镭的提纯技术已使世界各地的商人腰缠万贯，而镭的发现者却困顿至此！她立即飞回美国，先找到了几个女百万富翁，以为她们肯定会解囊相助，但却碰了壁。这使麦隆内夫人意识到，这不仅仅是一次金钱的需求，更是一场呼唤公众理解科学、弘扬科学家品格的社会教育。于是，她在全美妇女中奔走宣传，最终获得成功。

1921 年 5 月 20 日，美国总统将公众捐献的一克镭赠与居里夫人。数年之后，当居里夫人想在自己的祖国波兰华沙创设一个镭研究院，治疗癌病的时候，美国公众再次为她捐赠了一克镭。

一些人认为，居里夫人在对待镭的问题上固执得让人难以理解，居里夫人在后来的自传中回答了这个问题："他们所说并非没有道理，但人类需要善于实践的人，他们能从工作中取得较大的收获，既不忘记大众的福利，又能保障自己的利益。但人类也需要梦想者，需要醉心于事业的大公无私。"爱因斯坦曾说："在像居里夫人这样崇高的人物结束她的一生的时候，我们不要仅仅满足于回忆她的工作成果对人类已经作出的贡献。第一流人物对于时代和历史进程的意义，在其道德品质方面，也许比单纯的才智成就方面还要多。"

第六章 树立崇高的人生理想和信念

志不强者智不达。

——墨翟

世界上最快乐的事，莫过于为理想而奋斗。

——苏格拉底

树立科学的人生理想，对于每一个积极追求人生真谛的青年来说，有着极为重要的意义。科学的人生理想遵循社会发展的客观规律，揭示出人生奋斗的正确目标和方向，是人生前进的强大动力和精神支柱。探寻人生理想的内容、特点及其与现实的关系，是本章讨论的主要内容。

第一节 人生理想概述

一、人生理想的含义

人生理想，是人们对于美好未来具有现实可能性的设想和追求。它包括人们对于某种社会制度、社会生活、道德风尚的崇尚与向往，反映人们对自己人生的态度。

人生理想有两方面的含义：首先，理想是对于美好未来的设想与追求，即理想具有目的性；其次，理想应具有现实可能性，即理想的现实性。

对于美好未来的设想与追求是人类所特有的一种精神现象，是人区别于动物的重要标志。一切生命有机体，都要面临如何解决同周围环境的关系，否则就不能有自身的存在和发展。动物只是依赖自然环境的赐予本能地生存，人则要通过有意识有目的的能动活动，创造性地改造环境，使之适合自己生存和发展的需要。这样，仅靠感性的反映形式就不够了，还必须靠思维理性。只有理性的反映形式，才能把握客观事物的本质和内部联系，构想出一个更合乎人们存在和发展的理想环境，并在实践中把它现实地创造出来。马克思说："最蹩脚的建筑师从一开始就比最灵巧的蜜蜂高明的地方，是他在用蜂蜡建筑蜂房以前，已经在自己的头脑中把它建成了。"

理想作为一种对社会实践的超前认识，是人类心理活动中最高层次和最富有积极意义的活动。马克思曾在对摩尔根的《古代社会》的评注里，称誉人的理想是人类的“伟大资禀”，认为人正是凭着这种资禀（当然不是唯一的凭借物），不断地从野蛮走向文明，从今天走向未来。

所谓“现实可能性”，是说明理想除了是人的一种心理想象外，还必须是客观现实的反映，是符合社会运动客观规律的，是具有最终能够实现可能性的。脱离客观根据，违背事物发展的必然规律，只是空想。想象的逻辑必须要服从实证的逻辑，真理产生于实践，并受实践的检验。共产主义理想与各种宗教幻想虽说都是人们对于未来的一种构思和想象，然而宗教是人们对于现实的歪曲反映和对未来的主观推论，它既不符合历史发展的客观规律，又没有现实的根据和条件。共产主义的理想符合社会发展的客观规律，产生于资本主义社会矛盾的不可调和与工人运动的具体实践，把对人类社会发展的科学认识与工人阶级的历史使命和个人奋斗的目标完美地结合在一起，并将在人们的社会实践中最终得到实现。

人生理想对每个人的人生观影响极大，理想以其内在和外在的完美性吸引人们去自觉地追求。理想有以下几个方面的重大影响。

首先，理想是人生的精神支柱。人生的路程是漫长的，人生旅程中不可避免地要遇到各种矛盾和问题。人们要想保存和发展自己，实现改造自己的主观世界与改造客观世界的目的，就必须借助于一种精神力量的指导。树立了科学的人生理想，人生便有了精神支柱，就能焕发强大的内驱力，激励人们为远大的目标去努力奋斗，百折不挠地去战胜人生征途上艰难险阻。反之，缺乏理想，失去精神支柱，就失去了战胜人生各种困难的勇气和信心。

其次，科学的人生理想是人的完善发展的重要条件。人生的内容和追求是多方面的，科学的人生理想可以使各种追求具有明确的目的性，使人有高层次的生活目标，从而对于人们的各种行为有一种自律作用，促使某种崇高的社会需要内化为个人的主观需要，这种变社会需要为人的自觉行动的效果，是人生理想成为人的行为约束力的结果。所以说人生理想通过人的自律行为，产生崇高的思想境界，也就促使人们人格的完善发展。

再次，理想能够帮助人们选择正确的人生发展方向和道路。从个人意义而言，科学的人生理想以一种信念的力量，促使人们朝真、善、美的方向发展。从社会意义而言，人们的理想既然是对社会历史发展客观必然性的正确反映，就会成为人们对顺应历史发展潮流的理想社会的一种自觉追求和为之奋斗。马克思主义在 100 多年前得出的共产主义最终将在全世界获得胜利的科学论断，由于揭示了人类社会发展的必然规律，就成为当代进步人类所追求的崇高目标和奋斗方向，成为他们终生为之奋斗的人生理想。

二、人生理想的形成

人生理想的形成有一个过程，一般来说，它是在外部影响与内部因素相互作用的过程中形成的。

人生理想形成的内部因素，有个性的社会化、自我意识的水平、人生的需要、个性倾向性等。所谓个性的社会化，是指人们参与和认识社会的程度与深度，表示人们心理的社会成熟程度。人们的社会化过程是人们积极适应社会要求、按照社会需要逐步成长的过程，它与人们理想形成的迟早与水平都有直接关系。自我意识水平是指人们能够认识自己的行为，认识自己的内心世界、思想、个性活动、个性品质的程度。具有一定的自我意识水平，才能有意识地对未来的自我形象进行设计，才能区分现实的我与理想的我，并用符合社会发展规律的理想来约束和改变现实的我，从而形成一定的人生理想。

人生需要，是指人的本性的那些需要，主要有生存需要、劳动需要、社会需要等。需要是一种客观的规定，它取决于个人在社会关系体系中的地位和客观的生活条件，需要的层次不同决定了理想的不同。

个性倾向性包含人的动机需要与兴趣等。理想是人们对未来的期望，期望水平与价值大小紧密相关，而个性倾向性在一定程度上决定着人们对价值的评判，个性倾向的性质与水平，影响着理想的形成。

这些内部条件的相互作用，影响并制约着人们理想的形成。从理想的作用来看，个体与理想的关系，一是个人价值与社会服务的关系；二是个人理想与社会理想的关系。这两个重要问题，都要通过人们提高自我意识水平和社会成熟程度，以及确定自身个性倾向才能得到较好的解决。人们的需要，人们的能动追求是人生理想形成的原动力。人们对理想的追求是同人们的需要紧密相关的，现代西方人本主义学者弗洛姆认为，人生总要遇到生存中的许多最基本矛盾，人可以因之而产生各式各样的反应方式，特别是产生使人的生活富有意义的理想，以求解决这些矛盾。这个观点是有道理的，人类正是因为对自己生存环境的不满足，才致力于对客观现实的改造。远古人用神话、寓言来寄托自己征服自然、改造自然的愿望与理想，现代人用科学的理想来确定自己的追求和奋斗目标。人类文明发展到今天，理想始终起着人们精神支柱的作用，给人以征服和改造客观世界的勇气和信心。由于人们自身的内部条件存在差异，所以理想的目标与层次也有高低的不同。一般来说，人生理想的形成要经过由感性到理性，由具体到抽象的过程，即从具体形象到综合形象理想，再到概括性理想。这是理想形成和确立过程中的三个阶段，它们之间是相互影响和相互渗透的一个综合发展过程。

社会实践和社会环境构成了人生理想形成的外部条件。首先，人生理想是在一定的社会物质生活条件下产生的。人生理想作为一种意识形态，一种精神现象，它的产生是同人们所生存的社会环境和社会生活实践紧密相关的。社会的政治、经济、科学和文化等现实状况，都是人生理想内容的源泉。在原始社会的生产力状态下，绝不可能产生以“消灭私有制，实现按需分配”为主要标志的共产主义理想。当然，原始人也可能设想过美好的未来，但由于还没有经历过私有制社会这样的现实，类似的设想是不可能产生的。

其次，人生理想的形成和最终实现，必须借助于一定的社会物质和文化条件。理想虽然在观念上是高于现实的，但它却是以对事物客观规律的认识为前提和根据的。要把这种可能性变为现实，离不开社会物质和文化条件，而且是依赖于人们的社会实践的。忽略现实的物质和文化条件去追求理想的实现，是没有好结果的。实践证明，无视现实的客观条件去超前追求理想目标的实现，只能给我们的事业带来危害。

再次，人生理想的形成与实现是社会实践的过程。人生理想的形成，往往都要经历由模糊到明确、由量变到质变、由不稳定到坚定的发展过程。在少年时期，人们很少考虑自己理想的依据及其现实可能，理想往往表现为某种幻想。随着个人的成长和社会实践的深入，对社会及人生开始有了自己的认识，自身的理想才逐渐开始由他律性向自律性、由幻想向现实、由具体性向概括性发展，最终形成比较稳定和符合客观现实的人生理想。而且，实现自己人生理想的过程，更是一种积极的社会实践活动。所以说，感性的社会实践活动在这个过程中起着至关重要的作用。

第二节　人生理想的结构

一、人生理想的内容

人生理想的内容，主要有社会理想、道德理想、职业理想和生活理想等方面。

（一）社会理想

社会理想，是指人们对于未来社会制度的设想，包括对未来社会制度下政治、经济、文化、社会面貌及社会风尚的预见和设计。社会理想是人生奋斗的社会政治目标，是制约人们其他具体理想和行为的根本准则。首先，社会理想具有时代性，每个时代都有自己占主导地位的时代理想。现阶段社会主义的具体理想就是建设中国特色的社会主义，实现全面发展的小康社会。这个时代理想与我们的最高理想共产主义在目标上是一致的。其次，社会理想具有阶级性。古希腊时期柏拉图所描绘的“理想国”就代表了奴隶主阶级的社会理想，是“埃及种族制度在雅典的理想化”，具有明显的奴隶主阶级的意识特征。而同时代的奴隶阶级的社会理想则是力求摆脱人身被奴役的关系，求得自身解放。地主阶级追求封建制度的尽善尽美并以获得功名利禄为理想目标，而农民阶级则追求均衡的有饭同吃、有衣同穿、耕者有其田的社会理想。资产阶级的社会理想是建立以资本主义私有制为基础的资产阶级国家制度，而无产阶级则以消灭人剥削人的社会制度，建立按需分配的共产主义社会制度为最高的社会理想。再次，社会理想是理想内容中的核心。由于社会理想是对未来社会政治、经济、文化等方面的美好设想，它涉及的内容相当深刻广泛，因此它不可能从个人的日常生活和个别人的经验中产生，而是要在极其广泛的时空范围之中，使认识从感性阶段深入到理性阶段，并能够代表一定的社会集团和阶级成员中多数人的共同理想和愿望。所以，理想的核心内容是社会理想。社会理想是在全社会占主导地位的奋斗目标，社会理想就是祖国和人民的理想。在我国现阶段，社会理想从总体上看分为两个层次：一是共同理想；二是远大理想。目前全面建设小康社会，到 21 世纪中叶，基本实现社会主义现代化，把我国建设成为富强、民主、文明、和谐的社会主义现代化国家，是中国共产党人和我国各族人民的共同理想；实现物质财富极大丰富，人民精神世界极大提高，每个人自由而全面发展的共产主义社会，是中国共产党人带领中国各族人民为之奋斗的远大理想。社会理想是整个理想内容中的核心部分，它规定并制约着其他的理想内容，居于理想内容中的最高层次。

（二）道德理想

道德理想，是人们对未来理想人格的追求和向往，是人们在道德生活中所期望达到的目标。所谓理想人格，是指一定社会或一定阶级关于做人的最高标准。它有两方面的含义：第一，它是一定道德原则和道德规范的结合与融汇；第二，这种结合与融汇，往往体现在一定社会或一定阶级的理想人物及其高尚的道德品质中。道德理想比较集中地反映了人们在社会生活中所选择的做人的标准。道德理想具有鲜明的社会性，是一定社会条件和社会关系的产物。历史时期不同，社会制度不同，阶级不同，道德理想也会随之不同。例如，儒家提出的道德理想，是以“爱人”为根本的“仁”说。它最早的理想人格设计，是孔子所认为的“明并日月，化行若行”的圣人标准，意思是圣人是与天地合德、与大道同行，与兼爱同施的完人。与他同时期的道家、墨家却各以其“无为”、“兼爱”为标准。同属于儒家的宋明理学，由于时代的不同，提出了不同于孔子的“存天理、灭人欲”，以“人欲净尽，天理流行”的人格作为所倡导的道德理想。又如，我们在《公民道德建设实施纲要》中对全社会所倡导的，以为人民服务为核心，以集体主义为道德建设的基本原则，以“五爱、三德”为主要内容的社会主义现阶段的道德要求，与对共产党员和其他先进分子的“忠诚共产主义事业”、“大公无私”、“全心全意为人民服务”等高层次道德要求就有所区别。前者体现了在初级阶段时期对于绝大多数一般群众的普遍道德要求，具有广泛性和群众性，是道德要求的基本层次；后者作为道德要求的高层次，则体现了我们道德发展的方向，具有明显的先进性，是我们社会所倡导的理想人格标准，它随着中国特色社会主义事业的逐步实现，最终将成为整个社会的道德要求。评价一种道德理想的标准，应主要依据其是否符合广大人民利益，是否有利于社会生产力的发展，是否符合社会前进的方向等方面去判断。

（三）职业理想

职业理想，是指人们对未来工作部门、工作种类以至达到何种成就的向往和追求。职业理想是随着社会分工的出现而产生，并随着社会生产力的发展而发展的。

人们都期望能有一个称心如意的职业，但往往由于社会分工的需要不能尽如人意。因此，要正确地对待个人的职业理想，树立做什么工作都要有远大志向的信念。在职业的选择上应该将自己的个人特点与社会的需要有机结合起来，以社会需要为前提，使自己的职业理想与社会需要紧密联系在一起。职业理想与个人的事业成就有直接的关系，确定了正确而远大的职业理想，是人生事业成功的精神力量和重要保证，会促使人们积极而热忱地在本职工作中为社会作出最大的贡献。

当前，有些大学生在求职时，较为注重报酬、房子、工作环境等。向往好的物质条件并不是过错，但应当正确地处理好条件与发展等方面的关系。在我国，随着社会主义市场经济的发展，高校毕业生就业制度的改革，树立什么样的职业理想对于大学生来讲具有比过去更加特殊的意义。树立正确的职业理想，或者说将来选择职业，应坚持以下原则：第一，择己所爱。根据个人的兴趣、爱好选择职业，喜欢哪一行就选择哪一行或者与这一行比较接近的职业。如动手能力强、喜欢实际操作的人，可以选择工程师、机械师、技术员等职业；重思维、喜欢搞研究的人，最好到科学技术研究领域就业。第二，择己所长，就是选择自己擅长专业的职业。选择与自己的专业知识和技能特长相适应的职业，从业后才能如鱼得水，得心应手，才能够发挥出自己的聪明才智和潜能，干出一番事业。事实上，无论在任何岗位，专业、技能、特长都是从事好自己职业的前提条件。即使你选中一个很理想的职业，而自己没有相应的专业知识与技能，也很难胜任，自然也干不出业绩，而发展、提升、加薪更无从谈起。第三，择己所利，就是选择能为自己带来最大利益的职业。图稳定，就去机关事业单位；求发展，就去与自己专业一致的企事业单位，如果专业操作游刃有余，并能使领导采纳你提出的建设性方案，必定会有前途。第四，根据市场选择所需，就是选择社会最需要的职业。也许你并不擅长某个职业，甚至不喜欢这个职业，但这个职业却是眼下社会最需要的，此时你应该毫不犹豫地选择它，这就是时下在大学生中盛行的“先就业后择业”观念。

选择和拥有一份理想的职业，要注意以下两个问题。① 要认清时代发展的方向。当今社会是一个崇尚竞争的社会，企业间的人才争夺战也越演越烈。那么什么样的人是人才，什么样的人才是社会、企业迫切需要的？对大学生而言，如何将自己培养成为一名复合型人才是十分重要的。② 要实事求是，脚踏实地。“三百六十行，行行出状元。”在我们现有的社会条件下，只有不出成果的人，没有不出成果的行业。大学生在确定自己的职业理想时，要将个人条件和社会需要有机结合；到西部去，到基层去，这是有志者的理性的选择。

（四）生活理想

生活理想，是指人们对于未来物质生活、文化生活、精神生活、家庭生活的追求和向往。生活理想有明显的个体性。在现实生活中，每个人的状况相差甚远，因而生活理想所涉及的纵横面是十分广泛的。从社会角度来说，它涉及社会各个阶层各种思想的人；从个人角度来说，涉及人生过程的各个阶段。因此生活理想在社会生活中占有重要地位。人人都期望过一种幸福和美好的生活，但理想不同，对生活的意义就有不同的理解。在现实社会里，由于人们的经济地位、政治地位不同，就形成生活理想的不同，呈现出层次性的特点。我们倡导树立高尚的生活理想，培养高尚的情操，追求高尚的物质生活与精神生活。社会所倡导的两个文明的统一，是我们所应追求的生活理想目标。我们既要充分肯定人们正当物质追求的合理性，又要注重精神文明建设，使我们的生活更充实、更幸福。

大学生建构正确的生活理想可以从以下几个方面着手。第一，以劳动为基础，劳动和享受相统一。人要获取生存所需的生活资料，正当的途径只有劳动。按劳分配，多劳多得，劳动是前提。生活需求的满足、生活水平的提高，应与劳动收入状况相适应。只有通过劳动，人们才能正确深刻地理解生活，珍惜所拥有的一切。现实生活中，不劳而获的暴发户的生活方式多是腐朽的。第二，富裕的物质生活与高尚的精神生活相统一。幸福生活本身包含着物质生活与精神生活两个方面。精神文化生活是人的高级需求。只重物质生活，忽视精神生活，就会导致人们消费结构失调，生活情趣庸俗。难道吃黄金宴就是富有情趣的高尚生活吗？社会上奢侈享乐之风盛行，物欲型犯罪增多，这些都与不健康的生活追求有很大的关系。第三，个人的生活水准与社会的发展程度相适应。社会成员之间生活水平的差别受多种因素制约，并将长期存在。对我们每个人来讲，不要去盲目攀比，应当立足于我们自身获得物质条件的能力，立足于整个社会的发展程度。工作向低标准看齐，消费向高标准看齐，是比较中的最大误区。大学生尚未参加工作，还没有为社会创造财富，所以生活上更应注意勤俭节约，不要盲目攀比和盲目消费。只有养成良好的生活习惯，才能逐步树立起正确的生活理想。

从人生理想的内在结构来看，人生理想内容的四个方面对人生各有其价值意义。其中，社会理想是核心部分，它规定和制约着其他理想内容。从生活理想来看，人们生活理想的确立和实现，都始终离不开一定的社会生活条件，脱离正确的社会理想的要求，离开社会理想和人民的利益，个人理想最终是不会实现的。就个人理想和社会理想的关系而言，要防止两种错误倾向：一是只讲社会理想，不讲个人理想，其结果是导致理想空泛，难以落实；只讲个人理想，不讲社会理想，其结果是四处碰壁，无法实现。二是只讲理想职业，不讲社会需要。理想职业不等于职业理想，理想从来不是个人想干什么就干什么，条件和现实对理想有制约作用。职业理想是个人理想与社会理想的结合部，反映并规定了社会对个人的普遍要求，社会理想甚至决定着人们职业的选择。鲁迅先生弃医从文，就是出于一种强烈的民族忧患意识和崇高的社会责任感。从道德理想来看，道德理想是社会理想在具体理想人格上的反映，任何一种社会理想的实现，都需要具有符合自己道德品质要求的人去为之奋斗，而一种社会理想的提出，也都相应地确立和发展着自己的道德理想。

二、人生理想的层次

人生理想是人类特有的心理现象和社会现象，而人类是个体与群体、个人与社会的有机统一的整体，所以理想不仅有社会理想与职业理想、生活理想之间的层次之分。而且就它的内部结构来看，又可以从纵横两方面来划分。

从横向上看，社会理想、道德理想、职业理想和生活理想这些具体内容的排列呈梯形状。社会理想属于最高梯次，职业与生活理想属于较低梯次。从纵向上看，每一种理想的内容也都有层次和水平上的高低，这是由于事物发展的现状及发展的进程不同造成的。如对生活理想的理解，有人希望追求一种物质与精神生活的和谐统一，有人则只追求一种物欲的满足。如对道德理想的追求，有人追求“大公无私，全心全意为人民服务”的共产主义道德信念，有人则只信奉“人不为己，天诛地灭”的利己主义道德观。

当前，我国人民现实生活中的社会理想，一般分为远大理想和共同理想两个层次。

远大理想，是指共产主义理想。《中共中央关于社会主义精神文明建设指导方针的决议》中指出：“我们党的最高理想是建立各尽所能、按需分配的共产主义社会。”共产主义理想是在人们科学地认识和理解了社会发展的客观规律的基础上建立起来的，对未来社会的信念，反映了历史发展的必然趋势，是人类社会发展进程中最完美的社会形态，因而是我们为之奋斗的最终目标。

共产主义理想是科学的理想，反映了社会发展的客观规律和人类进步的远景。人类社会发展的基本规律告诉我们，生产关系一定要适应生产力的发展状况。当两者相适应时，就能促进社会生产力的发展，从而推动社会发展；当两者不相适应时，就阻碍社会前进。于是，生产力就要冲破与之不相适应的生产关系，建立新的生产关系和社会制度。人类社会所经历的几种社会形态更替的事实，证明了它具有不以人的意志为转移的必然性。马克思主义在革命实践的基础上，通过理论研究，预见了资本主义生产关系必然为共产主义的生产关系所取代，揭示了社会最终必将走向共产主义的前景。

共产主义主要有以下特征：第一，生产力高度发展，全民所有制成为生产资料和产品占有的唯一形式；第二，实行“各尽所能，按需分配”的原则；第三，彻底消灭了阶级，国家完全消亡；第四，三大差别不再存在，旧的社会分工彻底消灭，劳动成为第一需要，实现了人的全面发展；第五，人的思想觉悟极大提高，共产主义道德普及为全民的道德。共产主义理想体现了全人类的最高利益。

共同理想，是指现阶段我国各族人民的奋斗目标。它的内容是，建设富强、民主、文明、和谐的中国特色的社会主义现代化国家，全面建设小康社会，到本世纪中叶，基本实现社会主义现代化，实现中华民族的伟大复兴。在理想的层次上，它属于现阶段社会主义初级阶段的社会理想。共产主义远大理想的实现是一个漫长的历史过程。根据我国目前经济发展水平，社会主义市场经济不够发达，民主制度尚不完善的特点，要实现共产主义的最高理想，必须大力发展社会生产力，提高国家的综合实力。没有社会生产力的极大提高和综合实力的增强，共产主义就失去了坚实的基础。共同理想的提出，是我党创造性地继承和发展马克思主义理论，坚持实事求是的结晶。这一共同理想体现了绝大多数人民群众的利益和愿望，能够为大家所接受，使人们的工作、生活都与中国特色社会主义事业的成败息息相关，保证全体人民在政治上、道义上和精神上的团结一致，使更多的人从不同层次的起点上为共同理想而奋斗。

现实的物质条件以及个人的状况和人生需要的高低不同，是人生理想具有不同层次的主要原因。一般来说，人的低层次需要容易得到满足，因而为之产生的理想容易达到，相对地是短暂的。人的高层次需要是一种“丰富性需要”，或者叫“成长性需要”，它追求某种崇高的目的，它的满足遵循“高峰体验原则”，可以给予社会与他人以无私的非占有的爱，得到的是幸福和完美的心理体验，因而这种高层次需要所追求的理想，能给人以持久而坚定的人生信念，鼓舞人们为伟大的目标去奋斗。社会发展的实际水平和现实的物质生活条件，从根本上决定着理想的内容。马克思说：“思想，一旦离开‘利益’，就一定会使自己出丑。”现实生活中人们的思想意识，总是人们反映自己在社会生产中的地位和生活方式的。在今天，不加区分地一律强求人们树立共产主义的最高理想是不现实的。一味地超前拔高人们的理想层次，只能使本来是崇高的理想变成人们心目中的空中楼阁，失去应有的吸引力和凝聚力。但是，向人民群众宣传现阶段我国各族人民的共同理想，把建设中国特色社会主义、全面实现小康社会作为我们的共同奋斗目标，是完全必要的。这样就能联合广泛的不同层次的社会各界人士和群众，参加到中国特色社会主义建设事业中去。由此可见，对理想层次性特点的认识，可以使我们在现实生活中有针对性地确定不同的理想目标，把“立意高”与“起步实”结合起来，把先进性要求与广泛性要求结合起来，鼓励更多的人从各自不同的起点为共同理想而奋斗，并向高层次的远大理想前进。

第三节 理想与现实的关联

一、理想与现实的冲突

理想源于现实，是客观现实的反映。且理想不是现实，它是今天现实的未来发展，是超越现实和指向未来的，因而高于现实。如果理想等于今天的现实，那就失去了理想指引人们生活方向的基本特点和作用。反之，现实也不等于理想，否则，人们也就失去了奋斗的目标和前进的方向。

理想与现实的冲突，表现在理想的确立、理想的被认可和理想的实现过程，都要受到现实的制约。首先，现实决定着理想的确立。理想作为一种社会意识形态，总是一定社会存在的产物和反映，在资本主义制度发展到一定的程度之前，对于社会主义的设想尽管是人们的良好愿望，也只能是一种空想。理想既然是根植于现实之中而又高于现实生活的奋斗目标，它的实现就是人们的奋斗实践和奋斗过程。共产主义理想的实现，需要经过若干发展阶段，只有逐个地完成这些阶段的任务，才能最终实现共产主义。因此，为共产主义理想而奋斗，就要立足于完成现阶段的任务。建设中国特色的社会主义是我国各族人民在社会主义初级阶段的共同理想，离开现阶段的任务，共产主义理想就是一句空话。企图超越现实社会条件，急于求成，违背客观规律只能受到现实的嘲弄。

理想与现实的冲突，在我们具体的生活实践中，主要表现在如何认识远大理想与实际利益、远大理想与个人理想的关系上。

远大理想与实际利益的关系，实质上是长远利益和眼前利益的关系。共产主义是人类社会最美好的社会制度，因而也是全人类最根本利益之所在。共产主义作为一种社会制度，是要经过各种步骤的实际运动，经历一系列阶段才能实现的。这每一个阶段的任务，体现着最大多数人当时的实际利益。远大理想和实际利益是互相制约的。离开远大理想讲实际利益，就会目光短浅，只顾眼前，迷失前进的方向，不仅损害长远利益，到头来也要损害当前的实际利益；离开当前的实际利益讲远大理想忽略现实对理想的制约性，不适当地提出实际上办不到的任务，勉强地去做办不到的事情，其结果只能是适得其反，欲速则不达，严重地损害了当前的实际利益，从而也就阻碍和影响着长远利益的实现。

个人理想与远大理想是统一的。共产主义远大理想作为全人类的奋斗目标，并不排斥现实中每个人根据自己的情况和条件确立起个人理想。相反，远大理想的实现，需要千百万人根据自己的特点和能力，从自身的起点出发，选择个人成长与社会远大理想实现的最佳结合点，并在这个最佳结合点上充分发挥自己的才干，为实现远大理想多作贡献。远大理想正是由无数人的个人理想、个人生活和工作的追求表现出来并得到实现的。一方面，远大理想是确定个人理想的前提和实现个人理想的保证；另一方面，个人理想又是远大理想在具体生活中的体现。共产主义理想和现阶段我国各族人民建设中国特色社会主义的共同理想，是我们奋斗的长远目标和当前目标，在这些理想的指引下，确立我们每个人的生活、职业和道德等理想。高尔基说过，一个人追求的目标越高，理想越高尚，他的才力发展得越快，对社会就越有益。一个人应当有自己高尚的个人理想与追求，使自己的生活充满意义，实现最高的人生价值。

个人理想和远大理想也存在着矛盾，主要表现在如何正确对待个人利益的问题上。人在本质上是社会的人，但又是具体的、单个的人，而个人都有自己特殊的利益和要求，有自己特殊的向往和追求，即个人理想。个人理想一般都比较接近实际，它们有机地构成社会的整体利益。不讲个人理想，只讲社会理想，就会使社会理想失去群众基础，脱离赖以生长、发育的土壤，成为空洞的、抽象的、没有实际意义的东西。共产主义理想不但不否认人们对个人利益的追求，而且正是以谋求广大人民的最大利益为根本目的。马克思说："人们奋斗所争取的一切，都同他们的利益有关。"任何理想目标都包含着利益的吸引，人们从事各种活动的动机与目的，归根结底是为了物质利益，物质利益关系是社会关系中最根本的关系。但是，共产主义理想毕竟是高于社会主义物质利益原则的，人们并不会有了物质利益就会自发地产生共产主义觉悟。

在两者的关系上，要注意以下几点：第一，坚持远大理想，正确理解物质利益原则。满足人民群众物质文化的需要是社会主义生产的目的，但社会主义的最高目标是走向共产主义。因此要将人们现实物质利益的追求同理想的追求结合起来。第二，正确处理好国家、集体、个人之间的物质利益关系。从根本上来说，在社会主义生产关系下，三者的根本利益是一致的，但由于我们还处在社会主义的初级阶段，许多制度还不完善，三者之间出现矛盾是不可避免的。在处理三者之间关系时，必须坚持马克思主义为指导，个人利益服从集体利益，局部利益服从整体利益，暂时利益服从长远利益。中国特色社会主义的本质不是追求单纯个人的实惠，而是为了最广大人民的共同利益，共同富裕、共同发展。第三，树立科学的人生理想，正确对待环境中出现的各种利益问题。现在，有些人对于注重实惠利益的考虑大大超过了对远大理想的追求。有人认为，"理想理想，有利就想"，认为"成才不如发财"，"金钱就是理想，实惠才是目标"。这就要求我们正确对待改革中出现的新情况和新矛盾，例如，某些不正常的价值倒挂现象，贫富不均现象，相信它一定会随着改革的深入逐步得到解决。我们要树立科学的人生理想，有远大的追求目标，增强社会责任感和历史使命感，坚定献身中国特色社会主义理想的崇高信念。

二、理想与现实的统一

理想与现实的有机统一，是理想的基本特点之一。

第一，理想与现实具有内在的同一性。一方面，理想的实现依赖于对现实及其发展趋势的科学认识，这就要对现实进行充分的考察和认识，揭示现实中存在的矛盾性，寻找事物发展进程中具有现实可能性的整体预见。假如离开现实的依据，理想就不可能具有科学性，从而变成人们头脑中的一种主观想象，那是不能称为理想的。另一方面，对现实也应给予全面的认识。现实不是简单地说明现在存在着的个别事实和现象，而是相互联系、变化发展着的各种现实事物的综合。现实性和必然性有着不可分割的联系。凡是现实的东西，它一定是合乎规律的东西，是必定要变成现实的。今天的现实是前人理想的实现，而今天的理想，则是明天的现实。

第二，理想既是现实的起点，又是现实的终点。理想总是基于现实的不完美性而提出的，它作为人们改变现实的活动的起点，给人们所追求的未来的现实在观念上首先树立起一个完美的主观形象，指引人们在实践中为实现它而奋斗。理想作为现实的终点，是人们所设想的完美主观形象，已经通过自己的努力而变成了现实。所以，理想这种观念形态的东西，是联结现实起点与终点的参照系统。在起点时，它能够揭示出未来的一种实在，尽管在目前它还只是一个“非在”，但它能给人以勇气和信心，激励人们改变现实奔向未来；到终点时，已经转化为现实的存在，成为它沟通过去与现在的联结物，告知人们理想实现的程度，同时又给人们以未来的新的启迪。这个过程体现了理想由客观到主观，又由主观到客观的矛盾运动过程。

第三，理想与现实在总体目标上具有一致性。理想与现实是分离的，甚至是对立的，然而它们在总的目标上则是一致的。人们提出理想这一未来的现实，其目的就在于使今天的现实跃进到明天的现实，现实的一切活动都是为了这个目标的实现。我国人民面对今天的实际，提出了社会主义初级阶段全国各族人民的共同理想，这个理想是“现实”的，但共同理想的实现在总的目标上却是为了使共产主义最高理想的早日到来，我们为今天的共同理想的努力，是同争取实现最高理想相一致的，

第四节　树立坚定的理想信念

资本主义必然灭亡，社会主义必然胜利，这是马克思主义运用人类社会发展规律，通过对资本主义基本矛盾运动的考察作出的科学预言。有的人在苏联、东欧出现剧变后，对马克思主义产生怀疑，认为社会主义国家遭遇挫折，资本主义国家还很强大、还很富裕，资本主义不仅没有灭亡，而且还在发展。这种观点没有真正理解马克思科学社会主义理论和人类社会发展规律。马克思不是算命先生，他所揭示的是人类历史发展的大趋势，但没有预言过资本主义灭亡的具体时间。作为一种历史规律，资本主义的灭亡是不可避免的。

一、对当代资本主义本质的认识

怎样看待当今资本主义？从 1648 年英国资产阶级革命取得胜利至今已经有 300 多年了，目前属于资本主义体系的国家和地区有 100 多个，但真正发达的也不过 20 多个。大多数资本主义国家和地区的困难和基本矛盾依然严重。大多数发达的资本主义国家是依赖于早期对殖民地和半殖民地国家的掠夺，进行原始资本积累发展起来的，至今如何发展一直是它们深感忧虑的大事。前美国国务卿布热津斯基在《大失控与大混乱》一书中就列举了美国面临的 20 多项大难题。如何消除资本主义的矛盾和困难，资产阶级的学者至今找不到，也永远找不到办法来解决。美国前总统尼克松在他的回忆录《角斗场上》中叹息道：“共产主义在理论上的吸引力之大仍足以击败资本主义。”他的悲叹不是没有根据的。

20 世纪 30 年代的一场波及整个资本主义社会的经济大危机，至今仍使一些资

本家毛骨悚然。资本主义末日即将来临的感受促使资本主义不得不进行体制上的大改良。社会主义从诞生后呈现出的繁荣发展与壮大，使资本主义胆战心惊，资本主义调整战略，也借鉴社会主义国家的经验，对市场经济加强了宏观调控，对生产关系进行了调整。

第二次世界大战后，资本主义阶级结构与阶级关系出现了一些变化。20 世纪下半叶，由于新科技革命的推动、产业结构与就业结构的变化以及生产力水平与人们生活水平的提高，西方发达资本主义国家的阶级结构与阶级关系发生了很多新的变化，采取某些社会福利政策，实行所谓的"人民资本主义"，即把部分股票卖给职工，以及吸收一些工人参加企业管理活动，实行劳资双方协议工资；加强国家干预、宏观调控和国家计划等，出现了一些相对稳定发展的势头。但这种发展丝毫没有消除它固有的各种矛盾，资本主义追求高额利润的本性并没有改变，贫富差距和阶级矛盾依然存在。当代资本主义为了对抗社会主义、缓和国内的社会矛盾和阶级矛盾，不得不进行某些调整和改良。事实上，资本主义国家正是对其部分体制进行了调整、改良和改善，包括借鉴了社会主义国家的宏观调控、改善人民福利等做法，克服了原有资本主义模式的一些弊端，在一定程度上缓和了生产社会化和生产资料私人占有这一基本矛盾，再加上科技进步为生产力发展注入了新的活力，从而进入相对稳定发展的阶段。应该看到，欧美等主要资本主义国家改变过去长期实行的完全由市场自发调节经济的模式，实行国家垄断资本主义的新模式，是新资本社会化，是私人资本以社会资本的形态出现，并使企业的所有权与经营权相分离等机制，这些表明了它的生产关系的确发生了"部分质的变化"。但是，从总体上看，资本主义的社会性质没有根本改变，社会基本矛盾没有得到根本解决。第二次世界大战后资本主义的新发展，并没有找到解决资本主义基本矛盾的根本出路，因而也不可能改变历史发展的总趋势。

在当前经济一体化、信息全球化、资本国际化的新形势下，富国越来越富，穷国越来越穷。占世界 1/5 的最富国人口占有全世界 86%的国内生产总值（GDP），而占世界 1/5 的最穷国人口，只占发展中国家 1%的 GDP，贫富差距实在太大了！少数发达资本主义国家对广大发展中国家无休止地掠夺，世界生产能力的无限扩大性和世界市场容量的有限性之间的矛盾、世界经济发展的不平衡性等诸多矛盾的存在和发展，必然导致世界经济的起伏、动荡和危机。西方少数发达资本主义国家保持较长时期的相对稳定发展，一方面说明了资本主义在它所能容纳的全部生产力发挥出来以前，不会退出历史舞台，另一方面说明了资本主义发展的历史过渡性。当代发达资本主义想要继续发展，就要不断调整，以致最终解决其社会矛盾。这就意味着生产力的高度发展将为彻底改变其生产关系和社会制度，最终为发达社会主义所取代，准备着更为充分的条件。社会主义作为一种崭新的社会制度，是在 20 世纪一批相对贫穷落后的国家诞生的。这和马克思、恩格斯原先的设想不同。马克思、恩格斯当年曾设想社会主义是在生产力高度发达、社会物质财富极大丰富的基础上建立起来的，因此社会主义社会可以消灭私有制、消灭商品和货币，实行计划经济。众所周知，作为科学社会主义的创始人马克思、恩格斯揭示了人类社会发展的一般规律，揭示了社会主义取代资本主义的历史必然性。但是，他们不可能为某国具体规划出社会主义的发展道路，更不可能制定未来社会的详细蓝图。未来某国的社会主义社会是一种什么模式，完全是由那时特定的历史条件，即该国生产力和社会关系的矛盾运动所决定的。马克思的后来者们，之所以犯这样那样的错误，往往就在于不是把马克思主义科学作为行动的指南，而是教条主义地生搬硬套他们的某些结论。

二、当代社会主义的历史命运

1917 年列宁领导的十月革命开辟了人类历史的新纪元，开始了社会主义制度在强大的资本主义世界包围之中的第一次艰苦探索。经过几十年的艰苦奋斗，以苏联为首的社会主义国家的建设和发展都取得了举世瞩目的巨大成就，大大缩短了与发达资本主义国家的差距，苏联的综合国力一度跃居世界第二。但是，由于在经济上实行高度集中的计划经济体制，在政治上实行高度集权，民主法制不健全，苏联模式还是逐渐暴露出其僵化的弊端，严重束缚了生产力的发展，危机日益加深。在 20 世纪敌对势力“西化”、“分化”的强大攻势下，戈尔巴乔夫等又放弃了马克思主义、科学社会主义的基本原理和原则，放弃了党的领导和无产阶级政权，不顾历史传统和国情，照搬西方模式，从而造成思想上的信仰危机和社会动乱，终于导致了苏联解体、东欧剧变的历史性悲剧。

由于受苏联东欧剧变的影响，多数社会主义国家改向换制；发达资本主义国家中的共产党和社会主义运动也受到巨大冲击，有的改名易帜，有的不复存在。目前世界社会主义运动确实处于历史的低潮。以中国为代表的社会主义国家目前无论在生产力发展方面，还是在经济实力方面，与当代资本主义国家相比较，都不占优势。社会主义毕竟是人类崇高的理想与追求，是更加合理、更加美好的社会制度。作为一种历史潮流、一种历史趋势，在它行进的过程中，挫折、困难甚至暂时的失利，都是不足为怪的，而它的历史大方向和总趋势最终是不会改变的。当代马克思主义者和社会主义者对此必须充满信心，并能在低潮中做一个坚定的社会主义者。

社会主义建设是一项崭新的事业，没有任何现成的经验可循，这就需要我们在实践中不断摸索、试验。社会主义国家是在贫穷落后的基础上创业的，但“社会主义要消灭贫穷。贫穷不是社会主义，更不是共产主义”。尽管有些资本主义国家联合攻击和遏制，客观上给社会主义建设事业增加了巨大的困难，但我们的社会主义事业具有旺盛的生命力，我们应该有这个坚定的信念和必胜的信心。纵观苏联和东欧剧变的历史过程，我们可以清楚地看到，苏联和东欧的失败，不是社会主义的全面失败，而只是社会主义一种僵化模式的失败；不是社会主义改革的失败，而恰恰是长期不愿改革，后来又偏离社会主义改革的原则和方向的失败。

与苏联和东欧相反，中国共产党在领导人民进行改革开放和社会主义现代化建设过程中，把马克思主义基本原理同当代中国国情和时代特征相结合，探索和开辟了建设中国特色的社会主义道路。改革开放以来，特别是党的十四大以来，在邓小平理论的指引下，中国继续坚持马克思主义不动摇，继续坚持社会主义道路不动摇，同时大胆吸收和借鉴了全世界各国，包括资本主义国家的一切文明成果和一切反映现代社会化生产规律的先进经营方式、管理办法，我国改革开放的步伐不仅没有停止和倒退，而且越来越向纵深挺进，中国经济实力越来越强，在世界政治经济舞台上的地位日益提高，作用日益增强。占世界人口 1/5 的中国人民在中国共产党的领导下，顶住了西方霸权主义、强权政治的巨大压力，经受住了各种严峻的考验，创造了社会主义事业前所未有的辉煌，尤其是在当今世界金融危机，各国经济普遍下滑的情况下，中国特色社会主义事业焕发出勃勃生机，中国经济在 21 世纪第一个 10 年结束时成为世界第二大经济体，成为国际经济发展中的最亮点。

马克思主义自诞生以来，尽管遭到资产阶级政权的诅咒和诋毁，但从来没有人能够阻止马克思主义在世界范围内的传播，也从来没有什么思想能够像马克思主义那样成为亿万劳动人民改造世界和推动世界历史前进的精神力量。现在无论是马克思主义的拥护者还是反对者，都得承认马克思主义改变了世界。

实践证明，马克思主义不仅是工人阶级进行阶级斗争的经验总结，同时也是对优秀文化遗产的合理继承，实现了人类文明的伟大跃进。它引导人们认识客观世界的规律，进行正确的思维，探索自然之谜、人生真谛，实现民族复兴，掌握自己的命运。马克思主义是随着现实运动的发展而发展的。马克思主义在中国的传播，并与中国革命的具体实践相结合，形成了毛泽东思想，这是马克思主义的重要组成部分。在当代，邓小平理论是马克思主义与中国实际相结合的最新成果，是当代中国的马克思主义。“三个代表”重要思想和科学发展观是对马列主义、毛泽东思想和邓小平理论的继承和发展，反映了 21 世纪以来世界和中国的发展变化对党和国家工作的新要求，是我们党的立党之本、执政之基、力量之源，这是我们实现中国特色社会主义伟大事业的行动指南。

今天我们坚持马克思主义，就是要坚持不懈地用邓小平理论、“三个代表”重要思想和科学发展观构建人生的精神支柱，在学习和实践中，坚定自己的马克思主义信念，为实践中国特色社会主义而努力学习，把自己培养成为适应社会主义现代化需要的高素质人才。

三、实现共产主义是崇高的理想

共产主义理想是全世界无产阶级和广大人民群众的崇高理想。共产主义理想包含着理论、运动、制度和精神等深刻的内容。作为理论的马克思主义，早已闻名于全世界；作为运动，它通过国际共产主义运动推动着世界历史的发展；作为制度，其第一阶段即社会主义已成为现实；作为精神，如全心全意为人民服务、集体主义等，早已成为共产党员的宗旨和实践。实现共产主义是共产党人的崇高理想。

共产主义虽然是远大理想，但是未来共产主义社会的特征还是具体的：其一，社会作为一个整体直接占有全部生产资料，即实行生产资料公有制；其二，在此基础上，对全社会的生产进行计划调节；其三，社会劳动产品直接分配给劳动者，实行按劳分配，到高级阶段进而实行按需分配；其四，在实现公有制前提下，消灭阶级，消灭剥削；其五，最终实现每个人全面、自由的发展。

共产主义也是一种实践运动，因此，它又是现实的、看得见摸得着的。1848 年《共产党宣言》的发表和共产主义者同盟的成立，标志着科学共产主义理论的诞生和自觉的共产主义运动的开始。100 多年来，各国无产阶级和劳动人民在马克思列宁主义的科学共产主义理论指导下，展开了风起云涌、轰轰烈烈的共产主义运动，并在俄国、中国等一些国家建立了社会主义制度。这充分说明，共产主义理论及其指引下的共产主义运动，在世界上已经存在了 100 多年；作为共产主义制度的初级阶段的社会主义制度，也在一些国家存在了几十年，共产主义正在继续前进。尽管当前国际风云变幻，但是，正如资本主义制度建立初期个别国家的封建复辟不能阻挡资本主义取代封建主义一样，社会主义取代资本主义的社会发展总趋势是不可逆转的。

理想的实现是一个过程，理想的追求也是一个过程。从共产主义理想实现的全过程来看，每一代共产主义者对共产主义理想的追求，都为这个理想的最终实现作出了贡献，因而他们的追求无疑是有价值的。共产主义理想的实现是若干代人不懈追求的结果，没有前面若干代人的追求作为铺垫，就没有共产主义理想的最终实现。若干代人的理想追求的价值都积淀在共产主义理想的最终实现之中。共产主义理想的实现是一个漫长过程，一代代共产主义理想的追求者，尽管处于理想实现总过程的不同时期，但每一代人都有其付出的辛劳，也都有其收获的喜悦。理想是一个不断实现或逐步实现的过程。理想目标并不只是最终目标而已，它实际上包含许多具体的目标或阶段性理想。人们通过实现这些小的或中等的目标，最后达到最大的目标。

四、坚定中国特色社会主义的理想信念

中国人民选择社会主义，坚定不移地走社会主义道路是历史的必然，这是由中国的国情和所处的国际背景决定的，是一代又一代有志之士用鲜血和生命证实的真理。

近代中国饱受西方列强的凌辱，为了救国救民，优秀的中华儿女忍辱负重，向西方探求真理，他们满腔热血，试图把中国建设成为一个资本主义国家，从洋务运

动、戊戌变法到辛亥革命，但都一一惨败。西方资本主义列强不允许中国富强，始终妄想瓜分中国的领土，继续把中国作为它们的殖民地。在国家和民族的危难关头，中国共产党领导工农劳苦大众，克服了难以想象的艰难困苦，彻底摆脱了西方资本主义国家对中华民族长达 100 多年的奴役，开创了中国历史的新纪元。以毛泽东为代表的中国共产党把马克思主义同中国的国情相结合，完成了新民主主义革命的胜利，又运用马克思主义理论，通过历史的总结，得出了一个结论："只有社会主义才能救中国。"从此，也选择了一条光明的大道——社会主义道路。这就是中国共产党为改变旧中国的面貌实现的历史性的第一次飞跃。

第二次飞跃发生在党的十一届三中全会以后，以邓小平为代表的中国共产党人在总结中华人民共和国成立以来正、反两方面经验的基础上，在改革开放的实践中，开始找到了中国自己的建设道路，创立了有中国特色的社会主义理论，指引着中国现代化建设取得了一个又一个伟大的成就，使社会主义建设事业迈向了一个健康而又高速发展的轨道上。在这个理论中，第一次比较系统地回答了中国作为经济文化落后的国家，如何建设社会主义、如何巩固和发展社会主义等一系列基本问题。

中国社会主义建设事业所取得的成就充分证实了选择社会主义道路的科学性与合理性。邓小平曾经指出："只有社会主义才能救中国，也只有社会主义才能发展中国。如果走资本主义道路，可以使中国百分之几的人富裕起来，但是绝对解决不了百分之九十几的人生活富裕的问题。"

面对落后的状况，怎样建设社会主义？邓小平明确指出："我们讲社会主义是共产主义的初级阶段，共产主义的高级阶段要实行各尽所能、按需分配，这就要求社会生产力高度发展，社会物质财富极大丰富。所以社会主义阶段的最根本任务就是发展生产力，社会主义的优越性归根到底要体现在它的生产力比资本主义发展得更快一些、更高一些，并且在发展生产力的基础上不断改善人民的物质文化生活。"社会主义的本质是解放生产力，发展生产力，消灭剥削，消除两极分化，最终达到共同富裕。

邓小平结合社会主义建设的实践经验和时代要求，坚持辩证唯物主义和历史唯物主义的立场、观点和方法，深刻分析了中国社会主义在新时期遇到的新情况、新问题，并提出了解决这些问题的新思想、新理论和新方法，使马克思列宁主义在当代中国进入新境界，达到了新高度。这个理论体现了继承、坚持与发展、创新的辩证统一，继承、丰富和发展了马克思主义，是当代中国的马克思主义。

要正确对待理想实现过程中的艰巨性和曲折性。要将理想变为现实，需要坚定的信念，并充分认识到实现理想的艰巨性和曲折性。社会主义代替资本主义是一个漫长的、复杂的、曲折的过程。任何一种社会制度的代替过程都要经历一个漫长的、复杂的、曲折的过程，资本主义代替封建主义经历了 200 多年（从 1581 年荷兰共和国到 1792 年法兰西共和国），中间也经历了多次封建王朝的复辟。社会主义从苏联

1918年取得胜利至今还不到100年，何况社会主义主要是在一些落后的国家取得成功的，生产力必须有一个大的发展后才能逐渐取代资本主义，实现这一点需要更长的时间，需要几代人、十几代人甚至几十代人的努力才能实现。

社会主义是一项崭新的事业，没有任何现成的经验可学，也没有一条既定的路线可循，需要我们在实践中去探索、试验。在这个摸索过程中，失误、挫折也是难免的，这一点列宁早就提示过，在这样崭新、伟大和艰苦的事业中，缺点、错误和失策是不可避免的。在这个伟大理想的实现过程中，必然会遇到这样或那样的困难，出现各种难以预料的现象。“封建社会代替奴隶社会，资本主义代替封建主义，社会主义经历一个漫长过程发展后必然代替资本主义。这是社会历史发展不可逆转的总趋势，但道路是曲折的。资本主义代替封建主义的几百年间，发生过多少次王朝复辟？所以，从一定意义上说，某种暂时复辟也是难以完全避免的规律性现象。”苏联、东欧发生剧变后，资产阶级政治家和学者散布“大失败”谬论，有些社会主义信念不坚定的人也受到消极影响，出现了暂时的困惑，这些人可能就不懂得社会主义代替资本主义过程的艰巨性和曲折性。

在社会主义代替资本主义的过程中，还会遇到资本主义的强烈抵抗。从社会主义诞生的那一天起，资本主义国家对它的颠覆活动从来就没有停止过，只是颠覆的战略和手段在不断更换，从丘吉尔的“扼杀战略”到凯南的“遏制战略”，从杜勒斯的“和平演变”到布什的“超越遏制战略”，资本主义面对自己的“掘墓人”，必然采用“扼杀”、“制裁”、“对抗”、“遏制”、“分化”、“西化”、“和平演变”等各种手段来阻止这个代替过程，他们还会用“魔鬼”、“幽灵”、“独裁”、“法西斯”等污秽的语言来丑化共产党，也会散布“大失败”的谬论来消磨社会主义者的信念和信心。

面对经济实力强大的资本主义，社会主义将同资本主义长期共存，彼此之间将会有政治、经济、文化甚至军事上的艰苦较量。当前，我们建设有中国特色的社会主义，就是要大力发展生产力，提高劳动生产总量，不断提高人民的物质和文化生活水平，逐渐发挥社会主义的优越性。

我们要坚定走中国特色社会主义道路的信念，要在理性认知、情感和意志倾向三个方面给予认同。中国特色社会主义道路是基于社会历史发展规律的正确选择，具有巨大的优越性。社会主义作为一种高于资本主义的社会理想，经历了由理论到现实的社会制度、由幼年时期到逐步走向成熟的历史进程。社会主义在其发展进程中经历了四个时期：一是社会主义从空想变为科学，科学社会主义创立和传播的时期；二是社会主义从理想变为现实，确立社会主义制度的时期；三是社会主义从一国实践发展为多国实践的时期；四是社会主义通过改革，逐步从幼年走向成熟，社会主义制度逐步完善和巩固的时期。这个历程表明，20世纪社会主义制度的建立和发展是新的时代产物，是历史的必然。同时，作为一种新的社会制度的生长过程，它经历曲折坎坷、局部失败和暂时倒退，都是不足为怪的历史现象。对此，我们既不必惊慌和悲观，又不能掉以轻心，要避免出现更大的历史曲折。重要的是，要善于通过总结经验，深化改革，解决社会主义发展中所面临的新问题，牢牢把握社会主义的本质，坚持科学发展观，努力构建社会主义和谐社会，实现全面建设小康社会的战略目标，充分体现中国特色的社会主义优越性，用事实和成就坚定人们走中国特色社会主义道路的信念。我们党提出构建社会主义和谐社会，是对马克思主义关于社会主义社会建设理论的重大创新，其所追求的民主法治、公平正义、诚信友爱、充满活力、安定有序、人与自然和谐相处的价值目标，是共同理想的具体表达和生动体现，将共同理想的政治功能、社会功能、个体功能较好地融为一体。作为中国特色社会主义事业建设者和接班人的当代大学生应该更加坚定中国特色社会主义事业必胜的信念。正如陶铸所说："我们应该赞美岩石的坚定，我们应该学习岩石的坚定。我们应该对革命有着坚强的信念，在民主革命的战争年代应该如此，在社会主义革命和建设的年代更应该如此。"

五、"六个为什么"对加强大学生理想教育的意义

2008 年 12 月 20 日，李长春同志在中宣部、中央党校、中央文献研究室、中央党史研究室、国家发展和改革委员会、教育部、国务院发展研究中心、中国社会科学院、解放军总政治部等 9 个单位联合举行的纪念十一届三中全会召开 30 周年理论研讨会上，提出了"六个为什么"，即为什么必须坚持马克思主义在意识形态领域的指导地位，而不能搞指导思想的多元化；为什么只有社会主义才能救中国，只有中国特色社会主义才能发展中国，而不能搞民主社会主义和资本主义；为什么必须坚持人民代表大会制度，而不能搞"三权分立"；为什么必须坚持中国共产党领导的多党合作和政治协商制度，而不能搞西方的多党制；为什么必须坚持公有制为主体、多种所有制经济共同发展的基本经济制度，而不能搞私有化和单一公有制；为什么必须坚持改革开放不动摇，而不能走回头路。"六个为什么"，对于大学生自觉学习和践行中国特色社会主义理论，加强理想教育，提高思想政治素质，促进自身的健康成长具有重要意义。

第一，学习"六个为什么"有利于大学生树立正确的、科学的人生理想，为加强大学生自身修养，形成优良品德，健康成长、成才指明了努力方向。通过学习"六个为什么"要逐步认识到马克思主义理论在新的实践中必须不断地联系新实际，总结新经验，吸收新营养，形成新成果，开拓新境界。恩格斯有一句名言："我们是不断发展论者，我们不打算把什么最终规律强加给人类。"列宁也指出："马克思从来没有企求说明一切，而只企求指出唯一科学的说明历史的方法。"与时俱进，不断发展，是马克思主义鲜明的理论品格。在中国共产党人的伟大实践中形成的毛泽东思想、邓小平理论、"三个代表"重要思想和科学发展观就是马克思主义与时俱进，开拓创新的光辉结晶。坚持马克思主义在我国高校思想政治教育中的指导地位，就必

须坚持用中国化的马克思主义占领主阵地，弘扬主旋律，引领新思潮。

第二，学习“六个为什么”为大学生树立振兴中华的远大理想，实现人生目标提供了强大的发展动力。“六个为什么”用100多年来的中国近、现代史，用中国革命、建设和改革开放的历史理直气壮地阐明，只有社会主义才能够救中国，只有中国特色社会主义才能发展中国。中国特色社会主义共同理想体现了每一个中国人对于民族振兴、国家富强与社会和谐的共同愿望和美好期待，成为引导我国社会发展和民族振兴的旗帜。“六个为什么”引导大学生要正确处理共同理想与个人理想之间的辩证关系，在全身心投入中国特色社会主义伟大建设中实现自己的理想、抱负，使社会主义核心价值体系成为促进大学生奋发向上，精忠报国的源源不断的强大精神动力。要使大学生充分认识到：改革开放是强国之路、发展之路，是中华民族的复兴之路，只有坚持改革开放，才能冲破一切陈腐思想观念和僵化体制的束缚，破除教条主义、主观主义和形而上学的桎梏，才能让社会主义中国焕发勃勃生机。

第三，学习“六个为什么”为大学生成长为德、智、体、美全面发展的社会主义事业的合格建设者和可靠接班人指明了基本途径。“六个为什么”通过从历史到现实、从中国到外国、从理论到实践的阐述，为当代大学生指出了深入贯彻落实科学发展观的现实途径。胡锦涛总书记在同中国农业大学师生代表座谈时强调：“实践是青年大学生成长成才的必由之路”。实践既是培养我们改造客观世界能力的活动，也是提升我们改造主观世界能力的活动，这是一个知与行有机统一的过程。基层实践是大学生了解国情、增长本领的最好课堂，是磨炼意志、汲取力量的火热熔炉，是施展才华、开拓创业的广阔天地。只有深入到实践中去，深入到群众中去，才能加深对党情、国情、世情的认识，增进同人民群众的感情，提高解决实际问题的能力；才能更深入地理解和把握科学发展观的科学内涵、精神实质和根本要求；才能让青春在建设中国特色社会主义的伟大事业中焕发出更加绚丽的光彩。

一、思考题

1. 中国特色社会主义的共同理想的主要内容是什么？

2. 在当前的就业环境中，怎样更好地实现自己的职业理想？

3. 如何把个人理想和社会理想统一起来？

4. 深刻领会“六个为什么”，做全面发展的社会主义事业的合格建设者和可靠接班人。

二、阅读文章

理 想 赞 歌

陕西理工学院毕业生温光旭在安康抗洪抢险一线牺牲

2010年7月18日下午，安康等地遭遇了百年不遇的暴雨泥石流灾害，正在岚皋县城休周末的陕西理工学院毕业生温光旭在接到抗洪抢险通知后，二话没说匆匆返回乡政府，和同事龚太华一起赶往该乡新风村参加抗洪抢险，动员、转移、疏散群众。当他们到一家偏远的农户家动员撤离时，房屋后的泥石流扑面而下，该村主任陈永才和农户老柴夫妇被活活地掩埋在泥石流里，温光旭和他的同事龚太华被接踵而至的石头击中，伤势严重，虽经村民全力救助，他最终还是离开了他热爱的家乡人民。在抗洪抢险的第一线，温光旭献出了他年仅 26 岁的生命，成为岚皋县此次抗洪抢险第一位以身殉职的国家干部。

温光旭毕业于陕西理工学院经贸系工商管理专业，2009 年 9 月，他参加省农村基层人才队伍振兴计划公开招聘，被聘用分配至岚皋县铁炉乡农业服务站工作。回到他挚爱的乡村工作。铁炉乡是岚皋西部的一个最边远的乡镇，温光旭在那里工作，父母都替他操心，一心想让他回城。但温光旭却恰恰相反，没有抱怨之声，没有灰心之意，没有泄气之举，有的只是走村到户，了解当地村民生产生活情况的那份不畏艰辛；有的只是与同事一道共同谋划和农民一起劳动，扶持村里发展魔芋、蚕桑产业的那份不懈努力。他立志扎根在基层这种能锻炼人、磨砺人的工作，还交了不少的农民朋友。乡下，下班了，没什么可娱乐的，他就自学会计学和法律知识，他希望有一天，可以拿上会计资格上岗证，并用法律知识为村民们服务，尽管他大学学的是工商管理专业。老乡们心中的小温：总是那个外表腼腆羞涩，骨子里乐观向上、助人节俭，有着执著的追求，怀揣美好平实的人生理想、积极进取的人生观，勤奋刻苦，心怀感恩，善待身边的每一个人……

温光旭的事迹感动了社会，感动了时代。无数的网友在网上跟帖，祭奠着英烈 26 岁的壮美年华。

“光旭同学，你不必担心你的同事和村民，在你付出血肉的土地上深深烙下了你恪尽职守的灵眸，他们将追随你的脚步，挺起不屈的脊梁，帮你走完没有走完的路，完成你向村民许下的还未实现的诺言，把你包的村快速恢复完好……”

“光旭，我们每一个人都会把你的名字深深镌刻在心底，在各自的工作岗位上奋力拼搏，因为你为我们诠释了什么叫责任、什么叫奉献、什么叫恪尽职守、什么叫为人民服务！”

“温光旭，你是我们 80 后的骄傲；温光旭，你是我们 80 后的榜样；温光旭，你是我们 80 后的荣光；温光旭，你用你的鲜血证明：80 后，是中国未来的脊梁！”

温光旭为保护人民生命财产而英勇献身的事迹，在社会各界引起了强烈反响。中共中央政治局委员、中央书记处书记、中组部部长、中央创先争优活动领导小组组长李源潮同志于 2010 年 8 月 5 日作出重要批示：“温光旭在抗洪中献身的事迹应及时宣传。”同日，陕西省委书记赵乐际同志批示：“请按照源潮部长批示要求，进一步做好宣传工作。”共青团陕西省委、陕西省青年联合会下发文件追授他为“陕西青年五四奖章”，省文明办公室将温光旭的先进事迹推荐到中央文明办公室组织开展的“我评议、我推荐身边好人”活动。8 月 16 日，中共陕西省委追认温光旭同志为中国共产党党员。中央电视台、中央人民广播电台、《陕西日报》、陕西电视台、《华商报》、《三秦都市报》、安康电视台、《安康日报》、安康广播电台等多家媒体相继报道了温光旭的感人事迹。

有人曾经把20世纪80年代出生的独生子女称为“小皇帝”，断言他们是“垮掉的一代”，温光旭用生命给出了否定的回答；有人曾经担忧在市场经济条件下长大的当代大学生，还能像先辈那样拥有崇高的理想和信念吗？温光旭用生命给出了肯定的回答。

温光旭走了，留下了人生短短的26圈年轮。他用生命和热血抒写的理想壮歌，将永远回荡在我们的耳边，他舍身抗洪的英雄事迹铸就了一座无言的丰碑。

第七章 珍爱生命、幸福生活、健康发展

人生不是一支短短的蜡烛，而是一支由我们暂时拿着的火炬，我们一定要把它燃得十分光明灿烂，然后交给下一代的人们。

——萧伯纳

生命的意义是在于活得充实，而不是在于活得长久。

——马丁·路德·金

第一节　生命与自然

人是自然界的一部分，是自然界长期发展的产物，又是自然的征服者。人类以其智慧和能力，认识自然、征服自然、改造自然，创造了光辉灿烂的文明之果，也开放出绚丽多彩的人生之花。

一、人是自然界长期发展的产物

人类究竟是何时起源？又是由什么发展而来？这些问题是千百年来困扰着人们，并曾引起旷日持久争议的问题。唯心主义和宗教神学总是从自然之外去寻求答案，以某种超自然的力量来解释世间万物及人类的形成。西方基督经典《圣经》中这样描述地球和万物起源：地球是上帝耶和华在公元前 4004 年 10 月 12 日上午 9 点钟一下子创造出来的，人类及其他世间万物也都是在随后的 6 天中按照一定的计划和目的创造出来的。上帝按自己的意志创造出了最早的男人和女人，于是地球上就有了人类的繁衍生息，这种上帝创造世论观点，曾经在人类历史的一段很长时间里，统治着人们的思想，直到地质学、古生物学、进化论等科学理论的出现，才被科学事实所击破。

自然科学的大量事实证明，地球是在 45 亿年前在自然的长期发展中逐渐形成的。地球上的生物及人类并不是由某种超自然的神秘力量从虚无中创造出来的，而是按照自然发展规律由低级向高级、由简单到复杂地发展而来，而人类则是自然界长期发展的产物。

（一）生命之花的盛开

早在45亿年前，地球渐趋形成。早期的地球是炽热的，没有生物，没有人类，只有混沌一团的气体。由于逐渐散热，早期地球缓慢降低了温度，随后进行了一系列的化学进化：由最基本的元素化合成化合物，由无机物化合而产生有机物，由简单有机物化合成高级大分子有机物，作为生命物质的主要成分——核酸和蛋白质产生了，生命起源的条件日益成熟。这种由无机物到有机物，由小分子到大分子的化学演化的最后结果是原始蛋白体的形成。这意味着生命的火花按照自然规律，通过化学进化的途径点燃了，这是一个巨大的飞跃，从此，地球的历史翻开了新的一页。

（二）生命进化和人类的出现

最早出现的生命体非常简单，如原核细胞等，但它们孕育着以后生物发展的全部基础。从地质年代的发展来看，生物的进化经历了这样一个过程：太古代、元古代是化学进化→生命的起源，原核细胞→真核细胞→多细胞的过程，古生代则是无脊椎动物→脊椎动物，藻类→高等动物的发展过程；中生代是爬行类、高等植物的发展过程。新生代是哺乳类、鸟类的发展过程。整个动物进化过程的基本趋势是：扩大、增加和推陈出新。

生物的生存空间逐渐扩大，由小地区到大地区，由水到陆，由陆到空，凡是生命存在的地方，现在都有生物分布在那里。生物的类型也随着进化的过程在逐渐增加，据估计，现在动物已有100万种以上，植物已有3万种以上，细菌及病毒大约有几万种。在整个的生物进化当中，旧的生物类型中不断产生出新的类型，一方面是旧物种的大量灭绝，另一方面是新物种的大量形成。在这推陈出新的过程中，生物体质的提高是生命发展的主流，生物对付环境的能力越来越强，对环境的影响越来越大。而人类则是在这新陈代谢、推陈出新的生物进化中诞生的一朵奇葩。正如恩格斯所说："从最初的动物中，主要由于进一步的分化而发展出无数的，纲、目、科、属、种的动物，最后发展出神经系统获得最充分发展的那种形态，即脊椎动物形态，而最后在这些脊椎动物中又发展出这样一种脊椎动物，在它身上自然达到了自我意识，这就是人。"

（三）劳动在人类起源中的决定作用，劳动创造了人

人类是自然界长期发展的产物，那么，是什么力量使人类最终脱离动物界，走向自我意识状态呢？这不是简单的自然选择作用造成的，而是靠劳动来完成的。

真正的劳动是制造和使用工具的生产活动，正如恩格斯所说："劳动是从制造工具开始的。"他又说："没有一只猿手曾经制造过一把哪怕是最粗笨的石刀。"而人却有这样的能力，猿人在抵御敌人、猎取食物的生存斗争中，逐渐从利用自然界天然

工具走向创造和使用简陋工具的阶段，制造工具的重要性，不仅仅在于能制造出更适于寻食和御敌的工具或武器，而且还在于使猿人智力超出了一般的动物。

在劳动的推动下，人类学会了直立行走、手足分工；在劳动的协作需要推动下产生了语言；劳动使原始人的实践活动日益增加，智力和认识能力逐渐提高，意识也逐渐产生，“在劳动的推动下，原始人的身体结构也发生了深刻变化”，“以致从某种意义上不得不说：劳动制造了人类本身”。

正是制造和使用工具的劳动，使人完成了从猿到人的转变过程，这是生物史中又一次重大的飞跃，从此生物的进化史进入到崭新的一章——社会的进化。

二、人是万物之灵

古希腊的哲学家亚里士多德给人下了一个定义：“人是陆栖两脚的动物。”从某种意义上讲，亚里士多德的观点有一定道理，但却不全面。因为人不仅具有动物性，而且具有不同于其他生物的独特特点，这些特点使人类在整个自然界中独占鳌头，成为主宰万物的创造者。许多中外学者都看到了人与动物的不同之处，高扬人在宇宙中的地位和价值。中国哲人看到了人的非凡之处，把人与天地并称为“三才”，英国文艺复兴时期的戏剧大师莎士比亚，也歌颂了人在自然界的光辉形象：“人是多么了不起的一件作品!理性多么高贵，力量是多么无穷！仪表和举止是多么端正，多么出色！论行动，多么像天使，论了解多像天神，宇宙的精华，万物的灵长!”人之所以能来源于动物却又高于动物，来源于自然又统摄自然界，就在于人具有如下的优点，思想性、创造性、社会性、道德性等。

理性是人为万物之灵的显著标志之一。人具有高级神经系统和发达的大脑，这是它具有高贵理性的生理基础。人能够凭它进行抽象的思维，透过事物的表面现象，把握事物的本质和规律，预见事物未来发展趋势。这是其他生物所望尘莫及的，正由于人类具有这种高贵的理性，因而人的行为具有目的性和方向性，能够运用理智和经验辨别是非、善恶，预见行为的后果，探求事情的来龙去脉，从而正确选择行为。而动物没有辨别是非、善恶的能力，也不会预见行为的后果，因而不会有正确的思想动机和长远的行为目标，动物的行动是受本能和欲望支配的。

能动性是人为万物之灵的又一显著标志。在与自然界的关系中，一切生物包括人在内，都有依赖于自然界的一面，但人与其他生物又有本质区别，动物、植物要求得生存和发展，很大程度上必须不断地改变自己的身体来适应环境的变化，完全被动地受制于环境。而人类则不同，人类不是依靠身体的器官去适应环境的变化来求得生存，而是主要依靠人造“器官”——工具的变化来推动自身的发展。人类要过河，可以造船；要下到深水处，可以穿上特制潜水衣；要快跑，可以造出汽车、火车；要上天，可以造出飞机和飞船等。人类的行为具有创造性和能动性，能够通过自己的活动来改变自然物的面貌，使之适合于人类的需要，而动物的行为受本能支配，靠适应外界环境而生存，无任何创造性和能动性。所以恩格斯指出，只有人才给自然界打上自己的印记，因为他们不仅变更了植物和动物的位置，而且改变了他们所居住的地方的面貌、气候，他们甚至还改变了植物和动物本身，使他们活动的结果只能和地球的普遍死亡一起消失。动物也进行生产，但是它们的生产对周围自然界的作用在自然界面前等于零。

目的性是人的主观能动性的突出表现，人在活动之前，早已有了一定的目的和计划，人依据对事物本质和规律的认识，确定了行为活动的目的和方向，制定出行为的指南（如方针、步骤、路线、措施、方案等），并凭借自己创造出来的工具设备等物质手段来改造自然、改造社会、改造自身，使确定的目的和行动指南实现于客观的对象之中。而动物尽管有的时候也进行一些高难度、复杂性的活动，其灵巧程度甚至也可以与人类相媲美，但动物活动的最大弱点是无计划性，无目的性。正如马克思在《资本论》中所说，人类最蹩脚的建筑师比之最灵巧的蜜蜂的最优之处就在于，建筑师在建筑某幢房屋之前，已经制定了这一房屋的设计图；因为劳动过程结束时得到的结果，在这个过程开始时，就已经在劳动者的表象中存在着，即已观念地存在着，正由于人类具有目的性、创造性，因而人类得以从动物界中走出来，走向文明，而人离开狭义的动物越远，就越是有意识地自己创造自己的历史，不能预见的作用、不能控制的力量对这一历史的影响就越小，历史的结果和预定的目的越符合。

理性是人类之为万物之灵的又一特点，中国哲人荀况曾认为：人比自然万物优越之处就在于人的德性。他说："水火有气而无生，草木有生而无知，禽兽有知而无义，人有气、有生、有知，亦且有义，故最为天下贵。"正由于人懂得礼义，知道依义而行，尽管他的自然力量有时不如牛马等禽兽，但由于其有德性，"能够合群"而居，故"能够序四时、裁万物，兼利天下。"

道德是人类所特有的一种社会生活。人类懂得依靠伦理道德的力量来规范约束自己的行为，把社会成员的行为纳入一定的轨道，以保证社会生产、生活的正常进行，在伦理道德力量的驱使下，人们讲文明，懂礼貌，互相谦让，与人为善，而动物界却没有这一特点，动物界盛行的是弱肉强食、适者生存、不适者淘汰的原则。尽管在动物界也存在某些看来类似人类道德生活的现象，如"鸟有反哺之义，羊有跪乳之恩，蜂有自我牺牲之勇，狗有恋主之情"等，但这些都不能说明动物界也有道德生活。因为道德行为都是自知、自觉、自愿、自主的行为，是在自觉意识支配下的行为，而动物却没有意识，不懂得思维，它们的活动很大程度上是本能行为。它既不能明确行为的意义，也不清楚行为的价值。唯有人类才具有明确的意识支配，懂得行为的道德意义和价值，并有意识而为之，所以，人的言谈举止、行为活动才是那样文明、有修养。

社会性是人之为万物之灵的又一特征，人的生产活动具有社会性，人类为了维持自己的生存，就必须从事生产活动，向自然界索取生活资料。在这种生产活动中，人不像动物一样单独行动，而是结成一定的群体，在群体中互相协作、步调一致、同心协力地向大自然挑战，从而获取到单个人所不能获得的丰盛食物。人类的劳动是社会性的生产劳动，人们的各种劳动都是在一定的生产关系之中进行的，每个人所从事的具体生产活动，是整个社会大生产环节中的一部分。这种社会性使人类获得了巨大的征服自然和改造自然的力量。

人类思想也具有社会性，人类天然的思维器官是思想的前提，但思想不是天生的，而是后天形成的，是在社会中形成的。思想是存在的反映，思想的来源、思想的能力和思想的标准，都来之于社会实践。人类优于动物之处，就在于创造了一种新的遗传方式。一般动物的遗传往往是通过细胞，特别是生殖细胞传给后代。人类则不同，他要将自己的智慧和能力传给后代，主要不是借助于生理遗传，而是借助于文化传播。文化的遗传与生理遗传的不同之处在于：第一，文化主要是通过语言文字来传播；第二，文化的遗传不仅可以传给自己的子女，而且更重要的是可以传给周围的人，可以不受时间的限制。由于这种新的遗传方式的出现，文化的继承性就没有了界限，人类所创造的全部物质、精神财富，如文学艺术、科学技术成果等，都能在全世界范围内传播。于是，人们这种思想的社会性，使自身认识自然、改造自然、认识社会、改造社会的能力大大提高了，而且日益将认识运用到实践中为实践服务，这是动物所无法匹敌的。

第二节　善待自然、创造和谐

一、自然环境与人生的关系

人类不同于其他生物之处，就在于他有理性思维能力，有目的性、创造性、计划性，能够给自己提出一定奋斗目标，并为实现这一目标而制订出一定的行动方案、措施、步骤，使自己的行为按照预定的轨道前进。这就是人能够遨游太空，潜游海底，发明和创造出光辉灿烂的科技成果的原因。人类的这种能动作用和其取得的丰硕成果是亿万个体的人生创造和智慧的结晶，然而这一切离不开一个根本的事实，即任何个体的人生创造活动都要受到环境的制约，其突出表现是：人要进行各种政治、经济、文化、科技发明创造等活动，必须有活动的基础和材料，而这一切都与自然界有着密不可分的联系。自然与人类既相互联系、互相影响，又相互对立，互相制约，人类对自然首先构成的是依赖关系，自然对人类首先构成的是制约作用。

人类要生存下去，就必须吃、穿、住、用、行，必须有赖以生活的物质生活资料，要进行工农业生产，就必须有赖以生产的生产对象、能源、材料等，所有这一切都离不开自然界的奉献，若离开了自然界所提供的前提和基础条件，那么一切物质生产活动都无从谈起，甚至连最简单的生存也得不到保证，更谈不上物质文明和精神文明的创造、智慧和能力的发挥及人生价值的实现了。

自然不仅从生产和生活方面制约着人类，而且还从生命的存续时间和活动空间上给人以限制。自然以其铁的规律制约着每个人的生命旅程——生命有限，无论是帝王将相、王公大臣，还是平民百姓，任何人都不能超越自然规律而长生不老，永世长存。人生的时间性受到自然时间性的制约和限制，人类的生活节律深深地印着自然时间的印记。人类活动的空间也超不出自然界，尽管人类能够把它的活动扩大到地球的各个角落，甚至扩展到太空，人类的能动性也不断地突破自然界的各种限制，但是，人类的活动空间只能在自然界之内，永远也超不出无限的宇宙空间。宗教神学所描绘的超出时间和空间的“天国”世界，只不过是一种迷信与幻想，在统治阶级那里则是一种愚弄和欺骗。人生观领域的“宿命论”、悲观主义、享乐主义等，又过分夸大了自然界的制约力量，忽视和抹杀了人的主观能动作用，也是十分错误和有害的。自然界给予人们有限的活动时间和空间是相对的，人们凭借自己的主观能动性和无穷的世代延续，可以不断地创造出不朽的人生，在有限的时间和空间范围内，推动人类社会的无限发展。

自然环境对人生的制约，集中地表现为自然力和自然规律的一定强制作用。自然力就像一个神秘的巫师，魔法般地给人以灾难与不幸、幸福和快乐，它有时给人以风调雨顺的年成，有时又以风灾、水涝、虫害、干旱等使作物颗粒无收。风、雨、雷、电是它施展魔力的法鞭，气候、土壤是它的魔杖，统摄着万物的生长，威慑着人类的生存和生活，人类文明的程度越低，人类认识水平和创造能力越差，他们受自然的控制和制约就越多。在自然的面前就越被动，越无能。人类早期之所以要对自然界顶礼膜拜，俯首称臣，就在于人类在强大的自然力和铁的自然规律面前是无知的、贫乏的、被动的。自然规律在没有被认识之前是盲目的，而人们一旦认识和掌握了自然规律，就可以利用其为人类服务。这是人类生命活动对大自然的一种冲击，也是人类生命创造活动的丰硕成果。

二、人生对自然的利用与改造

人类受制于自然，受制于环境，这是人之作为自然物的基础，但是，人类不像其他生物一样被动地受制于自然，生物只能依靠自身的身体、性状的变化来适应环境和自然，而人类却可以依靠自身的智慧和创造力来认识自然、利用自然、征服自然、改造自然，使自然为自己的需要服务，随着人类文明程度的日益提高，人类利用、控制和改造自然的能力日益增强，范围日益扩大，手段日臻完善。

人类改造自然成果，日新月异，灿烂辉煌。人们根据自己的需要和已有的活动经验所制造的劳动工具，是人们征服自然的首要标志。原始社会，刚刚脱离动物界的人类，尚没有发达的思维水平和认识能力，认识自然、改造自然的能力极低，生产力很不发达。此时人们只能依靠简单的加工工具（磨制、打制石器）来进行生产，更多情况下人们只能依靠自然所赐予的野果、兽类及鱼类来维持生计，农牧业尚处于萌芽状态，生产大多是刀耕火种，物质财富既少且劣。经过奴隶社会和封建社会生产工具的改善与新发明，生产劳动的水平有了很大的提高；到了机器大工业发达的资本主义时代，人们有了更加充分的改造自然的手段和广泛深刻的社会联系。自然力的征服、机器的采用，化学在工业和农业中的运用，轮船的行驶、铁路的通行、电报的使用。整个大陆的开垦、河川的通航，正是人改造自然的劳动实践，才带来了人们衣、食、住、行等方面的深刻变化。从洞穴群居到高楼林立；从生食到熟食；从步行到牛车、马车再到飞机、火车、轮船，从树叶遮体到衣着华贵，丰富多彩的物质文化生活把人类从野蛮引向文明。

人类以其智慧和主观能动性，改造自然、改造环境，改造着美好的生活，谱写着壮丽的人生。面对恶劣的自然条件，世代的人类不气馁，不灰心，奋力拼搏，向大自然宣战，让高山低头，河流让路，对盐碱地的根治，土壤沙化的防治，移山填海，改天换地，使自然面貌变了模样。越来越多的人工自然、人造自然的出现，充分显现了人类改造自然的成果。

今天，各种尖端科技的发明创造，更是使人如虎添翼。能源科学、材料科学、生物工程、海洋科学、宇宙航天工程等的出现，使人类在征服自然方面获得了前所未有的创造力，为人类提供了更新、更先进的改造自然的前提条件。风能、太阳能、潮汐能、核能的采用和发挥，为人类改造自然、征服自然提供了强大的动力，光纤通信、远距离红外线跟踪等，为人类通信事业的发展奠定了坚实的基础。生物工程的科学成就，又为人类改造和培育了前所未有的众多优良生物，人类改造自然的创造力不仅在其所居住的地球上大展宏图，而且还将触角伸向宇宙太空，随着航天科学的发展，人类认识太空、征服太空、利用太空为自己服务的日子也为期不远了。

随着人类认识能力和科学技术的不断发展，人类控制和征服自然的力量日益提高。人类在变幻莫测的自然界面前，再也不会无可奈何、束手无策、目瞪口呆了，人类在改造自然的过程中不仅逐渐认识到征服自然、改造自然，使之为人类服务的必要性，更重要的是已经意识到人类要长期地利用和开发自然，必须保护自然，热爱自然，科学地开发和利用自然，追求可持续的发展。于是，反对对大自然的无限制掠夺，反对乱砍滥伐、环境污染，延续和阻止智慧圈、技术圈对生物圈的冲击，保持生态平衡，维持自然的正常发展等，各种方针、政策和措施提出来了，中国政府提出的可持续发展战略，科学发展观就体现了人类对人的发展、社会发展与自然关系的认识，体现着人类对自然认识的进一步加深，也标志着人与自然关系的更加和谐与统一。

不断地探索人生与自然的关系问题，是人类的永恒课题。人是自然的存在物，并永远受客观规律的制约，这就决定了人生活动的基本前提。人们只有充分认识、尊重并利用自然界的客观规律，在与自然界的和谐与协调中才能求得自身的发展。

另外，人在自然界中占据中心位置，并以自然界为对象，对自然界有主导作用，这就使人类有可能并且必须充分发挥自己的主观能动作用，最大限度地利用和改造自然，使自己成为大自然的真正主人。

第三节 追求幸福人生

幸福是一个令人神往的美妙字眼，幸福生活是人生追求的终极目标。古往今来，人们对人生需要、目的、理想、信念、价值等一系列人生哲学问题的不同回答，很大程度上取决于人们对幸福的不同理解。那么，什么是幸福？人生应当追求什么样的幸福？怎样去追求幸福？这是每一时代的人都在思考的重要问题。马克思主义幸福观科学地回答了人生幸福问题，把幸福理解为物质生活与精神生活的统一，奉献与索取的统一，个人幸福与集体幸福的统一。

从幸福概念本身来说，是指人们在生活实践中，由于追求某种目标或理想而得到的包括物质生活和精神生活在内的整体满足，是主体对于自身生存状态的愉快感受和肯定评价。幸福概念具有典型的价值意义；幸福不是个人意图（不同于理想），而是实现这些意图。它不单纯说明一个人的主、客观态度，还表现为对人的生活应当是什么样的，究竟什么对人是享受，人生的使命和意义用什么来把握。幸福是主体对生活的感受和评价，不是评价生活中某些偶然因素引起的暂时愉快和满足，而是对生活的一定阶段或全部生活作出的总体评价，是主体对于自身生存状态的愉快感受和肯定评价，也就是说，幸福是和人生追求的终极目标、意义紧密联系的。它既包括物质的因素，也包括精神的因素。

一、灵与肉

灵与肉，这是一个古老的人生哲学命题，指的是感性与理性、物质生活与精神生活的关系，是幸福结构首先要解决的问题。围绕这一问题，哲学史上展开了长期斗争。历史上的各种禁欲主义把人们对物质生活的正当欲求看做邪恶加以压制，把肉体的需要当做罪恶加以禁止，宣扬灵魂可以超越肉体而获得幸福，这是违背人的自然本性的。享乐主义者则“把丑恶的物质享受提到了至高无上的地位，毁掉了一切精神内容”，宣扬恣情纵欲，这同样是有害的。

满足人生幸福的条件按其存在形式，可归结为物质生活条件和精神生活条件。物质生活和精神生活是统一的，它们构成了人类生活的两大方面，物质生活是指人类为了生存和发展所进行的物质生活和对物质资料的支配与消费活动，包括衣、食、住、行等，是人类存在不可缺少的基本方面。首先，物质生活是人类生命活动的基础。一切生命的共同本质是新陈代谢，而新陈代谢就意味着对外界物有需要、吸取和同化。物质生活资料的需要，是人的生命存在、发展和延续的客观要求。一个连那些由一定社会历史阶段所决定的最低限度的物质需要也得不到满足的人，不可能会是幸福的。其次，物质生活还是精神生活的前提条件。人们的物质生活状况影响着人们的精神生活，制约着人们的各类情感，特别是高级情感。因为，“忧心忡忡的穷人甚至对最美丽的景色都没有什么感觉”。墨子说：“食必常饱，然后求美；衣必常暖，然后求丽，居必常安，然后求乐。”历史唯物主义认为，人们必须具备吃、喝、住、穿的条件，然后才能从事政治、科学、艺术、宗教等活动。再次，人自身的发展也离不开一定的物质生活条件。人们都有发展自身力量和才能的愿望，都有不断丰富和充实自身的愿望，这是幸福的重要内容。但是，如果没有生产力高度发展所提供的物质财富，那就只会有贫困的普遍化；而在极端贫困的情况下，就必须重新开始争取必需品的斗争，也就是说，全部陈腐的东西又要死灰复燃。在这种情况下，人自身的全面、自由发展是不可能的。

精神生活是指人们为了生存和发展所进行的精神生产和精神享受活动，包括世界观、人生观的确立、理想的选择、道德品质的修养及对知识的追求和文化娱乐享受等。人是有意识、有激情、会思考的能动的存在物，不应当像走兽那样活着，而应该追求知识和美德，人们在具备一定的物质条件的基础上获得美好的爱情和友谊，理智感、道德感、美感的和谐全面发展，智力的充分发挥，特别是认识到自己的生命活动服从于崇高的理想。服从于与历史必然性相适应的生活目的，都是构成个人幸福的要素。如果一个人物质生活很丰富，但没有正确的人生理想、健康丰富的精神生活，是难以称之为幸福的。

人类的物质生活和精神生活是密不可分的，物质生活是人类生存必须的条件，是精神生活的基础，精神生活是物质生活的灵魂，它指导人们的物质生活，社会发展到了今天，人们的物质生活在质上和量上都有了很大的提高，随着社会的发展，人们的需求越来越显示出多样化的趋势，人们在精神生活方面的追求会占有越来越重要的地位。具有丰富精神生活的人，才不会把眼光仅仅盯在物质享受上，才会有更高层次的追求，才会全面发展自己，从而充分实现自己的人生价值，因此，人应该既重视物质生活，又重视精神生活。

物质生活和精神生活虽然不可分割，但又不总是统一的。在阶级社会，剥削阶级的物质生活虽然是丰富的，但精神生活则是腐朽没落的。而劳动者，尽管他们的物质生活和文化生活用品等暂时缺乏，但精神生活是高尚的、充实的。人们在健康高尚的情操指引下，就能正确对待物质生活，即使遇到暂时的物质生活困难或其他艰难困苦，也能振奋精神，坚韧不拔，保持高昂、乐观的情绪。中国特色的社会主义的根本任务是发展社会生产力，不断满足人民日益增长的物质和文化生活需要，提高人们的思想道德和文化修养，促进物质生活和精神生活的和谐发展，建立文明、健康、科学的生活方式，使绝大多数人的幸福获得最大限度的满足。

二、奉献与索取

幸福的深层本质是人的价值观。幸福就在于对人生价值目标的追求和对价值目标实现的感受。正是由于人的价值观对客观事物的取舍，决定了人们的幸福欲望趋向于不同的生活目标，“什么是幸福”是以“什么是有价值的”为前提的，只有首先确立价值认识，然后才能回答什么是幸福的问题。因此，幸福感受是对价值目标的追求和实现。

人生的价值只能表现在个人与社会的关系和人生的实践过程中，包括个人对社会的责任与贡献及个人需要从他人和社会那里得到的尊重与满足，即贡献和索取两个方面，对社会的贡献，是评价人生价值的根本标准。首先，贡献是由人的本质决定的。人是社会的产物，人都生活在一定的社会关系之中，只有和他人、和社会结成一定的联系，人才称其为人，离开了整体，离开了社会，个人就难于生存。每一个人，只有作为社会一员，才能得到生存和发展，个人与社会这种不可分割的关系，规定了每个人对社会负有相应的责任，这个责任，就是要求个人对社会作贡献。其次，贡献才是人的价值尺度和道德要求的反映。在人类社会，唯有个人对社会的贡献，才能证明自身对社会对人民的意义，个人价值的大小，最终取决于个人对社会需要满足的程度，人类道德的进步和完善，始终和人们为社会作贡献的实践活动相伴随。因此，贡献是人的天职，贡献使人生充满光明，在贡献中，人的精神境界得到升华。对个体的生命来说，能为社会的进步和发展贡献自己的力量，受到人们的爱戴和尊重，这是一种至高无上的幸福。

要满足人生幸福也不能没有索取，索取是个人利益得到满足的一种形式，也是社会给予个人劳动成果的一种承认和报酬，个人利益的合理满足，是个人生存和发展所不可缺少的，个人生活和发展的各种需要，这些需要的总和就是个人利益。社会给予每个社会成员个人利益的必要满足，是社会发展所必需的，也是发挥人的潜能、实现人生幸福的重要条件。

正确对待贡献与索取的关系，是人生价值、人生幸福的关键问题。人生的价值首先在于贡献而不在于索取，是对这个问题的正确回答。因为贡献是人的本质要求的反映，把贡献放在首位，社会就可以不断积累财富，社会进步了，个人生存和发展才能实现。如果把索取放在第一位，人人只知道向社会索取，社会发展就会成为无源之水，个人的索取最终就会落空。同时，任何社会的每个成员对于该社会的贡献，只有大于他们从社会索取的，社会才能生存和发展，他们的人生才是有意义的。事实上，在人类历史发展中，许多为人类作出有益贡献的，他们都把个人的索取和享乐置之度外。伟大的科学家爱因斯坦说过：“人们努力追求庸俗的目标——财产、虚荣和奢华，从青年时，我就觉得是可鄙的。”他对物质生活和社会地位从来不追求，饮食起居都很简单，穿戴也很平常，他去世前，在遗嘱中要求“不发讣告，不举行葬仪，不建坟墓，不立纪念碑，骨灰撒在不为人知的地方”。他把一切都献给了人类的科学事业，因而一生是充实的、高尚的，是一个最幸福的人。

三、个人幸福和集体幸福

人生幸福从个人与集体的关系上，又可分为个人幸福和集体幸福。简单说来，在个人需要的满足中感受到的幸福是个人幸福；在集体需要的满足中感受到的幸福是集体幸福。人的幸福，只有把个人幸福与集体幸福和谐地结合起来，才是完善的、至上的。

在社会主义社会里，个人幸福和集体幸福从根本上说是一致的。我们建设中国特色的社会主义，乃至到未来理想的共产主义，就是为了使每个人都能幸福地生活，每个人的幸福构成集体的社会的幸福。因为集体、社会是由个人组成的，集体、社会幸福通过个人幸福表现出来。离开了个人幸福，没有个人的劳动创造和全面发展，集体社会幸福就失去了存在的意义。从另一方面看，集体的、社会的幸福是个人幸福的基础，个人幸福只能在集体、社会中，通过集体、社会得到实现。每个人在为集体、社会作贡献的同时，也就直接或间接地使自己的幸福得到实现，没有集体的、社会的幸福，就不可能从根本上保证个人的幸福。

个人幸福和集体幸福在社会主义条件下，虽然在根本上是一致的，但在不同程度和不同范围内，二者也不可避免地存在着矛盾。然而，这种矛盾一般不是对抗性的，完全可以通过社会主义制度自我调节得到解决。当个人利益和集体的、社会的利益发生矛盾时，应该是集体的、社会的利益高于个人利益，眼前利益服从长远利益，在必要的时候，为了实现集体的、社会的利益要自觉地放弃个人的幸福，乃至牺牲个人的幸福。马克思指出：“历史承认那些为共同目标劳动因而自己变得高尚的人是伟大人物，经验赞美那些为大多数人带来幸福的人是最幸福的人。”在今天，一切有理想、有志气的青年，都应该自觉地把自己的青春、智慧、才能以至于生命，贡献给建设中国特色社会主义的伟大事业，把为中国人民和世界绝大多数人民谋幸福，作为自己一生最大的幸福。

我们强调谋求集体的、社会的幸福，并不意味着否认或忽视谋求个人幸福，而是在谋求集体的、社会的幸福的前提下，十分重视并积极关怀、维护个人的幸福，并且尽可能采取多种措施，积极地、热情地关怀和维护每一个社会成员的物质生活和精神生活享受，使他们的个性得到充分自由的发展，使他们的现实生活真正富裕幸福。我们只是反对离开集体、社会幸福，离开现实的物质生活条件，片面夸大个人幸福的享乐主义和极端利己主义的思想和行为。

四、人生幸福的创造

人生幸福指的是主体对于幸福生活的感受与体验，对自身生存状态的自我肯定。享受幸福、具有幸福感的人，才能以健康的心灵面对世界和人生，具有强烈的责任感和创造欲。科学的幸福观从历史唯物主义的立场出发，充分肯定人们享受正当物质利益和精神娱乐的权利。认为享受是生活的乐趣，是人的正常需要，是人们生活相当重要的一部分，绝非剥削阶级的专利。社会主义生产目的就是为了满足人民群众日益增长的物质文化生活需要，满足和逐步提高这种需要，正是社会主义制度的优越性之一。这种正当的享受体现了人民群众作为社会主人的地位，这与利己主义、纵欲主义是水火不相容的。

人的物质享受和谨慎享受的具体内容是受社会历史条件制约的，它标志着人本身的发展和具体的历史水平。换言之，这种享受需求的一定水平是人类"本性"和人本身的固有部分。一方面，如果降低这个需求的水平，必然会损害人的本性和人本身；另一方面，如果人为地抬高这个需求，就会与社会满足这个需要的能力发生矛盾，尽管这种矛盾在一定程度内可以刺激满足需要的能力和手段的发展。但超过一定限度，就会带来危害。在我国具体条件下，如果脱离中国国情，脱离生产力发展水平，提倡"超前消费"、"未富先豪"，必然给社会发展带来很大的消极作用，这是已被事实证明了的结论。

人生离不开享受，但单纯的享受并不能给人带来真正的幸福。最崇高、最持久的享受总是和人们的劳动联为一体的。幸福的享受是每个人都梦寐以求的，但人们对幸福的理解往往因时代、因阶级、因人而异。凡是个人享受至上的幸福往往难于持久。有的人在追求这些幸福的过程中又常常露出贪婪、狡诈、虚伪等卑劣的行为。

美好的物质生活和精神生活享受，必须以自己的辛勤劳动为前提。劳动能使人的体力和脑力得到全面的、和谐的发展，摆脱了奴役的劳动是智慧和愉快的源泉，人能够在劳动中，体会到生活充实和发挥自身潜力的美妙。同时。个人存在的价值也只有通过劳动才能得到社会的承认。如果一个人只会享受，而不会或不愿去劳动和创造，只消耗前人和别人所创造的财富，自己不能给社会贡献点什么，那么，他在享受中所获得的不可能是真正意义上的人的幸福，而只能是动物式的满足感。人们只有耕耘，才有收获，只有劳动，才有社会的进步和发展，这对任何一个民族都不例外。英国诗人萧伯纳说："如果我们自己不能动手建设幸福的生活，我们就没有权利享受幸福，如果我们不能创造财富，我们就没有权利去享受财富。"

五、创造幸福人生

人们都渴望幸福生活，但幸福生活既不是命运之神恩赐的，也不是自然得到的，而是通过人的创造性活动获取的。人生的幸福是多层次的，唯有创造带来的幸福是最高层次的幸福。创造离不开人生，人生也离不开创造，没有创造的人生只能是庸庸碌碌，暗淡无光的。创造给人带来高尚的精神享受，同时又推动了社会进步。

人作为社会生活的主体，是一种"创造者"历史和为历史"所创造"的生物。主体不仅创造了一个对象世界，而且创造了对象自身，人把自己从动物分离出来，成为活动的主体，也正是依靠自己的创造活动，人离开动物界越发遥远，人就越来越具有主体性。无论是人类还是个人，作为主体，“他的正常状态是和他的意识相适应的，而且是要由他自己创造出来的”。因此，主体最重要的能力是从事创造活动的能力，最本质的特性是创造性，古往今来，人们高度称颂那些伟大的科学家、发明家、政治家、军事家、艺术家等，就是因为他们为造福人类作出创造性贡献。每一历史主体，无论是英雄人物还是普通群众，都具有一定程度的创造性，都或多或少地实现了自我创造的历史。

创造是人生追求的重要目标。在现代社会，创造已经成了人的最高需要。社会生活的复杂、活跃和多变，要求人们时刻保持创造精神，巩固和发展自己的主体地位。当人们低级的生存需要还没有得到满足的时候。人们主要考虑的是“做什么”，以维持自己的生命存在，这主要是由自然来确定和揭示的。而当人们的生存需要基本得到满足之后，人们考虑的主要不是“做什么”而是“如何做”，人们不仅享受劳动产品，而且享受活动本身，这时主体不满足简单重复他人或自己已做过的一切，而要创造新颖、独特的活动形式，并力图通过自己的创造性劳动为社会提供新颖、独特的知识、技能和方法。因此，创造是创前所未有的东西，意味着突破，象征着革新，标志着进步。当作为主体的人为社会或他人作出创造性贡献的时候，就会从内心感到充分的幸福和愉悦。

真正幸福的人是创造者。幸福的感受不仅是人们在进行了创造性活动之后，而且还体现在为实现自身的理想和目标而进行的创造性活动之中。从一定意义上说，创造的过程就是包含着幸福感受的过程，创造性活动本身也是幸福的。奥斯特洛夫斯基说，幸福就在于创造新的生活。创造时带来的欢娱，是任何物质享受所无法比拟的。

人生幸福的享受和创造都离不开人生追求，人类是在追求中前进的，人的一生是追求的一生。回顾人类历史，我们不难发现，从石器时代到铁器时代，再到原子时代、信息时代，人类始终都在一条曲折坎坷的道路上不断地探索着、追求着，追求科学和民主，追求光明和未来，追求自由和解放，追求真理和理想，从终极目标来说，就是追求幸福美好的生活，人们这种生生不息的追求，是社会发展的重要动力，也是人生哲学的重要内容。

追求是一种目标专一、在理性指导下的自觉行动，是百折不挠、克服困难的进取，是使观念变成现实、目标变成归宿的实践过程。

追求总是与人生目标和理想联系在一起的，它是一种受意识调节、具有一定目标方向的自觉行动。当人们充分认识到自己行动的道德价值，确立正确的人生理想，使自己的行动遵循社会发展规律去追求的时候，这种追求就是远大的追求。有了这种远大的追求，才能光明磊落、一身正气、积极进取，人生的道路就会越走越宽广。相反，如果没有远大的理想和追求，一个人只会浑浑噩噩，糊里糊涂地度过一生，也许没有很大痛苦，也绝无很大的幸福，甚至会产生“无聊的不幸”。

科学的追求必须以国家和人民利益为重，把绝大多数人的幸福看做自身的幸福，充分发挥个人的智慧和潜能，为社会发展作出尽可能多的贡献。这样的追求过程也就是创造过程，意味着开拓新局面，主体的价值正是在这种追求中实现的。同时，人们在追求中为他人、为社会贡献力量，贡献不论大小，对社会发展来说都是积极的、有意义的。他们的劳动最终都会得到社会肯定性评价，从而使其享受到追求者特有的幸福，个人需要也会在此过程中得到满足。因此，不断追求是享受和创造的统一。

人生之路是坎坷不平的，人生的追求之路也绝不会平坦如砥、一帆风顺，也是充满艰难曲折的，需要有不畏困难、顽强拼搏的精神，必须脚踏实地，艰苦奋斗。艰苦奋斗是人们获得幸福生活的普遍规律。对个人来说，艰苦奋斗表现了一个人良好的品德，体现了个人对国家、对人民的义务，是一个人人生观的具体表现，一切真正有志气、有抱负的人，无一不是艰苦奋斗的实干家。我国目前虽然经济快速发展，国家逐步强大，但和发达国家相比，整体水平还比较低，满足人们物质文化生活需要的条件还不充裕，区域发展还不平衡，尤其需要人们特别是青年人发扬艰苦奋斗的优良传统，为了国家、民族的振兴和人民的富裕幸福，为全面建设小康社会，实现中国特色社会主义事业的新胜利，要顽强奋斗，积极进取。唯有艰苦奋斗，才有充实的人生，才能迎来幸福美好的未来。

第四节　“三生教育”的理念、任务及内容

所谓“三生教育”，是指对受教育者的生命教育、生存教育、生活教育，即通过学校、家庭、社会等教育资源的整合力量与系统工程，激发受教育者主体行为的正确认知与实践，从而达到树立正确的世界观、人生观、价值观的培养目标。其指导思想是科学发展观，核心是以人为本，目的是人的全面发展。在各级各类学生中实施“三生教育”，对全面贯彻落实科学发展观，努力推进素质教育，大力发展现代教育，促进受教育者全面发展，实现家庭幸福和促进社会和谐有着重要的现实意义和深远的历史意义。

第一，实施“三生教育”是落实科学发展观的具体体现。科学发展观的第一要义是发展，核心是以人为本。教育事业的科学发展集中体现在人的全面发展上，体现在人的素质的提高上。运用教育的力量对学生进行生命、生存和生活教育，帮助受教育者树立正确的生命观、生存观和生活观，树立正确的世界观、人生观、价值观的“三生教育”，从根本上讲就是要使个体人转化为社会人，使人真正成其为人的教育，是提高人的适应能力、生存能力、创造能力、发展能力的教育；是培养“理想远大、信念坚定的新一代，品德高尚、意志顽强的新一代，视野开阔、知识丰富的新一代，开拓进取、艰苦创业的新一代”的教育。总之，是促进人的全面发展的

教育。“三生教育”是落实科学发展观的具体体现。

第二，“三生教育”是实施素质教育的内在需要，是全面推进素质教育的有效切入点。实施素质教育，就是要全面贯彻党和国家的教育方针，以提高国民素质为根本宗旨，以培养学生的创新精神和实践能力为重点，培养德、智、体、美全面发展的社会主义建设者和接班人。素质教育的核心是解决好“培养什么人、怎样培养人”的根本问题，根本理念是坚持育人为本、德育为先，根本任务是立德树人。素质教育关注人的素质提升和内在发展、和谐成长，具有基础性、主动性、发展性、实践性、创新性等特征。“三生教育”着眼于学生的健康成长、成人、成才，着力开启学生心智，培养学生的创新精神和实践能力，提高健康水平，培养学生的爱心、感恩之心和责任感、正义感，促进学生全面发展，与素质教育的基本要求一脉相承。

第三，实施“三生教育”是现代教育的基本任务。现代教育是坚持以人为本，坚守教育公平，培育人的健康心智、创新精神和实践能力、创造能力，与现代社会发展相适应，推动和引领时代进步的伟大事业。现代教育具有人本化、大众化、社会化、国际化、现代化和公平性、民主性、科学性、法制性、创新性等特点。现代教育的根本目的是实现教育现代化，本质是促进人的现代化，核心是培养适应当代社会和未来社会需要的人。发展现代教育必须坚持以人为本的科学发展观，以民生为本，以教师为本，最终以学生的发展需要为本，一切为了学生、为了学生的一切。“三生教育”立足于帮助个体成长，着眼于促进个人发展与社会发展的统一和人与自然的和谐发展，着力于培养建设现代社会所需要的现代公民。

第四，实施“三生教育”是促进学生全面发展的基本途径。人的全面发展是马克思主义教育理论的立足点，更是当代教育实践的共同价值追求。培养德、智、体、美全面发展的社会主义建设者和接班人是我国教育的根本目的。“三生教育”站在人文精神和科学精神融合的高度，从人文关怀的角度出发，关注人类发展面临的普遍问题，关注个体生命、生存、生活的基本问题，关注学生主动、健康、全面发展的问题，从小事做起，从点滴入手，由表及里、由浅入深地开展教育，从人生的起点上逐步构建个体成长的基础，为学生的全面发展提供了可能性和现实性。

第五，实施“三生教育”是实现家庭幸福，促进社会和谐的必然要求，幸福是人生的终极目的，家庭幸福必须以家庭成员的幸福追求为前提。帮助和引导学生从小建立高尚的幸福观，去追求一种真正有意义的生活，是实现家庭幸福的基础。家庭幸福以每个家庭成员树立正确的生命观、生存观、生活观为标志。社会的和谐从根本上讲是人的和谐，是生命的和谐、生存的和谐、生活的和谐、人与自然的和谐。开展“三生教育”对增强学生的社会责任感，增强人的感恩之心，树立正确的家庭幸福观，培养为幸福生活而奋斗的激情、理智和意志力，都有着重要的促进作用。

实施“三生教育”要坚持以邓小平理论和“三个代表”重要思想为指导，深入贯彻落实科学发展观；坚持遵循学生身心发展规律和教育规律，培养学生的健康心智、创新精神和实践能力、创造能力，促进学生的全面发展。在教育过程中，要坚持以人为本的原则、求真性原则、实践性原则、规约性原则、开放性原则、整合性原则、创新性原则。通过三生教育，使他们珍爱生命，学会生存，幸福生活，健康成长。

一、生命教育

生命教育，是帮助受教育者认识生命，尊重生命、珍爱生命、提高生命质量、发展生命价值，从而实现生命生存的意义，包括对人类自然生命、精神生命和社会生命的存在与发展规律的认识；对自我生命、他人生命及其他物种生命的认识，从而使受教育者以个体生命为基础，以自我、他人、社会生命为相互共存之基石，树立正确的生命观，全面领悟生命价值意义，促进生命运动积极健康地发展。

“身体发肤，受之父母，不可毁伤”，这是中国数千年传统“以孝治生”的生命教育观，西方的“个体本位”、“人道主义”、“人本主义”，也同样一脉相承地体现了人之生命的意义。

二、生存教育

生存教育，是帮助受教育者学习生存知识，掌握生存技能，保护生存环境，把握生存规律，提高生存适应能力，创造能力与发展能力，从而选择正确的生存方式，应对生存危机、摆脱生存困难、处理生存挫折、解决安全生命等一系列的生存认识与生存发展问题，从而树立人与自然，人与社会统筹和谐发展的正确生存观。例如，在2008年汶川大地震中所引发的社会公众最关注的“范跑跑”、“郭跳跳”、“行军礼的小男孩”、“残奥芭蕾女孩”以及为救他人生命而献身的无数动人事迹的英雄和处于危难中如何自救与他助摆脱大灾大难，获得生命奇迹的种种平凡人物之“生存历险纪”等，这些面临生存而作出不同选择的现实案例和真、善、美、丑的生命灵魂之暴露，实在令人震撼、惊叹与反思。人类在与自然灾害斗争求生存的面前，并不亚于战争求生存的严峻性与残酷性，更何况日常生活中遇到数不清的各种生存问题，更值得成为全社会、全民族的生存教育之大事了。

随着现代生活节奏加快，社会竞争压力剧增，抑郁症已成为21世纪最严重、最普遍的疾病之一。目前，全球抑郁症发病率高达11%，已成为世界第四大疾病。据中华医学会的最新调查结果表明：中国内地的抑郁症发病率达2.4%，患者超过2600万人，其中有 10%～15%的患者面临自杀的危险。广东、上海两地抑郁症发病率高达5%，广东患者超过200万人。云南4400多万人口中约有100万人受抑郁症病患的威胁。又据北京市疾病防控中心统计，北京市目前大约有抑郁症患者60余万人，而高校大学生就达10万余人。更为严重的是，在全国地、市级以上的医院对抑郁症的识别率不到20%，特别是有62%的患者从未就医。有关医学专家预测到2020年，抑郁症将成为中国疾病负担最严重的第二大疾病。由此可见，生、老、病、死是人们生存的自然规律，但生存的质量却与社会环境的客观影响以及自身的生存条件有关，而往往很多人却因此在现实生存环境与条件的压力下所“折寿”和“短命”。因此，生存的质量是决定生命健康的动力因素。

三、生活教育

生活教育，是帮助受教育者学习生活的意识，热爱生活的情趣，了解生活的常识，掌握生活的技能，实践生活的过程，获得生活的体验。从而树立起个人、家庭、团体、民族与国家之间相互统一协调的和谐生活观，培养受教育者良好的生活品德和行为准则，处理好个人学习、生活、工作、情趣、消费、娱乐的良好互动关系。

应该说，生活是一种常态，是每一个人一生中与之相伴的“主流世界”。衣、食、住、行是人们首要解决的“家常便饭”，这是马克思主义的一条基本原理。不懂生活，不会生活的人，那么生存与生命也将毫无意义。动物界中就存在一种残酷的生活规律，刚刚成龄的“孩子”就会被“父母”拒绝喂食，并被无情的赶出家门，让其饥饿学会奔跑觅食，求生于大自然的生活、生存、生命的“竞争”之中。由此看来，人类更应该从中获得如此“绝情与残忍”的现实生活本领之必要了。然而，在现实生活中，特别是当今一代的独生子女，更容易被家庭、学校、社会长期过度溺爱的保护伞培养成“一代骄子”的“小皇帝”、“小太阳”、“小公主”、“小神仙”，他（她）们虽然过着“饭来甚至不会张口，衣来甚至不会伸手”的“天堂”生活，但往往易成长为生活难以自理、身心健康不良的“淘汰种子”，这说明现实生活教育的缺失更需要弥补“缺钙”的身心。

据有关报道，一位小学五年级的小男孩，在一次学校组织的郊外活动中吃中午饭时，该小男孩竟然不会把带壳的熟鸡蛋剥开食用，因为平时都是奶奶提前将鸡蛋打开剥好，让孩子一拿就吃，可今天奶奶却忙忘了，让小孙子饿着肚子哭着回家找家长“讨说法”！像这样一代的生活骄子，现实生活中并不少见。又如，前几年，我国与日本两国学校共同组织了一次少年儿童夏令营长途步行越野锻炼活动，途中需自带食品、用具等数公斤，几天下来，中国的小队员们叫苦连天，脚磨破腿走痛不能动，感冒发热、拉肚生病比比皆是，父母、家长马上赶来救援，纷纷要求停止活动并带回子女。然而，日本的小队员们却个个坚持到底，无一名家长要求“退伍”。更令人感慨的是：日本小队员们虽一路艰辛，但却没忘了环保之责，所用过的剩余废物，统统自带回目的地放入垃圾箱。如果我们这几代人连生活中磨炼的路都过不去，还够得上什么生存艰辛的考验，更谈不上什么生命价值的取向与意义了！

由此可见，“三生教育”是新形势下时代发展的客观要求，实施“三生教育”更是各级政府与部门、各类学校与单位、各种社会阶层与人士都必须共同关注与支持，其关乎国民素质教育与提高中华民族伟大复兴的人本之大事。“三生教育”中的生命教育是前提，是根本（因为生命是人生一次性自然规律的始结与多变性社会价值的矛盾统一）；生存教育是基础、是关键（因为生存是天然本能，“物竞天择，适者生存”）；生活教育是方向，是目标（因为生活是物种的常态存在方式，真、善、美为生活追求的目标和价值取向）。三者之间是互为条件、互为目的、相互联系、相互作用、相辅相成，缺一不可的有机统一整体。

四、加强“三生教育”

（一）加强生命教育

近年来，关于大学生自杀以及校园暴力的报道屡见不鲜。许多学生不尊重生命，甚至对自己以及别人的生命持一种蔑视的态度，丧失了“人”作为一种存在应有的对生命的敬畏。我们有必要让学生认识什么是生命，如何保护生命。

认识生命就是让学生知道生命的一些知识，了解生命特点。如生命的不可创造性，不可再生性，人的生命只有一次，失去了就不可复得，没有阴间与来世。告诉学生每个人的生命不仅属于他个人，也和周围的亲人、好友甚至社会、民族相联系。要让学生知道人的生命和动、植物是不一样的，人没有双重生命，不能成为行尸走肉，而要活得有价值。

保护生命就是教会学生如何解决生活中经常遇到的问题。日本有一项训练课叫“人工心肺复苏”，而在我国学生发生意外时，往往无法自救，更不懂得如何救别人。调查显示大、中学生关于火灾、烫伤、落水及人工呼吸等方面的知识很少，技能更缺乏，这都是因为生命教育的缺乏。通过教育要让学生认识到生命的艰辛与伟大。从情感上加以引导，让每一个学生从小学会爱环境，爱动物、植物、爱自己、爱他人的生命，从心理上敬畏生命，而不能残忍对待生命。培养学生拥有向上、乐观、豁达的性格，从容面对人生的困难与挫折。

生命是有限的，但是在有限的生命里，我们该做些什么呢？“春蚕到死丝方尽，蜡炬成灰泪始干”，一句流传了千年的诗句深深地诠释给我们生命的意义与伟大；而泰戈尔的“一沙一世界，一花一天堂”又给了我们另一份对生命的感悟。关于生命，诺贝尔说：“生命，那是自然拿给人类去雕琢的宝石。”爱默生说：“一个伟大的灵魂，会强化思想和生命。”罗曼·罗兰说：“世界上只有一种英雄主义，那就是了解生命并且热爱生命的人。”生命，不仅是呱呱坠地的那一声啼哭，而是母亲十月怀胎的辛苦；生命，不仅是我们拥有的一笔财富，而是培育我们的所有人的心血灌注。所以，生命里蕴涵了太多的感动，便早已注定了它无上的价值。

人生是一条无名的河，是深是浅，人们都得过；人生是一杯无色的酒，是苦是甜，人们都得喝。在这匆匆的岁月里，生命就像一朵美丽的鲜花，在阳光下，慢慢地绽开，我们一定要保护好这朵花，让我们以饱满的热情迎接生活，挑战自我，珍爱自己的生命。

总之，加强生命教育就是帮助学生认识生命、尊重生命、珍爱生命，促进学生主动、积极、健康地发展生命，提升生命质量，实现生命的意义和价值的教育。最终树立正确的生命观，领悟生命的价值和意义；要以个体的生命为着眼点，在与自我、他人、自然建立和谐关系的过程中，促进生命的和谐发展。

（二）加强生存教育

生存教育是帮助学生学习生存知识，掌握生存技能，保护生存环境，强化生存意志，把握生存规律，提高生存的适应能力和创造能力，树立正确生存观念的教育。

生存是生命中最基本的事情也是最复杂的事情，在现代化的冲击下，人的生存更需要很多技巧去调节生存方式，提高生存能力。加强生存教育，可以通过提高人的自我生活能力、社会实践能力、自我意志、兴趣以及生存知识等实现。生存，是人的第一法则。适者生存，反之，不适者必将被无情淘汰。人作为一切社会关系的总和而存在，就必须懂得社会生存法则。无论对于正在成长的学生，还是我们民族的教育前途，这都是一个性命攸关的命题。尤其在信息、科技、生产、经济高度发达的今天，生存教育在我们面前变成了一件既迫切又痛苦的事情。

当我们谈及“生存”一词时，就无法避免地带出一个言外之意，即某种形式的“风险”是与“生存”同在的。这并不是要指出风险的重要性及其实质，而是说每一种生存的境况都必然涉及某些最根本的风险。不是说每一个人在每一件事情上都要玩凶险的，但要卓越，你将不得不奋起争斗。在洞穴人的时代，生存只意味着低层次的生活，他们所能做的是能活着就行。这是他们的生存方式，不是我们的，也不应该是我们的。我们有更多领域要求我们去“活着”，我们每天都要做出许多不同的决策。在这个新世界里生存的关键以及生存的新定义是明智，明智地选择你的战斗。你不可能选择所有的战斗，你也不可能赢得所有的战斗，但你又不可能全都避开它们。你不可能把躲开生活的战场，称为“生存”。我们不是洞穴人，我们不能像他们一样活着，必须开拓我们自己的生活。

总之，加强生存教育就是要发掘人的各种潜能，增强人的生存能力，以适应世界和时代的发展及变化。通过生存教育，帮助学生学习生存知识，掌握生存技能，保护生存环境，强化生存意志，把握生存规律，提高生存的适应能力和创造能力，树立正确的生存观念。通过生存教育，使学生认识生存及提高生存能力的意义，树立人与自然、社会和谐发展的正确生存观；帮助学生建立适合个体的生存追求，学会判断和选择正确的生存方式，学会应对生存危机和摆脱生存困境，善待生存挫折，形成一定的劳动能力，能够合法、高效和较好地解决安身立命的问题。

（三）加强生活教育

生活，是“人”这种存在物的存在方式，是与“他我”发生关系的媒介。人，只有充分的认识生活，尊重生活，才能够得以维持其存在，并进而实现其生命的意义。帮助学生获得生活常识、掌握生活技能、确立生活目标、实践生活过程、获得生活体验、树立正确生活观念、追求幸福生活的教育。

生活教育是给生活以教育，用生活来教育，为生活的向前向上的需要而教育。生活中的点滴就能让他养成一种好的行为，播种一个行为，收获一个习惯；播种一个习惯，收获一个个性；播种一个个性，收获一个命运。很显然，学生的将来与现在的行为习惯密切相关。

生活教育不仅能让学生学会生活常识、掌握生活技能、树立正确的生活观念，还能在学生的心灵播下善良、知恩的种子，让学生感受到他人对自己的关心和爱护。首先，我们要让学生知道每个人目前在享受的幸福生活是别人通过付出给自己带来的。比如，让他们明白：父母在外辛辛苦苦地工作是为了挣钱供他们读书；老师在讲台上挥洒汗水是为了他们的成长……让他们发现别人给予自己的爱，从而由内心萌发出感激之情。其次，我们要教育他们"吃水不忘挖井人"，永不忘记别人的帮助之恩，不辜负父母和老师的养育教导之恩。当每个学生感谢他人的善行时，第一反应常常是今后自己也应该这样做，这就给学生们一种行为上的暗示，让他们知道爱别人、帮助别人。

通过加强生活教育，使大学生认识生活是由物质生活和精神生活、个人生活和社会生活、职业生活和公共生活等组成的复合体；培养学生的良好品德和行为习惯，培养学生的爱心和感恩之心，培养学生的社会责任感，形成立足现实、着眼未来的生活追求；教育学生学会正确的生活比较和生活选择，理解生活的真谛，能够处理好收入与消费、学习与休闲、工作与生活的关系。

一、思考题

1. 如何协调人与自然的关系，有效解决当今世界面临的环境与资源问题？
2. 如何处理好奉献与索取的关系，创造幸福人生？
3. 热爱生命，提高生存能力，实现美好人生。

二、阅读文章

一个大学生的札记

珍爱生命　学会生存　热爱生活

地震、海啸、飓风、洪水、蝗灾和恣意肆虐的自然灾害，无情地吞噬着成千上万人的生命……1976年的唐山大地震，在中华大地上造成了空前的劫难；1997年历史上最强的一次厄尔尼诺现象在全球引发了各种灾害；2003年，在中国，一场"非典"凶猛的冲向中华大地，无数的人感受到了灾害对生命的威胁；2004年的印度洋海啸夺去了21万人的生命；2005年的卡特林娜飓风迫使美国放弃一座大都市；2008年5月中国汶川大地震使数以万计人的生命画上了句号；2010年的青海玉树地震、甘肃舟曲的泥石流灾难，多少无辜的生命被剥夺……

面对生活中的种种灾难，生命显得如此的脆弱与不堪一击，人能够健康地活在这个世界上，是一件多么难得的事情。然而，现在许多学生的生命意识淡薄，缺乏对生命应有的热爱、尊重与珍惜。而开展“三生教育”，能让我们对生命、生存、生活有更深刻的认识。

通过生命教育，我们认识到了人类自然生命，精神生命和社会生命的存在和发展规律，认识生命的生、老、病、死过程。认识自然界其他物种的生命存在和发展规律，最终树立了正确的生命观，领悟生命的价值和意义。在与自我、他人、自然建立和谐关系的过程中，促进生命的和谐发展。它丰富了我们的生命历程，激发了我们的生命潜力，促进了我们的生命成长，提高了我们的生命质量。

通过生存教育，我们对生存及提高生存能力的意义有了进一步的认识，使我们具备了在“独自”情况下生存，学会在压力下生存，学会在紧急状况下生存，学会在集体中生存，学会在逆境中生存，使我们树立了人与自然、社会和谐发展的正确生存观，对生存危机和摆脱生存困境也有了一定的准备。

通过生活教育，我们更加认识到了生活的意义，热爱生活，为了幸福生活而奋斗。我们了解到了生活是由物质生活和精神生活、个人生活和社会生活、职业生活和公共生活等组成的复合体，我们还提高了生活能力，培养了良好的生活品德和行为习惯。爱心和感恩之心也得到了培养，形成了立足现实，着眼未来的生活追求。

“三生教育”不仅告诉我们生命的可贵，生存的美好，还让我们了解到很多生活的乐趣。开展“三生教育”，我觉得是很重要也很有必要的。在人的一生当中，并不是一帆风顺的。我们会经历很多的挫折，也会经历大自然所带给我们的磨难。但是，只要我们有较强的生存意识，热爱我们的生活，热爱我们的生命，所有的挫折和磨难都会被我们所克服。

我相信，通过“三生教育”，必将使一朵朵美丽的生命之花灿烂绽放，社会必将更加和谐与美丽。

第三编

爱国主义教育

第八章 弘扬民族精神　做坚定的爱国者

风声、雨声、读书声，声声入耳；家事、国事、天下事，事事关心。

——顾宪成

天下兴亡，匹夫有责。

——顾炎武

我是中国人民的儿子，我深深地爱着我的祖国和人民。

——邓小平

爱祖国高于一切。

——肖　邦

纵使世界给我珍宝和荣誉，我也不愿离开我的祖国，因为纵使我的祖国在耻辱之中，我还是喜欢、热爱、祝福我的祖国。

——裴多菲

什么是爱国？人为什么要爱国？是祖国需要我们来爱，还是我们需要爱祖国？已经逝去的陆幼青在他留下的那本《生命的留言——死亡日记》的国庆篇中向我们提出了一个严肃的话题，却是多年以来我们不曾认真想过的：“我们还有一个很严重误区，那就是常常弄错了一个重要的关系：到底是祖国需要我们来爱，还是我们需要爱祖国？一个头枕世界之巅、脚踏浩瀚海洋的中国巨人他不会在乎几十亿的子民当中多一个不肖子孙的，所以，你爱不爱国，对国是无所稀罕的，但是有没有国爱，有没有一个伟大的祖国去让你爱，对你可能就意义非常。就看看犹太人这几千年的历史吧，看看他们惶惶不可终日的奔走吧，直到今天，这种奔走已经成为一种根深蒂固的恐惧感，为什么？因为他们的祖国没有山一样的根基，能够屹立在地球之上。在以往的爱国主义教育当中我们说的是，爱祖国、建设祖国，那口气好像是因为祖国有了我们的爱会如何，我们很少去宣扬那种因为有了一个伟大的祖国可爱，所以我们的精神是多么的愉悦，我们是多么快乐这样一个事实。”他以自己的方式谈的这个问题难道不值得我们深深思考吗？

第一节 爱国主义是宝贵的精神财富

祖国是一个综合性的概念，是指在一定的社会历史条件下，由本民族所赖以生存发展的一定区域内的自然环境（国土）、社会环境（国民）和政治环境（国家）等基本要素构成的社会共同体。爱国，呈现出热爱河山、热爱人民和热爱国家三个方面的丰富内涵，体现为爱国情感、爱国思想和爱国行为三个层面的有机统一。

一、爱国主义的科学内涵

爱国主义是千百年来人们形成的一种对自己祖国的最深厚的感情，是一种民族意识和社会心理。就文化本身的民族性而言，在一定程度上可以说是对祖先生存、生活的悠远记忆以及根系的依恋，是对自己生长、繁衍土地的一种感情。正如童年的生活记忆总是活泼有情趣的，相应根基于农业生产的中国文化就有一种浓郁的对故乡山水、风土人情的眷恋，并进而升华成对祖国锦绣山河、语言文字、历史文化的崇敬和热爱；由对父老乡亲的爱升华成为对广大人民群众、统一的中华民族的关心和热爱。这可以说是以社会遗传的家乡眷恋，以血缘根基为情怀的特殊的爱国主义。有人曾经从文字的角度研究了这个问题，认为在各国文化中，只有中国把“country”译为国家，即放大了的家。如要追根溯源，则我国先民跨入阶级文明社会的标志是氏族首领直接转化为奴隶主贵族。氏族是以家庭为基本单位，以血缘为纽带联结起来的聚居的家族群体，氏族长就是具有较强生存能力的家族长。以血缘、以家为根本的氏族直接走向国时，家就成为国的原型与母体，国变成家的扩充与放大。这种家国一体、家天下的模式，被以后历代统治者强化，秉承为“祖宗家法不可变”。这种“家国一体”在文化的生长、传承中，又把母亲与国家联系起来，称为“祖国”。祖国是祖祖辈辈生活的地方，是我们的根，有了根才踏实，才有精神的寄托，才有底气。于是有那么多港、澳、台同胞回大陆寻亲祭祖；有那么多旅居海外多年的侨胞，回国后无论如何要去拜谒黄帝陵，因为他是炎黄子孙。以强烈的根的意识而产生的爱国情怀，牵动凝聚了美籍华人女作家包柏漪女士多次表白根系：“我虽然在美国长大，但我还是一个中国人”，“我的根在中国”。正是这种根的意识，使得天下的华人儿女对祖国情系于心；也正是这种浓郁的爱国之情升华为神圣的民族自尊心、自信心、向心力和凝聚力。

我们应该看到，我们所讲的这些文化内容所体现的只是对爱国主义的感性认识，而要揭示爱国主义的科学内涵，就必须上升到理性认识的阶段。

（一）爱国主义的精神实质

现代意义上的祖国，至少包含了三个方面的要素：

第一，自然要素，即本民族赖以生存的，一定区域内的土地、山河、海洋等自然风貌和矿产、森林、物产等自然资源所构成的国土。

第二，社会要素，具有共同的经济生活、语言文化、社会心理和历史传统，纵横交织的社会关系紧密联成一体的人民或国民。

第三，政治要素，是为了维护社会共同体的秩序安全、主权和稳定而建立起来实施阶级统治的强力政治机构——国家。

由此可见，祖国是一个集自然、政治、经济、文化和历史于一体的综合概念。既然爱国主义所忠诚、热爱、报效的祖国是国土、国民、国家组成的社会共同体，那么，爱国主义就必然以爱故土、爱人民和爱国家为最基本的内容。热爱故土山河，是爱国主义的重要内容。祖国，从来都不是一个抽象的概念，她首先就是我们脚下这块世代生息、繁衍的广袤土地，是我们生于斯、长于斯的故土家园，我们对祖国的爱也就源于对这片养育自己的土地的最朴素而真挚的爱。俗话说，一方水土养一方人。那些远离故乡的游子，总是怀着对故乡故土的深深的爱恋，在一些文学作品里，我们经常能欣赏到充满爱国之情的文字。著名作家余光中的《乡愁》之所以流传那样广，除了比较通俗、琅琅上口外，还在于他写出了所有海外中国人的心声。

（二）爱国主义的基本内容

人们为什么会对自己的祖国产生这样一种深厚的感情呢？这是千百年来人们对个人与祖国依存关系不断认识的结果。古今中外，人们都把自己的祖国比作母亲，对她怀着极其深厚的感情，英文中的“祖国”这个词就是直译作“motherland”，就是将“母亲”与“土地”两个词合在一起构成的。我国古代盛行的祖宗崇拜，“祖国”二字就是有“祖先的国度”的含义，祖国的内容无比丰富深广，它不仅包含人们对自己及其祖先出生的那个民族所赖以生存的疆域土地、山川河流、矿藏物产，而且还包含着民族的语言文字、生活习俗、历史文化、心理素质等。

第一，爱国主义对祖国的最深厚的情感，就是为了祖国人民可以抛弃自己的一切，包括荣誉、事业、优越的工作条件和生活待遇等。新中国成立初期，许多旅居海外的科学家，甘愿放弃自己在国外的一切，冲破重重阻力，回到祖国。我国的桥梁专家茅以升，23 岁时在美国获得工科博士学位。人们纷纷向他投来尊敬、赞美的目光，一份份诱人的聘书也向他飞来。有人劝他留在美国，说是科学无国界。但是茅以升却斩钉截铁地回答：“不!纵然科学没有国界，科学家却是有祖国的!我是中国人，我的祖国更需要我!”他毅然踏上了回国的归途。正是对祖国的热爱，茅以升才放弃国外优越的生活条件。像茅以升这样的科学家还有许多，如钱学森、钱三强、李四光、华罗庚、邓稼先、王淦昌等，纷纷回国，在他们看来，事业和荣誉只有同祖国联系在一起才是有意义的。

第二，爱国主义情感还表现在人们对于祖国的物质文明和精神文明的热爱。祖国的物质文明和精神文明包括经济生产、科学技术、语言文字、文化艺术等，是最为宝贵的财富。它既是对世界文明发展的贡献，也是祖国人民所赖以生存和发展的物质和精神条件。热爱自己祖国的文明，是各国人民共同的情感。在普法战争中，法国战败，被迫将阿尔萨斯省的全部和洛林省的一部分让给普鲁士。普军侵占阿尔萨斯和洛林后，强迫小学生一律改学德语，法国小说家奥弗纳斯·都德的爱国主义名作《最后一课》，就描写了这一地区的法国人对祖国、对祖国的语言文字的热爱，以及对失去祖国语言权利的悲痛。小说中的教师韩麦尔先生在给孩子们上最后一堂法语课时，也没有忘记对学生们进行热爱祖国、热爱祖国文明（包括祖国语言）的教育。他告诉孩子们，法国语言是世界上最明白、最精确、最美的语言，“亡了国当了奴隶的人民，只要牢牢记住他们的语言，就好像拿着一把打开监狱大门的钥匙”。

祖国总是人民世代生息繁衍的地方。它的存在发展是个人存在发展的基础。祖国的前途和命运，决定着她每个儿女的前途和命运。我们每个人都必须树立祖国高于一切的观念，把爱国作为自己的神圣义务。

第三，爱国主义体现了人民群众对自己祖国的深厚感情，反映了个人对祖国的依存关系，是人们对自己故土家园、种族和文化的归属感、认同感、尊严感与荣誉感的统一。它是调节个人与祖国之间关系的道德要求、政治原则和法律规范，也是民族精神的核心。每个人来到这个世界，都要在社会中生存，都要获取生存发展的物质条件，都要寻求慰藉心灵的精神家园，这一切首先得益于祖国。没有国哪有家，没有家哪有我——这看似平常的话语，道出了最深刻的爱国理由：国家是小家的寄托，更是个人的寄托；国家是物质利益的寄托，更是精神家园的寄托。失去祖国母亲的保护，人们就是无家可归的流浪儿。爱国是每个人都应当自觉履行的责任或义务。履行爱国的责任或义务，是对祖国母亲的报答。

（三）爱国主义的基本要求

第一，爱祖国的大好河山。祖国的河山在人们的心中占据着至高无上的地位。“一方水土养一方人”，祖国的山山水水滋养哺育着她的子子孙孙。“禾苗离土即死，国家无土难存”，祖国的大好河山，不只是自然风光，而且是主权、财富、民族发展和进步的基本载体。因此，每一个爱国者都会把“保我国土”、“爱我家乡”、维护祖国领土的完整和统一，作为自己神圣使命和义不容辞的责任。

第二，爱自己的骨肉同胞。爱自己的骨肉同胞，反映的是对整个民族利益共同体的自觉认同。民族利益是整体的利益、长远的利益，这种利益高于民族内部的、局部的、暂时的利益。爱自己的同胞就是爱人民群众。人民群众是历史的创造者，他们的意志决定着祖国的命运和前途。对人民感情的深浅程度，是检验一个人对祖国忠诚程度的试金石。爱自己的骨肉同胞，最主要的是培养对人民群众的深厚感情，紧紧地和人民群众站在一起。

第三，爱祖国的灿烂文化。文化传统作为一个民族群体意识的载体，常常被称为国家和民族的"胎记"，是一个民族得以延续的"精神基因"，是培养民族心理、民族个性、民族精神的"摇篮"，是民族凝聚力的重要基础（表 8-1）。人们在现实生活中，或许会背井离乡，或许会彼此隔绝，但对祖国灿烂文化和历史传统的认同总会把人们的心连在一起。爱祖国的灿烂文化就应该认真学习和真正了解祖国的历史，深入理解祖国优良的历史文化传统。

表 8-1　中国文化简说

要点	内容
• 一个文化传统：	悲壮、伟大、悠久
• 二个文化系统：	黄河流域、长江流域
• 三大国粹：	中医、京剧、国画
• 四大发明：	造纸、指南针、火药、印刷
• 五大工程：	万里长城、兵马俑、都江堰、灵渠、大运河
• 六大古都：	北京、南京、西安、开封、洛阳、杭州
• 七大著名朝代：	周、秦、汉、唐、宋、明、清
• 八大著名皇帝：	秦始皇、汉高祖、汉武帝、唐太宗、宋太祖、成吉思汗、明太祖、康熙
• 九个历史名人：	大禹、诸葛亮、曹操、项羽、岳飞、包拯、康有为、孙中山、鲁迅
• 十部名著：	《论语》、《道德经》、《唐诗三百首》、《古文观止》、《本草纲目》、《西厢记》、《三国演义》、《水浒传》、《西游记》、《红楼梦》

第四，爱自己的国家。爱祖国不是抽象的，而是具体的。祖国的大好河山，自己的骨肉同胞，民族的灿烂文化，是同具体的国家相联系的。我们每个人的发展都是同国家的发展和进步紧密联系在一起的，爱祖国就要心系国家的前途和命运，就要把国家和人民的利益摆在首位，为祖国的独立和富强，为人民的解放和幸福贡献力量。

（四）爱国主义的基本特点

爱国主义是历史的、具体的，在不同的历史时代和文化背景下所产生的爱国主义，总是具有不同的内涵。爱国主义的丰富性和生命力，正是通过它的历史性和具体性来表现的。在我国新民主主义革命时期，爱国主义主要表现在为致力于推翻帝国主义、封建主义和官僚资本主义的反动统治，把黑暗的旧中国改造成光明的新中国。在现阶段，爱国主义主要表现在献身于建设和保卫社会主义现代化事业，献身于促进祖国统一大业。爱国主义随着国家的产生而产生、发展而发展。在未来的共产主义社会，国家消亡后，爱国主义就会失去存在的条件和意义。在阶级社会中，爱国主义具有阶级性，不同的阶级对待祖国的感情，既有一致的方面，也有差异的方面，甚至有对立的方面。爱国主义是对整个民族大家庭的热爱，要以实际行动维护中华民族的大团结，当外敌入侵、国家民族面临生死存亡威胁的时候，中华民族大家庭总能团结一致，共同对外。爱国主义的这些特点，要求我们以历史唯物主义态度，去认识历史发展过程中的爱国主义，将其放到历史发展的链条中，依据当时的具体条件去进行评价，尊重历史，不苛求古人，既要充分肯定历史上的爱国人物、爱国情感、爱国思想和爱国行为，又要看到这些人物、情感、思想和行为的历史局限性，从爱国主义的丰富表现中，升华出爱国主义的普遍情怀。

二、爱国主义是中华民族的优良传统

中华民族的爱国主义优良传统源远流长。自古以来，爱国的思想和行为受到人们的褒奖和景仰。中华民族由多民族融合而成，汉族与各少数民族共同为中华民族的繁荣发展作出了贡献，各民族中都涌现出了许多为国家和民族作出杰出贡献的仁人志士，他们的英雄业绩为历史所铭记。中华民族的爱国主义优良传统内涵极为丰富，要在新的形势下进一步发扬光大。概括起来，中华民族爱国主义传统的内涵有以下几点：

第一，热爱祖国、矢志不渝。刻骨铭心的爱国之情，矢志不渝的报国之志，生死不移的爱国之行，写满了中华民族的光辉史册。“苟利国家生死以，岂因祸福避趋之”、“位卑未敢忘忧国”、“报国之心，死而后已”等名言，都寄托了对祖国矢志不渝的热爱和一片赤诚之心。中华民族历史上许许多多爱国故事，感人肺腑，流芳四海，代代传颂。

第二，天下兴亡、匹夫有责。以天下为己任，无论身居何位，都心忧天下，关心国家的命运和民生的苦乐，自觉地把个人的前途与国家的兴衰联系起来，把爱国的思想付诸实际的行动。“先天下之忧而忧，后天下之乐而乐”、“天下兴亡，匹夫有责”等思想深刻表达了中华民族的爱国情怀。

第三，维护统一、反对分裂。中华民族是一个多民族的统一体，除了汉族之外，还有众多少数民族，而汉族本身也是在历史发展的过程中与许多民族融合而成的。民族团结和睦，始终是各族人民的共同心愿；维护民族团结和祖国统一，始终是各族人民的最高利益和神圣职责。在中国的历史上，尽管发生过民族之间的战争，也出现过分裂和内乱，但是促进民族团结和维护祖国统一始终是人心所向，是中国历史发展的主流。

第四，同仇敌忾、抗御外侮。中华民族爱好和平与自由，但决不容忍外来的侵略和压迫。面对外来侵略，各族人民总是团结一致，同仇敌忾，奋起反抗。在中国的历史上，所有侵略者最终都难逃失败的命运。也正是在抵御侵略，维护国家主权和民族尊严的过程中，中华民族形成了坚持国家和民族利益至上、誓死不当亡国奴的民族品格；万众一心、共赴国难的民族团结意识；不畏强暴、敢于同敌人血战到底的民族英雄气概；百折不挠、勇于依靠自己的力量战胜侵略者的民族自强精神；开拓进取、善于在危难中开辟发展新路子的民族创造精神；坚持正义、自觉为人类和平进步事业贡献力量的民族奉献精神。

三、爱国主义是推动社会历史前进的强大精神力量

江泽民同志指出:“在我国历史上,爱国主义从来就是动员和鼓舞人民团结奋斗的一面旗帜,是各族人民共同的精神支柱,在维护祖国统一和民族团结、抵御外来侵略和推动社会进步中,发挥了重大作用。在爱国主义精神的激励下,我们的国家和民族自强不息,具有伟大的凝聚力和生命力。”爱国主义之所以具有发挥团结、凝聚国家和民族,推动历史发展的强大功能和价值,源于行动主体的“恋母(祖国)情结”,它发展为明确的民族意识、对祖国的挚爱深情和执著的意志行为,构成实现祖国大团结、大统一、大振兴的重要思想基础。爱国主义思想是通向共产主义思想的桥梁。

第一,爱国主义是对祖国、民族的强烈激情和崇高责任。这种伟大的情愫有着深切的理性蕴涵,激励着历代爱国者去思考和探求民族的振兴和祖国的富强,从屈原自沉汨罗江到孙中山倡导“三民主义”,推翻封建帝制;在 80 多年的峥嵘岁月里,中国共产党人团结和带领人民在艰难困苦中奋起,在艰辛探索中前行,翻天覆地、奋发图强。抚今追昔,无数热忱的爱国者前仆后继,用热血和生命绘就了壮丽的历史画卷。

第二,爱国主义是基本的道德规范。爱国与否是评价历史人物和事件的善恶、美丑、好坏的决定性价值标准,是人们利益关系在道德关系上的折射。祖国利益具有全局性、广泛性、长久性,它体现了人民的最高利益。个人利益必须服从祖国利益,这是人们基本的道德行为准则,是道德评价和道德判断的重要标尺。爱国主义是我国公民道德建设的主题。

第三,爱国主义是重要的政治原则。它以法律形式固定下来,作为个人对国家应尽的义务,以此确定其国家公民的资格。我国宪法规定:中华人民共和国公民有维护国家统一和各民族团结的义务;有维护祖国安全、荣誉和利益的义务;保卫祖国、抵抗侵略是每一个公民的神圣职责。

第四,爱国主义是全民族的精神支柱。它作用于民族的经济生活、风俗习惯和文化心理之中,汇聚成一种强大的凝聚力,潜藏在全民族心灵深处,同人们的情感、信念、使命和责任汇合,成为维系中华民族生存与发展的内在文化心理机制,锻造成中华文明永不消逝的精神柱石和民族魂魄。

四、爱国主义的时代价值

(一)爱国主义是中华民族继往开来的精神支柱

爱国主义是动员和鼓舞中国人民团结奋斗的一面旗帜,是全国各族人民共同的精神支柱。在人类的发展史上,有哪一个国家像中国这样从未间断地保持延续了本

民族的原生文明？有哪一个民族像中华民族这样尽管经历了如此多的内忧外患，饱受了种种苦难却从来没有被外来的敌人所征服？

纵观历史，曾与中国一起被列为世界文明古国的其他国家，几乎无一例外地都衰落在历史的风尘中。早在19世纪，德国哲学家黑格尔在比较了各个文明古国发展史之后就曾断言：“只有黄河、长江流过的那个中华帝国是世界上唯一持久的国家。”而100年后的另一位英国著名学者罗素也发出惊叹：“自孔子以来，埃及、巴比伦、波斯、马其顿，包括罗马的帝国，都消亡了；但是中国却以持续的进化生存下来了。”翻阅一下世界历史就可以看到，中国与埃及、巴比伦、印度曾经是世界的四大文明古国。但是，古埃及国家于公元前6世纪被波斯所灭，以后一直处在外族统治下，当年的埃及人逐渐被阿拉伯人所同化；巴比伦曾在历史上盛极一时，但也不过是匆匆而去的历史过客；印度有很长的一段时间被外族入侵，传统的文化受到很大的摧残，要研究这段印度史，不少史实要借助其他国家的史籍记载才能弄清。唯独中国，从5000年前一直延续到现在，并继续蓬勃发展。这件事本身就是世界上的奇迹。是什么力量使我们的祖国无坚不摧呢？

这其中当然有着非常深刻而复杂的社会历史原因。但是有一点是肯定的，古老中华民族之所以顽强地走到今天，一个重要的原因就是千百年来爱国主义传统，从形成到不断延续和发展，已经深深地融入我们的民族意识中。爱国主义唤起了整个中华民族对自己祖国的热爱，并由此激发了强大的民族凝聚力和国家凝聚力，成为动员和鼓舞人民团结奋斗的一面伟大旗帜。这种伟大的爱国主义精神，推动古老的中华民族自强不息、艰苦奋斗、历经磨难而不衰，屹立于世界民族之林。毫无疑问，是中华民族的爱国主义精神，作为一种伟大的凝聚力和向心力，起着巨大的作用。这种作用表现在：一是在外敌入侵时，它能激发人们为保卫祖国和家园，奋起反抗，英勇杀敌；二是在国家民族遭到困难、不幸或危难时，它能唤起广大民众的忧虑悲愤而团结战斗；三是在和平发展时期，它能鼓励人们为把自己的祖国建设的繁荣昌盛而努力。因此，中华民族的爱国主义是推动中国社会历史前进的强大精神动力。

当代的大学生也有一些同学困惑不已，中国到底有什么可爱之处，认为中国与发达国家相比，经济落后，不够发达，人口多且素质不高，改革开放虽然改变了一些经济状况，但又出现了其他的问题，如下岗、社会保障、大学生就业难等。他们往往只看到问题的一个方面，但没有去认真思考这样的问题，即为什么在外国人眼中飞速发展的中国，我们自己的大学生却麻木而迟钝呢？澳大利亚前移民部部长格拉斯比说：“世界将搭着中国的脉搏。”

中国的女作家徐国静则告诉我们，除了壮丽的河山，中国可爱的还有5000年的中华文明和文化。1995年，世界妇女大会在中国召开，一位来自巴西的妇女说：“我特别想到中国来，是因为我想看看中国人有什么秘密能在这片古老的土地上持续生存发展5000年，而工业革命才200年，地球就破坏得难以生存了。”中国人告诉她，那是因为我们的文明中充满爱的智慧。2001年徐国静在北京国际会议中心向1000名中外听众（美国和俄罗斯各300名大学生和老师，中国400名大学生和老师）做了一场关于中国爱的哲学、中国家庭爱的哲学的演讲，在听众中引起了强烈反响。12分钟的演讲，有10次被掌声打断。其原因既有演讲者的素质和口才的因素，也因为中华文化本身的魅力。

徐国静说：“我是一个中国人，作为一个人，我是幸运的，因为滋养我生命的是一片5000年文明的土地。我的生命之河涓涓流淌着一个古老民族的感情。”古老的中华民族教会了我们以东方文明的方式爱自己的家庭、爱自己的国家，余光中说：“我以身为中国人自豪，更以能使用中文为幸。”“烧我成灰，我的汉魂唐魄仍然萦绕着那片厚土；那无穷无尽的故国，四海漂泊的龙族叫她做大陆，壮士登高叫她做九州，英雄落难叫她做江湖。……这许多年来，我所以在诗中狂呼着、低呓着中国，无非是一念耿耿为自己喊魂。”

在历史发展过程中，中华民族表现出了强大的生命力。中华文明一脉相承的延续发展，成为人类文明史上的一道奇观。这有着非常深刻的原因，其中无可置疑的是，千百年来深深融入民族意识之中的爱国主义优良传统，成为鼓舞中华民族艰苦奋斗、继往开来的重要精神支柱。

在新的历史条件下，致力于中华民族的伟大复兴，必须在爱国主义的伟大旗帜下，建立最广泛的爱国统一战线，集中整个民族的智慧和力量来谋求国家的发展和民族的振兴。正如胡锦涛所指出的：“包括大陆同胞、港澳同胞、台湾同胞、海外侨胞在内的全体中华儿女，都应该为自己是中华民族的成员而感到无比自豪，都应该承担起实现中华民族伟大复兴的历史责任，都应该以自己的努力为中华民族发展史续写新的光辉篇章。”

（二）爱国主义是维护祖国统一和民族团结的纽带

在中华民族的发展史上，爱国主义精神对于维护祖国统一和民族团结起到了十分重要的作用。什么时候团结统一，国家就强盛安宁，什么时候分裂内乱，国家就积贫积弱。千百年来的历史经验，已铭刻在中华儿女的心中。团结统一始终代表了中国社会历史的发展方向，代表了中国各族人民的共同心愿。

维护国家主权和领土完整，是国家的核心利益。在反对分裂，维护国家统一这个重大原则问题上，中国人民从未有丝毫犹豫和退让。骨肉离别和纷争，是让亲者痛、仇者快的事情，只有骨肉团聚，祖国统一，才是各族人民的共同期盼和福祉。

（三）爱国主义是实现中华民族伟大复兴的动力

辉煌灿烂的中华世代文明，曾经长期处于世界领先地位，并且远播海外，为人类文明的发展作出了重要贡献。进入近代以后，长期的内忧外患，阻碍了中国的发展，导致了山河凋敝、国力日衰，受尽了外国列强的侵略和奴役，几乎到了亡国的边缘。无数爱国志士发愤图强，努力探索和寻求民族复兴的道路。在中国共产党的领导下，中国人民以马克思主义为思想武器，经过艰苦卓绝的长期奋斗，实现了民族独立和解放，建立了社会主义新中国，为中华民族的伟大复兴奠定了坚实的基础。新中国成立以来，特别是改革开放以来，中国人民的爱国主义热情空前高涨，爱国主义在推动祖国的全面发展和进步方面，发挥着越来越重要的作用。

新的世纪，各国之间综合国力的竞争日趋激烈。在激烈的国际竞争中，中华民族立于不败之地的一个重要保障，就是高扬爱国主义旗帜，最大限度地团结全国各族人民和港、澳、台以及广大海外同胞，激发起爱我中华、建我中华、强我中华的爱国热情。“人心齐，泰山移”，中华儿女只要万众一心，奋发图强，艰苦奋斗，就一定能战胜任何艰难险阻，多少代人所企盼的中华民族伟大复兴的目标就一定会实现。

（四）爱国主义是个人实现人生价值的力量源泉

爱国主义体现了每一个中华儿女对祖国的责任，这种责任是社会发展的客观要求，也是每个人自身发展的客观需要。一个人能够成为什么人，应该成为什么人，在很大程度上要依赖于社会，依赖于生于斯、长于斯的祖国。祖国给个人的成长发展创造条件，对个人创造的成果作出评价，为个人实现人生价值提供舞台，指明方向。

伟大的人生目标往往产生于对祖国深厚的爱。一个人对祖国爱得越深，历史责任感就越强烈，人生目标就越明确，人生信念就越坚定。古往今来，彪炳中华民族史册的，无一不是忠诚的爱国者。他们之所以能做出一番事业，使自己的人生有价值、有意义，根本原因在于对自己的祖国和人民有一颗滚烫的赤子之心。

第二节 新时期的爱国主义

新时期中华民族的爱国主义，既承接了历史上爱国主义的优良传统，又吸纳了鲜活的时代精神，内涵更加丰富。建设中国特色社会主义是新时期爱国主义的主题。在现阶段，爱国主义主要表现为献身于建设和保卫社会主义现代化事业，献身于促进祖国统一的事业。

一、爱国主义的时代特征

爱国主义具有历史性和时代性，每个国家、民族都有自己的爱国主义，都与其自身的政治状况、经济状况特别是文化价值观相联系。当前，加强爱国主义教育是由国内外环境和形势所决定的，中华民族在发展中面临着特殊的矛盾和前景，即挑战与机遇并存，困难与希望同在。新世纪将是中华民族实现伟大复兴的世纪，中国社会将发生更加深刻的变革，我国各族人民正在从事着建设中国特色社会主义的宏伟而壮丽的事业。新时代新阶段呼唤强化爱国主义教育，而以爱国主义为核心的民族精神又有助于全体中华儿女的空前团结和高度凝聚，共同创造幸福生活和美好未来，使中华民族以崭新的姿态屹立于世界民族之林。

（一） 坚持爱国主义与社会主义相统一

国家是统治阶级的工具，具有政治、阶级的属性，爱国家是统治阶级的政治原则和情感诉求；祖国是“祖先的国度”、“父母之邦”，更具民族、地域的特性，爱祖国是各族人民神圣的疆土意识和大地情怀。在阶级社会里，爱国的内涵不同，通常有爱祖国和爱国家的分离甚至对立现象：封建时代的爱国常与忠君相联系；资产阶级革命时期的爱国主义与反对封建主义、反抗外敌异族压迫、推翻本国反动统治相联系；新民主主义革命时期，中国共产党人的爱国主义运动与推翻“三座大山”，建立新中国相联系。当无产阶级掌握政权，建立社会主义制度后，爱国主义就与热爱社会主义事业紧密相连。只有无产阶级社会主义的爱国主义才能最集中、最深刻地揭示最广大人民的根本利益，展现民族的愿望，引领祖国的未来，是历史上最高类型的爱国主义。

正如江泽民同志所说：“在当代中国，爱国主义和社会主义本质上是统一的。历史证明，坚定捍卫中华民族尊严、期望中国繁荣昌盛的爱国者，大都会成为忠诚的社会主义者或社会主义的可靠朋友。”建设中国特色社会主义是新时期爱国主义的主题，是我国各族人民爱国主义的主要内容。当前，爱国主义与社会主义有机地统一在全面建设小康社会，开创中国特色社会主义事业新局面的伟大实践中。

（二） 坚持爱国主义与对外开放相统一

对外开放，走向世界在中华民族史册里并不鲜见。但是，当今中国的对外开放是一项长期的基本国策，它整合并协调了中国与世界、与我们所实行的社会主义制度的关系。社会主义市场经济体制是同社会主义基本制度结合在一起的，作为最大的发展中国家，中国通过30多年的改革开放，取得了举世瞩目的成就。世界多极化和经济全球化在曲折中发展的趋势不仅是一股潮流，更是一种现实，这一进程势必为我国未来的经济持续发展、人民生活水平不断提高、社会全面进步以及综合国力、国际地位的提升提供历史性的挑战与机遇。中国离不开世界，世界也需要中国。形势逼人，不进则退，我们要坚定不移地推进改革开放，把对外开放同强化民族自尊心、自信心、自豪感联系起来，同维护祖国的利益、荣誉、尊严联系起来，同居安思危、励精图治、民族复兴联系起来。必须处理好扩大对外开放和坚持自力更生的关系，把立足点放在艰苦奋斗、依靠自己力量的基础上。

邓小平同志指出：“对外开放具有重要意义，任何一个国家要发展，孤立起来，闭关自守是不可能的。”江泽民同志也指出：“我们坚持的爱国主义同狭隘的民族主义是有本质区别的。要使我们的人民懂得，坚持对外开放，认真学习世界各民族的长处，积极引进先进的科学技术和经营管理经验，增强我们自力更生的能力，加快祖国的发展，这本身就是爱国主义的重要内容。”要以更加积极的姿态走向世界，实施“引进来”和“走出去”相结合的战略，“适应经济全球化和加入世贸组织的新形势，在更大范围、更广领域和更高层次上参与国际经济技术合作和竞争，充分利用国际国内两个市场，优化资源配置，拓宽发展空间，以开放促改革促发展。”在当今国际舞台，主导规则的基础是实力，实力来源于发展，发展是党执政兴国的第一要务，改革开放是强国之路。我们要在全球化浪潮中沉着应对，抓住重要战略机遇期，全面提高对外开放水平，聚精会神搞建设，一心一意谋发展。

（三）保持健康向上的民族心态

坚持和弘扬中华民族爱国主义的光荣传统，必须保持健康向上的民族心态。要在全社会大力倡导爱国主义，增强民族自尊心、自信心、自豪感，激励全国人民为振兴中华而不懈奋斗。

中国人民具有自己的民族自尊心、自信心和自豪感，以热爱祖国、报效人民为最大光荣，以损害祖国利益、民族尊严为最大耻辱。我们要维护民族尊严和利益，珍惜民族独立，捍卫祖国荣誉，对新世纪的伟大征程充满必胜的信心和力量。在当代中国，既要坚持独立自主，自力更生，立足于中华民族的优秀文化传统，绝不屈从于任何外来压力而损害国家尊严和主权，绝不丧失国格成为他人的附庸，绝不牺牲民族利益以换取别人的施舍，又要趋利避害，博采众长，充分学习和吸收人类文明的一切优秀成果。既要反对妄自尊大、故步自封的国粹主义和狭隘的民族排外倾向，又要反对妄自菲薄、崇洋媚外的“西化”主张和自卑的民族虚无心态。当前，强调国家主权和经济社会安全，强调民族文化的与时俱进，强调纯洁和珍视祖国的语言文字尤为重要。

“当今世界，文化与经济和政治相互交融，在综合国力竞争中的地位和作用越来越突出。文化的力量，深深熔铸在民族的生命力、创造力和凝聚力之中。”文化是综合国力的重要标志，由中华文化衍生的中华民族凝聚力是我国综合国力的重要体现，它在爱国主义旗帜下，把13亿中国人民凝聚成具有坚强意志、坚不可摧的民族整体。综合国力的竞争，归根到底是民族意志和精神的较量。我们要用“三个代表”重要思想统领社会主义文化建设，创造更加灿烂的先进文化，树立坚定的民族自信，加强爱国主义教育，传承中华文明，振奋民族精神。

1. 坚决反对和消除民族离散势力

民族离散势力与爱国主义尖锐对立，具有削弱民族整体对其成员的凝聚力、吸引力和向心力，瓦解民族成员间亲合力的负面功能，起着阻碍民族生存、团结、发展和进步的消极作用。它的产生既有经济根源，也有思想政治根源，还有文化心理根源。民族离散势力主要有以下几个方面：

第一，民族投降主义，指的是为保全和扩大个人、小集团或狭隘的民族利益，不惜投靠外部势力或屈服于外部势力的压力，出卖全民族整体利益的思想和行为。

第二，民族分裂主义，指的是试图使兄弟民族或某个民族的一部分从中华民族大家庭中分离出去；或把行政区从中国的版图中分化出去；或试图破坏多元一体格局的社会安定团结和全民族的正常发展。

第三，民族虚无主义，指的是全盘否定本民族的文化传统，自怨自艾、自暴自弃，认为凡是外国的、其他民族的一切皆好。

第四，民族沙文主义，指的是某一国家、民族鼓吹其优越于其他国家、民族，煽动民族仇恨，主张征服和奴役别的国家、民族的一种反动思潮和理论。

2. 坚决反对霸权主义和“单极世界”

社会主义的爱国主义是和无产阶级国际主义相结合的。它要求把本国、本民族的利益和全人类的利益看做一个整体，绝不为了狭隘的民族利益而损害世界人民的根本利益。中国始终不渝地奉行独立自主的和平外交政策，首先把中国特色社会主义事业搞好，维护国家的独立、主权和尊严，同时，大力倡导国际主义，坚持原则，支持公道，伸张正义，支持被压迫民族和国家的正义斗争，努力维护广大发展中国家的正当权益。树立互信、互利、平等和协作的新安全观，坚决反对各种形式的霸权主义和强权政治，反对一切形式的恐怖主义。提倡国际关系民主化和发展模式多样化，尊重多样文明，从而维护世界的多样性与世界人民的根本利益，为人类的进步事业作出更大的贡献。

近年来，“主权过时论”甚嚣尘上，宣称国家主权的固有含义已经过时，需要重新定义。联合国和某些地区组织有权通过联合军事手段对一些国家进行“人道主义干涉”，而“国家主权”不能成为那些“践踏人权国家”、“支持恐怖主义国家”、“邪恶轴心”拒绝国际干预的依据。更有甚者，主张有关国家在根据其国家利益对其他主权国家采取“先发制人”的干预行动时，可以无须联合国的授权和支持。显然，这是危害国际和平与安全的极其危险的论调。《联合国宪章》总结人类历史的深刻经验教训，明确规定所有会员国主权平等，不得干涉各国内部事务，由此维系了第二次世界大战后50多年世界的总体和平与安全。如果背离尊重主权和互不干涉内政的原则，公认的国际关系准则将名存实亡，安理会的威信就会下降，霸权强权便会横行天下，恐怖主义也会逐步升级。

“主权过时论”的出笼，有其特殊的国际背景，它与“人权高于主权”、“国家主权有限”等论调密切呼应，实质都是为使“超越国家主权进行军事干预”合法化。国家主权是一国人民充分享受人权的前提和保障，人权要靠主权来保护，没有主权就没有人权。我们反对借口人权干涉别国内政，也反对把人权作为实现对别国的某种政治企图的工具。单边主义、新干涉主义的泛滥，不仅给新世纪的国际秩序带来极大危害，还会对全球范围内的人权状况造成灾难性破坏。国际社会应在平等和相互尊重的基础上进行合作，共同推进世界人权事业。

二、社会主义爱国主义的基本特征

爱国主义与集体主义、社会主义共同构成社会主义社会意识形态的主旋律。四项基本原则是立国之本，是现代化建设最重要的政治保证，是社会主义爱国主义的生命线。社会主义爱国主义的基本特征如下：

第一，热爱祖国与热爱社会主义的统一。社会主义是中国历史发展的必然选择，只有社会主义才能救中国，只有社会主义才能发展中国。社会主义在中国展现出蓬勃的生机和活力，我们胜利实现了现代化建设“三步走”战略的前两步目标，人民生活总体上达到小康水平。中国人民已拥有一个欣欣向荣的社会主义祖国。这个巨大变化，是社会主义制度的伟大胜利，是中华民族发展的一个历史奇迹和新的里程碑。我们要坚持走中国特色社会主义道路，全面建设小康社会，加快推进社会主义现代化，到本世纪中叶基本实现现代化，把我国建成富强、民主、文明的社会主义国家。实现了全面建设小康社会的目标，经济更加发展、民主更加健全、科教更加进步、文化更加繁荣、社会更加和谐、人民生活更加殷实，中国特色社会主义就必将进一步显示出巨大的优越性。

第二，热爱祖国与热爱中国共产党的统一。中国共产党是中国工人阶级的先锋队，同时也是中国人民和中华民族的先锋队。它深深扎根于中华民族之中，代表中国最广大人民的根本利益，不愧为领导中国人民的核心力量。新民主主义革命时期，党团结和带领人民完成民族独立和人民解放，为民族复兴创造了前提。新中国成立后，党创造性地完成由新民主主义到社会主义的过渡，实现了中国历史上最伟大最深刻的社会变革，开始了在社会主义道路上实现民族复兴的历史征程。党的十一届三中全会以来，党找到建设中国特色社会主义的正确道路，赋予民族复兴新的强大生机。十三届四中全会以来，党把中国特色社会主义事业全面推向前进，民族复兴展现出更加灿烂的前景。没有共产党，就没有新中国。有了共产党，中国的面貌就焕然一新。必须坚持、加强和改善党的领导，不断增强创造力、凝聚力和战斗力，立党为公，执政为民，把全国各族人民紧紧团结和凝聚在党的周围。

第三，热爱祖国与坚持人民民主专政的统一。人民民主专政是具有中国特色的国体。中国人民当家做主，真正成为国家、社会和自己命运的主人，社会政治地位发生了根本变化，实现了从几千年的封建专制政治向人民民主政治的伟大跨越。对内实行依法治国，建设社会主义法治国家，巩固和发展民主团结、生动活泼、安定和谐的政治局面；对外同各国友好往来，推进人类和平与发展的进步事业，同时防御外敌的颠覆和侵略，保卫国家主权和领土完整。推进政治体制改革，发展社会主义民主政治，建设社会主义政治文明，是全面建设小康社会的重要目标。要坚持党的领导、人民当家做主和依法治国的有机统一。健全民主制度，丰富民主形式，扩大基层民主和公民有序的政治参与，保证人民群众依法直接行使民主权利，切实提高主人翁意识，增强对改革开放和现代化建设的信心，朝着国富民强、繁荣昌盛的方向稳步前进。

第四，热爱祖国与自觉以马列主义为指导的统一。马克思列宁主义是指导中国革命、建设和改革的行动指南，毛泽东思想、邓小平理论和“三个代表”重要思想是马列主义中国化的三大理论成果。要旗帜鲜明、始终不渝地坚持当代中国的马列主义——高举邓小平理论伟大旗帜，认真学习、全面贯彻“三个代表”重要思想。关键在坚持与时俱进，核心在坚持党的先进性，本质在坚持执政为民。“三个代表”重要思想是对马列主义、毛泽东思想和邓小平理论的继承和发展，反映了当代世界和中国的发展变化对党和国家工作的新要求，是加强和改进党的建设、推进我国社会主义自我完善和发展的强大理论武器，是党必须长期坚持的指导思想。始终做到“三个代表”是我们党的立党之本、执政之基、力量之源。只有坚持实践“三个代表”重要思想，党才能始终保持蓬勃朝气、昂扬锐气和浩然正气，与时代发展同步伐，与人民群众共命运。

三、爱国主义与经济全球化

经济全球化是当今时代发展的重要趋势。它的发展使世界各国在经济上的联系日益紧密，同时影响到世界各国的政治和文化，对爱国主义也提出了挑战。正确认识当今时代的爱国主义，必须联系并把握经济全球化的发展趋势及其影响。

（一）经济全球化形势下要弘扬爱国主义

在经济全球化背景下，科学技术的发展和利用是跨国界的，商品在全世界销售，资本跨国界流动，信息得以共享，各国经济交往中需要遵循共同规则，跨国公司本土化的程度不断提高，不仅利用当地的自然资源，而且还充分利用当地的人力资源。各国公民在世界范围内流动，一个国家的公民可能工作和生活在另一个国家，并对另一个国家产生感情。这种情况使有的人对自己的归宿感产生了困惑，甚至认为爱国主义在今天已经过时了。

事实上，爱国主义并没有也不会过时。在经济全球化的条件下，国家仍然是民族存在的最高组织形式，是国际社会活动中的独立主体。只要国家继续存在，爱国主义就有其坚实的基础和丰富的意义。我们在参与经济全球化的过程中，必须坚定地捍卫自己国家的利益，这就更需要爱国主义的支撑。经济全球化是一把双刃剑，既是机遇，更是挑战。现实情况表明，经济全球化背景下，发展中国家不仅要面对经济方面的挑战，而且也必然要面对政治和文化上的挑战。西方发达国家利用经济、科技和军事等方面的优势，竭力输出他们的政治观、价值观、文化观和生活方式，力图主导经济全球化进程，把发展中国家纳入西方的发展模式和发展轨道。在这种情况下，更需要大力弘扬爱国主义，维护本国、本民族的利益。

经济全球化是世界经济发展的必然趋势，我们只有勇于和善于参与经济全球化的竞争，才能加快我国经济的发展，不断增强国家的经济实力和综合国力。大力弘扬爱国主义，必须以宽广的眼界观察世界，以积极而理性的姿态参与经济全球化进程，实施互利共赢的开放战略，促进国家更快更好的发展。爱国主义不是狭隘的民族主义，也不是大国沙文主义。要正确处理热爱祖国与关爱世界、为祖国服务与尽国际义务、维护世界和平与促进共同发展的关系。

（二）经济全球化与当代大学生的爱国主义

对于当代大学生来说，在如何把握经济全球化趋势与爱国主义的相互关系问题上，需要着重树立这样一些观念。

人有地域和信仰的不同，但报效祖国之心不应有差别。在经济全球化背景下，无论你是生活在国内还是在国外，无论你的政治立场和宗教信仰如何，也无论你在何种所有制企业中工作，作为中华儿女，都可以以自己的方式来报效祖国。应当说，经济全球化趋势为个人报效祖国消除了许多障碍或阻隔，开辟了更多的渠道和更大的空间。

科学没有国界，但科学家有祖国。科学是人类智慧的结晶，是属于全人类的财富，理应为全人类服务。科学无国界，但科学事业的发展和科学家的命运都与自己的祖国有着密切的关系；科学知识是无国界的，但科学知识的运用却不可能离开具体的国家。钱学森是功勋卓著的科学家，又是心系祖国母亲的赤子。新中国成立后，他抛弃国外优越的生活与工作条件，历尽千难万险，回归祖国的怀抱，投身到祖国的建设中。钱学森被评为“两弹一星”的功臣而受到国家的表彰。在荣誉面前，他是这样说的：“说是表彰我对中国火箭导弹技术、航天技术和系统工程论方面所做的一切工作。我想这里面‘中国’两个字是最重要的。”当今世界综合国力的竞争，集中体现为科技的竞争和人才的竞争。自然科学家和社会科学家都对国家的繁荣富强担负着重大的责任。

经济全球化过程中要始终维护国家的主权和尊严。在经济全球化背景下，西方一些人极力鼓吹政治一体化和文化一体化。这是别有用心的，实际上是企图借经济全球化，推行西方的政治制度和价值观念，损害别国的主权和尊严。世界是丰富多彩的，不能以一个或几个国家的政治制度、价值观念和意识形态，来衡量多样性的世界。用一种政治制度、价值观念和意识形态去统一世界，不仅是对别国的侵害，也是根本行不通的，只会危害世界的和平和发展。在参与经济全球化的过程中，一定要保持清醒的认识，既充分利用经济全球化所提供的机遇发展自己，又坚决维护国家的主权和尊严，按照本国国情发展自己的政治制度和民族文化。

四、爱国主义与弘扬民族精神

所谓民族精神，是指一个民族在长期共同生活和社会实践中形成的，为本民族大多数成员所认同的价值取向、思维方式、道德规范、精神气质的总和。民族精神集中体现了一个民族在一定的自然环境和社会历史条件下生存和发展的独特方式，反映了一个民族的心理特征、文化传统、精神风貌，是一个民族赖以生存和发展的精神支柱。在 5000 多年的发展中，中华民族形成了以爱国主义为核心的团结统一、爱好和平、勤劳勇敢、自强不息的伟大民族精神。中华民族精神博大精深、源远流长，是中华民族生命机体中不可分割的重要组成部分（图 8-1）。

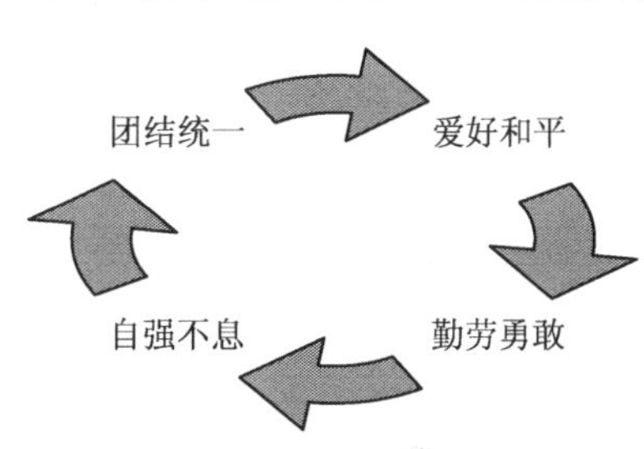

图 8-1　中华民族精神核心体系

（一）中华民族精神的内涵

爱国主义是中华民族精神的核心。在中华民族的悠久历史中，爱国主义始终发挥着民族精神的核心作用。正是出于对自己故土家园、骨肉同胞和灿烂文化的眷恋与热爱，中华民族才能够求同存异，维护整体，在自己的国土上繁衍生息、相互学习、相互帮助，共同劳动、共同生活、共同发展，创造了灿烂的中华文明。为了维护国家的主权和领土完整，捍卫民族的尊严和利益，中华民族同侵略者展开了殊死的斗争，对侵略者无比痛恨，对出卖国家和民族利益的卖国败类极端鄙视，对为国家和民族作出贡献的民族英雄无比崇敬。热爱祖国是贯穿中国历史发展的一条主线，也是中华民族精神的核心。

1. 团结统一

它植根于中华大地，深深地印在中国人的民族意识中，是中华民族的立身之本。在漫长的历史岁月中，中国的主体一直是一个统一的多民族国家，虽有分合离乱，但统一的时期远远多于分裂的时期，其根本的原因就在于中华民族具有高度一致的整体感、责任感和忠实于国家民族整体利益的价值取向，以及各个民族之间和睦相处、友好相待、共赴国难、共渡难关的优良传统。在中国历史上，一些杰出的政治家站在维护民族团结的高度，坚持“和为贵”和宽厚仁爱的原则，用信义、和平的方式处理复杂的民族矛盾，“化干戈为玉帛”，使各民族和睦相处，亲同一家。中国各族人民在长期实践中特别是近代以来，在反对外来侵略的斗争中，切身感受到国家的统一是民族生存和发展的基本前提，用自己的实际行动谱写了一曲又一曲维护统一、反对分裂的颂歌。

2. 爱好和平

这不仅表现在中华民族各兄弟民族之间以和为贵、携手共进等方面，而且表现在与世界上其他民族的友好交往、休戚与共上。中华民族历来以爱好和平著称于世。“礼仪之邦”、“协和万邦”、“德莫大于和”等观念，深深地扎根于中华民族的传统之中。“亲仁善邻”、“讲信修睦”等，充分表现了中华民族在处理民族问题上的宽宏胸襟。俄欧亚，开辟丝绸之路；通亚非，郑和七下西洋；历万难，玄奘印度取经；为传经，鉴真东渡扶桑……这些典型的事例，是中华民族爱好和平，与其他国家和民族进行文化交流、发展友好关系的历史见证。

3. 勤劳勇敢

自古至今，勤劳勇敢贯穿于中华民族社会生活的各个领域，体现在中华民族德行的各个方面，鲜明地体现了中华民族的民族性格和道德精神。在中华民族的意识中，勤劳是一切事业成功的保证，是兴家立国之本。在中华民族的历史上，勇敢是广为推崇褒扬的美德，它要求人们无论是遭遇险风恶浪，还是面对残暴权势，都要有无所畏惧的精神；为了追求真理、坚持正义，要有置个人得失、贫富、生死于度外的勇气。勤劳勇敢是中华民族创造一个又一个人间奇迹的重要精神动力。

4. 自强不息

作为中华民族精神的重要内涵，它具体体现为“富贵不能淫，贫贱不能移，威武不能屈”的坚贞刚毅品质，体现为“夸父追日”、“精卫填海”、“大禹治水”、“愚公移山”等不屈不挠的精神，体现为“因时而变”、“随时而制”、“与时偕行”、“与日俱新”等与时俱进的精神。中华民族所以能在5000多年的历史进程中历经挫折而不屈，屡遭坎坷而不馁，靠的就是这样一种自强不息的精神。自强不息是中华民族生生不息的力量源泉，体现了中华民族勇于进取的精神境界，激励着一代代中国人发愤进取、不懈奋斗。

在中华民族的辉煌历程中，爱国主义在观念上和实践中，都发挥出了作为民族精神核心的作用。团结统一、爱好和平、勤劳勇敢、自强不息的精神，服务于爱国兴邦这一主题。以爱国主义为核心的民族精神，是在历史的发展过程中逐渐形成的，也会随着中华民族的历史延续而变得更加厚重并显示出旺盛的生命力。

（二）要大力弘扬和培育民族精神

中华民族精神，是在中华民族5000多年的历史发展中形成的。它既植根于我国优秀的民族文化传统之中，又同我们党领导人民在长期革命、建设和改革中形成的优良传统和时代精神结合在一起，是中华民族生生不息、发展壮大的强大精神动力。建设中国特色社会主义事业，是一项充满艰辛、充满创造的壮丽事业。伟大的事业需要共产主义崇高的精神，崇高的精神支撑和推动着伟大的事业。面对世界范围内各种思想文化的相互激荡，我们必须大力弘扬和培育民族精神。

弘扬和培育民族精神，既要弘扬中国古代的民族精神，更要大力弘扬和培育近代以来中国人民在争取民族独立和人民解放、实现国家富强和人民共同富裕的历史进程中形成的伟大民族精神。中国共产党在领导人民进行革命、建设和改革的伟大实践中，不断把中华民族精神提升到新的水平。井冈山精神、长征精神、延安精神、西柏坡精神、雷锋精神、“铁人精神”、“两弹一星”精神、载人航天精神等，都是伟大的中华民族精神的发扬光大，是中华民族长期形成的民族精神在现、当代历史中震撼人心的表现，为中华民族精神增添了富于时代精神的新内涵，值得每一个中华儿女倍加珍惜。

弘扬和培育民族精神，要立足中国特色社会主义建设事业的伟大实践，反映社会主义初级阶段的基本特征，反映完善社会主义市场经济体制的现实需要，反映发展社会主义先进文化的前进方向。要以人民群众创造历史的火热生活为源泉，批判地继承中国古代的传统文化和道德吸收和借鉴外来文化和道德的积极成果，坚持古为今用、洋为中用、以我为主、为我所用的原则，不断丰富民族精神的时代内涵，使民族精神得到大力弘扬。

（三）全球化视野下大学生民族精神教育

民族精神是一个民族的自我意识和自我认同，是民族文化的灵魂和升华。弘扬和培育民族精神，鼓舞和激励大学生为实现国家繁荣富强而团结奋斗，具有重大的现实意义。

经济全球化以全方位、多层面、多领域的态势向世界各个角落蔓延，给人类社会的生存和发展带来了深刻的影响，特别是对青少年的民族文化心理素质构成了严峻考验和挑战。大学生作为未来中国特色社会主义建设的中流砥柱，是民族文化和民族精神的重要传承者。加强对大学生的民族精神教育，树中华民族文化之根，立中华民族精神之魂，是增强大学生的民族国家意识，保持高度民族文化自觉，促进其自我成长成才，从容应对全球化挑战的重要举措。

第一，民族精神教育是增强大学生民族意识，保持民族文化自觉，应对全球化挑战的重要方略。在经济全球化环境下，西方发达资本主义国家凭借自己在经济、科技上的优势，有意识地向发展中国家，特别是其青少年进行文化观念和意识形态等方面的灌输。因而，加强对大学生进行民族精神教育，使他们牢固树立国家意识和民族意识，是我们以清醒的头脑来认识、参与、应对全球化挑战的重要举措。同时，加强民族精神教育，也有利于培养大学生的国际眼光，使他们从人的全面解放出发，承担起维护世界和平与发展的重大历史使命。

第二，民族精神教育是帮助大学生完成新时期重大历史使命的力量源泉。在经济全球化背景下，世界范围内各种思想文化相互涤荡、各国利益冲突此起彼伏。如何在交流对话中吸收借鉴人类社会发展的宝贵经验，如何在激烈的国际竞争中提升中国的国际地位，实现中华民族的伟大复兴，这需要强大的精神动力。大学生肩负着实现中华民族伟大复兴的重大历史使命，更需要民族精神作为其内在的精神动力，以推动其勇敢承担和出色完成使命。

第三，民族精神教育是顺应国际大趋势和借鉴他国成功经验的体现。经济全球化背景下，世界各国各地区出现一种新趋势，即对青少年的思想政治教育注重世界性与民族性的有机统一。一方面，世界各国各地区都注重放眼世界，吸纳人类在发展过程中创造和形成的优秀文化成果；另一方面，世界各国各地区也越来越重视本民族精神的继承和弘扬，在消化、吸收和弘扬本民族优秀传统文化的过程中，重塑本国的思想、道德文化价值观。事实证明，在对大学生进行思想政治教育的过程中，越重视民族精神的弘扬与培育，该国学校的思想政治教育的成效就越大。这种重视本民族传统文化教育的共同意识，已成为当今世界各国各地区学校思想政治教育的核心内容和重要目标之一。

第四，民族精神教育是提高大学生文化心理素质，丰富他们的精神世界，促进他们全面发展的重要保证。提高国民素质，促进人的全面发展是社会主义现代化建设的根本目的，是社会主义本质的根本要求。中华民族所特有的价值观念、思维方式、道德标准、人生态度、审美情趣是中华民族宝贵的精神财富。在全球化浪潮席卷世界的形势下，中国与世界的交流日益频繁，中国人更加重视自己在国际社会中的地位，更加注重自己的国际形象。中国人正以开放的心态、解放的思想来对待外来文化，努力吸收世界其他国家和民族文化的精华。弘扬和培育民族精神，有利于增强大学生的国家意识和民族意识，有利于激励中华儿女以更加开放的姿态、广阔的胸怀、健康的心态以及清醒的头脑参与到全球化进程中来。

对大学生进行民族精神教育是一项系统工程。弘扬和培育民族精神需要遵循一定的原则，即把它纳入国民教育的全过程，纳入精神文明建设的全过程。同时，更需要遵循高校开展民族精神教育的渗透性原则，即遵循人的思想受“综合影响”与“渐次发展”的规律，把育人工作渗透到管理、服务中去，结合学生日常生活去开展，整合各方面的资源，形成党、政、工、团齐抓共管的立体化网络体系。

五、爱国主义与弘扬时代精神

我们所强调的时代精神，是在新的历史条件下形成和发展的，是体现民族特质、顺应时代潮流的思想观念、行为方式、价值取向、精神风貌和社会风尚的总和。时代精神与民族精神紧密相连，时代精神是民族精神的时代性体现，民族精神是时代精神形成的重要基础和依托，它们都共同体现了爱国主义这一中华民族的伟大传统。在新的历史条件下，发扬爱国主义传统要把弘扬民族精神与弘扬时代精神有机统一起来，坚持解放思想、实事求是，与时俱进、勇于创新，知难而进、一往无前，艰苦奋斗、务求实效，淡泊名利、无私奉献，大力弘扬以改革创新为核心的时代精神。

（一）时代精神的内涵

改革创新是时代精神的核心。时代精神的内涵十分丰富，其中改革创新居于核心地位。改革创新是中华民族进步的灵魂，是我国兴旺发达的不竭动力，是中国共产党永葆生机的源泉。改革创新充分体现和吸纳了时代要求，为实践的发展注入了鲜活力量。改革创新，包括理论创新、制度创新、科技创新、文化创新以及其他方面的创新。

1. 改革创新是进一步解放和发展生产力的必然要求

社会主义的根本任务是发展社会生产力。社会主义现代化必须建立在发达的生产力基础之上。实现社会主义现代化，最根本的就是要通过改革创新，不断促进先进生产力的发展。党的十一届三中全会以来的辉煌成就雄辩地证明，改革开放是中国走向繁荣富强的必由之路，是中国特色社会主义发展前进的成功之路。只有通过改革开放，才能解决阻碍经济社会发展的体制性、机制性问题，保持经济社会发展的生机和活力，促进我国经济社会更快更好地发展。

2. 改革创新是建设社会主义创新型国家的迫切需要

我国的国情决定了不可能选择资源型和依附型的发展模式，只有通过全面的改革创新，走创新型国家的发展道路，全面提高民族的自主创新能力，才能在日趋激烈的国际竞争中立于不败之地。因此，党中央向全党全社会发出了建立创新型国家的号召。建设创新型国家，就要把增强自主创新能力作为发展科学技术的战略基点，把增强自主创新能力作为调整经济结构、转变经济增长方式的中心环节，把增强自主创新能力作为国家战略，抓住那些对我国经济、科技、国防和社会发展具有战略性、基础性、关键性作用的重大科技课题，抓紧攻关，自主创新，推动关键技术创新和系统集成，努力在关键生产领域和若干科技发展前沿掌握核心技术和拥有一批自主知识产权，不断增强科技的创新能力，增强经济社会的持续发展能力和强大竞争力。

3. 改革创新是落实科学发展观、构建社会主义和谐社会的重要条件

科学发展观是中国共产党在准确把握世界发展趋势、认真总结中国社会主义发展经验、深入分析中国发展阶段性特征的基础上提出的重大战略思想，是对经济社会发展一般规律认识的深化，是指导发展的世界观和方法论的集中体现。构建社会主义和谐社会，是推进经济社会发展的重要目标，是社会主义现代化建设的客观要求，是广大人民群众的共同愿望。贯彻落实科学发展观、构建社会主义和谐社会，必须不断推进改革创新。只有通过改革创新才能够建立起统筹城乡发展、区域发展、经济社会发展、人与自然和谐发展、国内发展和对外开放的长效机制，才能形成全体人民各尽其能。各得其所而又和谐相处的社会，才能优化经济结构和转变经济增长方式的体制与机制，走新型工业化的道路，建设资源节约型和环境友好型社会，促进社会的公平和正义，使广大人民群众共享改革和发展的成果。

（二）弘扬以改革创新为核心的时代精神

以改革创新为核心的时代精神，是当代中国人民精神风貌的集中写照，是激发社会创造活力的强大力量。建设中国特色社会主义是一项前无古人的创造性事业，只有坚持解放思想，实事求是，与时俱进，大力弘扬以改革创新为核心的时代精神，才能使全体人民始终保持昂扬向上的精神状态，不断推进中国特色社会主义伟大事业。

弘扬以改革创新为核心的时代精神，必须大力推进理论创新、制度创新、科技创新、文化创新以及其他各方面的创新。实践基础上的理论创新是社会发展和变革的先导。要使我们的事业不停顿，首先理论上不能停顿。如果因循守旧，思想僵化，社会的创造活力就会被扼杀、生机就会被窒息。当今世界的变化日新月异，我国改革开放和现代化建设事业的伟大实践在不断推向前进，迫切要求我们大力推进理论创新。要坚持以实践来检验一切，自觉地把思想认识从那些不合时宜的观念、做法和体制的束缚中解放出来，从对马克思主义的错误的和教条式的理解中解放出来，从主观主义和形而上学的桎梏中解放出来，不断有所发现、有所创造、有所前进。制度创新是其他一切创新的重要保障。制度建设具有根本性、全局性、长期性和稳定性。要大力推进体制、机制创新，不断完善适应发展社会主义市场经济、全面建设中国特色社会主义要求的各方面的体制，进一步解放和发展社会生产力，使上层建筑进一步适应经济基础发展的要求，使中国特色社会主义始终充满生机和活力。科技创新能力是国家竞争力的核心。一个国家只有拥有强大的科技创新能力，才能有效地应对激烈的国际竞争。要把提高自主创新能力摆在重要位置，大力推进科技创新，实现科学技术的跨越式发展，使科学技术成为我国经济社会发展的强大推动力量，不断为建设创新型国家奠定坚实基础。大力推进文化创新是繁荣发展社会主义先进文化的需求。要坚持以马克思主义为指导，坚持中国先进文化的前进方向，坚持贴近实际、贴近生活、贴近群众，立足于改革开放和现代化建设的实践，着眼于世界文化发展的前沿，发扬民族文化的优秀传统，汲取世界各民族文化的长处，不断创新形式、创新内容、创新手段，提高中华文化的吸引力和感召力，丰富人们的精神世界、增强人们的精神力量，激励各族人民积极投身于社会主义现代化建设的伟大实践。

弘扬以改革创新为核心的时代精神，要自觉投身于改革创新的伟大实践。创新的基础在人才。弘扬改革创新的时代精神，必须培养一大批具有创新精神的人才。要在全社会形成尊重人才、吸引人才、用好人才的制度环境、文化环境和舆论环境，努力为培养创新型人才营造良好的社会氛围。要通过良好的竞争机制来选拔人才，在事业中凝聚人才，在生活中关心人才，推动我国优秀人才的数量和质量有一个质的飞跃，把人才强国的战略落到实处。

创新的希望在青年。树立以改革创新为核心的时代精神，是对当代大学生成长成才的基本要求，也是同学们必须具备的重要品质。当代大学生要立足于掌握丰富的知识和过硬的本领。要养成团结协作、艰苦奋斗、脚踏实地的作风。要积极投身社会实践，深入实际，深入群众，从广阔的社会实践中提炼研究题目，在深入了解社会的基础上提出真知灼见。当代大学生风华正茂，最少保守思想，敢于冲破落后的、陈腐的观念，有较丰富的文化科学知识和较高的科学素质，思维比较敏捷，最具创新潜力，是国家创新型人才的重要后备军。在已举办多届的高校“挑战杯”科技创新大赛中，大学生都展现了自己的创新才能，充分证明当代大学生是勇于创新、善于创新的群体。同学们要树立创新意识，发扬创新精神，确立与时代进步潮流相适应的思想观念、价值取向和行为方式，努力走在全社会创新的前列，努力为理论创新、制度创新、科技创新、文化创新以及其他各方面的创新作出应有的贡献。

第三节　做坚定的爱国者

爱国主义包含着情感、思想和行为三个基本方面。其中，情感是基础，思想是灵魂，行为是体现。爱国情感是人们对祖国的一种直接感受和情绪体验；爱国思想是人们对祖国的理性认识；爱国行为是指人们身体力行，报效祖国的实际行动，是爱国主义精神的落脚点和归宿。只有做到爱国的情感、思想和行为一致的人，才是真正的爱国者。爱国主义不仅代表了人们对自己祖国的深厚情感，更体现为现实的义务和责任。脚踏实地，做忠诚的爱国者，应当成为每一个中华儿女的基本追求。

一、自觉维护国家利益

自觉维护国家利益，就要承担起对国家应尽的义务。每一个中国公民都要把国家的安全、荣誉和利益放在高于一切的地位，与祖国同呼吸共命运。当祖国的领土和主权受到外来侵略时，自觉地担负起保卫祖国的神圣职责；当国家的利益受到损害时，同一切损害国家利益的行为作斗争；当个人利益与国家利益发生矛盾时，个人利益应当服从国家利益。

自觉维护国家的利益，就要维护改革发展稳定的大局。爱国应当是一种理性的行为，不是简单的情感表达，要讲原则、守法律，以合理合法的方式来进行。不管在国内还是国外，既要体现中国人维护国家利益的坚定信念，又要体现出中国公民的文明形象和风范。应充分认识和尊重人类文化的多样性，虚心学习和借鉴别国的长处和经验，并积极承担国际责任，为世界的和平与发展作出贡献。

自觉维护国家利益，就要树立民族自尊心和自豪感。民族自尊心和自豪感就是相信依靠本民族的力量能够迎接挑战、战胜困难，使自己的祖国蔚然屹立于世界民族之林。坚定的民族自尊心和自豪感，是维护国家利益、促进民族进步的取之不尽、用之不竭的强大精神动力。邓小平曾告诫我们：“谈到人格，但不要忘记还有一个国格。特别是像我们这样第三世界的发展中国家，没有民族自尊心，不珍惜自己民族的独立，国家是立不起来的。”真正的爱国者，在任何时候、任何情况下都要把维护国家的安全、荣誉和利益放在第一位，把民族自尊心和自豪感体现在爱国的实际行动中。

二、促进民族团结和祖国统一

当代大学生是促进民族团结、完成祖国统一大业的生力军，要自觉做促进民族团结和祖国统一的模范，同一切破坏民族团结和祖国统一的思想、行为进行坚决的斗争。要努力学习掌握党和政府加强民族团结、实现国家统一的方针、政策及相关法律，努力增长才干，为全面开创各族人民共同团结奋斗、共同繁荣发展的新局面，实现祖国统一作出自己的贡献。

在中华民族漫长的历史发展过程中，共同缔造统一的多民族国家，使中华民族大家庭团结和睦，始终是人心所向，国家民族的整体利益把各民族的兴衰荣辱牢牢地维系在一起。新中国成立后，党和国家在解决民族问题上实行民族区域自治制度，强调尊重不同民族的文化传统、宗教信仰和风俗习惯。实践证明，民族区域自治制度的实行，对于维护和巩固祖国的统一，维护各民族的利益和权利，促进各民族的共同奋斗和共同繁荣发展，发挥了极其重要的作用。

解决台湾问题，实现祖国完全统一，是海内外中华儿女的共同心愿，是中华民族的根本利益所在。为了早日实现祖国统一，中国共产党和中国人民作出了不懈努力。推进两岸关系发展和祖国统一大业，必须坚持“和平统一、一国两制”的基本方针和现阶段发展两岸关系、推进祖国和平统一进程的八项主张，坚持胡锦涛就新形势下发展两岸关系提出的四点意见，坚持一个中国的原则决不动摇、争取和平统一的努力决不放弃、贯彻寄希望于台湾人民的方针决不改变、反对“台独”分裂活动决不妥协。要贯彻实施《反分裂国家法》，以最大的诚意、尽最大的努力争取和平统一的前景，同时绝不允许“台独”分裂势力以任何名义、任何方式把台湾从祖国分裂出去。不管国际形势如何变化，中华民族实现国家统一的决心和信心是不可动摇的。

三、增强国防观念

中华民族是一个爱好和平的民族，中国坚持走和平发展的道路，永远不称霸，永远不会侵略别国。但是，中华民族也是一个不畏强暴、不容他人侵略的民族。在当今时代，维护世界和平、维护国家的安全、促进国家统一和发展，需要建立强大、巩固的国防。

（一）增强国防观念是新时期爱国主义的重要内容

国防是国家为抵御外来侵略与颠覆，捍卫国家主权、领土完整，维护国家安全、统一和发展，而进行的军事以及与军事有关的政治、经济、科技、文化、教育等方面的建设和斗争。

国防观念是指一个国家和民族对国防建设的目的、内容、途径和重要性等问题的认识，它主要包括国防忧患意识、国防目标意识、国防价值意识、国防责任意识、国防法制意识和国防献身意识等。在我国，国防观念鲜明地反映了全国人民对防御外来侵略、捍卫祖国统一、维护民族和国家根本利益的自觉关注。

增强国防观念，不仅是保障国防安全的需要，也是增强民族凝聚力和向心力的“黏合剂”。国防是国家生存与发展的安全保障。历史证明，国防与国家的兴衰、国民的安危密切相关。国防力量强大能为国家、民族的生存发展提供有力的保障，而国防力量羸弱则会使国家、民族面临凌辱甚至被侵略的灾难。

新中国成立后，党和国家非常重视国防建设，反复强调加强国防教育，增强全民的国防观念。要认真贯彻落实《国防教育法》，深入开展以爱国主义为核心的国防教育，不断增强全民的国防意识，增强关心国防、热爱国防、建设国防、保卫国防的光荣感和责任感，更加自觉地履行国防义务。

（二）增强国防观念的重要意义

1. 增强国防观念是大学生报效祖国、弘扬爱国主义精神的重要体现

爱国主义是我国社会主义国防观念的重要思想基础。爱国就要热爱祖国、建设祖国、保卫祖国。我国《宪法》明确规定，保卫祖国、抵抗侵略是中华人民共和国每一个公民的神圣职责。革命战争年代，无数青年学子在国家和民族危难之际，以报国为己任，义无反顾地投笔从戎，甘洒热血，奉献全部的青春和智慧，甚至宝贵的生命。今天，尽管我们国家处于和平时期，但“天下虽安，忘战必危”，同样需要这样一种强烈的爱国之情、报国之心、卫国之志。大学生作为社会主义事业的建设者和接班人，增强国防观念，心系国家的安危，在祖国和人民需要的时候就能够挺身而出，肩负起保家卫国的重任。

2. 增强国防观念是大学生履行国防义务，关心支持国防和军队建设的必然要求

当今世界，和平与发展仍然是时代的主题。但天下并不太平，影响和平与发展的不确定因素在增加。传统安全威胁和非传统安全威胁的因素相互交织，恐怖主义危害上升，霸权主义和强权政治有新的表现，国际局势错综复杂。西方敌对势力从来就没有放弃“西化”、“分化”我国的图谋。我国安全形势总体是好的，但不稳定、不确定因素仍然存在。我国在走和平发展道路的征程中，还会遭遇各种风险和挑战的考验。我们在集中精力发展经济的同时，必须大力加强国防和军队建设，为捍卫国家的主权、安全和领土完整，维护国家利益、促进经济社会发展提供有力保障。我国的国防是全民的国防，大学生既是社会主义现代化建设的有用人才，也是国防建设的后备人才，必须具有很强的国防观念和忧患意识，自觉关心国防、了解国防、热爱国防，积极履行国防义务，努力为国防和军队现代

化建设贡献智慧和力量。

3. 增强国防观念是大学生提高综合素质、促进自身全面发展的迫切需要

国防素质是每个大学生应当具备的基本素质之一。大学生通过接受国防和军事方面的教育训练，增强国防观念，掌握基本的国防知识，不仅有助于强健体魄，磨炼意志，也有助于养成讲道德、守纪律的良好风尚，在思想、知识、技能和体质等各方面得到全面发展，从而有力地促进自身综合素质的提高，成为既能建设祖国、又能保卫祖国的栋梁之材。

大学生增强国防观念，要体现在日常学习、生活和社会实践的方方面面，主要有学习国防知识，提高国防意识和素质；参加军事训练，学习国防知识和军事技能；参与国防教育活动，增进对国防的感性认识；关注国家的安全与发展，强化忧患意识。

四、以振兴中华为己任

继承爱国主义的光荣传统，以振兴中华为己任，为实现社会主义的现代化不懈奋斗，努力学习，在艰苦创业中报效祖国。

曾任中国驻美国、匈牙利、几内亚、埃及等国大使，纵横四大洲的柴泽民，以他的人生经历告诫我们："少者当将活力激素与母亲，长者当给国力以养生之道。"年轻的山东大学校长展涛曾说："留学海外的经历会让你做事情、爱国家都变得比较大气。全球的视野，世界那么大，你在世界的不同文化中重新看待我们自己的国家，当然你对她会生出一种前所未有的责任感，这是很自然的。"

在新的历史条件下，大学生要继承爱国主义的光荣传统，以振兴中华为己任，弘扬为实现社会主义现代化而不懈努力的奋斗精神，努力学习工作，在艰苦创业中报效祖国。中华的振兴、祖国的腾飞关键是要有好的人才。青年是祖国的未来和社会的希望，党和国家对青年寄予了无限的希望。实现民族复兴的重任，已经历史地落在了这一代青年的肩上。作为一个有志青年，就应当通过自己脚踏实地的学习和工作，使自己对祖国的深厚感情，转化为坚强的爱国意志和信念， 进而变为爱国的行动。当代大学生应该积极投身于全面建设小康社会的洪流中去，用扎扎实实的行动去实现报效祖国的远大志向。

第一，要抓住大好的学习时机，努力深造。尽量多地掌握各门科学技术知识来充实自己，今天的主要任务就是学习，当代世界各国的竞争，归根到底是人才和智力的竞争。新时期的大学生就应当担负起向科学技术进军的历史重任。随着知识更新的不断加快，青年们要树立新的学习观，注重创新能力的培养，面向未来，持之以恒，用科学的世界观、人生观、价值观武装自己，把自己培养成为有理想、有道德、有文化、有纪律的建设祖国的人才。

第二，认真对待工作，把每一天的平凡工作与爱国主义的远大抱负结合起来。

艰苦的环境对每一个爱国者都是最好的锻炼，青年一代要能够在艰苦条件下锻炼自己，只有这样的青年，才能成为民族的脊梁、党和国家的栋梁。

“振兴中华，从我做起”，这是改革开放初期的大学生所喊出的响亮口号。这个口号鼓舞着无数青年学子投身于祖国的现代化建设事业，在各自的工作岗位上建功立业。在新的历史时期，大学生应当继续坚持以振兴中华为己任，努力做到立报国之志、增建国之才、践爱国之行。

报国之志是爱国之情、忧国之心的深化，又是自觉地增建国之才和践爱国之行的动力。爱国不分先后，爱国也不在于做大事还是做小事。一个人尽己所能，为国家和人民作出了力所能及的贡献，就可以无愧于爱国者的称号。所以，报国之志也是一颗平常心，就像在母亲面前尽一份孝心。如果每一个公民都能自觉做到这一点，国家就必定会兴旺强盛起来。

在不同的历史条件下，人们报效祖国的方式往往是不同的。吉鸿昌以慷慨赴死表明自己的爱国决心，陈嘉庚以倾囊兴办教育的方式体现自己的爱国情感，焦裕禄以一心为民的实际行动表现自己的报国之心，邓稼先以默默献身于国防建设来实现自己的报国志愿。当代大学生能够报效祖国的方式更加多种多样，路就在自己的脚下，关键是要脚踏实地地向前走。

同学们不论以什么样的方式来报效祖国，都要自觉弘扬以爱国主义为核心的民族精神和以改革创新为核心的时代精神，努力学习，掌握报效祖国的本领。只有把自己的真才实学同报效国家的志向结合起来，始终如一地身体力行，才能为国家和民族作出应有的贡献，实现做一个忠诚的爱国者的人生追求。

一、思考题

1. 爱国主义的基本内涵是什么？
2. 怎样继承和发扬中华民族的爱国主义传统？
3. 为什么说在当代中国爱国主义与社会主义是统一的？
4. 在经济全球化加快发展的条件下怎样发扬爱国主义精神？
5. 弘扬爱国主义为什么要增强国防观念？
6. 怎样传承和弘扬中华民族精神？
7. 大学生怎样培养以改革创新精神为核心的时代精神？

二、实践活动方案：爱国主义案例搜集

1. 学生每5人自由组合成一个团队。
2. 分别上网搜集爱国主义案例，做好记录。
3. 团队研讨分析，确定选择案例的范围。
4. 根据所选案例，做出PPT课件。
5. 课堂上向同学、老师做汇报。

三、阅读文章

表达爱国热情需要理性的方式

在钓鱼岛主权问题上，中国理直气壮。在国家利益受到威胁、民族尊严受到挑衅之时，任何一个中国人都不会无动于衷，都想充分表达自己的爱国热情。但是，我们需要一种理性的方式，要以国家和民族的核心利益为基础和着眼点，有秩序地采用合法的方式表达自己的观点，维护国家尊严和民族利益。

据说，天津一所日本人学校已经两度被人破坏。这种做法绝不可取，我们可以在法律规定的范围内充分表达爱国热情，但不能因为情绪激动而发生过激行为，这样反而给外国媒体制造口实，成为他们攻击中国的又一借口。我们必须警惕敌对分子的煽动、利用。在表达这种情感时，我们要合情、合理、合法，要冷静、理智，不要做出过激的行为，防止单纯的爱国热情被少数别有用心的人利用。钓鱼岛事件、菲律宾事件、黄海演习事件，近期这一系列国际异常事件发生都不应孤立地仅视为偶发的个别事件，背后有国际对手的整体布局和战略考虑。实际上，是国际对手要以此类事件测试中国国家意志、国民心态以及国民舆论的反应，从而决定下一步的行动方案。

理性是指人在正常思维状态下，沉着镇定且又自信、勇敢、坚决地采取恰当措施去应对、处理和解决问题，这种决策应该是建立在全面了解和掌握情况、准确和迅速地分析问题实质、周密和有针对性地制订方案的基础上，所采取的方案可以是预备的或者是临时的，但必须是有作为、有效力和有效率的。目前，在法律的框架下，在道德的范畴内，以国家和民族的核心利益为着眼点，合法有序地表达，就是理性。作为个人，我们有表达爱国热情的权利；作为公民，我们有以大局为重、理性爱国的责任。这种“理性”也体现了一种以国家利益为重的眼界：只有以国家利益作为根本，我们的爱国之心，才能起到实实在在的作用。

第四编

道德观教育

第九章 加强道德修养

人不能像走兽那样活着，应该是追求知识和美德，道德常常能弥补智慧的缺陷，而智慧永远弥补不了道德的缺陷。

——但　丁

道德是一种在行为中造成正确选择的习惯，而且，这种选择乃是一种合理的欲望。

——亚里士多德

美德与过恶，道德上的善与恶，都是对社会有利或有恶的行为；在任何地点，任何时代，为公益作出最大牺牲的人，都是人们称为最为道德的人。

——伏尔泰

第一节　道德的起源、本质及社会作用

道德属于上层建筑的范畴，是一种特殊的社会意识形态。它通过社会舆论、传统习俗和人们的内心信念来维系，是对人们的行为进行善恶评价的心理意识、原则规范和行为活动的总和。了解道德的起源、本质、功能、作用及历史发展，有助于大学生加强道德修养，锤炼道德品质。

一、道德的起源与本质

（一）道德的起源

马克思认为，道德作为一种社会现象，其产生有多方面的条件，经历了一个漫长的历史过程。首先，社会关系的形成是道德赖以产生的客观条件。道德是社会关系的产物，只有形成了人与人、人与社会之间的相互关系，才会产生道德。其次，人类自我意识的形成与发展是道德产生的主观条件。当人们意识到自己作为社会成员与其他动物的根本区别，意识到自己与他人或集体的不同利益关系以及产生了调解利益矛盾的迫切要求时，道德才得以产生。应该看到，道德产生所需要的主观条

件是统一于生产实践的。劳动创造了人和人类社会，劳动是人类道德起源的第一个历史前提。人们在劳动中结成生产关系，并产生需要调整的人与人之间的利益关系，创造人们的道德需要，提供道德产生和发展的动力，也形成道德产生所需要的主、客观统一的重要条件。

人类最初的道德以风俗习惯等形式表现出来。随着社会生产力的发展和社会生活的日益复杂化、多样化，特别是随着人类文明时代的开始，道德逐渐从风俗习惯中分化出来，形成一种相对独立的社会意识形式。

（二）道德的本质

道德作为一种特殊的社会意识形式，归根到底是由经济基础决定的，是社会经济关系的反映。首先，社会经济关系的性质决定着各种道德体系的性质。其次，社会经济关系所表现出来的利益决定着各种社会道德的基本原则和主要规范。再次，在阶级社会中，社会经济关系主要表现为阶级关系，因此，道德也必然带有阶级属性。最后，社会经济关系的变化必然引起道德的变化。

道德对社会经济关系的反映不是消极被动的，而是以能动的方式来把握世界和引导、规范人们的社会实践活动。人们正在通过对道德的把握，来感受社会关系的脉动，识别社会发展的方向，确定自身发展与社会和自然的关系，并形成自己关于责任和义务的观念，确立自己的道德理想，自觉地扬善抑恶，明辨荣辱，选择高尚，弃绝卑下，保持社会和个人道德健康发展。

二、道德的功能与作用

（一）道德的主要功能

道德的功能，是指道德作为社会意识的特殊形式对于社会发展所具有的功效与能力。道德的功能集中表现为，它是处理个人与他人、个人与社会之间关系的行为规范及实现自我完善的一种重要精神力量。在道德的功能系统中，主要的功能是认识功能和调节功能。

道德的认识功能是指道德反映社会现实特别是反映社会经济关系的功效与能力。道德是人们认识与反映社会现实与状况以及人与人之间关系的一种方式。道德往往借助于道德观念、道德准则、道德理想等形式，帮助人们正确认识社会道德生活的规律和原则，认识人生的价值和意义，认识自己对家庭、他人、社会的义务和责任，使人们的道德实践建立在明辨善恶的认识基础上，从而正确选择自己的道德行为，积极塑造自身的道德人格。

道德的调节功能是指道德通过评价等方式，指导和纠正人们的行为和实践活动，协调人们之间关系的功效与能力。这是道德最突出也是最重要的社会功能。道德评价是道德调节的主要形式，社会舆论、传统习惯和人们的内心信念是道德调节所依赖以发挥作用的力量。如果道德反映社会发展的客观必然性，就能引导和激发人们的主动性和积极性，不断调节社会整体和个人的关系，使个人与他人、个人与社会的关系逐步完善和谐，使人们的行为逐步从“实然”向“应然”转化。在社会生活中，道德调节并不是孤立进行的，而是和其他社会调节手段密切配合，共同发挥调节作用。

除了上述功能，道德还具有其他方面的功能，如导向功能、激励功能、辩护功能、沟通功能等，这些功能都是道德的认识功能和调节功能在某些方面的具体体现，都建立在这两种功能的基础上。

（二）道德的社会作用

道德功能的发挥和实现所产生的社会影响及实际效果，就是道德的社会作用。道德的社会作用主要表现在：道德能够影响经济基础的形成、巩固和发展；道德对其他社会意识形态的存在和发展有着重大的影响；道德是影响社会生产力发展的一种重要的精神力量；道德通过调整人们之间的关系维护社会秩序和稳定；道德是提高人的精神境界、促进人的自我完善、推动人的全面发展的内在动力；在阶级社会中，道德是阶级斗争的重要工具。在看到道德具有重大的社会作用的同时，也必须看到道德发挥作用的性质并不都是一样的。道德发挥作用的性质与社会发展的不同历史阶段相联系，由道德所反映的经济基础、代表的阶级利益所决定。只有反映先进生产力发展要求和进步阶级利益的道德，才会对社会的发展和人的素质的提高产生积极的推动作用，否则，就不利于甚至阻碍社会的发展和人的素质的提高。

社会主义道德在社会主义精神文明中占有重要地位。它对于社会发展的能动作用，比历史上任何道德都更加广泛、更加深刻、更加强大。它对于增强大学生成才的动力、提高大学生的全面素质、优化大学生的成长环境具有不可或缺的重要作用。

第二节　弘扬中华民族优良道德传统

为了创建出高度的社会主义精神文明，我们必须在当前生动、丰富的建设中国特色社会主义伟大实践中，以马克思主义为指导，在吸收和借鉴人类文明发展史中的一切优秀成果的同时，注意继承和发扬中华民族的优良传统道德文化，并最终创造出人类先进的精神文明。因此对中国优良传统道德的继承和弘扬，是我们建立有中国特色的社会主义伦理道德体系的一个重要方面。

一、中华民族优良道德传统的形成与发展

中华民族的优良道德传统，一般来说，是指以儒家伦理道德为主要内容并包括墨家、道家、法家等传统伦理道德思想的精华。儒家伦理道德思想，在中国历史的

长期发展中，在同墨家、道家、法家思想的矛盾中，又总是不断地相互影响，甚而在某些问题上，又相互吸收融合。儒家提倡“爱人”，墨家主张“兼爱”，在立论上常常互相矛盾，但又有很多一致的地方。因此，总的来说，儒家的伦理思想，又总是以不同方式，吸取了墨、道、法各家的有关内容。东汉以后，佛教传入中国，经过魏、晋、南北朝和隋、唐五代之后，佛学对儒家伦理思想的影响越来越大。到了宋、明时期，伦理思想家们都程度不同地受到佛学的影响。他们出入佛教，熟知佛教的伦理，因此，他们又都援佛入儒，吸收了佛学的思想。更加值得指出的是，由于佛学的心性理论，对于人们的道德意识、道德情感、道德意志和道德信念的研究分析，有开启思路的作用，更为许多伦理思想家们所注意。儒家在长期历史发展中不断地从墨家、道家、法家和佛学中吸取合理的内容，这是我们在探讨中国儒家传统理论思想时所应当认识的一个问题。儒、墨、道、法各家伦理思想在两千多年来的变化中，经历了若干发展阶段。随着历史的发展，传统伦理道德思想不同时期也在发生变化。在有的历史时期，传统伦理道德思想中的优良的传统，得到了弘扬，而有的时候，传统伦理道德中的消极因素，却不断地发展，甚至扭曲了传统的伦理思想。

中国传统的儒家伦理思想，在相当程度上受着奴隶社会、封建社会的政治和经济的制约。孔子和孟子确立了先秦儒家伦理思想的基本原则，形成了以“仁”与“礼”为中心的伦理思想体系。汉代儒者董仲舒，用他所强调的“天人感应”、“阴阳五行”和“三纲五常”的理论，从适应封建专制大一统的政治需要出发，改造和扭曲了儒家的伦理思想，一方面使儒家伦理思想处于“独尊”的历史地位，另一方面，又进一步为维护封建等级制度而强化了所谓纲常伦理道德，把“君为臣纲、父为子纲、夫为妻纲”作为儒家伦理道德的基本原则。以“二程”（程颢、程颐）、朱熹、陆象山、王阳明为代表的宋明理学家们，又以他们所强调的“义利论”、“理欲论”和“心性论”进一步发扬改造了儒家的伦理思想，在道德原则、公私关系和修养践履等方面，赋予了儒家伦理思想以新的内容，同时，为了维护和挽救宋、明的封建统治，在理欲和义利关系以及君臣、父子、夫妇的伦理关系上，使儒家伦理思想陷入了片面化、绝对化的泥潭。明、清之际的实学家们，如顾炎武、王夫之、黄宗羲等，有鉴于明代后期理学家们空谈“天理人欲”的弊端，从而以“崇实黜虚”、“经邦济世”和“义利统一”的思想，对儒家传统伦理思想作了新的解释。自 20 世纪以来，随着中国启蒙思想的产生和旧民主主义革命的发展，在五四运动中，“打倒孔家店”的口号，成为反对旧理论、提倡新理论的重要标志。从 20 世纪 30 年代开始，以熊十力、梁漱溟、冯友兰、贺麟、唐君毅、牟宗三、方东美等为代表，对儒家伦理思想作了适应时代发展的，达到他们使儒学在当今条件下，能够开拓出所谓“新外王”的目的。

中国历史上的墨家、法家、道家等思想，自汉以来，由于汉武帝“罢黜百家，独尊儒术”，没有得到很好的发展。墨家思想，长期中断，湮而不彰；道家和法家，也失去了与儒家平等的地位，没有像儒家思想那样不断地得到发展。

由此可见，中国传统伦理道德在两千多年的历史过程中，儒、墨、道、法各家伦理思想和佛教有关心性的理论，相互影响，相互吸收，形成了中华民族特有的伦理传统；另外，又依据不同时期的经济、政治的特点而不断发展变化。继承和弘扬中华民族的优良道德传统，必须用唯物史观的理论，对这一长期发展变化的传统，进行正确的分析。

二、中华民族优良道德传统的基本内容

（一）强调整体精神，强调为社会、民族、国家的爱国主义思想

早在两千多年前成书的《诗经》中，就已经提出“夙夜在公”的道德要求，认为日夜为公家办事，是一种高尚的道德品质。《书经·周官》中，也提出“以公灭私，民其允怀”的要求，认为从事政治公职，应当以公正、公平的思想，灭除自己的私欲，这样老百姓就可以信任而依附了。西汉初年的政治思想家贾谊在他的《治安策》中提出“国而忘家，公而忘私”，强调国家、民族的利益，强调一种为整体而尽忠、献身的精神。宋代和明代的理学家们，都特别强调“义利之辩”和“理欲之辩”。主张以“公义”灭“私利”，以“天理”灭“人欲”，剔除其为封建统治服务的消极因素，可以看到其中渗透着一种为国家、为民族的公利而应当牺牲个人私欲的强烈要求。也正是在这一整体精神的影响下，孟子提出了“富贵不能淫、贫贱不能移、威武不能屈”的为整体献身的大丈夫精神。宋代的范仲淹也提出了“先天下之忧而忧、后天下之乐而乐”的高尚境界和崇高的道德要求。清代思想家顾炎武曾提出“天下兴亡、匹夫有责”的思想，鸦片战争时著名的禁烟派领袖林则徐所写的“苟利国家生死以，岂因祸福避趋之”的诗句，都显示了强烈的为国家、为民族、为整体的献身精神。正是从国家利益和整体利益的原则出发，在个人对他人、对群体、对社会的关系上，儒家传统伦理认为在“义”和“利”，即道德原则和个人私利发生矛盾时，应当“义以为上”、“先义后利”，强调要“见得思义”和“见利思义”，主张“义然后取”，反对“重利轻义”和“见利忘义”的思想行为。一般来说，中国传统伦理道德中所说的“义”，主要是整体利益的原则，而“利”则主要是指个人的私利。提倡“先义后利”和反对“见利忘义”的思想，不但在中华民族的长期发展中起着有益的作用，对提高我国现实的道德水平仍有积极作用。

中国传统伦理道德中强调的整体精神，也可以说是一种整体主义思想。在批判继承这种整体主义思想时，应当明确，这种整体精神同社会主义道德的集体主义原则，有着本质的不同。中国传统伦理道德中的整体主义，是奴隶社会或封建国家的整体利益而形成的道德原则，在特定的情况下，又往往把维护封建王朝的利益同所谓国家、社稷的利益混为一体，成为维护以血缘为纽带的宗法封建关系的意识形态。

社会主义道德的集体主义原则，则是建立在以公有制为主体的经济基础之上，以维护广大人民群众的利益为唯一目标的道德原则。在弘扬中华民族的优良道德传统，特别是在继承和发扬中华民族的整体精神和爱国主义思想的同时，应当采取辩证的、一分为二的态度，剔除其消极的、腐朽的为维护剥削阶级统治的糟粕，发扬为国家、为民族、为人民利益的积极因素。

（二）推崇“仁爱”原则和人际和谐

在人和人的相处中，中国传统伦理思想特别强调要“推己及人”，关心他人，也就是“爱人”。儒家伦理思想的创始人孔子，以“仁”作为自己伦理道德思想的核心，并第一个把“仁”同“爱人”联系起来，即把“爱人”作为“仁”的一个根本要求。孔子从各个方面对“仁”作了全面的阐解。“己所不欲、勿施于人”、“己欲立而立人、己欲达而达人”，这是从积极方面立论，认为在人和人的相处中，特别是当人和人之间发生矛盾时，应当从自己的欲望、感情、意志、追求等方面，设身处地地为对方考虑，这样，任何人之间就能够增强理解，就能够相互体贴和相互帮助，人和人之间的矛盾，也就更容易化解了。“我不欲人之加诸我也，吾亦欲无加诸人”，这是从消极方面立论，认为在人和人的相处中，应当尽量不要损害别人，力求不妨碍别人的利益，凡是我不愿意别人施加我的一切事情，我都应当自觉地不加于别人的头上，以免使别人受到伤害。墨子从人和人之间的相互尊重和功利原则，指出“兼相爱、交相利”的重要。他认为人和人之间的一切矛盾、纠纷、祸乱，都是由于“亏人而自利”的利己思想所引起的，即“不相爱”所引起的，因此，人应当“爱人若爱其身”。墨子认为，爱人和别人爱，是相互联系的，“爱人者，人必从而爱之，利人者，人必从而利之”。孟子又进一步提出“仁”就是“人”，就是“人心”。他从“良知”、“良能”和“人皆有不忍之心”出发，认为人之所以异于禽兽，最根本的区别，就在于人有着与生俱来的对他人的同情、怜悯、关心和慈爱之心。孟子强调“老吾老以及人之老，幼吾幼以及人之幼”，认为在人和人的相处中，应当推己及人，推恩及人，“故推恩足以保四海，不推恩无以保妻子。古之人所以大过人者无他焉，善推其所为而已矣。”

孔子和孟子有关爱人的思想，可以说是中国古代早期的人本主义思想，是自觉考虑到整个人类的生存和发展的一种人本主义，“仁”不但是一种处理人我关系的生存和发展的人本主义，“仁”不但是一种处理人我关系的早期的人本主义思想理论，而且又是实行这一人本主义思想理论的方法论原则。既然所有的人都属于同一个类，他们在最基本的方面，就必然有着共同的情感、欲望和志趣，因此，只要拿自己作比喻，就能够真正实现对人的同情与爱护，就能够真正实现“爱人”的目的。孔子说“能近取譬，可谓仁之方也已”，孟子说“善推其所为”，就是对这一方法论的言简意赅的概括。中国传统伦理道德中的这一人本主义原则，在长期的奴隶社会和封建社会中，往往为剥削阶级所利用，并成为麻痹劳动人民维护统治阶级利益的思想工具。但是，从总的社会效果来看，这一人本主义思想，在长期的历史发展中，对于协调家庭、社会的各种人际关系，应当说，仍然具有一定的积极作用。中国传统伦理道德中的这一人本主义原则，以特有的民族形式，随着中国社会的发展而不断发展。从孔子的“仁者爱人”，到孟子的“民为贵，社稷次之，君为轻”，再到宋代张载的“民胞物与”，发展到明清之际黄宗羲的启蒙主义思想，说明这种人本主义原则在社会发展中，既能够成为协调社会人际关系的一种思想，又能够由强调整体利益而成为社会变革的一种力量。

（三）提倡人伦价值，强调个人在人伦关系中应尽的道德责任

《尚书》中就提出了“五教”（父义、母慈、兄友、弟悌、子孝），确立了以家族为本位、以血缘为纽带的五种人伦关系的道德要求。孔子进一步提出了封建社会中最基本的“君君臣臣、父父子子”的原则，认为“君”和“臣”都应当按照自己的社会地位去履行自己的义务。“君使臣以礼，臣事君以忠”，进一步规范了君臣之间相互关系中各自应有的态度。墨子从“兼爱”出发，强调同类关系的各方，都要尽力履行自己的责任。他认为：“为人君必惠，为人臣必忠，为人父必慈，为人子必孝，为人兄必友，为人弟必悌”，对中国自西周以来的父慈、子孝、兄友、弟悌的思想作了进一步的发挥。孟子提出“君之视臣如手足，则臣之视君如腹心，君之视臣如犬马，则臣之视君如国人，君之视臣如土芥，则臣之视君如寇仇”的思想，认为君和臣都有其应当履行的道德义务，如果国君不能对臣下尽自己的义务，就会受到臣子的严厉报复。孟子还提出了“父子有亲、君臣有义、长幼有序、朋友有信、夫妇有别”的五伦关系，并提出了解决这些问题的原则，对维护封建社会中的人际关系的和谐起到了重要的作用。对于“五伦”关系中维护封建等级关系的糟粕，我们必须加以剔除，但对其中的合理因素，则应当加以批判的吸收。父母和子女之间、上级和下级之间、丈夫和妻子之间、长辈和幼辈之间、朋友和朋友之间，都应该根据社会主义的新型人际关系，建立起新的道德原则，对于五伦关系中的父子有亲、长幼有序和朋友有信等，如能赋予符合时代要求的新的意义，对于维护和改善社会主义社会中的人伦关系，仍有不可忽视的重要作用。

在中国传统道德的“五伦”关系中，尤重父母与子女之间的人伦关系。“父慈子孝”，是对“父子有亲”的进一步的解释。“孝”被作为一切道德的根本，一个人只有能“善事父母”才能对他人有信，对国家尽忠。中国传统伦理中把“善事父母”看做是衡量一个人的道德水平的最基本的前提，把对待父母的态度作为处理一切人与人之间关系的基础，这一思想，是有其合理因素的。“善事父母”，并不意味着无原则的顺从，对父母的错误，也应当提出批评，进行谏诤。但是，在维护等级制度的社会里，中国传统伦理道德中的“孝”，不可避免地打上了“为尊者讳”的烙印，

在尊者与卑者的关系中，总是要压制卑者的权利。特别是随着中国封建社会的发展，经过西汉董仲舒和宋明理学家们的扭曲，对孝更作了绝对化和片面化的解释，这是我们应当加以批判的。

在建设有中国特色社会主义的新时期，在家庭伦理关系中强调父母应该关心、爱护、养育、教育自己的子女，而子女应当孝敬自己的父母，体贴自己的双亲，并在父母年老又丧失劳动能力的情况下，要主动担负起赡养父母的义务，这对于维护社会的安定、和谐和社会的整体利益，仍然是非常重要的。

（四）追求精神境界，把道德理想的实现看做是一种高层次的需要

中国传统道德认为，人之所以不同于动物，在于人有道德，因而，人们除了有物质需要外，还有精神需要，而一切精神需要中最高尚的需要，就是道德需要。道德需要，是对自己所信仰的理想人格的追求，是对他人、对社会作贡献而不是向社会索取。在儒家传统伦理思想中，“为学的目的”就是要“改变气质”，以达到“成圣”、“成贤”的目的，把道德上的“理想人格”，作为学习的根本要求。孔子主张在物质生活基本满足的情况下，人们应当追求一种崇高的精神生活，并把这种对精神生活的追求，看做是人生的最大快乐。孔子称赞在“德行”方面最满意的学生颜回时说：“贤哉，回也！一箪食，一瓢饮，在陋巷，人不堪其忧，回也不改其乐。贤哉回也！”认为一个人只要有了这种追求崇高道德的要求，就可以克服人生道路上所遇到的各种困难和挫折。道家更崇尚精神境界，把无私无欲的“真人”、“圣人”作为最高的人生理想。墨子“尚贤”，推崇“圣王”、“贤人”，把为大众谋利益的牺牲精神，作为人生最高的追求。中国传统道德对这种崇高精神境界的追求，总是同自强不息、刚健有为的人生哲学联系，总是同“发愤忘食”、“乐以忘忧”和“知其不可为而为之”的人生态度共同发展的。尽管中国传统道德所提倡的这种精神境界，对于大多数人而言，是不容易达到的，但是，人们仍然应当抱着“虽不能至，心向往之”的诚挚态度，孜孜不懈地不断追求。

（五）重视道德践履，强调修养的重要性

重视修养践履，用我们现在的话来说，就是强调道德主体在完善自身中的主体能动作用。中国历史上的儒、墨、道、法各家都认为，在树立起崇高的理想、信念和道德人格的同时，最重要的就是要奋发志气、切磋践履，养心修身、变化气质，以达到最高的理想人格的目的。孔子认为，如果一个人立定志向，要成为一个有道德的人，他就不会再做任何不道德的事。孔子说：“苟志于仁矣，无恶也。”孔子特别强调道德主体的能动作用，他说：“仁远乎哉？我欲仁，斯仁至矣”，“有能一日用其力于仁矣乎？我未见力不足者”，认为“仁”这一最高的道德品质和道德境界，对人们来说，并不是遥远而不可达到的，只要人们能够坚持不懈地修养，就一定可以达到这种最高的精神境界。孔子认为，人们之所以不能够达到道德理想的最高目的，

主要是因为人们由于种种原因半途而废而不能执著追求的结果。墨家也非常强调"修身"，强调"察色修身"和"以身戴行"，注意社会环境对人的道德品质的影响，把"所染"作为道德修养的重要环节。中国古代的许多思想家，在提出道德境界的理论时，也都认为人们的道德境界，有着不同的层次，在达到理想的道德境界时，也必须经过不同的阶段，但他们都一致强调，人们应当遵循不同阶段的不同要求，一步步地向上攀登，直至最终到达道德的高峰。

为了到达道德的理想境界，中国传统道德强调要"克己"、"内讼"、"养心"、"慎独"，强调"诚意"、"正心"、"修身"、"齐家"，强调对自己道德品质的严格要求。孔子说"见贤思齐焉，见不贤而内自省"，"三人行必有我师"，"见善如不及，见不善为探汤"。孔子的学生曾参说："吾日三省吾身：为人谋而不忠乎？与朋友交而不信乎？传不习乎？"强调每天都要对自己的思想进行反省检查，以求在道德上能够不断地进步。孟子讲"养性"、"养气"，认为通过自己的"持其志"的修养功夫，可以涵养成一种"塞于天地之间"、"至大至刚"的浩然正气。一个人只要有了这种"至大至刚"的浩然正气，就能够经得住各种考验，就可以临危不惧，做到"杀身成仁"、"舍生取义"。宋代的思想家朱熹强调"道问学"和"尊德性"的统一，他根据《中庸》中的"博学之、审问之、慎思之、明辨之、笃行之"的思想，认为"修身之要"就是要"言行忠信笃敬，惩忿窒欲，迁善改过"。明代思想家王阳明认为，人们的道德理论、道德意识，必须与自己的道德行为相一致，因此"言行一致"、"笃实躬行"就成为道德修养的根本要求，他认为"知而不行，只是未知"，反对道德理论同道德行为的背离。

中国传统伦理思想中的人性善恶的理论，尽管各有不同，甚至针锋相对，但从其最终目的来看，都是为了给道德修养提供一个坚实的理论基础。孟子主张性善论，荀子主张性恶论，他们虽然在人性论上各执一端，但是一个提出"人皆可以为尧舜"，一个主张"涂之人可以为禹"，他们从两个极端，采取了不同的手段和方法，走向了同一个目的。一个是"反身而诚"，一个是"教化习修"，最终所追求的则是一种共同的理想人格。

以上五个方面，是对以儒家为主要内容包括墨、道、法各家的优良传统道德观的基本概括。从这五个基本方面出发，中华民族的优良道德传统，又可以衍生出许多德目，这些在几千年的历史中，已为广大群众所熟知，例如，谦虚谨慎、戒骄戒躁、爱国爱民、廉洁奉公、严于律己、宽以待人、艰苦朴素、勤劳节俭、孝敬父母、尊老爱幼、诚实守信、尊师敬业等，都一直为人民所传颂并实行，应当在今天继续得到发扬。除了这些具体的德目以外，从以上基本方面出发，还形成了刚健有为、自强不息、杀身成仁、舍生取义、仁民爱物、奋发图强的人生哲学和人生态度。中华民族在长达几千年的历史发展中，虽然经历过无数患难与困苦，但终于能屹立于世界民族之林，应当说，这是同中国的传统文化、特别是优良的传统伦理道德的作用分不开的。

三、正确对待中华民族的优良道德传统

中华民族的道德传统是一个矛盾体，具有鲜明的两重性。属于精华的部分，表现出积极、革新、进步的一面；属于糟粕的部分，则表现出消极、保守、落后的一面。正确对待中华民族道德传统，要坚持马克思主义的立场、观点和方法，既不能全盘肯定、全面照搬，也不能全盘否定、全面抛弃。要按照是否有利于推动中国特色社会主义的建设事业，是否有利于建设和形成中国特色社会主义的道德体系，是否有利于维护广大人民群众的根本利益，是否有利于培养社会主义“四有新人”的标准，做好取舍和创造性的转化工作。要通过分析、鉴别、取舍和改造，剔除那些带有明显的阶级和时代局限性的成分，继承和弘扬优良的传统，特别是那些反映普遍性、共同性和一般性道德要求，对我们今天的道德实践仍然具有借鉴意义的积极内容。

在对待传统道德问题上，要反对两种错误思潮。一种是文化复古主义思潮，认为中国之所以落后，就是因为传统文化特别是儒家传统文化的失落。所以，道德建设的最终目标就是要恢复中国“固有文化”，形成以中国传统文化为主体的道德体系，并通过这种传统道德的复兴来衍生出现代的科学和民主，即所谓“返本开新”。另一种是历史虚无主义思潮，认为中国传统道德从整体上来说在今天已经失去了价值和意义，不能满足我国现代化建设的需要，必须从整体上予以全盘否定。这两种思潮都是错误的，都割裂了共性和个性、抽象和具体、一般和个别、普遍性和特殊性的关系。复古论在对待中国传统道德的问题上，只承认其一般性、普遍性而否定其个别性和特殊性，把传统的东西与现代的事物完全等同，这实际上是否定道德的历史和发展。虚无论则是只承认中国传统道德的个别性、特殊性，而否定中国传统道德的一般性、普遍性，这实际上也就割断了道德的历史继承性。从中国历史发展过程来看，无论是复古论还是虚无论，都对社会的发展特别是道德文化的进步产生了十分消极的影响。在对待中国传统道德问题上，我们要坚持批判继承的原则，注意科学辨析，自觉避免各种错误倾向的影响。

一个国家和民族的文化发展和道德进步，除了要注意继承和弘扬本民族文化和道德的优良传统之外，还必须积极吸收其他民族文明的优秀成果。人类文化和文明发展进步的过程表明，一种文化通过与异质文化的交流和碰撞、冲突和融合，是保持其生命力，实现自我更新和发展的重要机制，是文化演进发展的一种带规律性的现象。当今任何民族或国家的文明发展和道德进步，都不可能不受到其他民族或国家的文化或道德文明成果的影响，都不可能脱离人类文明发展的道路。世界上许多民族在人类发展的不同时期，对人类文明都作出过贡献。西方历代思想家对道德的起源和本质、道德的原则和规范、道德品质、道德评价、道德教育

和道德修养等进行的有益探讨，其中不乏超越时代、国家、民族乃至阶级界限的真知灼见，极大地丰富了人类社会共同的文明成果，并为我国今天的道德建设与道德修养提供了有益的借鉴。在对待其他民族或国家的道德文明成果的问题上，要坚持马克思主义的立场、观点和方法，坚持以我为主、为我所用的原则，既反对全盘西化、机械照搬，又反对全盘否定、盲目排外，在批判的基础上加以借鉴、吸收，剔除其带有阶级和时代局限性的糟粕，吸收其带有普遍性和一般性、对今天有积极作用的精华。

第三节　弘扬社会主义道德

社会主义道德是马克思主义伦理思想同中国特色社会主义伟大实践相结合的产物，是对中国古代优良道德传统的传承与升华，是中国革命道德传统的直接继承和发展。中国革命道德传统是指 1919 年五四运动以来，中国共产党人、一切先进积极分子和人民群众在中国新民主主义革命和社会主义革命、建设和改革中所形成的革命气概、精神品质和道德情操。中国革命道德传统是中华民族极其宝贵的精神财富，是中国特色社会主义道德建设的思想源泉。大力弘扬中国革命道德传统，对建设中国特色社会主义、构建社会主义和谐社会、提高全社会尤其是青少年的思想道德素质具有重要意义。大学生应当正确认识弘扬中国革命传统道德对推进我们今天道德建设的重要意义，确立社会主义道德观念，不断提高自己的道德修养，升华自己的道德境界，为健康成才打下良好的道德基础。

一、社会主义道德建设与社会主义市场经济

在社会主义初级阶段，以公有制为主体、多种所有制经济共同发展是我国的基本经济制度。我国社会主义的道德建设，应当建立在这一基本经济制度基础上，反映这一基本经济基础的要求，为坚持和完善这一基本经济制度服务。在这一基本经济制度上实行的社会主义市场经济体制，以市场为配置资源的基础手段的经济运行机制，对道德建设提出了新的要求。社会主义道德建设既是一个与社会主义市场经济相适应的现实要求，也是一个为社会主义市场经济体制建立和完善提供道德价值导向的重要任务。

社会主义市场经济体制是社会主义条件下的市场体系。一方面，作为市场经济，它同资本主义条件下的市场经济在运行规则上有相通或相似之处。现代市场经济的共同属性和一般规律性，是我国社会主义市场经济必须遵循的；另一方面，社会主义市场经济是同社会主义基本经济制度结合在一起的，是同社会主义精神文明结合在一起的，它要体现社会主义基本制度的要求，充分发挥社会主义的优越性。市场经济可以和不同的经济制度与政治制度相结合。要把市场经济和社会主义制度有机

结合起来，离不开社会主义先进文化和社会主义道德体系。加快社会主义道德文化建设，有助于保证市场经济沿着社会主义轨道有序健康的发展。

实践证明，发展社会主义市场经济既有利于解放和发展社会主义社会的生产力，增强社会主义国家的综合国力，提高人民的生活水平，也有利于增强人们的自立意识、竞争意识、效率意识、民主法治意识和开拓创新意识，调动人们的积极性和创造性，推动社会的道德进步。但也要看到，市场自身的弱点和消极方面，如趋利性、自发性等也会反映到道德生活中来，反映到人与人的关系上，容易诱发拜金主义、享乐主义、极端个人主义等消极现象，这些因素都会干扰社会主义道德建设，阻碍社会主义市场经济的健康发展。适应新的形势和要求，建立和完善与社会主义市场经济相适应、与社会主义法律相协调、与中华民族传统美德相承接的社会主义思想道德体系，确立全体社会成员共同遵循的价值导向和行为准则，提高全民族的道德素质、全社会的文明程度，已成为当前全面建设小康社会、构建社会主义和谐社会的一项紧迫任务，也是大学生在成长、成才过程中必须面对的重要课题。

把握社会主义市场经济对道德建设提出的新要求，要坚持公民承担社会责任与社会尊重个人合法权益相一致，先进性要求与广泛性要求相结合，着力培养与社会主义市场经济相适应的道德观念，为社会主义市场经济的发展提供良好的道德环境和有力的道义支撑。

要正确处理竞争和协作、自主和监督、效率和公平、先富和共富、经济效益和社会效益等关系。既勇于竞争，又有序竞争；既反对平均主义，又防止收入悬殊；既重经济效率，又重社会效率。要正确认识和运用物质利益原则，树立正确的义利观，既要鼓励人们通过诚实劳动、合法经营去获得正当的个人利益，也要大张旗鼓地褒奖见利思义、见得思义的言行，反对见利忘义、唯利是图，形成把国家和人民利益放在首位而又充分尊重公民个人合法利益的社会主义利益观。要正确发挥社会主义道德对市场经济的价值导向作用，形成和完善与社会主义市场经济相适应的道德规范，发挥市场经济的积极效应，避免市场经济的消极效应，促进和保障社会主义市场经济体制健康发展。

二、社会主义道德建设的核心和原则

社会主义道德建设要以为人民服务为核心、以集体主义为原则。这既符合我国社会主义初级阶段道德建设的现实状况，也是社会主义精神文明建设的客观要求。

（一）社会主义道德建设要以为人民服务为核心

道德建设的核心，即道德建设的灵魂，它决定并体现着社会道德建设的根本性质和发展方向，规定并制约着道德领域中的种种道德现象。道德建设核心的问题，实质上是一个为人民服务的问题。在改革开放和社会主义现代化建设的新时期，在发展和完善社会主义市场经济的条件下，在构建社会主义和谐社会的过程中，提出社会主义道德建设以为人民服务为核心，具有深刻的理论依据和坚实的实践基础。

为人民服务是社会主义经济基础和人际关系的客观要求。在社会主义初级阶段，我国实行的是以公有制为主体、多种所有制经济共同发展的基本经济制度和以按劳分配为主体、多种分配方式并存的分配制度。在我国社会主义基本经济制度的条件下，每个社会主义的劳动者和建设者，只是社会分工的不同，没有高低贵贱之分。在以公有制为主体的经济基础上，在全体人民共同利益的基础上，在整个社会生产和生活中，逐步形成了团结互助、平等友爱、共同进步的人际关系。在社会主义条件下，权利和义务不再分属于两个对立的方面，而是统一于人民自己身上，每个人都是服务对象，又都是为他人服务，全体人民通过社会分工和相互服务来实现共同利益。

为人民服务是社会主义市场经济健康发展的要求。在社会主义市场经济条件下，市场主体必须通过向社会和他人提供有一定数量和质量的产品，建立满足社会和他人需求的良好信誉，即通过为社会和他人服务并为社会和他人所接受以实现自己的利益。换句话说，市场经济不仅不排斥为社会和他人服务，而且需要通过服务甚至是优质服务，才能实现市场主体自己的利益。这一点说明，为人民服务与市场经济并不是对立的。但是，不能把市场经济的利他性同为人民服务混为一谈。如果把各种有着不同内涵的利他性同道德要求简单地等同于为人民服务，不仅在理论上是错误的，而且会在实践中造成混乱。笼统地讲市场经济要求为人民服务是不正确的。我们说社会主义市场经济的本质要求为人民服务，不仅在于人们在一切经济活动中应正确处理个人与社会、竞争与协作、效率与公平、先富和共富、经济效益与社会效益等关系，形成健康有序的经济和社会生活规范，更在于强调在国家的宏观调控和社会主义精神文明的引导、制约下，每个市场主体要有为人民服务的思想，更自觉、更积极、更规范地在自主的基础上为人民、为社会服务，要求市场主体把自身的特殊利益同国家和人民的共同利益结合起来。

为人民服务作为社会主义道德建设的核心，是社会主义道德区别和优越于其他社会形态道德的显著标志。应当在给为人民服务的要求注入新的时代内涵的同时，在全社会大力弘扬为人民服务的精神，大力倡导和积极实践为人民服务的道德。

为人民服务体现着社会主义道德建设的先进性要求和广泛性要求的统一。为人民服务，伟大而平凡，高尚而普通，它并非高不可攀、远不可及，而是可以通过不同层次、不同形式表现出来的。在社会主义初级阶段，对于不同利益群体和不同觉悟程度的人们，为人民服务的具体要求不可能是完全一样的，对于不同层次的人们应该有不同的要求。毫不利己、专门利人、无私奉献是为人民服务；顾全大局、先公后私、爱岗敬业、办事公道是为人民服务；同志间、师生间、同学间互相关心、互相爱护、互相帮助是为人民服务；热心公益、助人为乐、见义勇为、扶贫济困、帮残助残是为人民服务；遵纪守法、诚实劳动并获取正当的个人利益，同样也是为人民服务。事实证明，在我们的社会中，不论从事何种职业、处于何种岗位，也不论能力大小、职务高低，每个人都能够通过不同形式实践为人民服务的道德要求。那种认为为人民服务只适于党员干部而不能推广到全体人民的看法是一种误解。要坚持以人为本，“以为人民服务为荣，以背离人民为耻”，尊重人、理解人、关心人，发扬社会主义人道主义精神，为人民、为社会多做好事，形成体现社会主义优越性、促进社会主义市场经济健康、有序发展的道德风尚。

（二）社会主义道德建设要以集体主义为原则

在社会主义道德体系中，集体主义原则是指导人们行为选择的主导性原则。这是社会主义经济、政治、文化建设的必然要求。生产资料公有制占主体地位的社会主义基本经济制度，为集体主义的实施创造了经济前提；以工人阶级为领导阶级、以共产党为执政党的人民当家做主的国体、政体，为集体主义的实施创造了政治前提；以马克思列宁主义、毛泽东思想、邓小平理论和“三个代表”重要思想为指导的社会主义先进文化，为集体主义的实施创造了文化前提。总之，在社会主义社会，人民当家做主，国家利益、集体利益和个人利益根本上的一致性，使得集体主义应当而且能够在全社会范围内贯彻实施。长期以来，集体主义已经成为调节国家、集体和个人三者利益关系的最重要原则。发展社会主义市场经济，是同社会主义基本制度有机结合的，从这个意义上讲，集体主义不但与社会主义市场经济相契合，而且也正是发展和完善社会主义市场经济的客观要求。社会主义集体主义原则的根本思想，就是正确处理集体利益和个人利益的关系。

社会主义集体强调集体利益和个人利益的辩证统一。在社会主义社会中，国家利益、社会利益体现着个人根本的、长远的利益，是集体所有成员共同利益的统一。同时，每个人的正当利益，又都是集体利益不可分割的组成部分。集体的兴衰与个人利益得失息息相关。在现实生活中，集体利益和个人利益是相辅相成的。集体利益的发展，本身就包含着集体中每个人利益的增加。而集体中每个人利益的增加，同样有利于集体利益的扩大。

社会主义集体主义强调集体利益高于个人利益。在实际生活中，个人利益和集体利益难免会发生矛盾。这种矛盾，有的是可以缓和、化解的，有的则会发生或大或小的冲突，尤其是发生激烈冲突的时候，必须坚持集体利益高于个人利益的原则，即个人应当以大局为重，使个人利益服从集体利益，在必要时，为集体利益作出牺牲。集体主义要求个人为集体作出牺牲并不是任意的，只有在不牺牲个人利益就不能保全集体利益的情况下，才要求个人为集体利益作出牺牲。社会主义集体主义之所以强调个人利益要服从集体利益，归根到底，既是为了维护集体的共同利益，也是为了维护个人的根本利益。

社会主义集体主义强调重视和保障个人的正当利益。社会主义集体主义促进和保障个人正当利益的实现，使个人的才能、价值得到充分的发挥。这不但与集体主义不矛盾，而且正是集体主义思想的应有之义。只有在集体中，个人才能获得全面发展，只有在集体中，才可能有个人自知。那种把集体主义看做是对“个人的压制”、是对“个人的束缚”的思想，是与集体主义的本意相违背的。事实上，正是集体主义为培养人的健全人格、鲜明个性和创新精神提供了道义保障。对于集体主义来说，只有个人的价值、尊严得到实现，个人的正当利益得到保证，集体才能有更强大的生命力和凝聚力。

在发展社会主义市场经济的条件下，在全面建设小康社会的进程中，结合我国经济生活和人们思想道德状况的实际，可将社会主义集体主义的道德要求具体分为三个层次：一是无私奉献、一心为公。这是集体主义的最高层次，是共产党员、先进分子应努力达到的道德目标。二是先公后私、先人后己。这是已经具有较高的社会主义道德觉悟的人们能够达到的道德目标。三是公私兼顾，不损公肥私。这是对我国公民最基本的道德要求。当代大学生应正确认识和处理国家、集体、个人的利益关系，反对小团体主义、本位主义和极端个人主义，把个人的理想与奋斗融入广大人民的共同理想和奋斗之中。集体主义就存在于、体现于人们的学习、工作和生活之中，人人都可以践行集体主义原则，都能够沿着道德层次的阶梯循序渐进地向更高道德境界攀登。

一、思考题

1. 道德的本质、功能和作用是什么？

2. 怎样理解为人民服务是社会主义道德建设的核心?在新时期为什么要倡导和实践为人民服务?

3. 社会主义集体主义的科学内涵是什么？在社会主义市场经济条件下为什么要坚持集体主义原则?

二、阅读文章

道德的大厦

“9 · 11”事件中，双子大楼轰然倒塌，但道德与友爱的双子大厦却卓然挺立。

美国世贸大厦被撞时，一位坐在轮椅上的妇女正在第86层。在当时的情况下，像她这样一个靠轮椅行走的人，要从这么高的楼层中逃脱出来，成功率几乎为零。可她竟奇迹般地毫发无损地逃出来了。她说，一位并不相识的逃生者，硬是将她和轮椅从86层一直扛到5层才被人群冲散。

在危难时刻，虽然楼梯里挤满了人，但是却紧张而有序。当楼上开始有担架抬下来时，大家又主动让出一条通道，让伤员先走。接着，在大楼里工作的盲人带着导盲犬下楼来，大家也纷纷让路。消防队员背着沉重的消防器材向上冲，尽管大家都很干渴，但人们还是把自己仅有的一点水拿给他们喝……

危难中，真情传递，让人们感受到了道德的力量。虽然世贸大厦倒塌了，但是，危难中，人们用至爱真情建起了一座道德与友爱的大厦，这座大厦，是无尚崇高的，是任何恐怖主义者也摧毁不了的。

报刊上连篇累牍地报道“9·11”事件的前因后果和恐怖主义的报复行动，却忽略了这次恐怖主义事件中临危而起的道德大厦。（选自《生活时报》2001年11月6日）

第十章 培养良好的道德品质

己所不欲，勿施于人。

——孔子

水火有气而无生，草木有生而无知，禽兽有知而无义，人有气、有生、有知亦且有义，故最为天下贵也。

——荀子

德者，内得于己，外得于人也。

——许慎

才者，德之资也；德者，才之帅也。

——司马光

道德的基础是人类精神的自律。

——马克思

第一节 道德品质及其形成与发展

党的十七大报告指出：“大力弘扬爱国主义、集体主义、社会主义思想，以增强诚信意识为重点，加强社会公德、职业道德、家庭美德、个人品德建设，发挥道德榜样作用，引导人们自觉履行法定义务、社会责任、家庭责任。”这是我们进行道德建设的指导方针，也值得我们每个大学生好好思考，我们应该如何在自己的一生中过富有道德意义的生活，如何为提高整个社会的道德风尚作出贡献，归结到一点：我们应该如何培养良好的道德品质。

一、道德品质的含义及其构成

（一）道德品质的概念

道德品质是一定社会的道德原则和规范在个人观念和行为中的体现，是一个人在一贯的道德行为中表现出来的稳定的特征和倾向。

一个人的道德品质并不是与生俱来的，而是经过了一个长期的学习和锻炼的过程而培养成的。当他来到世上后，他就不断地接受道德教育，通过家庭、学校和社会，将社会中各种道德规范转化为自己的道德品质的一部分。在这个过程中，如果说一开始，个体还是个被动的角色，那么，随着个体身心的不断发展成熟，当他具有了自我反省的能力后，个体在自身道德品质的培养与锻炼中就处于主动的角色。即培养良好的道德品质已是他发自内心的主动的要求，而培养良好的道德品质的整个过程也完全在他的自主支配之下。

社会的整体道德风尚与个体的道德品质是一种相互影响、相互作用的关系。由于我们个体品质的形成就是由社会中存在的道德规范和道德观念转化而来，所以，我们个体的道德水准的高低不得不受到社会整体道德风尚的影响。一个社会整体的道德水平很差，那么，这个社会绝大多数成员的道德品质水准也必然很低。但是，一个社会的整体道德水准不会受某一个个体的道德水准的影响，我们每个人都是具有自由意志的个体，我们每个人的道德品质归根到底是由我们自己决定的。所以，我们不应该以社会的整体道德风尚为托词，为自己低下的道德品质做辩解，应该想一想我能为社会整体道德水准的提高做些什么？我们每个人应该努力提高自己的道德品质水准，为社会整体的道德水准的提高作出贡献。

（二）道德品质的构成

道德品质是一个综合性范畴，由道德认识、道德情感、道德意志、道德信念、道德行为五个要素组成。

道德认识主要是对伦理关系以及调节伦理关系的道德理论、原则和规范的认识，也可以说是人们所具有的道德观。道德认识包括道德经验的积累，道德价值观念的形成，道德理论知识的掌握，以及对道德原则和规范的理解和把握。在品德构成中，道德认识是形成道德品质的首要成分，尽管有人对自己的道德认识并没有充分的自觉，但这种认识在他的品德构成中仍然是存在的。

道德情感是伴随着道德认识所出现的内心体验和主观态度，表现为倾慕和鄙弃、爱好和憎恶以及同情、羞耻、信任、快乐、痛苦等情感体验。道德情感不是孤立存在的，它的形式和发展变化，不仅需要以道德认识做基础，而且需要在道德实践中不断磨炼和陶冶。道德情感一经形成，就成为一种稳定的力量，积极影响人们的道德行为。其作用主要有三个方面：一是调节作用，即以某种情绪态度来强化或弱化个人的某种道德认识和道德行为。二是评价作用，即以赞赏、鄙视、愤懑等情绪表明对某种道德关系和道德行为的评价态度，从而影响到人们的道德认识和道德行为。三是信号作用，即通过各种表情动作来示意自己行为的价值或对他人行为的态度，它在道德关系或人际交往中起沟通信息的作用。道德情感一经形成就会积极调节和影响人们的观念和行为，增强或减弱人们履行某种伦理义务的道德意义。

道德意志是人在具体道德情境中抉择道德行为时的决心和毅力。这种精神力量主要来源于明确的道德认识和强烈的道德情感，同时也来源于个性心理素质。在品德的诸因素中，道德意志的主要功能，是依据某种道德认识和道德情感，果断地确定道德行为的方向和方式，投入行为的能量，并抑制和排除来自内部和外部的干扰和障碍，顽强地长时间地专注于既定的行为和目标的实现。如果没有顽强的道德意志，道德认识很难转化为道德行为，更不可能终身保持高风亮节。因此，在社会实践和道德修养中，自觉磨炼道德意志，就成为培养和造就个人品德的关键性环节。

道德信念是对某种道德观、道德理想的正义性发自内心的笃信。道德信念是人们在社会实践的基础上形成的道德认识、道德情感和道德意志的有机统一，也可以说稳定和持久坚持的道德信念是行为选择的内在动机的根本性的依据，是评价自己行为和他人行为善恶的内部标准。在品格结构中，它处于主导与核心地位。道德信念作为良心在行为选择和道德评价中起着准则作用。道德信念可以说最集中、最强烈地体现着一个人的荣辱观和总体道德观，因为它是人们自尊、自信、自律的精神支柱。

道德行为是在道德意识的支配下产生的具有道德价值的社会行为。作为道德行为，必须是基于行为者自觉认识而做出的行为选择，必须是影响他人和社会的同时也影响自身的具有善恶意义的行为。我们的道德意识、道德情感、道德意志、道德信念全部属于道德意识范畴，是影响、指导，甚至是决定道德行为的内在力量，但还不等于道德行为本身，一个人如果停留在这些阶段，而不去通过自己的行为履行道德义务，那只能说他具有某种道德意识，还不能说他已具有某种品德。只有当他不具有某种道德意识，并将道德意识转化为道德行为，并形成行为习惯，才可以说他具有某种品德。

二、道德品质的特征与作用

道德不同于科学，道德远比科学复杂得多。科学主要是认识问题，而道德主要是实践问题，即一个人的道德品质最终是通过一个人的行动体现出来，这就是为什么德国思想家康德把道德界定为“实践理性”的原因。道德本质上是行动，但这个行动又是与认识、情感与意志紧紧联系在一起的，这就构成了道德品质的复杂性。科学是一种知识，我们对一个人进行科学知识的教育，如学生认真学习，他理解了、掌握了，因为科学是纯认识的事物，我们不能说对一个人进行道德教育，他对各种各样的道德原理都有很好的理解，这个人的道德品质一定高尚。良好的道德品质是通过行为表现出来的。所以，在道德品质的培养中，只进行道德教育是不够的，但不进行道德教育又是不行的。因为道德认识是道德品质的一个有机组成部分。所以，道德品质是一个有机的组合体，对各个组合体中的任一因素都不能忽视。其中，我们尤其应重视道德行为，因为道德行为是最能体现道德“实践”的本质特征。

道德品质是自觉意志的结果，个人道德品质培养的渠道、方式是多种多样的，但一个人道德品质的培养最终是自身自觉重视道德的结果。所以，增强自身的道德自觉性，勇于实践道德原则，是培养道德品质的最核心要求。

道德品质对一个人的身心健康、塑造完美人格和立志成才具有重要作用，主要表现在：

第一，良好的道德品质是个人素养的最重要标志。我们个人的素养是多方面的，如知识、审美、身体、心理等，其中道德素养是一个人最重要的素养。不仅我们中国人一直重视道德品质，古希腊哲学家柏拉图把“善”的理念置于万物之上。一个人道德品质低下，其他的素质也成了无本之木。如果没有道德品质的指导，一个人的许多才能不仅不能使他贡献社会，反而使他获得了损害社会的能力。今天，我们说教育要全面提高人的素质，这其中，首要的就是提高人的道德素质。

第二，良好的道德品质丰富了人的内心世界。良好的品质使我们有了精神追求，成为道德高尚的人，不断地向人生的更高境界迈进，从而使我们超越于物质之上，抵御物质利益的诱惑。只有当我们站在物质利益之上，我们才能窥见精神世界无尽的丰富内涵，我们才会有那种人之所以为人的崇高感；人类的那些美好的东西：对正义的追求、同情、舍生取义的勇气等才可被我们体会到。所以，良好的道德品质使我们的生活更充盈和丰富。

第三，良好的道德品质使我们面对飞速变化的世界保持清醒的头脑。我们这个世界飞速发展，变化很快。但这些变化往往良莠不齐，许多不良的东西往往穿上时髦的外衣，很有迷惑性。良好的道德品质能使人在这些变化面前保持清醒的头脑，辨清方向，识别哪些是对的，哪些是错的，并能自觉的抵制那些错误的东西，不随波逐流，不被错误的东西所左右。

三、道德品质的形成和发展

既然人是生活在社会中，一个人的道德品质的形成和发展也是离不开社会的。我们已经说过，一个人的道德品质的培养归根到底是自己的事情，所以，我们应从自己的一言一行做起，不断提高自己的道德素养。

具体来说，应从道德品质构成的五个方面，道德认识、道德情感、道德意志、道德信念、道德行为着手，在实践中培养和发展我们的道德品质。

第一，提高道德认识。道德认识是培养道德品质的起点，所以，我们要提高自己的道德认识水平。道德认识主要是指对道德观念和道德规范的正确认识。提高道德认识的途径有两条：一是努力地从社会中学习存在于社会中的道德规范和道德观念，但更主要的是通过“反省”的方式学习。社会的规范要转化为自己的道德规范必须通过自己内心的不断反省，而且道德规范的学习与科学知识学习的一个很大不同就是它是通过对日常生活的体会、反省，尤其是通过对日常所犯错误的时时反省来达到对道德规范的内涵、意义、作用的全面深刻的认识（当然，科学知识的学习也需要反省）。但是反省却是一件困难的事情，因为反省纯粹是自己内心的事情，“吾日三省吾身”本身需要极大的毅力。

第二，道德情感的升华。道德情感的升华就是我们在生活中对那些违反道德规范的行为应表现出强烈的义愤，“疾恶如仇”，对我们生活中出现的那些道德高尚的行为要有敬畏、崇敬之心。只有这样通过日常生活的积累，我们才能培养出强烈的道德情感。从道德教育的角度，必须从两个方面出发。一是正面引导，树立正面的道德形象，宣传优秀事迹、先进人物，从而在人们心中培养对良好的道德品质的向往、热爱之情。二是批评和抨击不道德的人和事，从而在人们心中养成对丑恶行径的愤怒之情。通过正反两方面的教育，使人们在心中逐渐培养起强烈的道德情感。

第三，道德意志的锻炼。道德意志是我们良好道德行为的保证，那些道德品质低下的人，他们中的绝大多数是没有坚强的道德意志的。锻炼坚强的道德意志，首先，要从小事着手，“莫以善小而不为”，从许多小事上可见一个人的道德品质，许多小事情上就有着我们须时时克服的各种欲望的诱惑。只有从一点一滴的小事做起，才有可能在重大的考验面前毫不退缩。其次，要在困境中进行磨炼。当我们遭遇困境时，不应长吁短叹，更不能怨天尤人，而应把这当成锻炼自己意志的好机会。孟子说过：“故天将降大任于斯人也，必先苦其心志，劳其筋骨，饿其体肤，空乏其身，行拂乱其所为，所以动心忍性，增益其所不能。”再次，运用“慎独”的方法。“慎独”是古人提出的增强道德意志的方法。其意为，当一人独处时，能抵御各种各样的诱惑，坚守道德的规范。一个人在无人监督时，能够坚守道德原则，那么众目睽睽之下，当然就能保持良好的道德品质了。所以，“慎独”是锻炼道德意志的好方法。

第四，道德信念的确立。道德信念是道德认识、道德情感、道德意志的有机统一。所以，当我们的道德认识、道德情感、道德意志得到充分发展后，我们的道德信念也就自然形成了。确立道德信念非常重要，因为道德信念是道德认识、道德情感和道德意志变成个人行动的指南和原则。

第五，道德行为的养成。没有前四项思想的基础，就没有道德行为。有了道德认识、道德情感、道德意志、道德信念，我们还要勇于道德行动，因为道德本来就意味着行动。在我们的生活中，在每一个有道德意义的场合，我们都应毫不犹豫地行动。同时，只有在我们的行动中，我们的道德认识、道德情感、道德意志才会得到充实和提高。

第二节 自觉践行公民基本道德规范

公民基本道德规范是指在一个社会中最基本的，作为一个公民必须做到的那些道德规范。2004年，中共中央、国务院《关于进一步加强和改进大学生思想政治教育的意见》明确提出，对大学生“以基本道德规范为基础，深入进行公民道德教育。要引导大学生自觉遵守爱国守法、明礼诚信、团结友善、勤俭自强、敬业奉献的基本道德规范”，大学生应成为公民道德的自觉履行者。

一、我国公民的基本道德规范

《公民道德建设实施纲要》提出具有必要性。中共中央于2001年9月20日颁布了《公民道德建设实施纲要》。在现阶段提出公民基本道德规范，是有它的原因的。首先，社会主义道德建设是发展先进文化的重要内容。全面建设小康社会，加快改革开放和现代化建设步伐，必须在加强社会主义法制建设、依法治国的同时，切实加强社会主义道德建设、以德治国，把法制建设和道德建设、依法治国和以德治国紧密结合起来。其次，通过公民道德建设的不断深化和拓展，逐步形成与发展社会主义市场经济相适应的社会主义道德体系。这是提高全民素质的一项基础工程，对弘扬民主精神和时代精神，形成良好的社会道德风尚，促进物质文明与精神文明协调发展，全面推进建设有中国特色社会主义伟大事业，具有十分重要的意义。这个规范是对我国道德建设成果的总结。我们建设社会主义的道德，既要总结和继承我国优秀的传统道德以及一切人类文化的优秀成果，又要总结我国道德建设的实践，这样才能对我国的道德建设起着强大的推动作用。

我们也无法否认，我国的道德现状是不能令人满意的，许多公民的道德品质还没有达到公民道德规范中的要求。比如，社会中存在的欺诈现象，一些人缺乏敬业精神等。由于这些都是最基本的道德规范，所以，这些现象的存在已经对整个社会的稳定与发展造成了很大的破坏作用。因此，颁发《公民道德建设实施纲要》的目的就是从我国的基础道德建设做起，把那些最基本的道德规范建设好，这样就能为我国社会主义的道德建设打下扎实的基础。

《公民道德建设实施纲要》也是针对我国建设社会主义市场经济的实践中出现的许多新情况而提出的。建设社会主义市场经济是我们从未遇到过的全新的事业，同样，它也对道德提出了新的要求。有些我们强调的不是很充分的，现在则在道德体系中占据着更为重要的位置，原先我们极为重视的一些规范，由于它们不是直接反映市场经济的特定要求，在道德体系中的位置就不像原来那样重要。公民基本道德规范，是我们每个公民都应遵守的，也是我们这个社会中最重要的道德规范。

二、《公民道德建设实施纲要》的主要内容

（一）公民基本道德规范

《公民道德建设实施纲要》提出了“爱国守法、明礼诚信、团结友善、勤俭自强、敬业奉献”的20字基本道德规范。这些规范要求作为一个合格的公民应当具备以下基本道德素质。

第一，要有爱国主义精神。以热爱祖国、报效人民为最大的光荣，要有民族的自豪感和自尊心。同时爱国精神又不是空洞的。爱国和守法，尤其是要和遵守我国根本法律制度结合起来。“爱国守法”要求我们具有对社会主义伟大建设事业的奉献精神。

第二,《公民道德建设实施纲要》强调了集体主义的道德原则。这主要体现在“团结友善”这一规范中。在社会主义社会，人民当家做主，国家利益、集体利益、个人利益根本上的一致使集体主义成为调节三者利益关系的重要原则。社会主义国家的人们应发扬“团结友善”的精神，在处理国家、集体、个人利益时，提倡个人利益服从国家利益、局部利益服从整体利益、当前利益服从长远利益，反对损公肥私、损人利己。

第三，公民在家庭、社会生活中必须遵循良好的行为准则，体现个人良好的道德素养。随着社会公共领域的不断扩大，人与人相互交往日益频繁，遵守公共秩序、维护公共利益成为公民道德修养和社会文明程度的重要表现。家庭生活和社会生活有密切的关系，正确对待和处理家庭问题，不仅关系到每个家庭的幸福美满，也有利于社会安定和谐。在这方面，我国传统道德有着丰富的内容。“明礼诚信、勤俭自强”就是主要的体现。

第四，职业道德是所有从业人员在职业活动中应该遵循的行为准则，涵盖了从业人员与服务对象，职工与职工、职工与职业之间的关系。随着社会分工的发展和专业化程度的增强，市场竞争日益激烈，整个社会对从业人员职业观念、职业态度、职业技能、职业纪律和职业作风的要求越来越高。“敬业精神”就是要大力提倡以爱岗敬业、诚实守信、办事公道、服务群众、奉献社会为主要内容的职业道德，鼓励人们在工作中作出更大贡献。

（二）诚实守信是公民道德建设的重点

诚实守信是公民道德建设的重点。它是人们立身处世之本和事业成败的关键，因此要在社会中大力宣传诚实守信的风尚。我国目前还存在着一些不讲诚信、欺骗欺诈、损公肥私的现象，这与我们社会中诚实守信的道德风尚遭到破坏有很大关系。这不仅败坏了社会风气，而且直接破坏了我国的社会主义市场经济的运行。所以，在全社会中大力宣传诚实守信是十分必要的。

“诚信”这一概念由两个字组成：“诚”与“信”。“诚”就是诚实，真实无妄的

意思。“诚”要求我们内心真实无妄，不欺。我国古代甚至将“诚”看成是宇宙的根本规律，也就是把“诚”提高到了宇宙论的高度。“信”就是讲信用。“诚信”一词意味着讲信用是发自内心的不欺，是我们从对他人的尊重，从对“诚信”规范的尊重出发，而不是出于某种功利的目的，如为了市场经济的正常运作，只不过它的客观效果有利于市场经济的运作。

诚实守信的道德观具有如下重要意义。

第一，诚实守信是形成道德人格的主要因素。“人无信不立。”个人只有坚守对别人的承诺，才能奠定他整个道德品质的基础。因为道德是人与人之间关系的准则，只有在相互间坚守承诺的基础上，道德才能成立。所以，诚实守信是一个人最基本的道德品质，是一个人道德人格的重要体现。

第二，诚实守信是建设社会公德体系的基石。只有做到诚实守信，人与人之间才能发展相互间的友谊和信任，才能得到别人的关怀和帮助。反之，如果言而无信，就会失去别人的信任，游离于人际关系之外。诚信对一个人是如此重要，对一个社会、一个国家而言更是重要。任何社会团体、基层组织、群众村落和社区都应该讲信用，在内部对各个组成人员讲诚信，在处理与外部各方面关系时也要讲诚信。总之，要在全社会中建立起讲诚信的公德体系，人人讲诚信，这个社会才能得以稳定和发展。

第三，诚信问题关乎市场经济的健康发展。市场经济要求参与的主体都要讲诚信，只有各个主体都讲信用了，整个市场经济才能有序的运转。只要有一个人不讲诚信，这个市场的运行成本就会大大提高，而市场主体的利益也会受到损害。市场经济不同于过去计划经济之处，就在于市场的主体获得了相当大的自由度，所以诚信的道德观念在他的经营活动中就占有重要的位置，将直接决定他个人的经营行为以及他的行为对整个市场运行的影响。

（三）公民道德建设的着力点

《公民道德建设实施纲要》指出：“从我国历史和现实的国情出发，社会主义道德建设要坚持以为人民服务为核心，以集体主义为原则，以爱祖国、爱人民、爱劳动、爱科学、爱社会主义为基本要求，以社会公德、职业道德、家庭美德为着力点。在公民道德建设中，应当把这些主要内容具体化、规范化，使之成为全体公民普遍认同和自觉遵守的行为准则。”社会公德、职业道德、家庭美德作为公民道德建设着力点，就是要将公民道德建设的核心和原则贯穿在生活的各个方面。

1. 社会公德

1）社会公德的含义

社会公德是指在社会交往和公共生活中公民应该遵守的道德准则。《公民道德建设实施纲要》明确指出，社会公德“涵盖了人与人、人与社会、人与自然之间的关系”。在人与人之间关系的层面上，社会公德主要体现为举止文明、尊重他人；在人与社会之间关系的层面上，社会公德主要体现为爱护公物、维护公共秩序；在人与自然之间关系的层面上，社会公德主要体现热爱自然、保护环境。

2）社会公德的基本要求

在社会主义现代化建设的进程中，包括大学生在内的每一个社会成员，都应遵守以“文明礼貌、助人为乐、爱护公物、保护环境、遵纪守法”为主要内容的社会公德。

第一，文明礼貌。文明礼貌是社会交往中必然的道德要求，是调整和规范人际关系的行为准则，与我们每个人的日常生活密切相关。文明礼貌是打开心扉的钥匙，是交流思想的窗口，是沟通感情的桥梁，它反映着一个人的道德修养，体现着一个民族的整体素质。我国是一个具有悠久历史的文明古国，素有礼仪之邦的美誉。今天，倡导和普及文明礼貌，是继承和弘扬中华传统美德、提高人们道德素质的迫切需要，是尊重人、理解人、关心人、帮助人，形成团结互助、平等友爱、共同前进的新型人际关系的迫切需要，也是树立中国人良好国际形象的迫切需要。

第二，助人为乐。在社会公共生活中，每个人都会遇到困难和问题，总有需要他人帮助和关心的时候。因此，在社会公共生活中倡导助人为乐精神既是社会主义道德建设的核心和原则在公共生活领域的体现，也是社会主义人道主义的基本要求。助人为乐是我国的传统美德，我国自古就有“君子成人之美”、“为善最乐”、“博施济众”等广为流传的格言。把帮助别人视为自己应做之事，看做是自己的快乐，这是每个社会成员应有的社会公德，是有爱心的表现。助人为乐对于大学生来说显得尤富意义，正所谓“赠人玫瑰，手有余香”。大学生应当“以团结互助为荣，以损人利己为耻”，积极参与公共事业，力所能及地关心和关爱他人，在对他人的关心和帮助中获得人生的快乐。

第三，爱护公物。对社会共同劳动成果的珍惜和爱护，是每个公民应该承担的社会责任和义务，它既显示出个人的道德修养，也是整个社会文明程度的重要标志。随着社会现代化程度的日益提高，社会的公用设施得到妥善保护并保持良好状态，是使公共生活有秩序进行的基本保证，也有利于每个人的工作和生活。如果每个社会成员都能珍惜、爱护公物，就意味着全社会的公共财物能够物尽其用，用有所值。如果社会公共财物遭到破坏，社会的利益就会受到损害。所以，每个有责任心的公民，都应当自觉爱护公共财物。

第四，保护环境。保护环境主要是指保护自然环境，诸如水环境、大气环境、土壤环境、生态环境、矿产资源、动物资源等，也包括保护文物资源、文化资源、社会管理资源等人文环境。热爱自然、保护环境是当今时代社会公德的重要内容。热爱自然、保护环境，从根本上说，是对全人类的生存发展利益的维护，也是对子孙后代应尽的责任。作为有较高文化素养的大学生要牢固树立环境保护意识，身体力行，从小事做起，从自己做起，带头宣传和践行环境道德要求。

第五，遵纪守法。遵纪守法是社会公德最基本的要求，是维护公共生活秩序的重要条件。遵纪守法的践行是提高人们社会公德水平的一个重要途径。在社会生活中，每个社会成员既要遵守国家颁布的有关法律、法规，也要遵守特定公共场所和单位的有关纪律规定。在社会公共生活领域中，人员构成复杂，素质参差不齐，正常的生活秩序可能受到影响甚至被破坏，这就需要用纪律与法律来维护公共生活的正常秩序。大学生应当全面了解公共生活领域中的各项法律法规，熟知校纪校规，牢固树立法制观念，“以遵纪守法为荣，以违法乱纪为耻”，自觉遵守有关的纪律和法律。

2. 职业道德

1）职业与职业道德

职业的通俗表达就是人们所从事的工作。社会分工造成了职业的划分，职业也因此具有了特定的业务要求和职责规定。一定的职业是从业者获取生活来源、扩大社会关系和实现自身价值的重要途径。

职业道德，是指从事一定职业的人在职业生活中应当遵循的具有职业特征的道德要求和行为准则，职业生活中的法律，是指从事一定职业的人在履行本职工作的过程中，必须遵循的法律规范。

2）职业道德的基本要求

职业道德具有时代性和历史继承性。在历史上不同时期产生的一些调控职业活动的、带有道德蕴涵的行规，可以看成是最早的职业道德的表现形式。这些行规反映当时职业的属性、功能以及从业者的价值认同和心理需要，有的行规也在历史发展过程中被后来的职业道德所继承。资本主义时代，职业和职业道德都发生了很大的变化。机器大工业带来了社会分工的大发展，促成了职业的大分化，职业从宗法关系的束缚中解脱出来，具有专业化的特征。职业的发展推动了职业道德的进步，职业道德的种类迅速增加并且在内容上逐渐定型，职业道德的调控作用也得到了强化，成为职业活动的有机组成部分，甚至是上升到了制度和法律约束的层面。

社会主义制度的建立使职业活动的性质和意义发生了根本变化，为职业道德的发展提供了更为广阔的空间，职业道德进入了新的发展阶段。在社会主义条件下，职业成为体现人际平等、人格尊严和人的价值的重要舞台；职业的分工尽管还受到生产力发展水平的制约，但由于各种职业利益同社会的整体利益从根本上会具有一致性，因而从业者之间以及从业者与服务对象之间不存在根本的利益矛盾，职业和岗位的不同，只是分工的差别，而不是地位高低的差别。

社会主义的职业道德继承了传统职业道德的优秀成分，体现了社会主义职业的基本特点，具有崭新的内涵。

第一，爱岗敬业。爱岗敬业反映的是从业人员热爱自己的工作岗位，敬重自己所从事的职业，勤奋努力，尽职尽责的道德操守。这是社会主义职业道德的最基本要求。

在社会主义条件下，对自己工作岗位的爱，对自己所从事职业的敬，既是社会主义的需要，也是从业者应该自觉遵守的道德要求。职业不仅是个人谋生的手段，也是从业者不断完成自身社会化的重要条件，是个人实现自我、完善自我不可或缺的舞台。个人的发展和完善不能仅停留在愿望和决心上，而应付诸现实的行动，没有行动，一切都会流于空谈。因此，爱岗敬业所表达的最基本的道德要求就应当是干一行爱一行，爱一行精一行，精益求精，尽职尽责，“以辛勤劳动为荣，以好逸恶劳为耻”。这是社会对每个从业者的要求，更应当是每个从业者对自己的自觉约束。

第二，诚实守信。诚实守信既是做人的准则，也是对从业者的道德要求，即从业者在职业活动中应该诚实劳动，合法经营，信守承诺，讲求信誉。

诚实守信是人类千百年传承下来的优良道德传统，在社会主义社会应该继承并使之发扬光大。诚实守信不仅是从业者步入职业道德殿堂的“通行证”，体现着从业者道德操守和人格力量，也是具体行业立足的基础。在职业活动中，缺失了诚信就会失去人们的信任，失去社会的支持，失去成长和发展的机遇。诚实守信作为社会主义职业道德的基本要求，具有很强的现实针对性。由于我国社会主义市场经济还不完善，职业领域出现了一些不健康的现象，一些企业及其从业人员诚信的缺失，扰乱了市场秩序，给社会主义市场经济的顺利发展带来了负面影响，也败坏了一些企业的名声。因此，在社会主义市场经济条件下，加强职业领域的诚信道德建设，非常必要，十分及时。

第三，办事公道。办事公道就是要求从业人员在职业活动中做到公平、公正，不谋私利，不徇私情，不以权损公，不以私害民，不假公济私。

在阶级对立和等级森严的社会中，职业有明显的高低贵贱之分，职业活动也必然由于服务对象的不同而体现出差异性，即所谓的高贵可重，贫贱可轻。在社会主义制度下，从业者之间以及从业者与服务对象之间都是平等的，他们的职业差别只是所从事的工作不同，而不是个人地位高低贵贱的象征。同时，职业的规划也不是为特殊的利益集团和个人创造谋取私利的机会，而是为了公平地满足人们的需要。所以，以公道之心办事就必然成为职业活动所遵守的道德要求。办事公道，就是做事要讲原则，无论对人对己都要坚持实事求是，出于公心，不挟私欲，遵循道德和法律规范来处事待人。

第四，服务群众。服务群众就是在职业活动中一切从群众的利益出发，为群众着想，为群众办事，为群众提供高质量的服务。

社会主义道德建设的核心是为人民服务，职业场所是体现这一核心要求的重要领域。职业生活使为人民服务获得了具体的内容和表现形式，为人民服务的道德要求也在职业活动中表现出强大的生命力。职业活动的属性、目的不是任意确定的，而是要基于群众的需要；职业活动的价值评判标准掌握在服务对象手中，因此，服务群众必然成为职业活动的内在需要。在职业活动中提倡服务群众，并不是一个高不可攀的道德标准，在社会主义社会里，每个公民无论从事什么工作、能力如何，都能够在本职岗位上，通过不同的形式为人民服务。每一个从业人员在职业活动中，都自觉遵循服务群众的要求，整个社会就会形成一种人人都是服务者、人人又都是服务对象的良好秩序与和谐状态。

第五，奉献社会。奉献社会就是要求从业者在自己的工作岗位上树立奉献社会的职业精神，并通过兢兢业业的工作，自觉为社会和他人作贡献。这是社会主义职业道德中最高层次的要求，体现了社会主义职业道德的最高目标指向。爱岗敬业、诚实守信、办事公道、服务群众，都体现了奉献社会的精神。

尤其需要指出的是，提高廉政素质是我国当前职业道德建设的一个重要任务。廉政建设离不开对从业人员的职业道德特别是广大党政干部的从政道德教育，这对于提高整个社会的道德水平和人们的道德素质，营造良好的廉政氛围和风尚，具有重要的现实意义。这就需要把廉政教育作为岗前和岗位培训的重要内容，把廉政要求融入党政机关开展的“做人民满意的公务员”和企事业单位的争先创优等活动中，促进良好的职业习惯，树立起各具特色的行业新风。

在职业活动中，不同的价值追求所体现的人生境界是不同的，所产生的价值和意义也是不同的。青年马克思在谈到选择职业的理想和价值时曾经写道：“如果我们选择了最能为人类谋福利而劳动的职业，那么，重担就不能把我们压倒，因为这是为大家而献身；那时我们所感到的就不是可怜的、有限的、自私的乐趣，我们的幸福将属于千百万人，我们的事业将默默地、但是永恒发挥作用地存在下去，而面对我们的骨灰，高尚的人们将洒下热泪。”马克思对职业的价值追求，归根到底是以奉献社会为最高目标。这种崇高的职业理想和人生境界，值得当代大学生选择职业时学习和追求。

大学生学习职业道德知识，加强职业道德修养，对于今后从事职业活动具有重大意义。要从现在做起，在学习和生活中学会与他人合作，积极参加集体活动，力戒自由散漫，发扬团结协作的精神；敢于坚持真理，大胆探索，力戒消极保守，发扬开拓进取精神；提倡艰苦朴素，勇挑重担，力戒贪图享乐，发扬艰苦奋斗的精神；养成执著认真、刻苦钻研的学习习惯，力戒浮躁不专，发扬精益求精的精神。同时，大学生还应该自觉培养廉洁自律意识、提升人格境界，为今后在职业生活中全心全意为人民服务、依法办事、廉洁奉公打下坚实的基础。

3. 家庭美德

家庭美德在维系和谐美满的婚姻家庭关系中具有十分重要而独特的功能。家庭美德是每个公民在家庭生活中应该遵循的行为准则，涵盖了夫妻、长幼、邻里之间的关系。

家庭美德的基本要求有以下几点：

第一，尊老爱幼。中国自古就是一个非常讲求父慈子孝的国度，“老吾老以及人之老，幼吾幼以及人之幼”的观念深入人心，反映了人们对需要给予特别关爱的老人和儿童的深厚情感，因而成为世代相传的道德格言。老人对社会作出了贡献，又为抚养和教育晚辈付出了心血，当他们年老体弱时，理应得到社会、子女及家庭成员的尊重与回报。儿童是国家和民族的未来，是社会和家庭的希望，在他们还不能自食其力的成长过程中，需要得到成年人在物质和精神上的照顾与培育。在我国社会中，强调尊老爱幼具有很强的针对性，它对于解决日趋凸显的老龄化问题和独生子女的培育问题，都具有重要的意义。

第二，男女平等。男女平等是我国重要的法律原则和道德规范，也是我国的基本国策。家庭生活中的男女平等既表现为夫妻权利和义务上的平等、人格地位上的平等，又表现为平等地对待自己的子女。在夫妻关系上的男尊女卑，在子女问题上的重男轻女等，都是在传统宗法社会中所形成的落后的道德观念。在社会主义社会中，人与人之间的平等不仅体现在社会关系中，也体现在家庭关系中。家庭关系中的平等主要是人格平等，是权利和义务的平等，并不是要否定自然的伦常秩序。

第三，夫妻和睦。夫妻是家庭的主要成员，夫妻关系是家庭关系的核心。忠于爱情、互相敬爱，是夫妻和睦、婚姻美满的基础。中国历来用“相敬如宾”、“琴瑟和谐”，以及“比翼鸟”、“连理枝”等来比喻和形容夫妻之间的和睦关系。在封建社会中，夫妻和睦往往体现的是妻子对丈夫的绝对依从。“三从四德”的陈腐的封建道德信条，严重地伤害了妇女的身心。今天所强调的夫妻和睦，是在男女平等基础上的互敬互爱、互助互让。

第四，勤俭持家。勤俭是家庭兴旺的保证，也是社会富足的保证。常言道“勤是摇钱树，俭是聚宝盆，奢懒败家门”。勤俭持家既要做到努力工作，勤劳致富，也要量入为出，节约用费。在大学里，经济条件差的同学应当勤俭以励志，经济条件好的同学也应当勤俭以养德。同学们应当比品德、比学习、比情趣，而不能一掷千金，超前消费、攀比消费和负债消费，更不能向父母提出或超越家庭经济负担能力的不合理的要求。大学生要尊重父母劳动所得，体谅父母的辛苦操劳，在日常生活中注意节俭，尽量减轻父母和家庭的生活负担，这就是对父母和家庭最实际的贡献。

第五，邻里团结。邻里之间既无血缘关系又无法定关系，而是一种地缘关系。在日常生活的广泛联系中，邻里关系处理的好，可互为助手，互为依靠，得“远亲不如近邻”之利；邻里关系处理不好，矛盾丛生，纠纷不断，则会受“恶邻相向”之害。邻里之间应该以礼相待，做到互谅互让，互帮互助，宽以待人，团结友爱。在当代社会，一个家庭不可能孤立存在，而是处于多维的联系之中，当家庭遇到困难甚至发生危难时，首先伸出援助之手的往往是邻居，友邻的作用常常胜过亲戚朋友。搞好邻里团结重要的是相互尊重，要尊重邻里的人格、民族习惯、生活方式、兴趣爱好等，互相学习，取长补短。邻里之间长期相处，难免产生误会和矛盾，要本着互谅互让的原则，无理者主动认错，得理者宽以让人，这样才能化解矛盾和纠纷，增进邻里感情。

第三节 科技道德与环境道德

随着社会分工的分化，出现了许多新的职业、部门。这些不同的职业就要求从事这项职业的人在遵守社会公德的基础上，还要遵守由于这门职业自身的特点所要求遵守的道德规范，这就是职业道德。职业道德有悠久的历史，古希腊医生希波克拉底倡导的“希波克拉底宣言”是最早的职业道德范例。在这项誓言中，希波克拉底对一个医生应遵循的一系列道德准则作了详细的规定，直到今天它仍是西方医科大学学生毕业典礼上集体朗诵的誓言。今天社会分工更细，门类也越来越多，相应的职业道德的门类也越来越多，其中科技道德更为引人关注。

环境道德的呼声是 20 世纪五六十年代开始强烈起来的。20 世纪五六十年代，世界上发生了一系列严重的生态灾难，如英国的“雾灾”，日本的“水俣病”等这些生态灾难提醒人们，对大自然的开发不能采取那种为所欲为的态度，而应该遵循一定的规范，否则，就将为大自然所报复。所以，环境道德也成了我们道德修养中的一个重要部分。

一、科技道德概述

科技道德是关于科技工作应遵循的道德规范。科技道德之所以重要，是因为科学技术在社会生活中越来越重要。“科学技术是第一生产力”，科学技术已成为推动社会发展的最强大的动力。这样，从事科技工作的科技工作者就肩负着重大的责任，而他们道德水准的高低对社会的影响超过了其他的社会群体。

科技道德的规范主要分两个方面：第一，科技工作者对社会应承担哪些责任?第二，科技工作者应具备哪些职业素质来推动科学技术向前发展？这两个方面的要求处于辩证关系中。科技工作者首先对社会应有献身科学、推动科学技术向前发展的精神，同时，他也应有强烈的社会责任感，应有以科学技术为人类造福，而不是贻祸人类的信念。在人类的发展历程中，科学技术为人类作出了巨大的贡献，科学工作者献身科学，推动科学技术事业向前发展的同时，也在为人类的福祉作出贡献。但有时，这两者并不是等同的。有些科技成果会被错误地使用，有些科技成果的使用会给人类带来巨大的危害。例如，许多科技成果被用于制造杀人武器、原子弹、生化武器等，这些武器威胁着人类的生存。又如，克隆人的技术会带来一系列的社会伦理问题。当推动科技向前发展和科技对社会的影响两方面发生冲突时，科技工作者应把社会的职责放在首位，以对社会的职责指导科技的发展。有一种观点认为科学是为科学而科学，科学家从事科学研究是为了满足自己的兴趣。这个观点是错误的。一些“科学狂人”如那些声称要克隆人的科学家不就是打着这样的旗号吗?所以，科学道德中，那些涉及社会责任的规范也应被置于首位。

科技道德品质同样包括知、情、意、信、行这几个方面。

一是科学道德认知。科技道德品质既然是社会道德风尚的具体化并在本质上体现了科技道德关系。那么科技道德认识就应该包括以下内容：首先，它是科技人员在一般社会活动中对自己与他人、与社会的利益关系的认识，在特殊的科技活动中对自己与其他科技人员、与社会的利益关系的认识；其次，必须了解和掌握适合全社会的道德原则、规范和伦理知识，还应该掌握科技道德的理论原则和规范；再次，它还包括对那些具有高尚品德的科技理想人格的了解和感悟。

二是科技道德情感。科技道德情感是指科技人员从自己的人生观和科技道德认识出发，按照科技道德认识和科技道德要求，在处理自己与他人、与社会关系时，或在对自己与他人的行为进行评论时所产生的情绪态度。例如，爱慕与憎恨，敬仰与鄙视，光荣与耻辱等。科技道德情感可以是针对他人的，也可以是针对自身的，可以是旁观所生，也可以是自我预感或反思所生。

三是科技道德意志。科技道德意志是科技人员为践行道德义务而自觉克服困难、排除障碍的毅力和坚韧精神。凭借科技道德意志，科技人员就能排除不道德的科研动机，果断地确定科技道德行为的方向，坚定不移地完成国家与人民交给的任务。因此，科技道德意志是从科技道德认识、科技道德情感转化为科技道德行为的重要环节，是完成科技道德义务的直接保证。

四是科技道德信念。科技道德信念是科技人员对于科技道德义务的发自内心的真诚的信服、强烈的责任感以及对崇高的科技道德境界的执著追求。同样，科技道德信念也是科技道德认识、科技道德情感、科技道德意志的有机统一。在这个统一体中，科技道德信念具有更稳定、更持久的特点，因而居于核心地位。

五是科技道德行为。科技道德认识、科技道德情感、科技道德意志只有转化为科技道德行为才会有实际的意义。所以，与我们日常生活一样，我们也要在科研活动中毫不吝惜地表现出良好的道德品质。

二、环境道德概述

在应用伦理学中，环境道德是引人注目的一个问题。它的起因就是人类面临着日益严重的生态环境危机。几百年工业文明的发展在创造了巨大的财富的同时，也给人类带来了严重的生态危机，这种危机已严重到了威胁人类自身生存的地步。它不仅仅表现为环境污染，还包括水资源短缺、森林的大量砍伐、土地沙漠化、资源枯竭、物种大量被灭绝、全球温室效应、臭氧层耗竭等一系列问题。

党的十六大报告指出：“可持续发展能力不断增强，生态环境得到改善，资源利用效率显著提高，促进人与自然的和谐，推动整个社会走上生产发展、生活富裕、生态良好的文明发展道路。”这指出了环境保护的重要性。

造成全球环境生态问题的原因是多方面的，主要有四点：第一，不正确地把自然界看成是人类为所欲为得以索取的对象。第二，人类对物质享受的无限追求以及资本主义生产方式对这种欲望的助长。第三，全世界极其严重的贫富分化，使得人们把发展经济、改善生活作为压倒一切的任务。第四，科学技术的发展以及工业化为人类提供了开发自然但同时又是破坏自然的强大武器。所以，必须针对这几个方面的原因共同努力解决人类面临的生态环境问题。其中，很重要的就是我们应该端正对自然的态度，这就需要我们建立环境道德。

环境道德的建立意味着我们在与自然环境打交道时，也要遵循一定的规则。我们人与人相处要遵守一定的规则，而我们过去与大自然相处时没有什么规则约束人类的行为。今天，我们要学会与大自然相处时对规则的遵守。

（一）环境道德有它自身的特点

环境道德的思想是借鉴人与人之间的道德规范提出的，它与一般的道德有相同之处，但也有自身的一些特点。

第一，人与环境的道德关系是人与物的关系。我们原先所谓的道德关系是调节人与人之间的关系，包括调节人与社会之间的关系，归根结底还是人与人之间的关系。但是环境道德将道德范畴拓展到了自然界，它所讨论的是人与物的关系，讨论的是我们人类和我们面临的自然环境之间的关系。

第二，环境道德要求是单向的。人的道德都是双向的，即任何的道德规范都对道德双方提出要求。但在人与自然的关系中，道德要求是单向的，它只向人提出道德要求。因为人与自然环境之间，道德的主体始终是人，环境是客体。人与环境发生关系时，人处于主动支配地位，而环境则处于被动的被支配地位。环境只是服从自身的自然规律，被动地接受人类的作用。在人与自然地作用过程中，凡出现的于人类不利的情况均由人的行为所致，责任在于人。因此环境道德只是单方面对人类提出道德要求。

第三，环境道德具有强烈的公共性的特征。人与人之间的道德也有公共性的特点，即人的所有行为，从根本上讲都是公共的。所以，任何一个人做了违反道德规范的事情，就要受到公众的谴责，因为道德是公共的。环境道德的公共性倾向更加明显，因为对环境的破坏影响到了社会其他成员的生活。无论是水源、大气，还是环境空间都具有公共性，为人类所共享。尤其到了今天，环境问题已成为全球的问题，即一个国家或某些人对环境的破坏将会影响全球的环境状况。有些发达国家把它们的发展建立在对全球生态环境的破坏上，理应受到全世界人民的谴责。

第四，环境道德高度自觉性的要求。人与人之间的道德也要求道德自觉性，但环境道德对自觉性的要求更高。因为我们面对的是没有意识的“物”。在很多情况下，我们都可以在不被别人知晓的情况下对环境进行破坏而不受到环境立刻的抗议（当然，环境最终还是会报复人类对它的破坏，但那一般是一段时间以后的事），所以遵守环境道德就需更高的道德自律性。

（二）环境道德的基本规范

这里所讲的环境道德规范是指那些原则性的道德规范。我们在生活中还有体现这些原则性规范的具体的道德规范，如“不随地吐痰”、“不乱抛垃圾”等，不在这里讨论之列。

第一，热爱自然，保护环境。人要真正地热爱自然并不容易，因为本质上，迄今为止，人与自然仍是对立的。我们还需要利用自然、开发自然。我们可以轻松地显示我们热爱自然，但是我们也会很容易地干出破坏生态环境的事来。要热爱自然，就要不把自然看成人类的对立物或看成一个可以随心所欲摆布的对象，而应该把自然看成我们生命的一部分。自然界向人类无私奉献了一切，养育人类，它似母亲，又似朋友，维持人类的生存和繁衍，我们应该从感情上培养对自然的爱，喜爱它、关心它。

第二，利益兼顾，造福子孙。强调对自然的保护并不意味着不利用自然。事实上，人类不可能停止利用自然，问题在于如何利用自然。这里的“利益兼顾”就是要兼顾当代人和子孙后代的利益。当代人要发展经济提高生活水平，但不能以牺牲子孙后代的利益为代价。这里的利益兼顾也意味着要兼顾不同地区和国家之间的利益，如富国和穷国的利益，这样才会达到相互协作，共同保护自然环境，为子孙后代留有发展的余地。

第四节　网络发展与网络道德

当人类迈入21世纪时，一个由现代计算机技术驱动的信息与网络时代已向我们走来，我们可以毫不犹豫地宣告，21世纪是网络的世纪。国际互联网权威人士、麻省理工学院媒体实验室主任尼葛洛·庞帝曾说：“我们相信到2005年，美国人花在互联网上的时间将超过花在电视上的时间！”一个新的时代会给人们的思想观念、行为方式带来很多变化，我们所迎来的网络时代确实也表现出这样的特性，而且还对我们传统的伦理道德带来了挑战。

一、网络时代对人类伦理的影响

网络是指用电子计算机、远程通信等技术联结世界各个国家的信息交互系统。计算机网络最早产生于20世纪60年代后期，美国国防部为了军事目的，把几个军事研究机构的计算机连接起来，使其共用系统的软、硬件设备，信息及时共享。后来由于政府部门与学术研究机构的不断介入，进一步推动了网络的发展。计算机网络不但在政府、学校、企业、公共服务机构广泛使用，并正在走向千家万户。全球标准互联网用户调查和分析权威机构 Nielsen/NetRtangs，于 2002 年 4 月在上海发布的第一份互联网趋势调查报告显示，中国已经成为亚洲家庭互联网人口最多的国家，在全球范围内仅次于美国，名列第二位，紧随其后的是日本、德国和英国。计算机网络的兴起和广泛使用是人类继近代工业革命以后的又一次巨大的技术革命，那么，它给人们带来了什么影响，尤其是给人们带来了什么伦理影响？

（一）网络的广泛运用，可以促进道德的进步

首先，网络对人们提出了新的要求。全球互联网彻底打破了人们在地域上、民族间、心里间的隔阂，使每一互联网的终端用户可以和任何一个终端用户交谈，人们交往的范围得到了革命性的拓展，远隔天涯的人们可以通过网络进行交往、了解，一起工作，为消除各种生活和观念上的不理解而创造了条件。这样，多种文化、多种思想在这里交汇，就会使大家在冲撞、对比、磨合中实现新的觉醒，找到较合理的追求和理念，从而对人类的正义、友善、责任、义务等会有新的认识和理解，推动人类文化和文明的发展。另外，互联网的信息共享，也使全球的文化、文明得到了进一步的发展。正如美国网络专家维廉·奥尔曼指出，信息革命带来的最基本的变化是——很难想象的方式，使人们紧密的联系起来，消除了“这里”和“那里”的界限。而目前互联网上不道德现象又很多，黑客的举动使所有互联网用户处于受侵害状态，这样就使人们认识到保持一个安全、方便快捷的互联网，必须对所有使用网络的用户提出新的道德要求，每个用户都应该思考在一个全新的环境中应有哪些道德义务和道德责任，自己应如何成为一个有道德的人。

其次，网络使人们的行为更自觉。网络的特点决定每一个网民几乎没有外界的约束，可以决定自己干什么、怎么干，完全是“自己管理自己”。道德的一个基本特点就是强调靠人们自觉去执行道德规范即自律。在计算机网络上，他律的作用在很大程度上被淡化了，网民们在道德上受到了新的考验和锻炼。在现实生活环境中，人们往往处于在他人的观察、议论下做事，而在网络上需要自己把握自己，自己规范自己，这需要很坚定的道德意志控制，因此这也使一个具有道德意识的人变得更为自觉。

再次，网络使人们拓展了道德涉及的新领域。在人类历史的长河中，道德涉及的领域原先只是重视人与人之间的道德问题，随着社会的发展，人们认识的深入，逐渐意识到人与环境之间也有一个伦理关系问题，因此产生了环境伦理学。随着科学技术的发展，人们又创建了生命伦理学等学科，把人类的伦理思想拓展到越来越广泛的领域。互联网的出现，又给人类带来了一个全新的领域，在这个“虚拟世界”中，人们有了一个新的天地，人们平时共识的隐私权、财产权、可恶的欺骗、说谎

等观念都受到了冲击，为了规范人们在“虚拟世界”中的行为，也为了这“虚拟世界”的健康、有序发展，人们逐渐创立了计算机伦理学这门伦理学的分支学科，使人们的道德研究领域进入了一个全新的天地。

（二）网络带来的负面影响

首先，它给道德虚无主义提供了温床。互联网从一开始就是一个以“无政府”为口号的网络，在这网上活动，没有哪一部分服从哪一部分的问题，所以任何人上网都没有任何约束。而互联网又没有起始点和终止点，每一个网民均处于无边无际的网络海洋中，网民完全可以隐去自己的真实身份上网活动，这就使得人们更加随心所欲。网络的匿名性使网民可任意发表任何意见而无须承担任何责任，这样就使行为更加无所顾忌。因此，就出现了偷窃资料，出现了明明是黑脸大汉却说自己是妙龄少女等行为。在这里没有任何道德约束，或是道德规范对人们的约束性很弱。不少网民将违反道德规范的网上活动视为自己技术高超的表现，譬如黑客行为。

其次，它也为许多恶行提供了新的场所。由于互联网具有的虚拟性，网民在网上任意的谩骂、撒谎，感觉并不是针对具体人的，因此也不是恶的行为。互联网的信息共享性，全球传播性，已使得黄色网页上的淫秽言论、画面大肆传播。更有甚者，各种反动、反华的言论也在网上畅通无阻，起到了蛊惑人心、恶毒攻击、组织宣传各种恶行的目的。计算机犯罪，尤其利用计算机网络技术进行经济犯罪是近20年出现的一种犯罪手法。

以上这些，都给社会道德教育带来了负面影响，也对现实的道德产生了直接的冲击，对传统道德观念及规范带来极大的挑战。美国南加利福尼亚大学把网络上的不道德行为归为六类：①有意识地造成网络混乱，擅自闯入网络及其相关联的系统；②商业性地或欺骗性地利用大学计算机资源；③偷窃资料、设备及智力成果；④未经许可而接近他人文件；⑤在公共用户场合做出引起混乱或造成破坏的行为；⑥伪造电子函件信息。所以，制定一种具有普遍约束力的网络道德规范是非常必要的。

（三）网络对传统的为人处世方式的影响

1. 非人性化的倾向

计算机网络充当了人与人相互交往的媒介，隔着计算机屏幕，人们感受不到对方是一个活生生的人的反应，因此也忽视了对方的感情需要，把它完全看成是人机对话。人们对信息的接受，完全是在计算机既定的程序下进行的，使人在不自觉中患上了精神麻木症，认定机器会自动吐出各种信息，从而失去了现实感，网上办公、网上学校、网上医院、网上购物等，使人感觉到人们生活中面对的都是一个个屏幕，一部部机器，这世界就是一部部机器组成的，计算机就能提供一切，从而失去了人类社会的多彩性。

2. 感情冷漠化倾向

整天与个人终端打交道，使人们之间具有直接的可视性、亲和感的交往大大减少，导致人际关系疏远，人们就会产生紧张、孤独、冷漠等问题，这对人们的情感活动是个很大的打击。因为一个人的情感是要在与别人的经常互动活动中得以展现、强化的，而少了这一环境，人们会情感冷漠化，甚至不知道感情是怎么回事。

3. 信任感危机化倾向

由于网络是个虚拟的世界，许多网民抱着游戏的心态上网活动，并不把聊天等与人交流活动当做真实的。网上的信任感危机也会影响现实社会，在现实生活遇到挫折时，网民也会以别人是不可信的看法来对待。

4. 做事自由化倾向

虚拟社会给人们提供了极大的自由度，人们摆脱了传统社会的管理与控制，进入了一个“反正没人认识我”的天地，往往会有一种特别自由的感觉。事实上，网络也给我们创造了这样一个环境，想说什么就说什么，想干什么就干什么，这特别容易使人忘掉自己的社会角色、社会地位、社会责任，久而久之，就养成了一种做事自由化、随心所欲的习惯。

5. 接受信息渠道单一化倾向

互联网上汇集了大量的信息，形成了信息爆炸的时代，有用信息、无用信息、真实信息、虚假信息等都充塞其间，人们在网上能得到无所不有的信息，过分依赖网络，也使人们接受信息渠道单一化，再也不去利用人类其他获取信息的手段及渠道。唯网是听，唯网是从，这不利于人类的发展。

互联网出现的几十年虽然出现了一些问题，给人们生活、行事带来了一些消极影响，但我们不能否认它给人们的方便，它给人们的快乐，它对人类社会的促进是无法估量的，其正面的影响远远大于负面影响。我们提出这些问题，无非是告诉大家，在使用任何先进的技术和手段的时候，要注意克服其负面影响，从而使先进的技术和手段发挥得更加完美，能更好地造福我们人类。

二、网络道德建设的原则

爱因斯坦说过：“科学是一种强有力的工具。怎样用它，究竟是给人类带来幸福还是带来灾难，全取决于人自己，而不取决于工具。”事实也是如此，爱因斯坦曾向美国政府建议过要加紧试制原子弹以和法西斯德国抗衡，但后来又为美国政府首先使用原子弹而感到遗憾、后悔。计算机信息与网络技术在现代社会是一种强大的工具与力量，对这一技术合理的使用，能给人类生活的方方面面带来巨大的方便，推动人类文明的快速发展；但对它恶意的使用，又会给人类生活的方方面面带来巨大的灾难，使人类社会的文明不能正常、有序地发展，或是出现畸形。科学技术的善用和恶用是由什么决定的，爱因斯坦回答说是人自己，而人自己又是怎样决定的？

英国著名历史学家汤因比在《选择生命》一书中曾指出："要对付力量所带来的邪恶结果，需要的不是智力行为，而是伦理行为。但是，科学对伦理来说，属于中立的一种智力工作。所以，科学不断发展完善带来怎样的结果，若用伦理上善恶的概念来说，就在于科学是被善用还是恶用。科学所造成的各种恶果，不能用科学本身来根治。"这里，汤因比回答得很清楚，科学技术是被善用还是被恶用最终决定的因素是伦理即道德，因道德能以一种自律的力量使人们自觉地控制自己的行为，而不使自己的行为产生恶的结果。

因此，从 20 世纪 80 年代起，随着计算机信息与网络技术在美国和西方发达国家的率先发展与应用，计算机伦理问题就引起了西方哲学界的重视。1985 年 10 月，哲学杂志《形而上学》发表了泰雷尔・贝纳姆的《计算机与伦理学》和杰姆斯・摩尔的《什么是计算机伦理学》两篇文章，这成为西方计算机伦理学的重要理论标志。90 年代国际互联网的出现，计算机伦理问题日益成为西方哲学界、科学界和全社会关注的一个热点。一方面，大量的有关计算机伦理方面的论文发表、专著出版，计算机伦理学成为西方伦理学研究的一个新热点；另一方面，美、英等国先后成立了全国或国际性的计算机伦理学学术研究机构，定期召开各区域或国际性的学术研讨会。高等学校也普遍为大学生、研究生开设了各种计算机伦理学课程，如"计算机伦理学"（computer ethic）、"计算机与信息伦理"(computer and information ethics)、"网络伦理"（net ethic）等。西方计算机伦理学的理论研究与教学，引起了包括计算机工程师、信息技术公司经理、专业人员和社会各界对计算机伦理问题的广泛关注，推动了计算机行业职业道德规范和信息网络技术行为准则的确立。

计算机伦理学为什么要研究？摩尔在《什么是计算机伦理学》一文中说，因在计算机技术所创造的一系列新的领域中，存在着传统伦理学不能直接回答的一系列新课题。当我们在使用计算机时，就"存在一个道德政策的真空"。摩尔认为，新技术要求人们对许多公共政策和道德标准进行重新思考，"计算机伦理学的中心任务，是去抉择我们应当去做什么，道德政策应当如何确定。它包括考虑个人与社会两方面的道德政策"。这给我们明确指出，我们应着手建立一种在计算机网络领域中适用的道德规范体系。

美国学者罗伯特・巴格认为随着计算机与信息技术的发展，人类的基本道德价值观念和行为准则并没有过时。他在 1993 年于华盛顿展开的第二届布鲁克英计算机伦理学年会宣读的论文中，提出了计算机伦理学的三条基本原理：①一致同意的原则，如诚实、公正和真实等；②把这些原则应用到对不道德行为的制止上；③通过对不道德行为的惩处和对遵守规则行为的鼓励，来对不道德行为进行防范。

美国学者斯皮内洛在《世纪道德——信息技术的伦理方面》一书中，提出了计算机伦理道德是非判断应当遵守的三条一般规范性原则：①自主原则，即在信息技术高度发展的情况下，尊重自我和他人的平等价值与尊严，尊重自我与他人的自主权利。如当计算机技术被用来侵犯别人隐私权，便侵犯了别人的自主权。②无害原则，即人们不应该用计算机与信息技术给他人造成直接或间接的损害。这一原则被称为“最低道德标准”。③知情同意原则，即人们在网络信息交换中，有权知道谁会得到这些数据以及如何利用它们。没有信息权利人的同意，他人无权擅自使用这些信息。

我国有人提出网络伦理的基本原则如下：

（1）无害原则。这要求任何网络行为对他人、对网络环境至少是无害的。人们不应该利用计算机和网络技术给其他网络主体和网络空间造成直接或间接伤害。这是最低的道德标准，是评价网络行为的最初的道德检验。正如斯皮内洛所提出的，“这一原则对分析信息技术领域里出现的道德两难的困境是很有帮助的”。网络病毒、网络犯罪、黑客行为是严重违反无害原则的行为。

（2）公正原则。网络是人类的网络、世界性的网络，是一个生态系统。当你在网上痛快淋漓冲浪时，应该关心他人的存在、他人的感受，关心网站的利益，这是国内公正原则的要求。网络不仅是我们的网络，也是我们后代的网络，不能在享受网络便利时，损坏网络环境，我们必须为后代留下洁净美丽的网络空间，这也是公正原则的要求，同时，公正原则还要求我们应该密切关注世界各国网络化进程中发展不平衡的问题；关注网络中社会分层问题，即掌握和控制信息群体和不占有信息群体之间的公正问题；关注网络资源配置的公正问题；关注不同文化生存的公正问题，即文化的多样性问题。

（3）尊重原则。网络是人与信息的生态，生态的网络是人性化的网络，而不是机器的生态。尊重原则要求，不论网络如何技术化、虚拟化，网络的主体是人，而不是虚拟的人，更不是机器，网络应当符合人的特性。网络不是“无人之境”，而是人与人的关系网络，要求网络主体之间应彼此尊重，不能把对方看成是纯粹的“数字化”的符号，是可以被随意操纵、“计算”的符号，个人信息也不是可以任意复制和粘贴的。网络的特点决定了人们在许多场合不得不提供自己的个人信息，如家庭情况、个人情况等。隐私权的基础就在于人们有控制自己私人的权利和他人对私人信息的尊重，因此，尊重原则在网络中的地位更显特殊。

（4）允许原则。未经授权擅自进入他人系统是不符合这一原则的。因在网络这样一个以开放性、通用性为特征的领域中，由于计算机技术的发展，擅自进入他人系统是一件很容易的事，虽然在进入系统以后，不做有害于别人的事，好像没有违反允许原则，其实已经严重地侵犯了他人的自主权、隐私权，是不尊重别人的具体表现。另外在网络这一多元文化、多元价值共存的空间中，也应允许各种文化、各种价值存在，否则就使网络的作用大打折扣。

三、网络道德建设的规范

在信息网络技术最为发达的美国，从 20 世纪 90 年代起就全面制定了各种计算机伦理规范。美国计算机协会 1992 年就通过了《伦理与职业行为准则》，其中最基本的道德规范有：①为社会和人类的美好生活作出贡献；②避免伤害其他人；③做到诚实可信；④恪守公正并在行为上无歧视；⑤敬重包括版权和专利在内的财产权；⑥对智力财产赋予必要的信用；⑦尊重其他人的隐私；⑧保守机密。

为了规范人们的道德行为，美国的一些专门研究机构还专门制定了一些简单易懂的道德戒律。如著名的美国计算机伦理协会制定了“计算机伦理十戒”：①你不应当用计算机去伤害别人；②你不应当干扰别人的计算机工作；③你不应当偷窥别人的文件；④你不应当用计算机进行偷窃；⑤你不应当用计算机作伪证；⑥你不应当使用或拷贝没有付过钱的软件；⑦你不应当未经许可而使用别人的计算机资源；⑧你不应当盗用别人的智力成果；⑨你应当考虑你所编制的程序的社会后果；⑩你应当用深思熟虑和审慎的态度来使用计算机。

我们在借鉴外国合理的经验的基础上，也应制定出适合中国特点的计算机职业道德和信息网络的技术行为规范，在这方面我国的计算机管理和实践工作者正在不断地探索、工作着。早在 1994 年 2 月 18 日，国务院就颁布了《中华人民共和国计算机安全保护条例》，以后又颁布了《中华人民共和国计算机信息网络国际联网管理暂行规定》，条例本着国家对国际联网实行统筹规划、统一标准、分级管理、促进发展的原则，规定凡中华人民共和国境内的计算机网络进行国际联网，都应当依照这两个条例。公安部又于 1997 年 12 月 30 日发布了《中华人民共和国计算机信息网络国际联网安全保护管理办法》。为了进一步加强对计算机信息网络国际联网的管理，保障国际计算机信息交流的健康发展，1998 年 2 月 13 日国务院信息化工作领导小组出台了《中华人民共和国计算机信息网络国际联网管理暂行规定实施办法》。所有这些法律文件都使我国计算机网络的运作做到有法可依，违法必究。但法律的执行毕竟是强制性的，我们为做到使每个人自觉地维护网络的安全，使计算机技术被人们所善用，还需建立起我们的计算机道德体系，制定出一些适合我国国民的、具体的、中国特色的计算机道德规范，并使这些规范能变为人们使用计算机、上网时的自觉意识，从而使我们的网络更精彩。

第五节　加强道德修养，提升道德境界

道德修养是人们按照一定社会或一定阶段的道德要求在个人品德和情操方面的自我教育和自我塑造。道德修养和道德品质有着紧密的联系。道德修养的重要途径就是不断提高自己的道德品质，但道德修养又超出了道德品质的范围。因为道德修养所要追求的是自由的境界。

一、道德修养及其基本途径

个人提高道德修养，就是根据道德品质构成的几个方面，不断提高自己。道德品质由道德认识、道德情感、道德意志、道德行为构成。所以，道德修养的途径包括了重学、自省、克己、慎独、力行等。

重学就是提高道德认识，观察社会、观察人生，向那些优秀的道德楷模学习。自省就是自我反省，不断地检查自己的言行，并且发现自己的言行的欠缺之处。克己就是抵御外界不道德事物的诱惑，克服自己内心不时涌现的错误的冲动和欲望。慎独就是在独处独知时仍要坚守道德的准则，以此锻炼自己的道德自觉性和道德意志力。力行就是努力实践道德原则，在实践中领会和掌握道德规范。

二、大学生应在道德实践中培养良好品质

大学生要在学校、家庭、社会各个环境中坚持和弘扬社会主义道德，积极实践公民道德规范，培养自己良好的道德品质。我们应该坚持在实践中，在一点一滴小事中，在不经意间培养良好的道德品质，在学校、家庭、各种各样的社会场合实践我们的道德规范。我们应该从最基本的道德规范做起，最基本的道德规范看似简单，但却是最能锻炼也是最能显示出一个人道德素养的地方。我们要自觉遵守科技道德、环境道德、网络道德的基本规范。这其中，网络道德是我们大家面临的一个新课题。

网络世界是一个全新的虚拟世界。虚拟世界要遵从哪些规范，这是全世界面临的一个新课题。大学生是这一虚拟世界中人数最多的网民。所以，网络的虚拟世界既给大学生的道德观念提出挑战，又给我们实践道德观念提供好机会。在这一个各方面规范尚不健全，甚至似乎是无拘无束的全新空间，如何约束自己的行为，遵循道德规范要求，是对我们道德自觉性的绝好的考验。我们要自觉抵制那些不健康的东西，做到不接触、不传播，要自觉维护国家的信息安全。在网络世界中，同样要做到言谈文明、维护网络的正常运行。

只有在各个场合都努力贯彻道德准则，才能不断提高自身的道德品质。

三、培养高尚人格，提升道德境界

人在道德境界上的追求是永无止境的。公民基本道德规范所要求的是我们作为公民最基本的道德准则。我们在达到这些基本要求后，还要继续追求更高的思想道德目标，努力培养高尚人格。在这个过程中，努力培育道德自觉十分重要。仅仅养成遵守规范的习惯是远远不够的。因为如果这样，道德的规范就会被我们厌倦，甚至被我们抛弃。只有把道德看成是发自我们内心的诉求，即只有达到了道德自觉的人才是一个自由的人。自由不是放纵，自由的真谛是自律。道德修养的最终目标，是要达到自由的境界。但这无疑是一个长期的过程。我们只有脚踏实地，一步一个脚印从最基本的东西做起，才能达到这种美妙的道德境界。

一、 思考题

1. 怎样认识和实践公民基本道德规范的具体要求?
2. 谈谈当代大学生怎样树立诚信品质。
3. 当代大学生怎样继承和弘扬中华民族的优良道德传统?

二、阅读文章

弗莱明：青霉素发现者的伟大奥秘

英国细菌学家、青霉素的发现者弗莱明，1929 年曾把他发现青霉素的详细经过写成论文，发表在英国皇家主办的《实验病理季刊》杂志上。他因此而在 1945 年获得诺贝尔生理学和医学奖金。然而，弗莱明这位青霉素的发明者，还有两个堪称伟大的秘密，只有极少数人知晓。

第一个秘密是在他成功前，那时他只有 8 岁，弗莱明跟着母亲去医院看望一位肺部生病的亲戚。弗莱明问医生："他得的是什么病？"医生见他特别可爱，便对他说:"亲爱的孩子,他的肺部有问题。"弗莱明不解地问:"那您为什么不给他吃药呢？"医生叹口气说："没有能治他病的药啊!"不久，这位患肺病的亲戚便死去了。弗莱明很悲伤，他对母亲说："我长大以后，一定要做个医生，研制出能治那种病的特效药。"弗莱明后来发现了青霉素，与他小时候立下的远大志向是分不开的。

第二个秘密是在他成功后，弗莱明关于青霉素的论文发表后，英国一位显贵建议弗莱明申请专利，说："这将给你带来不可估量的财富。"然而，弗莱明没有接受他的建议。弗莱明在回信中说："医药界最可怕而冥冥杀人害世的莫过于贪。为了我自己和我一家人的尊容富贵而无形中危害着无数人的生命，我不忍心。"

弗莱明发现了青霉素，挽救了千千万万人的生命，毫无疑问，这是一个伟大的发现。然而比这个发现更伟大的，乃是弗莱明的情操。(选自《成功，就这么简单》，黑龙江出版社，2002 年)

第五编

法制观教育

第十一章 增强法律意识 培育法治精神

为了保障人民民主，必须加强法制。必须使民主制度化、法律化，使这种制度和法律不因领导人的改变而改变，不因领导人的看法和注意力的改变而改变。

——邓小平

第一节 法的本质和历史发展

一、法的概念和本质

（一）法的概念和特征

法是由国家制定或认可并以国家强制力保证实施的，反映由特定物质生活条件所决定的统治阶级意志的规范体系。它通过规定人们在相互关系中的权利和义务，确认、保护和发展对统治阶级有利的社会关系和社会秩序。它具有阶级性、国家意志性、国家强制性和规范性等特征。

（二）法的本质

历史上不少哲学家、政治学家和法学家都对法的本质问题进行了研究和解释。他们对法的本质的认识各不相同，虽然这些观点有一定合理之处，但都有片面性，未能全面、准确地揭示法的真正本质。

马克思主义法学的诞生是法学发展史上的革命。马克思、恩格斯第一次把唯物史观的基本原理应用于法律现象的研究。他们在《共产党宣言》中明确指出："你们的观念本身是资产阶级的生产关系和所有制关系的产物，正像你们的法不过是被奉为法律的你们这个阶级的意志一样，而这种意志的内容是由你们这个阶级的物质生活条件来决定的。"这段论述从三个方面揭示了法的本质。

第一，法是由国家创制并保证实施的行为规范。并非统治阶级的所有愿望和要求都是法，只有那些"被奉为法律"，即由国家制定或认可，具有普遍效力，并且由国家强制力保障其实施的统治阶级意志才是法。法律区别于道德规范、宗教规范、风俗习惯、社会礼仪、职业规范等其他社会规范的首要之处在于，它是由国家创制（制定或是认可）。

第二，法是统治阶级意志的体现。首先，法律所体现的是统治阶级的阶级意志，即统治阶级的整体意志，而不是个别统治者的意志，也不是统治者个人意志的简单相加。统治阶级不仅迫使被统治阶级服从和遵守法律，而且要求统治阶级的成员也遵守法律。其次，法律所体现的统治阶级意志，并不是统治阶级意志的全部，而仅仅是上升为国家意志的那部分意志。统治阶级意志还体现在国家政策、统治阶级的道德、最高统治者的言论等形式之中。

第三，法由社会物质生活条件决定。法律不是凭空出现的，而是产生于特定时代的物质生活条件基础之上的。社会物质生活条件是指与人类生存相关的地理环境、人口状况和物质资料生产方式等。其中，物质资料的生产方式既是决定社会面貌、性质和发展的根本因素，也是决定法的本质、内容和发展方向的根本因素。生产方式包括生产力和生产关系两个方面，它们直接决定了生产资料和社会财富的占有和分配关系，决定着人们的价值观，对法律产生决定性的影响。在阶级社会中，有什么样的生产关系，就有什么样性质和内容的法律。奴隶制生产关系、封建制生产关系、资本主义生产关系和社会主义生产关系，相应地产生了四种性质的法律。同样，生产力的发展水平也制约着法律的发展程度。

二、法系和法的历史类型

（一）法系

1. 法系的概念和分类

“法系”是当代比较法研究中常用的一种分类概念，它是根据法律的结构、形式和历史传统等外部特征以及法律意识和法律实践的特点等因素对不同国家和地区的法律制度所进行的分类。一般来说，源于同一法律文化传统，在法律的结构、形式、法律调整方法和技术等方面具有共同特点的各国法律制度被称为一个法系。

按照不同标准，可以对法系作出不同的划分，如英美法系、大陆法系、伊斯兰法系、印度法系、中华法系，以及远东法系、非洲法系等。目前法学研究较多，应用比较广泛，而且在西方国家公认的是大陆法系和英美法系。

大陆法系，也称罗马法系、民法法系、法典法系或罗马–日耳曼法系，它是以古代罗马法，特别是 19 世纪初的《法国民法典》为传统而产生和发展的法律的总称。属于大陆法系的除法国、德国这两个大陆国家以外，还包括欧洲和世界许多国家，主要是西班牙、荷兰、葡萄牙以及曾经是这些国家的殖民地的国家，还有受其影响较深的日本、泰国、土耳其等国家。旧中国国民党统治时期的法律，多是参照德、日两国的法律制定的，因此基本上属于大陆法系。

英美法系又称英国法系或普通法系、判例法系，它是指以英国中世纪以来的法律，特别是它的普通法为基础的，与以罗马法为基础的民法法系相对比的一种法律制度。由于美国独立后仍沿用英国法，故此也称为英美法系。属于英美法系的国家还包括一些曾经是英国殖民地的国家和地区，如印度、巴基斯坦、缅甸、马来西亚、新西兰、澳大利亚等。我国香港特别行政区的法律制度在形式上也保留了英美法系的特点。

2. 大陆法系和英美法系的差别

大陆法系和英美法系的法律制度由于各有其特点，因此，在许多方面有明显的差别。

（1）历史渊源的差别。大陆法系发源于欧洲大陆，经过文艺复兴时代欧洲各大学的努力才逐渐形成；英美法系发源于英国中世纪后期，主要表现为在统一地方习惯法的过程中形成的判例法。

（2）法律渊源的差别。大陆法系以制定法为主要渊源，法被理解为抽象的规范，判例在理论上不是法的渊源；而英美法系以判例法为主要渊源，“遵循前例”是它的重要司法原则；法的主要作用被认为是解决诉讼。

（3）立法技术不同。大陆法系重视法典编纂，习惯于编纂较为系统的部门法典；它在法律部门的划分上比较系统和完整，它把法律分为宪法、民法、商法、刑法和民事诉讼法等几大法律部门；英美法系国家虽然也有成文立法，但多是单行法规，不倾向于制定系统性较强的法典，它在法律部门的划分上比较混乱，没有独立的民法部门。

（4）适用法律的技术不同。大陆法系的法官审理案件的过程是将成文法规定的一般准则适用到具体事件和行为，而且法官只能适用法律，不能创造法律；英美法系的法官审理案件时，除依据成文法以外，也要适用判例法，法官在审理中必须“遵循先例”，即从过去同类判例中抽象出一般原则，然后再将该原则适用于眼前的案件，在这一过程中，法官往往就参与了创造法律。

（5）诉讼程序的差别。大陆法系一般采用审讯制诉讼程序，而英美法系则采用辩论式诉讼。

（6）法律结构的差别。大陆法系法的结构的基本划分是公法和私法，而英美法系法的基本分类是普通法和衡平法。此外，两大法系在司法机构设置、法律概念和术语、法律的结构等方面也有差别。

20 世纪以后，特别是第二次世界大战以来，随着国际交流的发展，两大法系的法律制度出现相互渗透的趋势，两大法系日趋靠拢，相互的区别逐渐缩小。但由于传统的不同，它们之间的基本差别仍然存在。

（二）法的历史类型

法的历史类型是指按照法律制度赖以建立的生产关系类型和所反映的阶级意志

的不同，对不同国家和地区的法律制度进行的基本分类。尽管各个国家不同时期的法在内容和形式上可能会有这样或那样的特点，但只要它们据以建立的生产关系相同，国家政权的性质相同，体现的阶级意志相同，就属于同一历史类型的法。

与国家的本质类型一样，法的历史类型是同社会形态相适应的。人类社会迄今已有五种社会形态，除原始社会没有国家和法外，同奴隶制、封建制、资本主义和社会主义社会的国家相适应，也有奴隶制法、封建制法、资本主义法和社会主义法。前三种历史类型的法，尽管它们存在于不同社会形态内，各自有不同的阶级性质和特点，但是由于它们都是建立在以生产资料私有制为核心的经济基础之上，都是剥削阶级意志和利益的体现，都维护着人剥削人的制度，因此可以统称为剥削阶级类型的法。社会主义类型的法同剥削阶级类型的法有根本的不同，它建立在社会主义生产关系之上，是由社会主义国家制定或认可的，是工人阶级领导下的广大人民群众意志和利益的体现，是消灭阶级、消灭剥削、建设社会主义的有力武器。社会主义法是人类历史上新型的，同时也是最后类型的法。

三、法产生和发展的一般规律

马克思主义法学认为，法不是从来就有的，也不是永远存在的。法是阶级社会的特有现象，其产生和发展经历了相当长的历史过程。

人类在进入阶级社会以前处于原始公社时期，原始公社生产关系的基础是生产资料公有制。当时既没有国家，也没有法，社会组织是氏族制度，社会规范主要是习惯。正是这种氏族制度和习惯把原始社会的一切都调整和处理好了。

原始社会末期，随着生产工具的进步、生产力的发展和私有制的形成，产生了阶级分化、阶级对立和斗争，在这种情况下，氏族制度和传统习惯已经无法继续维持社会生活的正常运转，不可避免地要以某种新的社会组织和社会规范来代替它。处于优势地位的奴隶主阶级，为了维护自己在政治上、经济上的统治，建立起军队、警察、监狱等一系列暴力机构和专门的管理机关，以镇压奴隶阶级的反抗并管理社会公共事务。同时，奴隶主阶级还通过制定或认可法律把自己的意志上升为国家意志，以确认、维护和发展对本阶级有利的社会关系和社会秩序。总之，为了满足奴隶主阶级阶级统治的需要，为了确认和维护私有制的需要，为了在新的条件下满足社会调整的客观需要，于是，国家和法便在这种社会矛盾的尖锐冲突及不断解决中产生了。

法的产生经历了漫长的演变和发展过程，经历了由习惯到习惯法再到成文法的过程。原始社会的习惯、道德规范、祭祀规则为法的产生准备了形式和条件，原始习惯与早期的法之间存在着明显的继承关系。但从本质上看，二者却有着原则区别：前者是氏族组织的公共行为规则，反映着氏族全体成员的愿望和要求，不具有阶级性，主要靠人们的自觉遵守和首领的威望来维持；而后者是统治阶级意志的体现，确认和维护着有利于统治阶级的社会关系，并以统治阶级掌握的国家强制力来保证实施，具有强烈的阶级性。

不仅法的产生经历了一个漫长的过程，而且法的发展也经历了一个相当长的历史过程。从奴隶制法到封建制法，继而又发展到资本主义法和社会主义法。法律的发展变化是由社会基本矛盾运动的规律性所决定的。社会矛盾运动规律决定了法的发展，是法发展变化的根本原因。法的历史类型的更替，也就是法的发展变化，虽然有规律可循，但它不是自发的或自然而然就可以实现的，而是要通过人们的意识和社会革命才能实现。尽管各国的情况和条件不同，社会革命的具体方式和途径也有所不同，新旧法之间存在着联系性和继承性，但是新法代替旧法和法由低级向高级发展却是必然的、不以人们的意志为转移的客观规律。

还应指出的是，法的历史发展并不都是通过法的历史类型变更的形式表现出来的。当生产力与生产关系、经济基础与上层建筑之间的矛盾还没有发展到非用社会革命的方式解决不可的程度，法的变更则属于同一历史类型内部的变更和部分调整，但并没有改变该历史类型的法的阶级本质。

第二节　我国社会主义法的本质和作用

一、我国社会主义法的本质

我国社会主义法是在中国共产党领导的新民主主义革命时期孕育，在社会主义制度建立后确立并在社会主义建设中不断发展的。我国社会主义法的本质表现为以下三个方面。

第一，我国社会主义法是以工人阶级为领导的广大人民的共同意志的体现。我国是工人阶级领导的以工农联盟为基础的人民民主专政的社会主义国家。这一性质决定了我国的法只能是工人阶级为领导的广大人民共同意志的体现。在全体人民当中，工人阶级作为新的生产方式的代表，在政治上居于领导地位。因此，我国社会主义法首先是工人阶级意志的体现。同时，由于工人阶级的意志和利益与全体人民的意志和利益在根本上是一致的，我国社会主义的法也是工人阶级领导下的全体人民共同意志的体现。当然，我国社会主义法所体现的共同意志，并不是人民中各个阶级、阶层和群体的意志的简单相加，也不是自发形成的，而是在中国共产党——作为中国工人阶级的先锋队，同时是中国人民和中华民族的先锋队的领导下逐步形成的。

第二，我国社会主义法是上升为国家意志的以工人阶级为领导的广大人民的共同意志。工人阶级领导的广大人民共同意志的内容和形式十分广泛，可以表现为道德、习惯、政策、学说等。这些意志并不都是法，只有那些通过立法程序上升为国家意志的以工人阶级为领导的广大人民的共同意志才能成为法律，才能称为法律。

第三，我国以工人阶级为领导的广大人民意志的内容归根结底是由社会主义社会的物质生活条件决定的。社会主义社会的物质生活条件包括多方面因素，其中对社会主义法的本质有决定作用的是社会主义社会的生产方式，即生产力和生产关系的统一。它直接决定着人们在经济生活中的地位，从而也决定着人们在政治和社会生活当中的地位，决定着生产资料和其他社会财富的归属，决定着社会主义社会的总体利益分配关系。因而，它必然决定着工人阶级和广大人民意志和愿望的基本内容。同时，在社会主义发展的不同时期，由于社会主义生产关系的具体形式不同，工人阶级和广大人民意志的具体内容也会有所不同。在当代中国，多种经济成分共同存在，尽管非公有制经济已成为社会主义市场经济的重要组成部分，然而公有制经济仍然是我国经济制度的主体，只有它才能代表和体现社会主义经济基础。公有制经济决定了工人阶级为领导的广大人民的意志，决定了我国社会主义法的性质、内容和发展方向。社会主义法确认、保护和发展公有制经济，同时也保护非公有制经济的合法权益。

二、我国社会主义法的作用

（一）法的作用

法的作用是指法对社会生活的影响，法在社会生活中扮演的“角色”。分为法的规范作用和法的社会作用。法的规范作用是指法对人的行为的调整作用，通过对主体行为的规范以确认、保护和发展一定的社会关系。包括指引作用，评价作用，教育作用，预测作用，强制作用。法的社会作用是指法对其赖以产生的经济基础的维护作用。这种职能是法通过其规范作用（手段）而实现其社会作用（目的），是通过法对政治、经济、文化各个领域的关系的调整来实现的。它又可以分为两个方面，一方面是实现阶级统治的职能和作用，另一方面是执行社会一般公共事务的社会公共职能和作用。

（二）我国社会主义法的作用

1. 促进和保障社会主义经济建设

我国社会主义法维护和巩固社会主义基本经济制度；促进和保障社会主义市场经济体制的建立和完善；促进和保障经济体制改革的顺利进行；促进和保障生产力特别是先进生产力的解放和发展。

2. 促进和保障社会主义政治文明建设

我国社会主义法维护和巩固社会主义基本政治制度；保证社会主义民主政治建设顺利推进；保证人民享有广泛的民主权利和自由；镇压敌对势力和敌对分子的反抗和破坏活动；保卫国家主权和领土完整。

3. 促进和保障社会主义文化建设

社会主义法维护社会主义价值观和思想道德准则；促进和保障教育与科学文化

事业的发展；促进中国特色社会主义文化教育事业的建设；繁荣社会主义先进文化。

4. 推动社会主义和谐社会建设

社会主义法维护社会的公平与正义，协调人与自然的关系，推动社会主义和谐社会构建。

5. 促进和保障对外政治、经济、文化关系的发展

社会主义法促进和保障对外政治关系；促进和保障对外经济交流与合作；促进和保障对外文化交流；营造和平发展的外部环境。

三、我国社会主义法的创制

（一）我国社会主义法的创制概念和阶段

1. 法的创制概念、特点

我国社会主义法的创制是有权的国家机关在职权范围内依照法定程序制定、修改和废止规范性法律文件以及认可法律规范的活动。它具有三个特点：①法的创制是国家特定机关专门的活动；②法的创制是国家特定机关依照法定程序进行的活动；③法的创制包括制定、修改、废止以及认可法律规范等多种活动。

2. 法的创制阶段

法的创制通常包括三个阶段，即准备阶段、确立阶段和完善阶段。

准备阶段又称起草阶段，这一阶段的活动包括立法动议的形成，草拟法律条文，修改、补充法律条文，征询有关单位和个人意见等。这一阶段的最终成果是产生规范性法律文件草案。

确立阶段又称通过阶段，这一阶段的活动一般包括法律和法规案的提出、审议、通过及法律和法规的公布等四个步骤。这一阶段比准备阶段的活动过程更加严格和程序化，通常所说的“立法程序”主要就是指这个阶段的过程和步骤。我国全国人民代表大会制定颁布的《中华人民共和国立法法》对此作出了具体详尽的规定。

完善阶段又可称为法律创制的后续阶段。在这一阶段中，立法活动的内容主要包括立法解释、法的修改和补充、法的实施细则的制定、法的整理、法的汇编、法典编纂等。

（二）我国社会主义法的创制工作的指导思想和基本原则

1. 指导思想

马克思列宁主义、毛泽东思想、邓小平理论、“三个代表”重要思想和科学发展观是我国一切工作的根本指导思想。它集中体现了我国社会主义初级阶段一切工作的重心和基本任务，集中体现了我国社会主义法的价值取向，也集中代表了我国现阶段工人阶级和广大人民群众的意志和愿望，因而，是我国法的创制工作总的指导思想。《中华人民共和国立法法》第 3 条对此作出了明确规定。

2. 基本原则

根据《中华人民共和国立法法》的有关规定，我国社会主义法的创制工作应当坚持以下基本原则：从实际出发，实事求是；坚持原则性和灵活性的正确结合；维护法的严肃性、稳定性和连续性；坚持群众路线，坚持领导与群众相结合；有选择地汲取和借鉴外国的立法经验。

（三）我国社会主义法律部门和法律体系

1. 法律部门

法律部门是指以调整社会关系的领域和调整方法作为主要标准，对现行法律进行的一种分类。运用相同的原则和方法，调整同一领域社会关系的法律规范就构成一个法律部门，如民法、刑法、行政法等。每一法律部门均由一系列调整相同类型社会关系的众多法律、法规所构成。

2. 法律体系

法律体系是指一个国家全部现行法律规范在分类组合为不同的法律部门的基础上构成的有机联系的统一整体。调整不同方面社会关系的法律规范被区分为不同法律部门，但它们又是一个统一整体，具有共同的原则、精神和概念系统，在内容上相互协调，效力上相互联系，共同实现着法律的总体任务和价值目标。遵守或违反一个法律规范，会引起相关规范以至相关部门法的连锁反应。

（四）中国特色社会主义法律体系建设

1. 2000 年年底已形成中国特色社会主义法律体系

中国特色社会主义法律体系的建设工作，是在新中国成立后艰辛探索社会主义法制建设规律取得宝贵经验和深刻教训基础上进行的。伴随着改革开放和社会主义现代化建设的伟大实践，伴随着经济社会的急剧转型和快速发展，中国特色社会主义法律体系在一个较短时期内迅速构建起来。

改革开放 30 多年来，经过坚持不懈地努力，除宪法及其四个修正案外，我国已制定现行有效的法律共 236 件（其中包括起支架作用的法律 50 多件）、行政法规 690 多件、地方性法规 8600 多件。截至 2010 年年底，一个立足中国国情和实际、适应改革开放和社会主义现代化建设需要、集中体现党和人民意志的，以宪法为统帅，以宪法相关法、行政法、民商法、经济法、社会法、刑法、诉讼与非诉讼程序法等多个法律部门的法律为主干，由法律、行政法规、地方性法规等多个层次的法律规范构成的中国特色社会主义法律体系已经形成，国家经济建设、政治建设、文化建设、社会建设以及生态文明建设的各个方面实现有法可依，党的十五大提出到 2010 年形成中国特色社会主义法律体系的立法工作目标如期完成。

2. 中国特色社会主义法律体系

（1）宪法。宪法是国家的根本大法。习惯上，我国把《全国人民代表大会组织法》、《民族区域自治法》、《香港特别行政区基本法》、《澳门特别行政区基本法》、《立法法》、《全国人民代表大会和地方各级人民代表大会选举法》、《全国人民代表大会和地方各级人民代表大会代表法》、《国旗法》、《国徽法》、《国籍法》等作为与宪法相关的法律。

（2）行政法。行政法是调整行政活动的法律规范的总称，分为一般行政法和特别行政法两个部分。一般行政法是指有关行政主体、行政行为、行政程序、行政责任等一般规定的法律法规，如《公务员法》、《行政处罚法》、《行政复议法》。特别行政法则指适用于各专门行政职能部门管理活动的法律法规，包括国防、外交、人事、民政、公安、国家安全、民族、宗教、侨务、教育、科学技术、文化、体育、医药卫生、城市建设、环境保护等行政管理方面的法律法规。

（3）民商法。民商法是调整民事和商事活动的法律规范的总称。我国民法是以《民法通则》为基本法律，辅之以其他单行民事法律，包括《物权法》、《合同法》、《侵权责任法》、《担保法》、《拍卖法》、《商标法》、《专利法》、《著作权法》、《婚姻法》、《继承法》、《收养法》等。商法是调整公民、法人之间的商事关系、商事行为的法律规范的总和。目前我国商法主要有《公司法》、《保险法》、《票据法》、《证券法》、《海商法》等。

（4）经济法。经济法是调整国家在监管和协调经济运行过程中发生的经济关系的法律规范的总称，主要包括两个部分：一是创造平等竞争环境、维护市场秩序方面的法律，我国现已制定《反不正当竞争法》、《消费者权益保护法》、《产品质量法》、《广告法》等。二是国家宏观调控和经济管理方面的法律，我国现已制定《预算法》、《审计法》、《会计法》、《中国人民银行法》、《价格法》、《税收征收管理法》、《个人所得税法》、《城市房地产管理法》、《土地管理法》等。

（5）社会法。社会法是在国家干预社会生活过程中逐渐发展起来的一个法律门类，它所调整的是政府与社会之间、社会不同部门之间的劳动关系、社会保障和社会福利关系，主要包括四个部分：一是规范劳动关系，维护劳动者的就业及相关权益方面的法律，如《劳动法》、《劳动合同法》、《劳动争议调解仲裁法》、《安全生产法》、《职业病防治法》、《矿山安全法》、《就业促进法》；二是社会保障、维护公民的社会权益方面的法律，如已经制定的《义务教育法》、《公益事业捐赠法》、《社会保险法》和将要制定的《社会救助法》、《社会福利法》、《慈善事业法》、《军人保险法》、《住房保障法》等；三是社会组织方面的法律，如已经制定的《工会法》、《红十字法》和将要制定的《一般社会组织法》等；四是其他社会法律，如已制定的《老年人权益保障法》、《妇女权益保障法》、《残疾人保障法》、《未成年人保护法》、《预防未成年人犯罪法》、《归侨侨眷权益保护法》等。

（6）刑法。刑法是规定犯罪、刑事责任和刑罚的法律规范的总称。我国目前的刑法法律包括 1997 年 3 月 14 日修订的《刑法》和此后的 8 个刑法修正案以及全国人民代表大会常务委员会制定的有关惩治犯罪的决定等。

（7）程序法。程序法是规定保证权利和义务得以实现或职权和权责得以履行的法律规范的总称。我国目前的程序法主要有《刑事诉讼法》、《民事诉讼法》、《行政诉讼法》、《海事诉讼特别程序法》、《公证法》、《仲裁法》、《人民调解法》等。

3. 中国特色社会主义法律体系形成的重大意义

中国特色社会主义法律体系的形成，是我国社会主义民主法制建设史上的重要里程碑，具有重大的现实意义和深远的历史意义。第一，中国特色社会主义法律体系是中国特色社会主义永葆本色的法制根基；第二，中国特色社会主义法律体系是中国特色社会主义创新实践的法制体现；第三，中国特色社会主义法律体系是中国特色社会主义兴旺发达的法制保障。

四、我国社会主义法的实施

（一）我国社会主义法的实施的概念和方式

社会主义法的实施就是指通过一定的方式使社会主义法律规范的要求在社会生活中得到贯彻和实现的活动，是法作用于社会关系的特殊形式。它不仅包括国家机关及其工作人员实现法律规范的活动，而且还包括社会团体和公民实现法律规范的活动。通过这种活动，把法律规范中设定的权利和义务关系转化为现实生活中的权利和义务关系，转化为人们的具体行为和活动。

根据主体的不同，可以把社会主义法的实施方式分为法的遵守和法的适用。

（二）我国社会主义法的遵守

法的遵守是指国家机关、社会组织和公民个人按照法律规定行使权力或权利，以及履行职责和义务的活动。人们通常把守法仅仅理解为履行法律义务，这是不全面的。守法意味着一切组织和个人严格依法办事的活动和状态。依法办事包括两层含义：一是依法享有并行使权利，二是依法承担并履行义务。因此，不能将守法仅仅理解为履行义务，它还包含正确行使权利。这是社会主义法实施和实现的主要的、基本的、大量的方式和途径。

在社会主义国家，一切组织和个人都是守法的主体。我国宪法明确规定：“一切国家机关和武装力量、各政党和各社会团体、各企事业组织都必须遵守宪法和法律。”

（三）我国社会主义法的适用

1. 概念

我国社会主义法的适用是指社会主义国家机关及其工作人员和国家授权的社会组织依照法定的职权和程序，运用国家权力，把法律规范的规定运用到具体的主体或场合，用来解决具体问题的一种行使权力的专门活动。它使具体的当事人之间发生、变更或消灭一定的权利义务关系，或对违法者适用法律制裁。

2. 特点

（1）法的适用的主体主要是国家机关（包括行政机关和司法机关）及其工作人员，也包括国家授权的单位。

（2）法的适用活动使当事人之间发生具体的法律后果，并以判决、决定等个别性法律文件宣告这种后果。

（3）法的适用活动必须严格遵守法定的职权范围，遵守相关实体法和程序法的规定。

（4）法的适用活动中，其他国家机关和公民不得干涉和妨碍。

3. 基本要求和原则

我国法的适用的基本要求可以概括为正确、合法、及时、合理、公正。同时还应遵循：以事实为根据，以法律为准绳的原则；公民在适用法律上一律平等的原则；司法机关依法独立行使职权的原则；专门机关工作与群众路线相结合的原则；实事求是、有错必纠和国家赔偿的原则。

第三节　树立社会主义法治观念

树立社会主义法治观念，关系到依法治国基本方略的实施，关系到社会主义法治国家建设的历史进程。要树立社会主义民主与法制观念、权利与义务观念、法律面前人人平等等基本观念，养成自觉遵纪守法、严格依法办事的习惯。

一、社会主义民主与法制观念

（一）社会主义民主与法制是社会主义的重要特征

社会主义民主与法制是社会主义的重要特征。发展社会主义民主、健全社会主义法制、建设社会主义法治国家，是中国特色社会主义建设事业的重要组成部分。从文明的分类来看，社会主义民主与法制属于社会主义政治文明范畴，是社会主义政治文明的基本内容和基本标志。只有在社会主义社会，才能实行真正的民主与法制，才能建立人类历史上最高类型的民主与法制。

（二）党的领导是社会主义民主与法制建设的根本保证

中国共产党执政就是领导和支持人民当家做主，最广泛地动员和组织人民群众依法管理国家和社会事务，管理经济和文化事业，维护和实现人民群众的根本利益。依法治国是党领导人民治理国家的基本方略，党领导人民通过国家权力机关制定宪法和法律，又领导人民通过各级国家机关执行和实施宪法和法律。发展社会主义民主政治，最根本的是要把坚持党的领导、人民当家做主和依法治国统一起来。自觉地把坚持党的领导，巩固党的执政地位和维护社会主义法治统一起来，把贯彻落实党的路线方针政策和严格执法统一起来，把加强和改进党对政法工作的领导与保障司法机关依法独立行使职权统一起来。削弱党的领导，脱离党的领导，放弃党的领导，社会主义民主与法制就不可能建设好。

（三）社会主义民主与法制相互依存、相互促进

作为社会主义政治文明的两个组成部分，社会主义民主与社会主义法制之间存在着密切关系。一方面，社会主义民主是社会主义法制的前提和基础，决定着社会主义法制的性质和内容。只有人民掌握国家政权，才能将保障和实现人民的民主权利作为制定社会主义法律的出发点与归宿，才能使社会主义法制得到广大人民群众的支持和拥护。另一方面，社会主义法制是社会主义民主的体现和保障，是社会主义民主的重要实现途径。社会主义民主只有制度化、法律化，才能持续、稳定、有序地推进，人民当家做主才有切实的法律和制度保障。

二、法律权利与义务观念

（一）法律权利与法律义务的性质

法律权利和法律义务是一对关系密切的概念，应当从两者的相互联系中去理解它们各自的性质。

第一，从来源来看，法律权利和法律义务一般都来源于法律的明文规定，或者法律虽未明文规定，但可以从法律的规定中推导出来。

第二，从基本内容来看，法律权利意味着人们可以依法作或不作一定行为，可以依法要求他人作或不作一定行为。法律通过规定权利，使人们获得某种合法的利益或自由。法律义务包括作为义务和不作为义务两种。作为义务要求人们必须依法作出一定行为，如依法纳税的义务、依法服兵役的义务。不作为义务要求人们依法不得作出一定行为，如不得假冒他人注册商标、不得挪用公共财产。法律通过规定义务，使人们承受某种约束或负担。

第三，从范围来看，法律权利和法律义务都有明确的界限。首先，法律规定的权利和义务的种类及范围，受社会物质生活条件、政治文明程度以及文化发展水平制约，以社会承受能力为限度。其次，每项法律权利和法律义务都有法定界限。无论是行使权利，还是履行义务，都应当在法定界限内进行。我国《宪法》明确规定："中华人民共和国公民在行使自由和权利的时候，不得损害国家的、社会的、集体的利益和其他公民的合法的自由和权利。"

（二）法律权利与法律义务的关系

从法律的历史和实践来看，法律权利与法律义务之间存在着多方面的复杂关系。一般体现在以下三个方面：

（1）结构上的相关关系。法律权利和法律义务是对立统一的。法律权利与法律义务，一个表征利益，另一个表征负担；一个是主动的，另一个是被动的。就此而言，它们是法律这一事物中两个分离的、相反的成分和因素，是两个互相排斥的对立面。同时，法律权利和法律义务又相互依存、相互贯通。两者都不可能孤立存在与发展，一方的存在和发展都必须以另一方的存在和发展为条件。它们相互渗透、相互包含，而且在一定条件下相互转化。正如马克思所说，没有无义务的权利，也没有无权利的义务。

（2）总量上的等值关系。法律权利和法律义务在总量上是等值的。首先，一个社会的法律权利总量和法律义务总量是相等的。在一个社会，无论法律权利和法律义务怎样分配，不管每个社会成员实际享有的法律权利和承担的法律义务怎样不均衡，也不管规定权利与规定义务的法条数量是否相等，法律权利与法律义务在总量上总是等值或等额的。其次，在具体法律关系中，法律权利与法律义务互相包含。法律权利的范围就是法律义务的界限，同样，法律义务的范围就是法律权利的界限。

（3）功能上的互补关系。法律权利和法律义务各有其独特的、总体上又是相互补充的功能。法律义务以其强制某些积极行为发生、防范某些消极行为出现的特有约束机制而更有助于建立社会秩序；法律权利以其特有的利益导向和激励机制而更有助于实现人的自由。由于秩序和自由都是社会的基本价值目标，而法律义务和法律权利对一个社会来说是缺一不可的。

三、法律面前人人平等观念

法律面前人人平等观念是在近代资产阶级革命过程中首先提出的。这一观念不仅被社会主义法制所承认，而且得到充分体现，成为社会主义法制的基本原则。

（1）公民在守法上一律平等。法律面前人人平等，要求所有公民都必须平等地遵守法律，按照法律规定平等地享有和行使法律权利，平等地承担和履行法律义务。在社会主义国家，不承认有任何享受特权的公民，也不承认有任何免除法律义务的公民。

（2） 公民在适用法律上一律平等。法律面前人人平等，要求国家行政机关、司法机关在适用法律时，对于任何公民都要给予平等对待，从而保证每个公民的合法权益都平等地受到法律保护，任何公民的违法犯罪行为都平等地受到法律追究和制裁。

第四节　增强国家安全意识

国家安全问题事关国家安危和民族存亡，事关每个公民的切身利益。在国家安全问题越来越复杂的今天，必须增强国家安全意识，学习有关法律知识，切实履行维护国家安全的法律义务。

一、确立新的国家安全观

国家安全一般是指一个国家不受内部和外部的威胁、破坏而保持稳定有序的状态。传统的国家安全观将国家安全理解为政治安全和国防安全，即主权独立、领土安全、政治稳定等。政治安全是指国家的政治制度和政治形势保持稳定，不受国内外敌对势力的破坏和颠覆。国防安全是指国家的领土、领海和领空安全，不受外来军事威胁或侵犯。政治安全和国防安全是国家安全的支柱与核心。没有政治安全和国防安全，就不可能有国家安全。

新的国家安全观不仅包括传统的政治安全和国防安全，还包括经济安全、科技安全、文化安全、生态安全、社会公共安全等。

经济安全是国家安全的基础，是指国民经济能够抗御国内外各种经济风险而保持平稳有序运行的态势，包括金融安全、能源安全、贸易安全、粮食安全等。科技安全是指国家的科学技术系统能够有效地应对来自内部和外部的威胁，维护和实现国家利益的能力和状态。文化安全是指一国人民能够独立自主地选择自己的价值观念、文化制度，独立自主地控制和利用自己文化资源。要保证国家的文化安全，必须特别重视网络安全和信息安全。生态安全是指国家所处的自然生态环境能够维系其经济、社会的可持续发展。社会公共安全是国家预防、控制、处理各种违法犯罪活动和突发灾害事件，以维护社会治安，保障社会正常的工作和生活秩序，保护国家和人民生命财产的安全。社会公共安全不仅包括传统意义上的社会治安，还包括越来越重要的公共卫生安全和食品安全等。

二、掌握国家安全法律知识

（一）国家安全的一般法律制度

《国家安全法》、《刑法》等法律法规规定了我国国家安全的一般法律制度。《国家安全法》是维护国家安全的专门法律，规定了国家安全机关在国家安全工作中的职责以及公民和组织维护国家安全的权利和义务，规定了各类危害国家安全行为所应承担的法律责任。《刑法》专门规定了危害国家安全罪，包括背叛国家罪、分裂国家罪、煽动分裂国家罪等具体罪名。

（二）国防安全法律制度

我国国防安全法律制度主要由《国防法》、《反分裂国家法》、《兵役法》、《军事设施保护法》、《出境入境边防检查条例》等法律法规构成。《国防法》是维护国防安全的专门法律，规定了国家机构的国防职权，武装力量，边防、海防和空防，国防科研生产和军事订货，国防经费和国防资产，国防教育，国防动员和战争状态，公民、组织的国防义务和权利，军人的义务和权益，对外军事关系等内容。《反分裂国家法》明确规定了台湾问题的性质、以和平方式实现祖国统一、以非和平方式及其他必要措施制止“台独”分裂势力分裂国家等内容。

（三）经济安全法律制度

我国目前虽然缺乏有关经济安全的专门立法，但很多经济法律法规都包含了有关国家经济安全的规定，具有维护国家经济安全的功能。例如，涉及外商投资方面的法律，有《中外合资经营企业法》、《中外合作经营企业法》、《外商投资企业法》等；涉及金融监管方面的法律，有《中国人民银行法》、《商业银行法》、《证券法》、《保险法》等；涉及能源管理方面的法律，有《矿产资源法》、《节约能源法》等。我国加入世界贸易组织后，制定、修改了一批与世贸组织相关的法律法规，特别是在外商投资企业法律、对外贸易法律等方面，加强了对国家经济安全的保障。

（四）网络信息安全法律制度

为了维护国家的网络和信息安全，我国制定了《关于维护互联网安全的决定》、《计算机信息系统安全保护条例》、《互联网信息服务管理办法》、《计算机信息网络国际联网安全保护管理办法》，这些法律法规明确规定了利用互联网实施的各种违法行为及其处罚办法。

（五）生态安全法律制度

我国的生态安全法律制度包括两个组成部分：一部分是我国制定的有关生态安全保障的法律法规，另一部分是我国缔结或参加的有关国际生态安全保护的条约。我国目前已经初步形成一个以宪法为核心，包括环境保护、灾害防御、自然资源保护、生物安全保护等方面的法律法规在内的生态安全保障法律制度。我国已经缔结或参加了 60 多个与环境保护和生态安全有关的国际条约。

（六）社会公共安全法律制度

为了保证社会治安、公共卫生安全和食品安全，我国制定了《刑法》、《治安管理处罚法》、《消防法》、《食品卫生法》、《突发公共卫生事件应急条例》等。

三、履行维护国家安全的义务

我国宪法明确规定了公民维护国家安全的基本义务，《国家安全法》、《保守国家秘密法》、《国防法》、《兵役法》等法律明确规定了公民维护国家安全的各项具体的法律义务，主要有以下几项：

（1）依照法律服兵役和参加民兵组织的义务。

（2）保守国家秘密的义务。

（3）提供便利条件或其他协助的义务。

（4）如实提供证据的义务。

（5）及时报告危害国家安全行为的义务。

（6）不得非法持有、使用专用间谍器材的义务。

第五节　加强社会主义法律修养

大学生是社会主义法治国家建设的重要力量，必须加强社会主义法律修养，提高社会主义法律素质。不仅要学习法律知识，掌握法律方法，参与法律实践，培养社会主义法律思维方式，努力提升公民的法律思维水平，而且要树立法律信仰，宣传法律知识，敢于同违法犯罪行为作斗争，自觉维护社会主义法律权威。

一、培养社会主义法律思维方式

（一）法律思维方式的含义

所谓法律思维方式，是指按照法律的规定、原理和精神，思考、分析、解决法律问题的习惯与取向。在通常情况下，法律问题往往还包含着道德、经济或政治问题，可以从道德的、经济的、政治的角度来思考和处理，但一旦这些问题被纳入法律调整的范围，就应当按照法律的规定、原理和精神来思考与处理。在对法律问题的思考与处理上，法律思维应当优先，不能用道德等其他的原则和评价取代法律的规则和评价。

（二）法律思维方式的特征

1. 讲法律

法律思维、思考与处理法律问题要以法律为准绳。某种行为是合法行为还是违法行为，是一般违法行为还是犯罪行为，是否应当承担法律责任，应当承担什么样的法律责任等，都应当以法律为标准作出判断。如果脱离法律来思考与处理问题，就谈不上什么法律思维。

在社会生活中，即使人们感觉到某些法律规定不合理、不合情，也不能漠视、违背或搁置法律。一项法律规定，只要它没有被修改或废除，就是有效的，人们就有义务遵守或执行。

2. 讲证据

法律思维、思考与处理法律问题要以证据为根据。正确地分析与处理法律案件，要抓住两个关键问题：一是查清案件事实，二是正确运用法律。只有收集到充分的证据，才能查清案件事实。一般来说，证据就是以法律规定的形式表现出来的、能够证明案件真实情况的事实。法律上的证据不同于一般的事实。首先，证据要具有合法性，即证据的形式、收集和查证都必须符合法律的规定。其次，证据要具有客观性，即证据必须是客观真实的，既不能捕风捉影，更不能主观臆断。最后，证据要具有关联性，即证据只有与案件事实有实质性联系，才能对案件事实具有证明作用。

3. 讲程序

法律思维、思考与处理法律问题要从法律程序出发。程序问题在法律领域居于非常重要的地位。简单地说，程序是法律所规定的法律行为的方式和过程，法律通过规定明确的程序来约束人们的行为。程序告诉人们实施某种法律行为时，应先做什么事情，后做什么事情，以及如何做这些事情才是符合法律的。与其他类型的思维方式相比，法律思维更为关注行为的程序问题。

4. 讲法理

法律思维、思考与处理法律问题要运用法律原理和精神。法律思维的任务不仅是获得处理法律问题的结论，而且要为法律结论提供充分的法律论证与法律理由。任何理性的思维都应当用适当的理由来支持所获得的结论，而法律思维对理由的要求更有特殊之处。其一，理由必须是公开的，而不能是秘密的。其二，理由必须有法律上的依据。其三，理由必须具有法律上的说服力。就此而论，与其说法律思维的首要任务是寻求解决问题的结论，不如说是寻求据此作出结论的法律理由——那些认同法律并依赖于法律的人们能够接受的理由。

（三）培养法律思维方式的途径

培养法律思维并不是一件轻而易举的事情，需要付出艰苦的努力。大学生可以通过以下途径，在日常生活中逐渐养成法律思维习惯，不断提高法律思维的水平。

（1）学习法律知识。学习和掌握基本的法律知识，是培养法律思维方式的前提。法律知识通常包括法律、法规方面的知识和法律原理方面的知识。只有既了解法律、法规在某个问题上的具体规定，又了解法律的原理、原则，才能更好地领会法律精神，养成法律思维，并运用法律思维、思考和处理各种法律问题。

（2）掌握法律方法。法律方法是人们从法律角度思考、分析和解决法律问题的方法。法律方法构成法律思维的基本要素，法律思维的过程就是运用法律方法思考、分析和解决法律问题的过程。我们要培养法律思维方式，必须掌握法律方法。应当指出，法律工作者使用的法律方法相当复杂，有法律解释的方法、法律推理的方法、填补法律漏洞的方法、认定事实的方法等。每一种基本方法又包括一系列的具体方法。大学生有必要了解和掌握一些基本的法律方法。

（3）参与法律实践。法律思维方式是一种在法律实践中训练、培养和应用的思维方式。脱离具体的法律生活和法律实践，不可能养成法律思维方式。只有通过参与各种法律活动，在法律实践中运用法律知识和方法思考、分析、解决法律问题，才能养成一种自觉的法律思维习惯。

二、树立和维护社会主义法律权威

（一）维护法律权威的意义

法律权威是就国家和社会管理过程中法律的地位和作用而言的，是指法的不可违抗性。法律权威的树立主要依靠法律的外在强制力和内在说服力。法律的外在强制力是法律权威的外在条件，主要表现为国家对违法行为的制裁。尽管法律权威不可能完全建立在外在强制力的基础之上，但必要的外在强制力，是树立法律权威不可缺少的条件。法律的内在说服力是法律权威的内在基础。如果仅仅依赖外在强制力，法律不可能形成真正的权威。法律的内在说服力既来源于法律本身的内在合理性，如法律合乎情理、维护正义、促进效率、通俗易懂，也来源于法律实施过程的合理性，如执法公平、司法公正，正是由于法律本身及法律实施具有这些内在合理性，法律才受人尊重，被人信赖，使人遵守。

在当代中国，树立法律权威对于建设社会主义法治国家、实现国家的长治久安具有非常重要的意义。法律权威是国家稳定的坚实基础。当国家的最高权威是领导者个人时，政治的稳定、国家的兴衰就将寄托于领导者个人身上。随着领导者的更迭，国家的政局就有可能大起大落，政策与法律也会频繁变动。而当国家的最高权威是法律时，由于法律是一种超越于任何个人之上的普遍性规则，并且具有稳定性和连续性，尽管领导者会变动和更迭，但政治统治与社会秩序仍将保持相当的稳定性和连续性。

（二）自觉维护社会主义法律权威

社会主义法律权威的树立，既有赖于国家的努力，也有赖于公民个人的努力。从国家角度来说，应当采取各种有效措施消除损害社会主义法律权威的因素。例如，要进一步提高立法质量，保证法律的科学性、合理性；改善法律实施的状况，保证有法必依、执法必严、违法必究；深入开展法制宣传教育，增强全社会的法律意识。从个人角度来说，应当通过各种方式努力维护社会主义法律权威。对于大学生来说，至少应做到以下三个方面：

（1）努力树立法律信仰。一个人只有从内心深处真正认同、信任和信仰法律，才会自觉维护法律的权威。大学生应当通过对我国社会主义法律的学习、实践，逐步树立起对我国社会主义法律的信仰。

（2）积极宣传法律知识。大学生在自己学习和掌握法律知识的同时，还要向其他人宣传法律知识和社会主义法治观念，使人们了解、熟悉和认同我国社会主义法律，从而推动全社会形成尊重和维护社会主义法律权威的良好风尚。

（3）敢于同违法犯罪行为作斗争。违法犯罪行为既是对社会秩序的破坏，也是对法律权威的蔑视。大学生不仅要学法，而且要用法，不仅要有守法意识，自觉遵守国家法律，而且要敢于和善于同违法犯罪行为作斗争，自觉维护法律权威。

一、思考题

1. 如何理解我国社会主义法律的本质？

2. 如何理解依法治国的必要性？社会主义法治国家的基本标志和主要任务是什么？

3. 联系实际，谈谈正确处理民主与法制关系的意义何在？大学生如何确立正确的法律权利观和法律义务观？

4. 简述中国特色社会主义法律体系的建设及其重大意义。

5. 大学生如何运用所学到的法律知识处理现实中的法律问题？

6. 试从政府、组织和公民个人的角度，分析如何树立法律的权威和尊严？

二、案例分析

1. 2005 年 10 月 23 日，在北京朝阳区京顺路西八间房路口，李某驾驶夏利小轿车与康某驾驶的大货车相撞，夏利车内乘坐的赵某、金某当场死亡，夏利车司机李某受伤。经认定，两车负同等责任，但夏利车没有上第三者责任险。死者赵某是农村村民，父母早逝，没有结婚，但死者金某是城市居民，已经结婚，并有老母亲和未成年的孩子要抚养。赵某的亲属、金某的亲属分别起诉到了法院。他们认为作为乘坐人，死者没有过错，夏利司机李某和大货车司机康某及大货车所有人唐某应当连带承担赔偿责任。最后，法院判决大货车所有人唐某赔偿死者金某 20 余万元，某赔偿死者赵某 8 余万元。同时，法院还判决，保险公司应当在唐某对两个案件的原告承担的赔偿责任确定生效后，按赔偿金比例分配 10 万元保险金。案件的两个原告当庭表示同意法院判决。

2. 西安大学生药家鑫杀人案

2010 年 10 月 20 日晚 11 时许，西安音乐学院钢琴系大三学生药家鑫驾驶一辆车牌为陕 A419NO 枣红色雪佛兰科鲁兹小轿车，到西安外国语学院长安校区看望女友。当晚返回途中，在西北大学长安校区西围墙外撞上前方同向骑电动车的张某。药家鑫下车查看情况，发现张某倒在地上呻吟，在看自己的车牌号，因担心以后张某找麻烦，竟产生了杀人灭口的恶念。药家鑫拿出一把防身用的尖刀，朝仅仅是轻度骨折的张某连捅 8 刀，致张某当场死亡。

杀人后，药家鑫驾车逃离现场，当车行至翰林路郭南村口时再次将两行人撞伤，交警将其肇事车辆暂扣待处理。10 月 23 日，药家鑫在父母陪同下到当地公安机关自首。经法医鉴定：死者张某系胸部锐器刺创致主动脉、上腔静脉破裂，大出血而死亡。

10 月 23 日，药家鑫因涉嫌故意杀人被西安市公安局长安分局刑拘。同年 11 月 23 日，经长安区检察院批准逮捕。“我担心受害人记住我的车牌号码”、“怕撞到农村的人，特别难缠”，药家鑫向警方供称自己的杀人理由。

长安区人民检察院根据我国案件管辖范围的规定，将药家鑫案件报送西安市检察院审查起诉。药家鑫已被西安市检察院以故意杀人罪提起公诉。

2011 年 1 月 11 日，西安市中级人民法院已就市检察院提起公诉的被告人药家鑫故意杀人案立案。2011 年 4 月 22 日，陕西省西安市中级人民法院对被告人药家鑫故意杀人案作出一审判决，以故意杀人罪判处药家鑫死刑，剥夺政治权利终身，并处赔偿被害人家属经济损失 45 498.5 元。

宣判后，药家鑫提出上诉。陕西省人民检察院认为该案事实清楚，证据充分，建议二审驳回上诉，维持原判。陕西省高级人民法院经依法审理，于5月20日依法作出裁定，驳回药家鑫上诉，维持原判，并依法报请最高人民法院核准。

最高人民法院经复核认为，被告人药家鑫开车撞倒被害人张妙后，又持刀将张妙杀死，其行为构成故意杀人罪。药家鑫仅因交通肇事将被害人撞倒后，为逃避责任杀人灭口，持尖刀朝被害人胸、腹、背部等处连续捅刺数刀，将被害人当场杀死，其犯罪动机极其卑劣，手段特别残忍，情节特别恶劣，后果特别严重，属罪行极其严重。药家鑫在作案后第四天由其父母带领到公安机关投案，如实供述犯罪事实，构成自首，但不足以从轻处罚。第一审判决、第二审裁定认定的事实清楚，证据确实、充分，定罪准确，量刑适当，审判程序合法，故依法作出核准死刑的裁定。

西安市中级人民法院 6 月 7 日上午在宣告上述裁定后，对药家鑫执行了死刑。

（来源：《华商报》、《西安日报》、新华网）

第十二章 了解法律制度 自觉遵守法律

如果一个国家的所有成员都忽视法律，这一事实就足以使这个国家解体和毁灭。

——斯宾诺莎

第一节 宪法是国家的根本大法

近代宪法是资产阶级革命的产物。17~18 世纪，英国资产阶级在与封建阶级的斗争和妥协中，逐渐形成了一些宪法性文件和宪法惯例。1787 年美国制定的联邦宪法，是世界上第一部成文宪法。1918 年制定的苏俄宪法，是第一部社会主义国家的宪法。我国第一部带有“宪法”字样的法律文件，是清朝末年形成的《钦定宪法大纲》。中华人民共和国成立以来，先后于 1954 年、1975 年、1978 年和 1982 年分别颁布了四部宪法。我国现行宪法是 1982 年颁布的《中华人民共和国宪法》及其 1988 年、1993 年、1999 年和 2004 年修正案。

《中华人民共和国宪法》是我国的根本大法，是治国安邦的总章程，是保持国家统一、民族团结、经济发展、社会进步和长治久安的法律基础，是中国共产党执政兴国、团结带领全国各族人民建设中国特色社会主义的法制保证。

一、我国宪法的特征和原则

（一）我国宪法的特征

在我国现行法律体系中，宪法作为国家的根本大法，具有鲜明的特征。具体表现在以下三个方面：

第一，在内容上，宪法规定国家生活中最根本最重要的方面。诸如国家的性质、国家的政权组织形式和国家的结构形式、国家的基本国策、公民的基本权利和义务、国家机构的组织及其职权等，都在宪法中作了明确规定。

第二，在效力上，宪法的法律效力最高。宪法的最高法律效力既体现为宪法是制定普通法律的依据，任何普通法律、法规都不得与宪法的原则和精神相违背，又体现为宪法是一切国家机关、社会团体和全体公民必须遵循的最高行为准则。

第三，在制定和修改的程序上，宪法比其他法律更为严格。一方面，制定和修改宪法的机关，往往是依法特别成立的，而并非普通的立法机关；另一方面，通过、批准宪法或者其修正案的程序，往往严于普通法律。

（二）我国宪法的基本原则

我国宪法的基本原则体现在以下几个方面：

（1）坚持党的领导原则。中国共产党是中国特色社会主义事业的领导核心，党的领导是人民当家做主的根本保证。我国《宪法》的序言明确规定了党的领导地位，从法律上保证了中国共产党在国家中的执政地位，体现了中国最广大人民的意志。

（2）人民主权原则。一般来说，主权是指国家的最高权力。人民主权是指国家中绝大多数人拥有国家的最高权力。我国宪法体现了人民主权原则，强调国家的一切权力属于人民。这一原则在宪法中的表现是多方面的。

（3） 保障公民权利原则。以宪法和法律保障公民基本权利，是社会主义民主与法制发展的重要标志。我国宪法明确规定，“国家尊重和保障人权”，并规定公民享有广泛的权利与自由，包括公民有参与国家政治生活的权利和自由、公民的人身自由和信仰自由、公民社会经济文化方面的权利等。

（4）法治原则。我国宪法明确规定实行依法治国，建设社会主义法治国家。任何个人和组织都要在宪法和法律范围内活动，一切违法行为都应受到法律的追究，法律面前人人平等。

（5）民主集中制原则。我国宪法规定，中华人民共和国的国家机构实行民主集中制的原则。国家权力统一由全国人民代表大会和地方各级人民代表大会行使，全国人民代表大会和地方各级人民代表大会由民主选举产生，对人民负责，受人民监督。广大人民的共同意志通过这种民主形式集中起来并通过各种法定程序上升为国家意志。国家行政机关、审判机关、检察机关都由人民代表大会产生，对它负责，受它监督。中央和地方国家机构职权的划分及其活动，遵循在中央统一领导下，充分发挥地方的主动性、积极性的原则。

二、我国的国家制度

国家制度是一个国家的统治阶级通过宪法、法律规定的有关国家性质和国家形式方面的制度的总称。我国的国家制度主要包括以下内容。

（一）人民民主专政制度

人民民主专政是我国的国体。国体即国家性质，是国家的阶级本质，是指社会各阶级在国家生活中的地位和作用。我国《宪法》第 1 条规定：“中华人民共和国是工人阶级领导的、以工农联盟为基础的人民民主专政的社会主义国家。”其内容包括：

强调工人阶级是领导阶级，农民始终是工人阶级最可靠的同盟军，工农联盟表现了人民民主专政国体的充分的民主性和广泛的代表性；强调对人民实行民主和对敌人实行专政的辩证统一。

爱国统一战线是人民民主专政的重要保障。我国《宪法》序言指明：“社会主义的建设事业必须依靠工人、农民和知识分子，团结一切可以团结的力量。在长期的革命和建设过程中，已经结成由中国共产党领导的，有各民主党派和各人民团体参加的，包括全体社会主义劳动者、社会主义事业的建设者、拥护社会主义的爱国者、拥护祖国统一的爱国者的广泛的爱国统一战线，这个统一战线将继续巩固和发展。”这个统一战线具体包括我国大陆范围内，由全体社会主义劳动者、社会主义事业的建设者、拥护社会主义的爱国者所组成的政治联盟和台湾同胞、港澳同胞和海外侨胞，以拥护祖国统一为基础的政治联盟。

（二）人民代表大会制度

人民代表大会制度是我国的政体。政权组织形式，又称政体，是指掌握国家权力的阶级是实现国家权力的政权体制，是形成和表现国家意志的方式，或者说是表现国家权力的政治体制。国体决定政体，政体体现国体。依照我国宪法，人民行使国家权力的机关是全国人民代表大会和地方各级人民代表大会。国家机构实行民主集中制原则，通过民主选举组成全国人民代表大会和地方各级人民代表大会，并以人民代表大会为基础，建立全部国家机构，对人民负责，受人民监督，以实现人民当家做主的制度。

人民代表大会制度是我们党把马克思主义基本原理同中国具体实际相结合的伟大创造，是近代以来中国社会发展的必然选择，是中国共产党带领全国各族人民长期奋斗的重要成果，反映了全国各族人民的共同利益和共同愿望，在实践中显示出强大的生命力和巨大的优越性。

人民代表大会制度保障了人民当家做主。人民代表大会制度有利于调动人民群众建设社会主义的积极性、主动性、创造性。人民代表大会制度保证了国家机关协调高效运转。人民代表大会制度有利于维护国家统一和民族团结。

历史和现实都表明，人民代表大会制度，是符合中国国情具有中国特色的能够保证人民群众当家做主、有效管理国家和社会的根本政治制度，是中国社会主义民主政治最鲜明的特点，是社会主义政治文明的重要制度载体，是人民当家做主的重要途径和最高实现形式，也是党在国家政权中充分发扬民主、贯彻群众路线的最好实现形式。这个制度健康发展，人民当家做主就有保障，党和国家的事业就顺利发展；这个制度如果受到破坏，人民当家做主就无法保证，党和国家的事业就会遭受损失。

（三）中国共产党领导的多党合作和政治协商制度

中国共产党领导的多党合作和政治协商制度是我国的一项基本政治制度，是中国特色社会主义政党制度。中国社会主义政党制度的特点是共产党领导、多党派合作，共产党执政、多党派参政。我国《宪法》明确指出："中国共产党领导的多党合作和政治协商制度将长期存在和发展。"

中国共产党领导的多党合作和政治协商制度是我国政治制度的一大优势，体现了我国政治制度的特点和优势。

中国人民政治协商会议（简称人民政协），是中国共产党把马克思主义统一战线理论、政党理论和民主政治理论同中国具体实践相结合的伟大创造，是中国共产党领导的多党合作和政治协商的重要机构，是我国政治生活中发扬社会主义民主的重要形式。人民政协的主要职能是政治协商，民主监督，参政议政。人民政协成立以来，发挥了他们的重要作用，作出了重大贡献。实践证明，人民政协的政治协商制度，有利于发扬社会主义民主，增进人民团结，有利于维护国家政局的稳定，能够保证集中领导与广泛民主、充满活力与富有效率的有机统一。

（四）民族区域自治制度

民族区域自治制度是我国为解决民族问题、处理民族关系，实现民族平等、民族团结、各民族共同繁荣发展而建立的基本政治制度，是我们党和各族人民的一个伟大创造。实行民族区域自治，体现了国家充分尊重和保障各少数民族管理本民族内部事务权利的精神，体现了国家坚持实行各民族平等、民族团结、各民族共同繁荣发展的原则。根据《宪法》和《民族区域自治法》的规定，民族区域自治是在国家统一领导下，各少数民族聚居的地方实行区域自治，设立自治机关，行使自治权。各民族自治地方都是中华人民共和国不可分割的部分，各民族自治地方的自治机关都是中央统一领导下的地方政权机关；民族区域自治必须以少数民族聚居区为基础，是民族自治与区域自治的结合；在民族自治地方设立自治机关，民族自治机关除行使宪法规定的地方国家政权机关的职权外，还可以依法行使广泛的自治权。

（五）基本经济制度

基本经济制度是指一国通过宪法和法律调整以生产资料所有制为核心的各基本经济关系的规则、原则和政策的总和。我国《宪法》第 6 条规定："中华人民共和国的社会主义经济制度的基础是生产资料的社会主义公有制，即全民所有制和劳动群众集体所有制。社会主义公有制消灭人剥削人的制度，实行各尽所能、按劳分配的原则。"同时还规定："国家在社会主义初级阶段，坚持公有制为主体、多种所有制经济共同发展经济制度，坚持按劳分配为主体、多种分配方式并存的分配制度。"

全民所有制经济即国有经济，是国民经济中的主导力量，控制着国家的经济命脉，决定着国民经济的社会主义性质。我国宪法规定：国家保障国有经济的巩固和发展。国家保护城乡集体经济组织的合法权利和利益，鼓励、指导和帮助集体经济的发展。个体、私营等各种形式的非公有制经济是社会主义市场经济的重要组成部分，对充分调动社会各方面的积极性、加快生产力发展具有重要作用。2004 年通过的《宪法》修正案规定：国家保护个体经济、私营经济等非公有制经济的合法的权利和利益。国家鼓励、支持和引导非公有制经济的发展，并对非公有制经济依法实行监督和管理。

三、我国公民的基本权利和义务

公民是指具有一个国家的国籍，并根据该国宪法和法律规定，享受权利和承担义务的自然人。我国宪法规定：凡具有中华人民共和国国籍的人都是中华人民共和国公民。公民的基本权利与基本义务共同反映和决定着公民在国家中的政治与法律地位，并构成普通法律规定公民权利和义务的基础与原则。

（一）我国公民的基本权利

公民的基本权利也称宪法权利，是指由宪法规定的公民享有的基本的、必不可少的权利。根据我国《宪法》的规定，我国公民的基本权利主要包括以下内容。

（1）平等权。平等权是指公民平等地享有权利，不受任何差别对待，要求国家给予同等保护的权利。它是我国宪法赋予公民的一项基本权利，是公民实现其他权利的前提与基础。我国《宪法》规定："中华人民共和国公民在法律面前一律平等。"

（2）政治权利和自由。政治权利和自由是指公民作为国家政治生活主体依法享有的参加国家政治生活的权利和自由，是国家为公民直接参与政治活动提供的基本保障。具体包括两个方面：第一，选举权和被选举权。我国《宪法》规定："中华人民共和国年满十八周岁的公民，不分民族、种族、性别、职业、家庭出身、宗教信仰、教育程度、财产状况、居住期限，都有选举权和被选举权；但是依照法律被剥夺政治权利的人除外。"第二，政治自由。政治自由主要是指公民表达自己政治意愿的自由。我国《宪法》规定："中华人民共和国公民有言论、出版、集会、结社、游行、示威的自由。"

（3）宗教信仰自由。我国《宪法》规定："中华人民共和国公民有宗教信仰自由。"其含义包括公民有信教或者不信教的自由，有信仰这种宗教或者那种宗教的自由，有信仰同一宗教中的这个教派或那个教派的自由，有过去信教现在不信教或者过去不信教而现在信教的自由。《宪法》还规定："国家保护正常的宗教活动。任何人不得利用宗教进行破坏社会秩序、损害公民身体健康、妨碍国家教育制度的活动。"

（4）人身自由权。人身自由包括狭义和广义两方面。狭义的人身自由主要指公民的身体不受非法侵犯，广义的人身自由则包括与狭义人身自由相关联的人格尊严、住宅不受侵犯、通信自由和通信秘密受法律保护等与公民个人生活有关的权利和自由。

（5）公民具有批评、建议、申诉、控告、检举权和取得国家赔偿权。

我国宪法规定，中华人民共和国公民对于任何国家机关和国家工作人员，有提出批评和建议的权利；对于任何国家机关和国家工作人员的违法失职行为，有向有关国家机关提出申诉、控告或者检举的权利，但是不得捏造或者歪曲事实进行诬告陷害。由于国家机关和国家工作人员侵犯公民权利而受到损失的人，有依照法律法规取得赔偿的权利。

（6）社会经济权。社会经济权是指公民享有的经济生活和物质利益方面的权利，是公民实现其他权利的物质基础。这主要包括：一是财产权，是指公民对其合法财产享有的不受非法侵犯的权利。二是劳动权，是指有劳动能力的公民有从事劳动并取得相应报酬的权利。同时，劳动是一切有劳动能力的公民的光荣职责。三是休息权，是指劳动者为保护身体健康和提高劳动效率，根据国家有关法律与制度而享有的休息和休养的权利。四是物质帮助权，是公民因特定原因不能通过其他正当途径获得必要的物质生活手段时，从国家和社会获得生活保障、享受社会福利的一种权利。

（7）文化教育权。公民的文化教育权包括受教育权以及进行科学研究、文学艺术创作和其他文化活动的自由。

（8）特定主体权利。我国《宪法》除对公民所应普遍享有的权利和自由作出明确规定外，还对特定主体设置专条，给予特定保护。宪法中的这些特定主体具体是指妇女、退休人员、军烈属、母亲、儿童、老人、青少年、华侨等。

（二）我国公民的基本义务

公民的基本义务也称宪法义务，是指由宪法规定的公民必须遵守和应尽的根本责任。根据我国宪法的规定，我国公民的基本义务主要包括以下内容。

（1）维护国家统一和全国各民族团结。我国《宪法》规定："中华人民共和国公民有维护国家统一和全国各民族团结的义务。"

（2）遵守宪法和法律。我国《宪法》规定："中华人民共和国公民必须遵守宪法和法律，保守国家秘密，爱护公共财产，遵守劳动纪律，遵守公共秩序，尊重社会公德。"

（3）维护祖国的安全、荣誉和利益。我国《宪法》规定："中华人民共和国公民有维护祖国的安全、荣誉和利益的义务，不得有危害祖国的安全、荣誉和利益的行为。"

（4）保卫祖国、依法服兵役和参加民兵组织。我国《宪法》规定："保卫祖国、抵抗侵略是中华人民共和国每一个公民的神圣职责。""依照法律服兵役和参加民兵组织是中华人民共和国公民的光荣义务。"

（5）依法纳税。我国《宪法》规定："中华人民共和国公民有依照法律纳税的义务。”

（6）其他义务。除上述义务外，我国《宪法》还规定：夫妻双方有实行计划生育的义务，父母有抚养教育未成年子女的义务，成年子女有赡养扶助父母的义务。

四、我国的国家机构

国家机构是国家为实现其管理社会、维护社会秩序职能而建立起来的国家机关的总和。根据我国《宪法》规定，我国国家机构分为如下几部分。

（一）全国人民代表大会

我国《宪法》规定：“中华人民共和国全国人民代表大会是最高国家权力机关。它的常设机关是全国人民代表大会常务委员会。”全国人民代表大会和全国人民代表大会常务委员会的职权包括行使国家立法权，选举、决定和罢免国家机关领导人，决定国家重大事项，监督其他国家机关的工作等。

（二）中华人民共和国主席

中华人民共和国主席是我国国家机构的重要组成部分，代表中华人民共和国进行国事活动。根据全国人民代表大会及其常务委员会的决定，行使公布法律、任免国务院组成人员等重要职权。中华人民共和国主席、副主席由全国人民代表大会选举产生。

（三）国务院

中华人民共和国国务院即中央人民政府，是最高国家权力机关的执行机关，是最高国家行政机关。国务院统一领导国务院各部委的工作，统一领导地方各级国家行政机关的工作。国务院实行总理负责制，对全国人大及其常委会负责并报告工作。

（四）中央军事委员会

我国《宪法》规定：“中华人民共和国中央军事委员会领导全国武装力量。”中央军事委员会是全国武装力量的最高领导机关。中央军委实行主席负责制，由主席向全国人大和全国人大常委会负责。

（五）地方各级人民代表大会和地方各级人民政府

根据我国《宪法》和《地方各级人民代表大会和地方各级人民政府组织法》的规定，省、自治区、直辖市、自治州、县、市、自治县、市辖区、乡、民族乡、镇设立人民代表大会。地方各级人大是地方国家权力机关，由通过直接选举或间接选举产生的人大代表组成。县以上地方各级人大常委会是本级人大的常设机关，对本级人大负责并报告工作。地方各级人民政府是地方各级国家权力机关的执行机关，是地方各级国家行政机关。它由同级人民代表大会产生，既对同级人民代表大会及其常委会负责并报告工作，同时也对上一级国家行政机关负责并报告工作。地方各级人民政府实行首长负责制。

此外，我国宪法规定，城市和农村按居民居住地区设立的居民委员会或者村民委员会是基层群众性自治组织。居民委员会、村民委员会设人民调解、治安保卫、公共卫生等委员会，办理本居住地区的公共事务和公益事业，调解民间纠纷，协助维护社会治安，并且向人民政府反映群众的意见、要求和提出建议。

（六）民族自治地方的自治机关

民族自治地方的自治机关是自治区、自治州、自治县的人民代表大会和人民政府，行使宪法规定的地方国家机关的职权，同时依照宪法、民族区域自治法和其他法律规定的权限行使自治权，根据本地方实际情况贯彻执行国家的法律、政策。民族自治地方的人民代表大会有权依照当地民族的政治、经济和文化的特点，制定自治条例和单行条例。自治区的自治条例和单行条例，报全国人民代表大会常务委员会批准后生效。自治州、自治县的自治条例和单行条例，报省或者自治区的人民代表大会常务委员会批准后生效，并报全国人民代表大会常务委员会备案。

（七）人民法院与人民检察院

我国《宪法》规定："中华人民共和国人民法院是国家的审判机关。"根据宪法和《人民法院组织法》的规定，我国人民法院的组织体系包括：最高人民法院、地方各级人民法院和专门人民法院。地方各级人民法院分为高级人民法院、中级人民法院、基层人民法院；专门人民法院包括军事法院、海事法院、铁路运输法院等。

我国《宪法》规定："中华人民共和国人民检察院是国家的法律监督机关。"根据《宪法》和《人民检察院组织法》的规定，我国人民检察院的组织体系包括：最高人民检察院、地方各级人民检察院和专门人民检察院。地方各级人民检察院分为省、自治区、直辖市人民检察院；省、自治区、直辖市人民检察分院，自治州和设区的市人民检察院；县、不设区的市、自治县和市辖区人民检察院。专门人民检察院包括军事检察院、铁路运输检察院等。

第二节 我国的实体法律制度

实体法律制度主要是规定法律关系主体的权利和义务或职权和职责的法律制度的总称。我国的实体法律制度，主要包括行政法律制度、民商法律制度、经济法律制度、社会法律制度、刑事法律制度等。

一、我国的行政法律制度

（一）行政法的概念和原则

行政法是调整行政关系的法律规范的总称，具体来说，它是调整国家行政机关在履行其职能的过程中发生的各种社会关系的法律规范的总称。

我国行政法的基本原则就是依法行政或行政法治原则，可分解为行政合法性原则和行政合理性原则等。行政合法性原则是指行政权力的存在和运用必须依据法律，符合法律，不得与法律相抵触。行政合理性原则是指行政行为在合法的前提下应尽可能合理、适当和公正。

（二）国家行政机关与公务员

国家行政机关是依照法律规定，根据宪法和有关组织法的规定设立的，享有并行使国家行政权，对国家各项行政事务进行组织和管理的机关。国家行政机关是国家权力机关的执行机关。我国的国家行政机关体系由中央行政机关和地方行政机关组成。

行政机关公务员是依法代表行政机关行使行政权的工作人员。根据我国《公务员法》的规定，公务员职务分为领导职务和非领导职务。其中，领导职务层次分为国家级正职、国家级副职、省部级正职、省部级副职、厅局级正职、厅局级副职、县处级正职、县处级副职、乡科级正职、乡科级副职。非领导职务层次在厅、局级以下设置。综合管理类公务员的非领导职务分为巡视员、副巡视员、调研员、副调研员、主任科员、副主任科员、科员、办事员。公务员应当具备法律规定的条件。

（三）行政行为

1. 行政行为的概念

行政行为是行政主体运用行政权力针对行政相对人作出的、能够产生一定法律效果的行为。根据行政行为所针对的行政相对人是否特定这一标准，可以将行政行为分为抽象行政行为和具体行政行为。

2. 抽象行政行为

抽象行政行为是指行政主体针对不特定行政相对人，制定行政法规、行政规章及其他具有普遍约束力的规范性文件的行为。在我国，行政法规是指国务院为领导和管理国家各项行政工作，根据宪法和法律，按照有关程序制定发布的政治、经济、教育、科技、文化、外事等各类法规的总称。行政规章是指特定行政机关根据法律和法规，依法定权限和程序制定发布的、具有普遍约束力的规范性文件的总称。行政规章通常分为部门规章和地方政府规章两类。部门规章是指国务院有关部门，依法按照部门规章制定程序制定发布的行政规范性文件的总称。地方政府规章，是指有关地方人民政府依法根据地方政府规章制定程序制定发布的行政规则的总称。其他具有普遍约束力的规范性文件，是指行政机关针对不特定对象制定发布的能反复适用的行政决定、命令。

3. 具体行政行为

具体行政行为是指行政主体依法对具体事项或特定个人，具体适用行政法律规范作出处理决定的行为。主要包括行政许可、行政强制、行政征收、行政奖励、行政惩戒、行政裁决、行政合同等。行政许可，也就是通常所说的“行政审批”，是指行政主体根据行政相对人提出的申请，经依法审查，准许其从事特定活动、认可其资格资质或者确立其特定主体资格、特定身份的行为。行政强制是指行政主体在行政管理活动过程中，依法采取强制措施对行政相对人的人身、财产或作为予以强行处置的行为。行政征收是指行政主体根据法律规定，以强制方式无偿取得行政相对人财产所有权的行为。行政奖励是指行政主体为实现行政目的，对严格遵守行政法规范并作出一定成绩的行政相对人，给予精神鼓励或物质奖励的行为。行政惩戒又称行政制裁，是指特定的行政主体对违反行政法规范的行政相对人，依职权追究行政法律责任的行为。行政裁决是指行政主体运用其职权依法处理特定民事纠纷的行为。行政合同又称行政契约，是指行政主体为实现行政目的而与行政相对人达成的协议。

（四）行政责任

行政责任是指行政法律关系主体由于违反行政法律或不履行行政法律义务依法应承担的行政法律后果。行政违法或不当是行政责任得以形成的前提条件和直接根据。行政违法或不当主要有以下情况：实施行政行为的主要证据不足或事实不清，缺乏法律法规依据或依据错误，违反法定程序，超越法定权限，滥用职权，不履行法定职责，行为内容显失公正等。行政责任追究必须遵循的原则主要有责任法定原则，责任与违法程度相一致原则，补救、惩戒和教育相结合的原则等。根据有关法律法规的规定，行政主体承担行政责任的方式主要有通报批评，赔礼道歉，恢复名誉，消除影响，返还权益，撤销违法行政行为，纠正不当行政行为，履行法定职责，行政赔偿等。

（五）行政处罚与行政复议

行政处罚是行政主体依照法定职权和程序，对违反行政法规的行政相对人给予行政制裁的具体行政行为。行政处罚法是国家关于设定和实施行政处罚的法律规范的总称。1996年第八届全国人大第四次会议通过的《行政处罚法》，系统规定了行政处罚的种类和设定，行政处罚的实施机关，行政处罚的管辖和适用，行政处罚的程序以及法律责任等内容。根据该法，行政处罚的种类包括：警告、罚款、没收违法所得、没收非法财物，责令停产停业，暂扣或者吊销许可证、暂扣或者吊销执照，行政拘留。除法律、法规和规章以外的其他规范性文件不得设定行政处罚。

行政复议是指行政相对人认为具体行政行为侵犯其合法权益，依法向特定的行政机关提出申请，由受理该申请的行政机关对具体行政行为依法进行审查，并作出行政复议决定的活动。1999年第九届全国人大常委会第九次会议通过的《行政复议法》，对行政复议范围、行政复议管辖、行政复议程序等都作了具体明确的规定。

二、我国的民商法律制度

（一）民法的概念和基本原则

民法是调整平等主体的公民之间、法人之间以及公民和法人之间的财产关系和人身关系的法律规范的总和。我国 1986 年公布并施行的《民法通则》，规定了民事法律的基本制度。

民法的基本原则是对民事立法、司法和民事活动具有普遍指导意义和约束功能的基本行为准则，其效力贯穿于整个民事法律制度。民法的基本原则：一是平等原则，是指民事主体享有独立、平等的法律人格，在具体的民事法律关系中互不隶属，能自主地表达自己的意愿，其合法权益平等地受法律保护。二是自愿原则，是指民事主体在法律允许的范围内有完全的意志自由，可以根据自己的意愿参加民事活动，作出民事行为，并自主地决定民事法律行为的形式与内容，任何组织和个人都不得非法干预、强迫或胁迫。三是公平原则，是指应当以利益均衡作为价值判断标准来调整民事主体之间的物质利益关系，确定其民事权利、民事义务和民事责任。四是诚实信用原则，是指民事主体从事民事活动、行使民事权利或履行民事义务时，应善意无欺，讲求信用，不规避法律和约定。五是禁止权利滥用原则，是指民事主体在行使民事权利时，应当尊重社会公德，不得损害社会公共利益和他人利益。

（二）民事主体制度

民事主体是指在民事法律关系中独立享有民事权利和承担民事义务的公民（自然人）、法人和其他组织。

自然人，是依自然规律出生而取得民事主体资格的人。自然人的民事权利能力，是指法律确认的自然人享有民事权利、承担民事义务的资格。公民的民事权利能力一律平等。自然人从出生时起到死亡时止，具有民事权利能力。民事行为能力是民事主体独立实施民事法律行为的资格。按照我国《民法通则》的规定，18 周岁以上的公民是成年人，具有完全民事行为能力，可以独立进行民事活动，是完全民事行为能力人。16 周岁以上不满 18 周岁的公民，以自己的劳动收入为主要生活来源的，视为完全民事行为能力人。10 周岁以上的未成年人是限制民事行为能力人，可以进行与他的年龄、智力相适应的民事活动；其他民事活动由他的法定代理人代理，或者征得他的法定代理人的同意。不满 10 周岁的未成年人是无民事行为能力人，由他的法定代理人代理民事活动。不能辨认自己行为的精神病人是无民事行为能力人，由他的法定代理人代理民事活动。不能完全辨认自己行为的精神病人是限制民事行为能力人，可以进行与他的精神健康状况相适应的民事活动；其他民事活动由他的法定代理人代理，或者征得他的法定代理人的同意。无民事行为能力人、限制民事行为能力人的监护人是他的法定代理人。

法人是具有民事权利能力和民事行为能力，依法独立享有民事权利和承担民事义务的组织。我国《民法通则》规定法人成立的法律要件有四项：依法成立，有必要的财产或者经费，有自己的名称、组织机构和场所，能够独立承担民事责任。按法人的功能、设立方法以及财产来源的不同，法人分为四类，即企业法人、机关法人、事业单位法人和社会团体法人。

其他组织是指不具有法人资格，但可以以自己的名义进行民事活动的组织。它主要包括合伙、个人独资企业、个体工商户、农村承包经营户等。

（三）民事行为制度

民事行为是指民事主体在民事活动领域内基于其意志所实施的能够产生一定民事法律后果的行为。民事主体取得权利和承担义务，必须通过自己的行为，例如，订立合同，订立遗嘱，设立公司以及结婚、收养等。民法分别规定了各种行为的成立条件、生效条件和法律后果。只有符合法律条件的行为，才能够发生当事人所希望的法律后果，才属于民事法律行为。我国《民法通则》规定："民事法律行为是公民或者法人设立、变更、终止民事权利和民事义务的合法行为。"

民事法律行为应当具备下列条件：行为人具有相应的民事行为能力；意思表示真实；不违反法律或者社会公共利益。民事法律行为可以采用书面形式、口头形式或者其他形式。法律规定用特定形式的，应当依照法律规定。

民事主体不可能亲自进行所有的民事行为，可以通过签订合同等形式委托他人代理。代理是代理人在代理权限内，以本人（被代理人）名义向第三人（相对人）进行意思表示或受领意思表示，而该意思表示直接对本人生效的民事法律行为。被代理人对代理人的代理行为，承担民事责任。以代理权产生原因的不同为标准，代理可分为委托代理、法定代理和指定代理。

（四）民事权利制度

民事权利是指自然人、法人或其他组织在民事法律关系中享有的具体权益。民事权利所包含的权益，可以分为财产权益和非财产权益。因此，民事权利可以分为财产权和非财产权两大类。我国民法所规定的民事权利，主要有物权、债权、知识产权、继承权、人身权等。

物权是指权利人依法对特定的物享有直接支配和排他的权利，包括所有权、用益物权和担保物权。所有权是最典型、最完全的物权。抵押权、质权、留置权、土地使用权是不完全的物权。所有权人对自己的不动产或者动产，依法享有占有、使用、收益和处分的权利。土地使用权属于用益物权，是对标的物使用价值的支配，即对标的物的占有、使用和收益。抵押权、质权、留置权属于担保物权，是对标的物交换价值的支配，即在所担保债务到期不能清偿时，以变卖标的物的价款抵偿。

2007 年 3 月 16 日，第十届全国人民代表大会第五次会议通过了《中华人民共和国物权法》。这部具有里程碑意义的、调整因物的归属和利用而产生的民事关系的民事基本法律的颁布实施，从民法的角度，为坚持社会主义基本经济制度提供了重要的法制依据，为发展社会主义市场经济提供了重要的法制保障，为维护好、实现好、发展好最广大人民的根本利益提供了重要的法制保障。

债权是指债权人请求相对人为特定行为或不为特定行为的权利，性质上属于请求权。合同关系上的权利，就是最典型的债权。债权包含给付请求权、给付受领权、保护请求权三项权能。

知识产权是指创造性智力成果的完成人或工商业标志的所有人依法享有的权利的总称。它主要包括著作权、专利权、商标权、商业秘密权、植物新品种权、集成电路布图设计权等。

继承权是自然人依法享有的取得或承受被继承人遗产的权利。根据继承权产生方式的不同，继承权主要有法定继承权和遗嘱继承权之分。

人身权包括人格权和身份权。人格权是民事主体基于其人格或身份而依法享有的，以其人格利益或身份利益为客体的民事权利。人格权又包括生命权、健康权、姓名权、肖像权、隐私权、婚姻自主权等具体权利。身份权是民事主体基于某种特定身份享有的民事权利。身份权主要包括配偶权、亲权等。

物权、债权、知识产权、继承权、人身权构成了完整的民事权利体系。民法分别就各种民事权利的产生、变更、移转、消灭设置了具体规则，分别构成各种民事权利制度。

（五）民事责任制度

民事责任是指民事主体因违反民事义务而应承担的民事法律后果。我国《民法通则》规定，民事主体违反合同或者不履行其他义务的，应当承担民事责任；由于过错侵害国家、集体的财产，侵害他人财产、人身的，应当承担民事责任；没有过错，但法律规定应当承担民事责任的，应当承担民事责任。

我国《民法通则》以民事责任发生的原因为标准，将其分为违反合同的民事责任和侵权的民事责任两类。违反合同的民事责任又称违约民事责任。违约民事责任的构成要件包括有违约行为，违约造成了损失，违约行为与损害事实之间存在因果关系，行为人存在过错。在违约责任的诸形式中，只有赔偿损失责任的构成必须同时具备以上几个条件，其他责任的构成依其他法律的具体规定来认定。侵权民事责任分为一般侵权民事责任和特殊侵权民事责任。一般侵权民事责任的构成要件有：客观上存在损害事实，行为具有违法性，违法行为和损害事实之间存在因果关系，行为人主观上有过错。特殊侵权民事责任与一般侵权民事责任的构成要件区别在于，它不要求行为人主观上有过错。

根据《民法通则》的规定，承担民事责任的方式主要有停止侵害，排除妨害，消除危险，返还财产，恢复原状，修理、重作、更换，赔偿损失，支付违约金，消除影响、恢复名誉，赔礼道歉等。

2009年12月26日，第十一届全国人民代表大会常务委员会第十二次会议通过了《中华人民共和国侵权责任法》。该法的颁布实施，使我国向制定完备的民法典又迈出了关键一步。

《侵权责任法》共12章92条，主要包括一般规定和七种侵权责任类型，即产品责任、机动车交通事故责任、医疗损害责任、环境污染责任、高度危险责任、饲养动物损害责任和物件损害责任。首次明确规定了精神损害赔偿等。与《民法通则》相比，《侵权责任法》对于涉及基本民生问题的特殊侵权行为的规定界定更详细，更加科学合理。

（六）民事诉讼时效制度

为了督促权利人及时行使民事权利，我国《民法通则》规定了诉讼时效制度。诉讼时效，是指民事权利受到侵害的权利人在法定的时效期间内不行使权利，当时效期间届满时，即丧失了请求人民法院依诉讼程序强制义务人履行义务之权利的制度。诉讼时效分为普通诉讼时效和特殊诉讼时效两类。普通诉讼时效适用于一般民事法律关系，分为两类：一般诉讼时效期间为2年；短期诉讼时效期间为1年。我国《民法通则》规定以下四种性质的案件，其诉讼时效期间为1年：因身体受到伤害要求赔偿的；出售质量不合格的商品未声明的；延付或拒付租金的；寄存财物被丢失或者毁损的。特殊诉讼时效是指由特别法规定的诉讼时效，如我国《合同法》规定，因国际货物买卖合同和技术进出口合同争议提起诉讼或者申请仲裁的期限为4年。诉讼时效期间从权利人知道或者应当知道权利被侵害时起计算。但是，从权利被侵害之日起超过20年的，法律不予保护。

（七）合同法律制度

合同是指平等主体的自然人、法人、其他组织之间设立、变更、终止民事权利义务关系的协议。我国《合同法》对合同的订立、效力、履行、变更和转让、终止、违约责任以及主要合同种类等都作出了明确规定。

（八）知识产权法律制度

知识产权法是调整在创造、使用、转让和保护智力成果或工商业标志过程中发生的社会关系的法律规范的总称。我国关于知识产权的立法主要有《著作权法》、《专利法》、《商标法》等专门法律和其他法律的有关规定，还有大量关于知识产权的法规和规章。此外，《巴黎公约》、《伯尔尼公约》等我国缔结或加入的有关国际条约，也是我国知识产权法的重要渊源。

著作权是著作权人对其文学、艺术和科学作品依法享有的人身权和财产权。著作权法是有关著作权以及相关权益的取得、行使和保护的法律规范的总称。

专利权是指国家依照法律规定，授予发明人、设计人或其所属单位对其发明创造在一定范围内依法享有的独占权利。专利法是调整因专利权的确认和使用而产生的各种社会关系的法律规范的总称。授予专利权的发明和实用新型，应当具备新颖性、创造性和实用性，外观设计应当具备新颖性和实用性。

商标权是指商标所有人依法对其注册商标享有的专用权。商标法是调整商标在注册、使用、管理和保护过程中发生的各种社会关系的法律规范的总和。我国商标权的取得采取注册原则，经商标局核准注册的商标，享有商标专用权，受到法律的保护。

知识产权的保护是一项系统工程。我国已建立起比较完善的知识产权法律保护体系，通过立法、司法、行政等途径实现对知识产权的有效保护。此外，我国知识产权的社会保护也发挥着越来越大的作用。

（九）商事法律制度

我国的商法是民商法律的重要组成部分，包括公司、证券、票据、保险等法律制度。

公司是企业法人，有独立的法人财产，享有法人财产权，以其全部财产对公司的债务承担责任。公司包括有限责任公司和股份有限公司。

证券是用来证明证券持有人有权取得相应权益的凭证。证券交易是指已发行的证券在证券市场上买卖或转让的活动。

票据是指出票人约定自己或委托付款人在见票时或指定的日期向收款人或持票人无条件支付一定金额并可流通转让的有价证券，包括汇票、本票或支票。票据的签发、取得和转让，应当遵循诚实信用的原则，具有真实的交易关系和债权债务关系。

保险是指投保人根据合同约定，向保险人支付保险费，保险人对于合同约定的可能发生的事故因其发生所造成的财产损失承担赔偿保险金责任，或者当被保险人死亡、伤残、疾病或者达到合同约定的年龄、期限时承担给付保险金责任的商业保险行为。建立保险关系必须签订保险合同。

三、我国的刑事法律制度

（一）刑法的概念和原则

刑法就是规定犯罪和刑罚的法律。狭义的刑法是指规定犯罪和刑罚的一般原则和具体犯罪与刑罚的法律规范的刑法典；广义的刑法是指刑法典和单行刑事法律及非刑法规范性文件中的刑事规范。

刑法的基本原则，是指刑法特有的在刑法的立法、解释和适用过程中所必须普遍遵循的具有全局性、根本性的准则。刑法明文规定了三个基本原则：一是罪刑法定原则。即法无明文规定不为罪，法无明文规定不处罚。什么行为构成犯罪、构成什么罪及处何种刑罚，均须由法律明文规定。二是罪刑相当原则。它是指犯罪社会危害性程度和应负刑事责任的大小，是决定刑罚轻重的主要依据，重罪重罚、轻罪轻罚、无罪不罚、罪刑相当、罚当其罪。三是适用刑法一律平等原则。对任何人犯罪，不论其社会地位、民族、种族、性别、职业、信仰、财产状况如何，在适用刑法上一律平等，任何人都不得有任何超越法律的特权。

（二）犯罪概述

犯罪是指严重危害社会，触犯刑法并应受刑罚处罚的行为。我国《刑法》规定："一切危害国家主权、领土完整和安全，分裂国家、颠覆人民民主专政的政权和推翻社会主义制度，破坏社会秩序和经济秩序，侵犯国有财产或者劳动群众集体所有的财产，侵犯公民私人所有的财产，侵犯公民的人身权利、民主权利和其他权利，以及其他危害社会的行为，依照法律应当受刑罚处罚的，都是犯罪，但是情节显著轻微危害不大的，不认为是犯罪。"

1. 犯罪构成

犯罪构成是指按照刑法的规定，决定某一具体行为的社会危害性及其程度，而为该行为构成犯罪所必需的一切主观要件和客观要件的总和。犯罪构成包括：犯罪主体，指实施了危害社会的行为、依法应当承担刑事责任的自然人和单位；犯罪主观方面，指犯罪主体对自己实施的危害行为及其危害社会的结果所持有的心理态度，它包括犯罪故意和犯罪过失等；犯罪客体，即我国刑法所保护的而为犯罪行为所危害的社会关系；犯罪客观方面，指刑法规定的构成犯罪在客观上需要具备的诸种要件的总称，具体表现为危害行为、危害结果等。

2. 排除犯罪的事由

排除犯罪的事由是指虽然行为人的行为在客观上造成一定的损害结果，表面上符合某种犯罪的客观要件，但实际上没有犯罪的社会危害性，不符合犯罪构成，依法不构成犯罪的事由。《刑法》明文规定了两种排除犯罪的事由，即正当防卫和紧急避险。《刑法》规定："为了使国家、公共利益、本人或者他人的人身、财产和其他权利免受正在进行的不法侵害，而采取的制止不法侵害的行为，对不法侵害人造成损害的，属于正当防卫，不负刑事责任。为了使国家、公共利益、本人或者他人的人身、财产和其他权利免受正在发生的危险，不得已采取的紧急避险行为，造成损害的，不负刑事责任。"

3. 故意犯罪形态

故意犯罪形态是指故意犯罪在其发展过程中的不同阶段，由于主客观原因而停止下来的各种犯罪状态，即犯罪预备、犯罪未遂、犯罪中止与犯罪既遂。《刑法》规定，为了犯罪，准备工具、制造条件的，是犯罪预备。对于预备犯，可以比照既遂犯从轻、减轻处罚或者免除处罚。已经着手实行犯罪，由于犯罪分子意志以外的原因而未得逞的，是犯罪未遂。对于未遂犯，可以比照既遂犯从轻或者减轻处罚。在犯罪过程中，自动放弃犯罪或者自动有效地防止犯罪结果发生的，是犯罪中止。对于中止犯，没有造成损害的，应当免除处罚；造成损害的，应当减轻处罚。犯罪既遂是指行为人故意实施的行为已经具备了某种犯罪构成的全部要件。

4. 共同犯罪

共同犯罪指二人以上共同故意犯罪。《刑法》根据共同犯罪人的作用并适当考虑分工的情况，将共同犯罪人分为主犯、从犯、胁从犯与教唆犯，并规定了不同的刑事责任原则。组织、领导犯罪集团进行犯罪活动的或者在共同犯罪中起主要作用的，是主犯。三人以上为共同实施犯罪而组成的较为固定的犯罪组织，是犯罪集团。对组织、领导犯罪集团的首要分子，按照集团所犯的全部罪行处罚；对犯罪集团首要分子以外的首要分子，应当按照其所参与的或者组织、指挥的全部犯罪处罚。在共同犯罪中起次要或者辅助作用的，是从犯。对于从犯，应当从轻、减轻处罚或者免除处罚。被胁迫参加犯罪的，是胁从犯。对于胁从犯，应当按其犯罪情节减轻处罚或者免除处罚。故意唆使他人实施犯罪的犯罪分子，是教唆犯。对于教唆犯，应当按照他在共同犯罪中所起的作用处罚。教唆不满 18 周岁的人犯罪的，应当从重处罚。如果被教唆的人没有犯被教唆的罪，对于教唆犯，可以从轻或者减轻处罚。

（三）刑罚制度

刑罚是由刑法规定的，由国家审判机关依法对犯罪分子所适用的限制或者剥夺其某种权益的最严厉的法律制裁方法。

1. 刑罚的体系

我国《刑法》所规定的刑罚体系由主刑和附加刑构成。主刑是指对犯罪分子独立适用的主要刑罚方法，包括管制、拘役、有期徒刑、无期徒刑与死刑。管制是指由人民法院依法判决，对犯罪分子不予关押，但限制其一定自由，由公安机关予以执行和人民群众监督改造的刑罚方法。拘役是指短期剥夺犯罪分子的人身自由，由公安机关就近执行，并对受刑人进行劳动改造的刑罚方法。有期徒刑是指剥夺犯罪分子一定期限的人身自由，实行强制劳动改造的刑罚方法。无期徒刑是指剥夺犯罪分子终身自由，并强制进行劳动改造的刑罚方法。死刑是指剥夺犯罪分子生命的刑罚方法，是一种最严厉的刑罚。我国刑事立法的一个独创是死缓制度，它与死刑立即执行共同构成死刑这一刑罚方法，而不是轻于死刑的一个独立刑种。

2. 附加型

附加刑是指补充主刑适用的刑罚方法。它既可以作为主刑的附加刑，也可以独立适用。《刑法》规定的附加刑有罚金、剥夺政治权利、没收财产以及适用于犯罪的外国人的驱逐出境。罚金是由人民法院判处犯罪分子或犯罪单位向国家缴纳一定数额金钱的刑罚方法。剥夺政治权利是指剥夺犯罪分子参加国家管理与政治活动权利的刑罚方法。没收财产是把犯罪分子个人所有财产的一部分或全部强制无偿地收归国有的刑罚方法。驱逐出境是指强迫犯罪的外国人离开中国国（边）境的刑罚方法。

3. 刑罚的裁量

刑罚的裁量即量刑，是指人民法院依据刑法在认定行为人构成犯罪的基础上，确定对犯罪人是否判处刑罚、判处何种刑罚以及判处多重的刑罚、并决定所判刑罚是否立即执行的刑事司法活动。对犯罪分子决定刑罚，应当根据犯罪事实、性质、情节和对社会的危害程度，依照刑法的有关规定予以判处。我国《刑法》对累犯、自首和立功、数罪并罚、缓刑等量刑制度以及减刑、假释等刑罚执行制度作出了具体规定。

（四）犯罪种类

我国《刑法》规定了下列十大类犯罪：

第一，危害国家安全罪，是指故意危害中华人民共和国的主权、领土完整和安全，分裂国家，颠覆国家政权，推翻社会主义制度，危及国家安全的行为。

第二，危害公共安全罪，是指故意或者过失地实施危害不特定多数人的生命、健康或者重大公私财产安全的行为。

第三，破坏社会主义市场经济秩序罪，是指违反国家经济管理法律法规，干扰国家对市场经济的管理活动，破坏社会主义市场经济秩序，使国民经济受到严重损害的行为。

第四，侵犯公民人身权利、民主权利罪，是指故意或者过失地侵犯他人人身权利和其他与人身权利直接有关的权利，以及非法剥夺或者妨害公民自由行使依法享有的管理国家事务和参加社会政治活动等各项权利的行为。

第五，侵犯财产罪，是指以非法占有为目的，攫取公私财物，或者故意毁坏公私财物，以及故意破坏生产经营的行为。

第六，妨害社会管理秩序罪，是指妨害国家机关的正常管理活动或者司法机关的职能活动，破坏社会秩序的行为。

第七，危害国防利益罪，是指危害作战和军事行动，危害国防建设，危害国防管理秩序，拒绝或者逃避履行国防义务的犯罪行为。

第八，贪污贿赂罪，是指国家工作人员利用职务上的便利，贪污公共财物、挪用公款、索贿、受贿以及其他贪利性的职务犯罪行为和相关的行贿、介绍贿赂等犯罪，以及由国家机关、国有公司、企业、事业单位、人民团体实施贿赂及相关的犯罪行为。

第九，渎职罪，是指国家机关工作人员滥用职权，玩忽职守，或者利用职权徇私舞弊，妨害国家机关正常的职能活动，致使国家和人民利益遭受重大损失的行为。

第十，军人违反职责罪，是指现役军人、执行军事任务的预备役人员和其他人员违反职责，危害国家军事利益，依照法律应当受刑罚处罚的行为。

第三节　我国的程序法律制度

程序法是实体法所规定的法律关系主体的权利和义务实现的重要保障。它的主要功能在于及时、恰当地为实现权利、行使职权和履行义务提供必要的规则、方式和秩序。

一、我国的行政诉讼法律制度

（一）行政诉讼的概念、受案范围和参加人

行政诉讼是指公民、法人和其他组织认为行政机关或行政机关工作人员具体行政行为侵犯其合法权益，依法向人民法院提起诉讼，并由人民法院进行审理和裁判的一种诉讼活动。

行政诉讼法是有关行政诉讼的法律规范的总和。我国的《行政诉讼法》规定了行政诉讼的受案范围、管辖、诉讼参加人、证据、起诉、受理、审理、判决、执行等问题。

行政诉讼的受案范围，是指我国《行政诉讼法》所规定的人民法院受理行政案件的范围，主要有行政处罚案件，行政强制措施案件，侵犯法律规定的经营自主权案件，行政许可案件，不履行法定职责案件，抚恤金案件，违法要求履行义务案件，其他侵犯人身权、财产权案件，法律法规规定可以起诉的其他行政案件。

行政诉讼参加人是指引起行政争议、存在直接利害关系而参加行政诉讼的整个过程或者主要阶段的人，包括当事人和诉讼代理人。行政诉讼当事人，是指因具体行政行为发生争议，以自己的名义到人民法院进行诉讼，并受法律裁判约束的主体。行政诉讼的原告是指认为具体行政行为侵犯其合法权益，而依法向人民法院提起诉讼的公民、法人或者其他组织。行政诉讼的被告是指由原告指控其具体行政行为违法，经人民法院通知应诉的行政机关或法律法规授权的组织。行政诉讼的第三人是指因与被提起行政诉讼的具体行政行为有利害关系，通过申请或法院通知形式，参加到诉讼中来的当事人。行政诉讼代理人，是指以当事人名义，在代理权限内，代理当事人进行行政诉讼活动的人。

（二）行政诉讼程序

起诉与受理。起诉是指公民、法人或者其他组织认为行政机关的具体行政行为侵犯其合法权益，依法请求人民法院行使审判权保护自己合法权益的诉讼行为。提

起行政诉讼应符合法定条件。受理是指人民法院对公民、法人或者其他组织的起诉进行审查，对符合法定条件的起诉决定立案审理，从而引起诉讼程序开始的职权行为。

第一审程序，是指人民法院自立案至作出第一审判决的诉讼程序，是行政审判的基础程序，具体包括审理前的准备和庭审。根据规定，行政诉讼第一审程序必须进行开庭审理。一般的庭审程序分为六个阶段：开庭准备、开庭审理、法庭调查、法庭辩论、合议庭评议、宣读判决。人民法院审理第一审行政案件，应当自立案之日起 3 个月内作出判决。

第二审程序，是指当事人不服地方各级人民法院尚未生效的第一审判决或裁定，依法向上一级人民法院提起上诉，上一级人民法院据此对案件进行再次审理所适用的程序。人民法院审理第二审行政案件，应当自收到上诉状之日起 2 个月内作出终审判决。我国实行二审终审制度。

审判监督程序，是指人民法院发现已经发生法律效力的行政判决、裁定违反法律法规，依法对案件再次进行审理的程序。人民检察院对人民法院已经发生法律效力的判决、裁定，发现违反法律法规规定的，有权按照审判监督程序提出抗诉。抗诉案件，人民法院应当再审。当事人对已经发生法律效力的判决、裁定，认为确有错误的，可以向原审人民法院或者上一级人民法院提出申诉，但判决、裁定不停止执行。

二、我国的民事诉讼法律制度

（一）民事诉讼的概念、管辖与当事人

民事诉讼是指法院在当事人和其他诉讼参与人的参加下，以审理、判决、执行等方式解决民事纠纷的活动，以及由这些活动产生的各种诉讼关系的总和。民事诉讼法是国家制定的调整人民法院和诉讼参与人的各种民事诉讼关系的法律规范的总称。

民事诉讼管辖是指各级人民法院之间或同级人民法院之间受理第一审民事纠纷的案件的分工和权限，主要包括级别管辖，地域管辖，专属管辖和裁定管辖。

民事诉讼当事人是指因民事权利义务发生争议，以自己的名义进行诉讼，要求人民法院作出民事裁判的人。狭义上的当事人，仅指原告和被告。广义上的当事人还包括共同诉讼人、第三人。

民事诉讼代理人，是指根据法律规定或当事人的委托，代理当事人进行民事诉讼活动的人。包括法定诉讼代理人和委托诉讼代理人两类。

（二）民事诉讼程序

第一审普通程序是指：人民法院审理民事纠纷案件，除简单的民事纠纷案件外

都适用的程序，主要包括起诉与受理、审理前的准备、开庭审理、宣判等环节。简易程序，是简化了的普通程序，是基层人民法院及其派出法庭审理简单民事案件所运用的一种独立的简便易行的诉讼程序。第二审程序，是指当事人不服第一审裁判，在上诉期内提出上诉，由上一级人民法院对案件进行审理的程序。上诉必须在法定的上诉期限内提出。审判监督程序，是指人民法院发现已经发生法律效力的判决或裁定确有错误，对案件依法重新审理并作出裁判的程序。

特别程序，是指人民法院对非民事权益冲突案件的审理程序。特别程序的适用范围包括：选民资格案件，宣告公民失踪或者宣告死亡案件，认定公民无民事行为能力或者限制民事行为能力案件，认定财产无主案件等。督促程序，是指人民法院根据债权人提出的给付金钱或者有价证券的申请，不经过开庭审理，以债权人的主张为内容，直接向债务人发出支付令，如果债务人不在法定期间内提出异议，则支付令即发生强制执行效力的程序。公示催告程序，是指人民法院根据当事人基于法定理由而提出的申请，以公示的方法催告不明的利害关系人在法定期间内申报权利，逾期不申报权利，则依法作出除权判决的程序。企业法人破产还债程序，是指人民法院根据债权人或债务人的申请，对因严重亏损、无力清偿到期债务的企业法人，宣告破产，进行清算还债的程序。

执行程序，是指人民法院根据一方当事人的申请或依职权采取法定措施，强制不履行义务的一方当事人履行已经发生法律效力的民事判决、裁定、调解书及其他法律文书的程序。

三、我国的刑事诉讼法律制度

（一）刑事诉讼法概述

刑事诉讼是指人民法院、人民检察院和公安机关（国家安全机关）在当事人及其他诉讼参与人的参加下，依照法定程序，追究犯罪，确定被追诉者刑事责任的活动。刑事诉讼法是指国家制定或认可的调整刑事诉讼活动的法律规范的总称。

1. 刑事诉讼参与人

刑事诉讼参与人是指在刑事诉讼过程中享有一定诉讼权利，承担一定诉讼义务的除国家专门机关工作人员以外的人。根据《刑事诉讼法》的规定，诉讼参与人包括当事人和其他诉讼参与人。当事人是主要诉讼主体，包括自诉人、犯罪嫌疑人、被告人、被害人、附带民事诉讼当事人。其他诉讼参与人具体包括法定代理人、辩护人、证人、鉴定人、翻译人员和诉讼代理人。

2. 刑事诉讼的管辖、回避、辩护和代理

刑事诉讼的管辖是指公安机关、检察机关和审判机关等在直接受理刑事案件上的权限划分以及审判机关在审理第一审刑事案件上的权限划分。分立案管辖和审判管辖两大类。刑事诉讼中的回避是指侦查人员、检察人员、审判人员等与案件有法定的利害关系或者其他特殊关系，可能影响案件的公正处理，不得参与办理本案的一项诉讼制度。可以分为自行回避、申请回避、指定回避三种。刑事诉讼中的辩护是指犯罪嫌疑人、被告人及其辩护人针对控诉方的指控为犯罪嫌疑人或被告人进行无罪、罪轻、减轻或免除罪责的反驳和辩解，以维护其合法权益的诉讼行为。可以分为自行辩护、委托辩护、指定辩护。刑事诉讼中的代理是指代理人接受公诉案件的被害人及其法定代理人或者近亲属、自诉案件的自诉人及其法定代理人、附带民事诉讼的当事人及其法定代理人的委托，以被代理人名义参加诉讼活动，由被代理人承担代理行为法律后果的一项法律制度。

3. 刑事诉讼证据、强制措施和附带民事诉讼

证明案件真实情况的一切事实，都是证据，包括物证、书证，证人证言，被害人陈述，犯罪嫌疑人、被告人供述和辩解，鉴定结论，勘验、检查笔录，视听资料等。刑事诉讼中的强制措施是指公安机关、检察机关和审判机关为保证刑事诉讼的顺利进行，依法对犯罪嫌疑人、被告人所采取的在一定期限内暂时限制或剥夺其人身自由的强制方法。强制措施有拘传、取保候审、监视居住、拘留和逮捕。刑事附带民事诉讼是指在刑事诉讼过程中，审判机关在依法解决被告人刑事责任的同时，附带解决由受害人或其法定代理人或人民检察院提起的，因被告人的犯罪行为所造成的物质损失的赔偿问题而进行的诉讼活动。

（二）刑事诉讼程序

1. 立案和侦查

立案是指公安机关、人民检察院发现犯罪事实或犯罪嫌疑人，或者公安机关、人民检察院和人民法院对接受的报案、控告、举报或自首及人民法院对自诉人的自诉材料进行审查后，判明有无犯罪事实和应否追究刑事责任，并决定是否进行侦查或审理的诉讼活动。侦查是指法定侦查机关在未证实犯罪和查获犯罪行为人而依照法律进行的专门调查工作和采取的有关强制性措施。

2. 起诉

刑事起诉是指依法享有刑事起诉权的机关或个人对刑事被告人提出控诉，要求人民法院予以审判，以追究被告人刑事责任的诉讼行为。我国实行的是以公诉为主、自诉为辅的起诉模式。

3. 审判程序

刑事审判程序，是指人民法院对人民检察院提起公诉或者自诉人提起自诉的案件，依照法律审理刑事案件的步骤、方式和方法的总和。我国《刑事诉讼法》规定了以下几种基本的审判程序：第一审程序，是指人民法院根据审判管辖的规定，对人民检察院提起公诉和自诉人自诉的刑事案件进行初次审判的程序；第二审程序，是指第一审法院的上一级法院对上诉、抗诉案件进行重新审理的程序；特殊案件的

复核程序，包括死刑复核程序以及人民法院根据《刑法》第 63 条第 2 款规定的“犯罪分子虽然不具有本法规定的减轻处罚情节，但是根据案件的特殊情况，经最高人民法院核准，也可以在法定刑以下判处刑罚”的案件的复核程序；审判监督程序，是人民法院、人民检察院对于已经发生法律效力的判决或裁定，发现在认定事实上或者在适用法律上确有错误，依职权提起并由人民法院对案件进行再次审判的程序。

4. 执行程序

刑事诉讼中的执行是指人民法院将已经发生法律效力的判决或裁定交付执行机关实施其确定的内容，以及处理执行中的诉讼问题而依法进行的各种活动。刑事执行程序是指在进行上述活动时所应遵循的步骤、方式、方法。刑事诉讼的执行机关包括人民法院、公安机关、监狱。人民检察院对刑事执行活动享有监督权。

四、我国的仲裁和调解制度

（一）仲裁概述

仲裁是指发生争议的双方当事人，根据其在争议发生前或争议发生后所达成的协议，自愿将该争议提交中立的第三者居中评断是非并作出裁决的一种解决争议的方式。仲裁法是调整在仲裁过程中发生的各种关系的法律规范的总称。平等主体的公民、法人和其他组织之间发生的合同纠纷和其他财产权益纠纷，可以仲裁。仲裁法的基本原则有自愿原则，根据事实、符合法律规定、公平合理地解决纠纷原则，独立仲裁原则。仲裁法的基本制度包括协议仲裁制度、或裁或审制度和一裁终局制度。

我国《仲裁法》对仲裁委员会的设立原则作出了规定。仲裁委员会独立于行政机关，与行政机关没有隶属关系。仲裁委员会之间也没有隶属关系。

仲裁协议是指双方当事人以书面方式自愿将他们之间已经发生或将来有可能发生的争议提交仲裁解决的协议。仲裁协议包括合同中订立的仲裁条款和以其他书面方式在纠纷发生前或者纠纷发生后达成的请求仲裁的协议。有效的仲裁协议一般应具备以下内容：请求仲裁的意思表示、仲裁事项和选定的仲裁委员会。仲裁协议独立存在，合同的变更、解除、终止或者无效不影响仲裁协议的效力。

（二）仲裁程序

申请与受理。当事人申请仲裁应当符合下列条件：有仲裁协议；有具体的仲裁请求和事实、理由；属于仲裁委员会的受理范围。仲裁委员会自收到仲裁申请书之日起 5 日内，认为符合受理条件的，应当受理，并通知当事人；认为不符合受理条件的，应当书面通知当事人不予受理，并说明理由。仲裁委员会受理仲裁申请后，应当在仲裁规则规定的期限内，将仲裁规则和仲裁员名册送达申请人，并将仲裁申请书副本和仲裁规则、仲裁员名册送达被申请人。

仲裁庭的组成。仲裁庭可以由三名仲裁员或者一名仲裁员组成。由三名仲裁员组成的，设首席仲裁员。一名仲裁员组成的，为独任仲裁员。

仲裁审理。仲裁审理是仲裁庭按照法律规定的程序和方式，对当事人交付仲裁的争议事项作出裁决的活动。仲裁审理是仲裁程序的中心环节。仲裁应当开庭进行。当事人应当对自己的主张提供证据。可以申请证据保全。在仲裁过程中有权进行辩论。

仲裁中的和解、调解和裁决。当事人申请仲裁后，可以自行和解。达成和解协议的，可以请求仲裁庭根据和解协议作出裁决书，也可以撤回仲裁申请。当事人达成和解协议，撤回仲裁申请后反悔的，可以根据仲裁协议申请仲裁。仲裁庭在作出裁决前，可以先行调解。当事人自愿调解的，仲裁庭应当调解。调解不成的，应当及时作出裁决。调解达成协议的，仲裁庭应当制作调解书或者根据协议的结果制作裁决书。调解书与裁决书具有同等法律效力。裁决书自作出之日起发生法律效力。

（三）调解制度

调解是指发生纠纷的当事人，在第三者的主持下，互相协商，互谅互让，依法自愿达成协议，使纠纷得以解决的一种活动。我国的调解制度包括人民调解、行政调解、司法调解等。

人民调解是诉讼外调解，是在人民调解委员会主持下，当事人协商解决民间纠纷的活动。人民调解委员会调解的民间纠纷，包括发生在公民与公民之间、公民与法人和其他社会组织之间涉及民事权利义务争议的各种纠纷。经人民调解委员会调解达成的、有民事权利义务内容，并由双方当事人签字或者盖章的调解协议，具有民事合同性质。当事人应当按照约定履行自己的义务，不得擅自变更或者解除调解协议。

行政调解是国家行政机关依照法律规定，在其行政管理职权范围内，对特定的民事纠纷及轻微刑事案件进行的调解。行政调解属于诉讼外调解。行政调解必须遵循合法、自愿和保护当事人诉讼权利的原则。如果当事人不愿经过调解，或者经过调解达不成协议，或者达成协议后又反悔的，有权向人民法院起诉。行政调解主要包括四类：一是基层人民政府对民事纠纷和轻微刑事案件进行的调解；二是合同管理机关依据《合同法》规定，对合同纠纷进行的调解；三是公安机关依据《治安管理处罚法》和《道路交通安全法》等规定，对部分治安和交通事故案件进行的调解；四是婚姻登记机关依据《婚姻法》规定，对婚姻双方当事人进行的调解。

司法调解是指人民法院依照严格的诉讼程序，采取调解的方式促使双方当事人达成和解，解决民事权益争议的一种诉讼活动。司法调解是诉讼中调解，它具有方便快捷、灵活高效、对抗性弱等特点，能有效提高司法效率，降低司法成本。人民法院审理民事案件，应当根据自愿合法的原则，在查清事实、分清责任的基础上进行调解。调解活动要遵循《民事诉讼法》规定的程序，达成调解协议的内容要符合法律的规定及国家政策、公序良俗的要求，不得损害国家、集体和他人的合法权益。调解达成协议，人民法院应当制作调解书。调解书送达双方当事人签收后，即具有法律效力。

一、思考题

1. 如何认识我国宪法的特点和原则?
2. 如何理解我国人民代表大会制度的优越性?
3. 简明扼要地梳理出各部门法的区别与关联。
4. 简述法律实体正义和程序正义的内涵及其二者的关系。
5. 举例说明依照法律程序维护合法权益的意义。

二、案例分析

【案例一】

李向荣与襄樊学院勒令退学行政处分决定案

原告：李向荣，女，生于1980年5月19日，汉族，湖北省安陆市人，襄樊学院学生。

被告：襄樊学院。

法定代表人：李树棠，襄樊学院副院长。

原告李向荣因不服被告襄樊学院勒令退学行政处分决定，向本院提起行政诉讼。本院受理后，依法组成合议庭，公开开庭审理了本案。

本院根据上述有效证据认定如下事实：

1998年6月，湖北省人民政府根据原国家教育委员会的批准组建襄樊学院，规定襄樊学院为多科性本科院校，正厅级事业单位。李向荣于1999年9月考入襄樊学院艺术系。2000年3月，襄樊学院组织《马克思主义哲学原理》补考时，原告李向荣找同学朱玮代考，被监考老师当场查出。后襄樊学院艺术系就原告的代考舞弊事实作了通报，并上报学院教务处。同年3月6日，襄樊学院教务处召开处长办公会，认为原告违纪事实清楚，建议按《襄樊学院学生学籍管理实施细则》第十六条的规定处理，并以学院名义草拟了对原告勒令退学的纪律处分决定，后经襄樊学院负责人批准，对原告的勒令退学处分决定，于2000年3月20日以院政发（2000）031号文件形式印发。3月27日襄樊学院向原告及其亲属宣布了上述纪律处分决定。原告认为处分过重，于次日向襄樊学院递交了书面申请，要求襄樊学院重新处理。襄樊学院于同年4月1日用专车将原告送回家。2000年4月11日，原告向本院提起行政诉讼。

庭审辩论中，本案当事人围绕本案争议焦点即襄樊学院法律地位、勒令退学行政处分的可诉性、合法性进行了辩论。原告认为，襄樊学院是国家设立的高等教育机构，负有组织实施教育教学活动、对受教育者进行学籍管理、实施奖励与处分的外部行政管理职能，是法律授权的组织，其对原告作出的勒令退学处分决定，具有可诉性，且该处分决定适用法律错误，程序违法，显失公正。被告认为，襄樊学院是教育事业单位，不是行政机关，不能作为行政诉讼被告，其对学生的纪律处分属内部管理行为，不是具体行政行为，不属于行政诉讼受案范围，其对原告的处分事实证据确凿，适用法律正确，程序合法。

本院认为，襄樊学院是国务院教育行政主管部门批准设立的高等院校。高等院校作为公共教育机构，虽然不是法律意义上的行政机关，但依据我国教育方面法律法规的有关规定，国家实行国家教育学业考试制度，对高等学校学生的学籍管理、奖励与处分，由国家批准的高等学校组织实施。因此，高等学校在行使这一国家行政职能时，属于法律、法规授权的组织，其应当具有行政诉讼的被告主体资格。被告襄樊学院对原告所作的勒令退学处分决定，使原告丧失学籍资格，直接影响、限制和否定了原告的受教育权和大学生身份权。受教育者在学校处于一种被管理者的地位，学校对受教育者的受教育权和身份权的处理，系特殊的外部行政管理关系，不属于内部管理行为。被告襄樊学院辩称其不是行政诉讼的适格被告，其对原告李向荣的处分决定属于内部行为，不属于人民法院行政诉讼受案范围的理由不能成立，本院不予采纳。我国教育法律、法规和规章都明确规定，受教育者在学校组织的学业考试中，必须履行严格遵守考试纪律的义务，学校对受教育者违反考试纪律的行为享有酌情给予不同处分的权利。原告李向荣在学校实施学业考试过程中，请人代考，被告襄樊学院据此认定原告严重违反考试纪律，并作出给予勒令退学的处分决定有充分的事实根据和法律依据。原告辩称被告襄樊学院的处分决定主要证据不足，适用法律错误的理由不能成立，本院不予支持。被告襄樊学院在作出处分决定时，虽有程序瑕疵，但尚不足以影响其行政行为的合法性。据此，依照《中华人民共和国教育法》第二十八条第一款第（二）、（四）项、第四十二条第（四）项、第四十三条第（四）项，《中华人民共和国高等教育法》第十八条、第四十一条第一款第（四）项、第五十三条、第五十七条，《中华人民共和国行政诉讼法》第五十四条第（一）项、第五十三条第一款，参照原国家教育委员会发布实施的《普通高等学校学生管理规定》第六十二条第一款、第六十三条第（五）项之规定，判决如下：

维持被告襄樊学院对原告李向荣作出的勒令退学处分决定。

案件受理费一百元由原告负担。

（本案节录自湖北省襄樊市中级人民法院行政判决书<（2000）襄中行初字第19号>http://www.110.com/panli/panli-15411-html）

【案例二】

生活关系不受法律保护

案情介绍：

中央芭蕾舞剧团到某市演出4天了，端木英姿仍然没有买上票，眼都急红了。10月5日，天还没亮，她就起床乘头班车到了“五·一”剧院排队买票，结果终于满意地买到了当晚8时的堂坐票两张。等不及回家，她便给好友苏美英挂了电话，约定下班后两人径直去八仙楼吃饭，以后一同去看演出。

上完中班，英姿刚到5时就到了八仙楼，订了8元钱的菜，但等到7时仍不见苏美英的影子，英姿只好烦乱地吃上几口，于7时40分到了剧院。到了8点过5分观众已全部入场后，还不见美英前来，英姿的肺都要气炸了。一个芭蕾舞迷不愉快地看了一场芭蕾舞剧。

以后，端木英姿与苏美英的关系一天天恶化，矛盾越来越尖锐，最后端木英姿竟以苏美英失约为由，向人民法院提起诉讼。请求苏美英赔偿伙食费8元，车费0.6元，剧票1.20元，共9.80元。

人民法院对此诉状进行审理后，决定讲明道理，退回本人，不予受理。

分析：

人民法院的处理是正确的，理由是：端木英姿请苏美英看芭蕾舞剧不是民事法律关系，而是生活关系。

什么是民事法律关系呢？民事法律关系是当事人之间发生的、符合民法规范的、具有权利义务内容的社会关系。这种关系一经确立，即受法律保护，如果一方不履行义务，而使对方受到损失，受损害的一方便有权向人民法院提起诉讼，法院对受害方的权利则给予保护。

生活关系尽管也是社会关系，但这种社会关系，第一，不受法律保护；第二，没有权利义务内容。所以，纵然一方失约，也不承担什么法律后果。因此，法院退回本人，不予受理是对的。

（资料来源：邓大榜·疑难案件解析——民事判案108例·重庆：重庆出版社，1984）

【案例三】

根据以下材料，请分析乔某是否构成犯罪？并说明理由。

17岁的女孩小红在一家棉纺厂上班，后来认识了20岁的同事乔某，乔某一直对其穷追不舍。3月14日，乔某约小红及其他女同事外出游玩，将女同事送回家后乔某和小红来到水库。一路上，乔某不停唠叨“要小红做他的女朋友”，小红有些心烦意乱。当两人来到水库边上时，小红提出不想和乔某交往，在她欲转身离开时，被乔某拉住不放，乔某死活要小红答应做他的女友，双手紧紧抱住小红不放。为摆脱乔某的纠缠，小红用力挣脱乔某的双手，跳进了水库。乔某没有叫喊和报警，也没有跳下水去营救，随后离开现场回到家中。3月15日，水库中发现一具少女尸体。经警方调查，死者小红身上无任何暴力外伤，应是溺水身亡。后经警方侦破，乔某具有重大作案嫌疑。

分析要点：

（1）乔某的行为已经触犯刑法，构成故意杀人罪。

（2）分别从刑法关于故意杀人罪的犯罪构成的4个方面分析。特别是在犯罪客观方面，乔某的行为构成了基于先前行为的不作为故意杀人罪。

（资料来源：佘双好. 思想道德修养与法律基础. 重点难点解析与练习. 武汉：武汉大学出版社，2008）

【案例四】

简单的民事案件适用简易程序审理案

案情介绍：

徐家饲养的小狗将邻居郑某女儿的手咬伤。经医治，郑某女儿的手已痊愈，但为此花费2400元医疗费。由于徐家拒绝负担医疗费和赔礼道歉，郑某遂以女儿的名义于2002年2月，向被告住所地的某区人民法院起诉，要求被告承担医疗费并赔礼道歉。人民法院认为此案比较简单，遂适用简单程序审理此案，由陪审员一人独任审理。2002年6月20日，人民法院判决被告负担医疗费2000元并向原告赔礼道歉。

分析：

简易程序，是指基层人民法院和其派出的法庭审理事实清楚、权利义务关系明确、争议不大的简单的民事案件时所适用的一种简便易行的诉讼程序。同时，《民事诉讼法》第146条规定："人民法院适用简易程序审理案件，应当在立案之日起3个月内审结。"适用简易程序审理案件，体现了诉讼经济的原则，这既减轻了当事人的诉累，又提高了法院的办案效率。本案可适用简易程序审理。但应由审判员一人独任审理，而不能由陪审员一人独任审判。本案经过3个多月才审结，违反了3个月内审结、不得延长的规定。

（资料来源：杨立新. "法律基础"课案例选析. 北京：高等教育出版社，2003）

参考文献

爱因斯坦. 1976. 爱因斯坦文集. 第 1 卷. 北京：商务印书馆

彼得·穆雷尔. 2006. 法律的价值. 北京：法律出版社

陈光中. 2002. 刑事诉讼法. 北京：北京大学出版社

陈晓卿. 2002. 百年中国. 济南：山东画报出版社

邓小平. 1993. 邓小平文选. 第 3 卷. 北京：人民出版社

邓小平. 1993. 在全体人民中树立法制观念. 见：邓小平. 邓小平文选. 第 3 卷. 北京：人民出版社

邓小平. 1994. 民主和法制两手都不能削弱. 见：邓小平. 邓小平文选. 第 2 卷. 北京：人民出版社

樊富珉. 2006. 青年心理健康十五讲. 北京：北京大学出版社

高铭暄，马克昌. 2005. 刑法学. 北京：高等教育出版社，北京大学出版社

高桥. 2006. 大学生就业指导. 北京：清华大学出版社

广东中华民族凝聚力研究会. 1999. 中华民族凝聚力学. 北京：中国社会科学出版社

汉斯·科恩. 1944. 民族主义的观念：关于其起源和背景的研究

胡锦涛. 2005. 关于建设社会主义政治文明. 十六大以来重要文献选编（上）. 北京：中央文献出版社

胡锦涛. 2006. 努力建设持久和平、共同繁荣的和谐世界. 十六大以来重要文献选编（中）. 北京：中央文献出版社

胡凯. 2009. 大学生心理健康教育教程. 长沙：湖南人民出版社

江泽民. 1997. 高举邓小平理论伟大旗帜把建设有中国特色社会主义事业全面推向二十一世纪. 北京：人民出版社

姜明安. 2003. 行政法与行政诉讼法. 北京：法律出版社

连淑芳. 2003. 思想道德修养. 上海：上海大学出版社

列宁. 1995. 列宁选集. 第 4 卷. 北京：人民出版社

刘星. 2003. 西窗法雨. 北京：法律出版社

罗国杰. 1998. 思想道德修养. 北京：高等教育出版社

罗豪才等. 2006. 行政法学. 北京：北京大学出版社

马克思，恩格斯. 1995. 马克思恩格斯选集. 第 1 卷，北京：人民出版社

毛泽东. 1995. 毛泽东选集. 第 3 卷. 北京：人民出版社

密尔. 1957. 功利主义. 北京：商务印书馆

彭小虎，曹建平. 2006. 大学生心理健康教育教程. 长沙：湖南教育出版社

邱伟光，张云. 2003. 新编大学德育. 上海：复旦大学出版社

邵龙宝. 2002. 思想道德修养. 上海：同济大学出版社

沈宗灵. 2002. 比较宪法——对八国宪法的比较研究. 北京：北京大学出版社

唐代兴，马恒东. 2007. 学会学习——大学生学业导航. 上海：复旦大学出版社
田平安. 2003. 民事诉讼法. 北京：中国人民大学出版社
王克千，吴宗英. 2001. 价值观与中华民族凝聚力. 上海：上海人民出版社
王利民. 2002. 民法. 北京：中国人民大学出版社
王新中，何淑文. 2006. 今日说法故事精选（2006 年）. 北京：中国人民公安大学出版社
王言根. 2004. 学会学习——大学生学习引论. 北京：教育科学出版社
吴薇. 2005. 就业指导. 上海：华东师大出版社
许汝罗，王永亮. 2006. 思想道德修养与法律基础学生辅导读本. 北京：高等教育出版社
张光兴. 2005. 大学生思想道德修养. 北京：科学出版社
张俊宗. 2004. 现代大学制度. 北京：中国社会科学出版社
郑日新. 2007. 大学生心理健康教育——自主自助手册. 北京：高等教育出版社
周叶中. 2005. 宪法学. 第 2 版. 北京：北京大学出版社，高等教育出版社
佐斌. 2004. 大学生心理发展. 北京：高等教育出版社